方圆之探

——解码中西文化

周松波 著

人民出版社

责任编辑:陈鹏鸣
封面设计:徐　晖
责任校对:张　红

图书在版编目(CIP)数据

方圆之探——解码中西文化/周松波 著. -北京:人民出版社,2010.10
ISBN 978 - 7 - 01 - 009321 - 5

Ⅰ.方…　Ⅱ.周…　Ⅲ.比较文化-中国、西方国家　Ⅳ.G04

中国版本图书馆 CIP 数据核字(2010)第 192058 号

方圆之探

FANGYUAN ZHI TAN

——解码中西文化

周松波　著

人民出版社 出版发行
(100706　北京朝阳门内大街 166 号)

北京瑞古冠中印刷厂印刷　新华书店经销

2010 年 10 月第 1 版　2010 年 10 月北京第 1 次印刷
开本:700 毫米×1000 毫米 1/16
印张:20　字数:340 千字

ISBN 978 - 7 - 01 - 009321 - 5　定价:40.00 元

邮购地址 100706　北京朝阳门内大街 166 号
人民东方图书销售中心　电话 (010)65250042　65289539

目　　录

序

　　三十多年过去了,中国经历了改革开放的伟大历史进程。在这一进程中,2001 年 12 月 11 日,中国经过 15 年艰苦的谈判,正式成为了世贸组织成员。中国"入世"之后,经济发展的速度大大加快了,中国在全球产业链的地位越来越重要。中国"入世"7 年之后,经济总量从 2001 年世界的第六位上升到第四位;而现在,中国的经济总量已经超过日本,居世界第二位。"入世"为中国打开了一扇门,中国巨大的潜力吸引着国外的企业和资本,中国的资本也开始走出国门。

　　过去的三十多年,也是全球化快速推进的阶段。20 世纪 90 年代以来,世界经济出现了一体化的发展趋势,贸易自由化、生产国际化和市场全球化的飞速发展已经和正在把大部分企业卷入世界经济的整体运行当中。全球企业的相互依赖,正推动着企业国际化向纵深飞速发展。进入 21 世纪以来,经济全球化浪潮更是风起云涌。经济全球化与信息技术革命相结合,给世界经济带来了诸多深刻的变化,其中最引人注目的一个变化,是全球产业链和供应链的形成。一辆汽车,品牌可能是德国的,所用的钢材可能是韩国的,一些电子设备可能是在日本生产的,零部件可能一部分是在泰国生产,整车可能在中国组装,这条汽车产业链和供应链上的国家是一个利益共同体。在这种大背景下,中国企业只有更多地成为全球产业链和供应链的一个个环节,才能从全球化中获益。

　　这次由美国次贷危机引发的全球性金融危机正在改变全球跨国企业的投资方向,以中印等为代表的新兴市场在此次全球性危机中的成长显示出全球经济重点开始转移,中国在全球经济格局中的地位不是弱化了,而是越来越重要。根据瑞士信贷最近对欧美大公司展开的调查发现,只有约 1/5 的公司说把采购来源地从中国换为其他国家将是容易办到的;约 90% 的公司认为,如果他们从中国搬迁到其他国家,成本会非常高昂。这是因为中国已经具备了相当扎实的产品供应商网络和货运基础设施,中国在全球产业链中已经占据了难以替代的地位。所有这些发展和进步,如果没有改革开放的政策,是难以取得的。因此,中国只有改革开放才能获得发展,故步自封、闭关锁国是没有出路的;中国企业不论愿意不愿意、承认不承认,都已被卷入世界经济的海洋里。实际上,中国的绝大多数产业是越开放越安全,因为越开放就越发展,越发展就越安全;相反越封闭就越脆弱,越脆弱就越不安全。因此,面对加入 WTO 后的新竞争环境,中国应积极推进企业的国际化进程。

中国企业如果要想较顺利实现国际化的发展战略,首先必须具备企业国际化的基本要素。国际化的过程其实就是参与国际竞争,企业要走向国际化,就要理解国际规则,掌握国际标准,并遵守规则,达到标准。这些规则和标准,包括技术标准、质量标准、劳工标准、经营标准等多个方面。其次,要深入了解国际市场。作为一个国际化的企业必须要进入国际市场,而且要进入主流市场。这就需要深入了解要进入市场的政治环境、经济环境和文化环境,只有做到了知己知彼,才能成功地进入市场,取得市场竞争的胜利。再次,国际定价也是企业走向国际化的重要因素。现在国内有些产品逐步有了自己的定价权。但有很大一部分企业虽在国际上占有一定的市场,却没有定价权。国内企业应该真正团结起来,首先把中国已在全球市场中占有 50% 以上市场份额的产品的定价权控制在中国企业手里,这样就开始形成中国在全球市场的掌控力。目前,中国很多产品具有这样的条件,但是没有掌握定价权,在整个国际市场上仍处于被动地位。

走出去战略是企业国际化战略的一部分,实施这个战略,关键是目的明确,准备得当。根据中国国情,本土企业需要走出去,要走出去开拓市场,还要走出去建立生产基地,建立研发中心。但是中国企业在实施走出去战略过程中一定要做充分准备,要深入研究当地的政治因素、经济因素和文化因素,尤其是文化因素往往被忽视。许多企业国际化之路之所以历经坎坷,就是由于没有认识到文化差异,没有解决好文化差异造成的文化冲突。

当今,各国文化的交流在广度和深度上都超越了历史上任何一个时代,各国文化的相互补充和相互吸收无疑是世界文化的发展趋势,但这并不意味着文化差异的消失。可喜的是,随着全球化的发展,企业进入跨国经营时代之后,学界兴起了跨文化研究的热潮,尤其是文化维度理论研究,其成果对我国企业参与国际市场竞争,尤其是对化解中西企业文化冲突、促进中西企业文化融合具有重要的指导意义。本书就是跨文化研究的有益成果。

本书作者长期游走于中西文化之间,以亲身体会和深入研究两个层面,了解到了中西文化的差异。作者在探究中西文化的不同渊源的基础上,指出了中西文化的各自特征,深入分析了中西文化之间的不同,并进一步比较了中西企业文化的差异。在本书中,作者不仅对中西文化中一些有特色的内容和亮点作了具体生动的介绍,而且力求道明中西文化深层次的差异,在对比中向读者充分揭示中西文化各自的内在核心价值。值得一提的是,作者并没有就此止步,而是根据自己的长期研究提出了独创性的文化导向论,为分析中西文化差异提供了理论工具。最后,作者指出,适度的企业文化冲突有利于企业的经营发展,企业家并不是要避免冲突,而是要适度控制冲突,并从多角度提出了控制和引导企业文化冲突的策略。最后,该书探讨了在控制和引导企业文化冲突的基础上实现中西企业文化融合,进而建立"和谐企业文化"的问题,为跨国企业家提供一些有益的借鉴。

松波博士作为一位成长于德国的华人,作为一位在中国求学多年并致力于研究中西文化和中国古代经济思想史的学者,作为一位有着十余年领导和管理企业经验的企业家,显然对中西文化进而对于两种企业文化有着相当深刻独到的理解,他从事这一研究并撰写该著作无疑是合适的,其研究成果也是很有说服力的。我希望在经济全球化加速、文化交流蓬勃发展的过程中有更多的学者和企业家来关注中西文化方面的研究,为促进双方的交流、合作与融合多做贡献。

2010 年 9 月

中国人的世界是圆的

西方人的世界是方的

自 序

作为一位成长于德国，同时又亲历了近20年来中国变化的学者，我对中西文化怀有异常的敏感性。这些年，我对中西方文化差异有颇多领悟，希望通过这本书与大家分享。基于以下原因，我想把对中西文化的探讨概括为"方圆之探"。

中国人习惯于把世界想象成圆形，认为万物一直处于变化之中，而事物最终又会回到与它们的初始相类似的状态，因此中国人注重关心事物之间的关系，如局部与整体的关系、人与自然的关系、人与人的关系。

西方人把世界想象成由线条组成的时空，认为一切事物按明确的规律运行，因此他们一直在探索真理，关注恒久不变的事物。

虽然东西方人具有大致相同的认知能力，但由于他们习惯了特定的思维方式，他们观察同一个世界时会得出不同的结论，对待相同的问题会有相当不同的观念、价值取向和解决方法。

在中国文化里，"圆"往往代表"变化和平衡"，蕴含"灵活"、"复重"、"模糊"、"圆润"、"圆通"、"圆滑"之意；而"方"则往往代表"规矩规则"，蕴含"清晰、条理、秩序"之意。中国人眼里的世界是不断变化的，是动态的，而不是确定的，客观的。变化产生矛盾，矛盾引起变化，因此中国人认为只有掌握事物变化的规律，学会处事的艺术，才能在变化中求平衡，实现和谐的世界。中国人接受模糊，喜欢"玄机"，喜欢"忽明忽暗、若隐若现"，认同"此即是彼，彼即是此；非此非彼，亦此亦彼"，喜欢"初看山是山，水是水；继而山不是山，水不是水；终乃山复是山，水还是水"的玄妙。做事讲究圆滑、圆润，往往经过一大圈又回到了起点。做人讲求变通，顾念人情，不喜欢一是一、二是二分得那么清楚。因此，我把中国式思维概括为"圆脑袋"文化。与此相反，西方人喜欢清晰明白，讨厌模糊不清;喜欢规则秩序,反对杂乱无章;喜欢"山就是山,水就是水,一就是一,二就是二",不喜欢若隐若现,亦正亦反,亦此亦彼。因此我把西方文化概括为"方脑袋"文化。

一、"圆脑袋"文化重情轻法 "方脑袋"文化重法轻情

在我们的人际关系和社会秩序中,"情、理、法"是最重要的三种因素,但在"圆脑袋"文化与"方脑袋"文化中,其作用有显著区别。中国的"圆脑袋"文化以情为基础,以理为本,以法为末;而在西方的"方脑袋"文化中则是以理为本,以法为用,以情为末。中国文化向来主张用伦理道德约束人的行为、处理事务并协调和规范人际关系,不主张过于依靠法律和制度解决问题,因为"法律不外乎人情",运用法律和制度会缺少"人情味儿"。但西方文化却相反:重法律,重制度规范,偏重制度化,一切都用在法律上生效的合同、契约、规则来加以约束并严格遵守执行,没有人会因为其身份、地位等原因而在遵守法律方面受到"特殊照顾",人情和道德不会成为管理过程中的主要考虑因素,概言之就是"重法轻情"。

二、"圆脑袋"文化动中求静 "方脑袋"文化静中求动

从动与静的角度看,"圆脑袋"文化是动中求静,而"方脑袋"文化是静中求动。动中求静表现出来的生活态度是谦让、因袭、消极、苟安和保守,而静中求动则相反,它体现出的是积极、突进、进步、创新和竞争。中国人希望对立双方彼此和解,天下太平,而西方人往往会主动寻找挑战对象进而加以征服。所以东方"圆脑袋"文化所追求的是多元化的协调,希望能取长补短,互相提高,和平共处。而西方"方脑袋"文化在承认世界多元化的同时,强调要通过竞争,消除异己,战胜对方,最终目标是走向一极化。这两种文化导致生活在其中的人们行为方式存在显著差异。

三、"圆脑袋"文化重感悟 "方脑袋"文化重逻辑

所谓"圆脑袋"与"方脑袋",说到底还是中西方思维方式的差异。中国"圆脑袋"文化注重直觉思维,而西方"方脑袋"文化更注重逻辑思维。具体而言,中国文化的直觉思维讲求"悟",一个人在经过充分准备之后,受到某种偶然的、看起来似乎不相干的因素的刺激,突然一下大彻大悟,发生认识的质变与飞越,其过程如电光石火,瞬间完成。相反,逻辑思维则是西方文化中占统治地位的思维方式,西方人认为逻辑是获得真正可靠的知识的方法与工具,人们必须要掌握这种工具与方法,才能获得真理。总的来说,"圆脑袋"文化具有模糊特征,重境界、重精神、重感性,讲究模糊性,忌讳精确性,如果凡事讲得清清楚楚,算得明明白白,会让人感到关系很隔膜,同时也不符合事物的内在规律,因为许多事物本来就是"非此非彼、亦此亦彼"的,很难精确衡量。而"方脑袋"文化则具有精确特征,主张条理清楚,明白无误,忌讳模糊性,追求客观精准。

给大家举一些例子。中医看病是通过望、闻、问、切从而注意全身的综合症状,其把脉,抓药,甚至熬药的时间、吃药的多少并没有严格的定量,全靠直觉。中国的烹饪也多用模糊的概念,如放盐"一勺",并不会规定多大的勺,或"适量",就更加模糊了。中国的绘画艺术重在写意,注重整体的神韵、意境的传达。总之一句话,一切都是模糊的,可意会不可言传的,需要实践者自己去领会。但是,西医看病,先给病人做各种化验,得到数据后,分析数据,再做诊断。厨师烹饪,各种配料严格计算,操作程序严格规定了先后,普通人家的厨房里也会出现天平,用来称量各种配料的重量。西方的绘画从素描开始练起,讲究一笔一画的确切。概括而言,一切都是精确的,明白无误的,实践者不能自由发挥。

总之,中国的"圆脑袋"文化与西方的"方脑袋"文化在许多方面都存在着重大差异。但我们也应该清醒地认识到,随着经济全球化和区域经济一体化的深入发展,世界日益成为"地球村"已是一个不可回避的事实,中西文化在频繁的交流中也在互相学习、互相借鉴,因而出现了显著的融合趋势。作为肩负着祖国振兴重任的中国人,我们应在准确把握中西文化本质及其差异的基础上,努力推动"圆脑袋"与"方脑袋"的对话并促进其交流融合,为加强中国与世界的经济联系与国际合作贡献力量。

在本书即将付梓之际，我要感谢我许许多多的中外朋友，谢谢他们对我的理解及事业上的支持。

另外，我想向人民出版社的黄书元社长和陈鹏鸣总编室主任表达我的谢意，是他们两位的大力支持使本书得以最快的速度出版。

我的好友段会青热情地参与了本课题的研究并对书稿进行了全面细致的审读和修改，对提高书稿质量给予了很大的帮助。根据本书内容，赵唯一精心绘制多幅插图。对他们的热诚相助再次表示衷心的感谢。

著名的经济学家、WTO谈判的中国首席代表龙永图先生为本书作序，使本书因之增色，让笔者感到万分荣幸！

最后，在我父母的金婚之际，我很想对他们说声："爸爸妈妈，祝你们金婚快乐，永远健康，儿子感激你们点亮了我的生命！"

北京，静风园，2010.9.30

第一章　文化与文化差异

第一节　文化的概念

文化概念的界定是一个复杂的问题,当代世界关于文化的定义多达数百种。文化作为人类社会的现实存在,具有与人类自身同样长久的历史。从某种意义上来讲,人类发展史其实就是人类的文化史。文化意义的纷繁多样表明了文化自身的广远浩博、包罗万象,也同时说明了文化含义界定之难。

一、汉语"文化"的含义

"文化"一词在汉语中古已有之。在古汉语中,"文"与"纹"相通,其本义是指各色交错的纹理。由此原始之义衍生,"文"又有若干层引申义:其一,包括语言文字在内的各种象征符号,并进而具体化为文物典籍、礼乐制度。其二,由伦理之说导出人为装饰、教化修养之义,与"质"、"实"对称。其三,在前两层意义之上,更导出美、善、德行之义,以及通过某种改变使之更完善的意思。

"化"字本义指变化、改动、生成。在此原始义的基础上,"化"又引申为造化、大化等义,并由自然万物的生成、变易引申出伦理德行的化成。"化"作为使动用法,还有"使之普及"的意思,比如绿化、美化等。

"文"与"化"并用,在中国古代典籍中最早出现于《周易·贲卦》:"观乎天文,以察时变;观乎人文,以化成天下。"在这里,"天文"与"人文"相对,天文是指天道自然,人文是指社会人伦。上面这段话的意思是:治理国家者既要观察天文,掌握自然发展规律,以明耕种渔猎之时序;又要观察人文,把握社会中的人伦秩序,使天下之人均能遵从文明礼仪,并进而推及天下,以成大化。

西汉以后,"文"与"化"合并为一个词。如西汉刘向《说苑·指武》:"圣人

中国人望森

西方人见木

之治天下也,先文德而后武力,凡武之兴,为不服也,文化不改,然后加诛。"这里"文"和"诛"是两种根本不同的治理社会的手段。这段话的意思是:圣人治理天下,先施以文德教化,如不奏效,再施加武力,亦即先礼后兵的意思。此后,"文化"的用法延至后世,进一步引申出多种义项,分别与天造地设的"自然"相对,或与无教化的"质朴"、"野蛮"相对,取其人伦、人文之义。

根据上述分析,我们可以看出,汉语的"文""化"两字联用包括两种含义,一是用作名词,指的是人类精神、智慧、意识及其创造的成果之总称;二是用作动词,是一种过程,指以"文"来"化"之,是指使用一定的方法将文明礼仪普及教化。

二、西语"文化"的含义

西方各民族的语言系统中,亦多有与汉语"文化"相对应的词汇,不过二者之间还有细微差别。

在西语中,"文化"一词源自拉丁语 cultura,原来有耕种、掘垦、居住、动植物培育等与物质生活相关的多种含义,中世纪以后,逐渐转化为主要指对人性情的陶冶、品德的教养等。西语中的狭义文化即文学艺术以及学术方向的文化;而广义文化,则是指一个民族的生活方式,包括一个民族的思维方式、风俗习惯、传统等。西方引用最多的是郝夫斯特(Hofstede)和 Schein 的文化定义,其中,郝夫斯特认为,文化是具有相同的教育和生活经验的许多人所共有的心理程序(Collective Mental Programming)。这种心理程序形成某一地区的人们以某种特殊的方式思考、感觉和行动的心理定势(mindset);Schein 认为,文化是群体在适应外界和统一内部成员过程中逐渐形成的不为成员察觉的隐含性假设。人们的行为受这些隐含性假设的影响,一旦这些假设或信念受到挑战,人们便会感受到"文化振荡"(Culture shock),从而可能引发文化冲突。美国学者兰斯·约翰逊认为,文化是社会成员用来适应周围世界和应付彼此,通过学习而代代相传的共同信仰、价值、风俗、行为方式和艺术的系统。这个定义指出了文化具有延续性、适应性和沟通功能。

三、近代学者对"文化"概念的不同理解

据美国人类学家克鲁伯《文化:关于概念和定义的检讨》一书统计,从 1871

年到 1951 年的 80 年间,关于文化的定义至少有 164 种。

对文化的广义定义来自赫斯科维茨(Herskovits)1955 年出版的《文化人类学》一书。他认为,文化是一切人工创造的环境,也就是说,除了自然原生态之外,所有由人添加上去的东西都可称之为文化。这里,人工创造的东西包括两大类:一类是客观文化、硬件产品;另一类则是主观文化、软件产品。硬件是那些看得见摸得着的物品,如房屋建筑,交通公路,电视电脑,以及各种机器工具,等等。软件则是那些触摸不到,但似乎又无处不在的东西,比如信念、理想、价值观和社会规范,它们就像空气阳光一样无时无刻不影响着人。

这个定义虽很全面,却没有被后来的多数学者所采用。用得更广泛的是取赫斯科维茨的"主观文化"部分来定义文化,即,将文化定义为"被一个群体的人共享的价值观念系统"。郝夫斯特(Hofstede,1980,1991)将文化比喻成人的"心理程序"(mental programs),并指出文化会影响人们关注什么,如何行动以及如何判断人和事物。与此相似,文化也被其他学者定义为"人为创造的、被他人认可的观念,它给人们提供聚合、思考自身和面对外部世界的有意义的环境,并由上一代传递给下一代"。

另外一个与众不甚相同的文化定义来自强皮纳斯(Trompenaars,1993,1998)的《文化踏浪》一书。他认为文化是某一群体解决问题和缓和困境所采用的途径和方法,而非仅仅是一套价值观念系统。这个文化定义隐含一个基本假设,即所有的人类都面临一些共同的问题和困境,如时间、空间、外界的自然环境,等等。一个群体的人对时间的共同理解和感知,对外界自然环境的态度和行动则形成这个群体的独特文化。在这个定义里,文化又包括了主观和客观两个层面。

概括这些关于文化的各种定义,一般来说,人们对文化的理解有三个层次。

第一个层次,认为文化指人类创造的一切物质财富和精神财富的总和,凡是整个人类环境中由人所创造的那些方面全都属于文化范畴,既包括物质财富,又包括精神财富。

第二个层次,认为文化指人类精神文化方面的创造及其成果,包括语言、文学、艺术及一切意识形态在内的精神财富,而不包括物质生产及其器物性、实体性成果。

第三个层次,沿袭了传统和现实生活中人们对文化的直观理解,将文化理解为以文学、艺术、音乐、戏剧等为主的艺术文化,是人类"更高雅、更令人心旷神怡的那一部分生活方式",如我国大众所熟知的对我国文化部门所管辖的文化的理解。从文化学的角度分析,这一种理解只是直观地把文化锁定在极狭小的范围内,大大缩小了文化的范围,未能涵盖文化的主要内容。

在这里我们可以看出,尽管对文化的论述各有不同,但其本意却是基本统一的。文化就是马克思所说的自然的人化,文化是由人所创造、为人所特有的东西,人类在适应自然的过程中,发挥主观能动性,将人的智慧、创造、感情注入了自然,在改造自然的同时也改造了人类自身,从而也就创造了文化成果。一切精神的,意识形态的东西都毫无疑问属于文化,这是直观的文化,是基本的文化方面。而一切物质财富方面的成果,如果具有某种人类智慧的、信仰的含义在里面,也就成为文化的一种载体。把这一切包含在里面的文化是比前面论及的文化更为广泛和全面的文化。纯粹"自然"的东西则不属于文化的范畴。一块天然的大理石,由于它是自然形成的,在形成过程中并没有包含人的思想意识,所以它开始并不属于文化的范畴。只是人们在欣赏它的过程中,赋予了它很多人为的意识,包括迷信古玉能辟邪,美玉能给人一种心理享受等,这样,它才有了文化的价值。一块几十万年,甚至数百万年前的石器,非常粗糙和丑陋,但是它是在人类的早期——旧石器时代打制的,带有那个时期的人类意识,就具备了文化的内涵,这就应该属于文化的范畴。一块泥巴,完全属于自然属性,当经过人们烧制成为一个陶器时,便具备了文化意蕴。因为人们在制作陶器的过程中,已注入了人的审美价值取向,体现了人的劳动技能水平,所以,最终的劳动成果——陶器,就具备了"文化"的内涵。

总之,文化实际指人类自身在发展过程中,一切精神的,思想的(这里主要指科学技术),意识形态的活动所创造的全部精神的和物质的结晶。它应该具有以下几个特点。

首先,文化是一个群体共享的东西。

其次,这些东西可以是客观显性的,也可以是主观隐性的。

再次,客观显性的文化和主观隐性的文化同时对生活在该群体中的人产生各方面的影响。

最后,文化代代相传,虽然会随着时代改变,但速度极其缓慢。

从本质上说,文化就是生存方式,只有不同的生存方式才能创造不同的文化形态。文化一旦形成又会反过来"规定"一个民族的生存方式,这种"规定"就是广义的规则。

第二节　文化的层次与结构

在讨论文化时,许多跨文化专家喜欢用两个比喻来使文化的抽象定义形象化。一个比喻是将文化比成洋葱,有层次之分。另一个比喻则是文化冰山说,指出文化的显性隐性双重特征。

一、洋葱的比喻:文化层次论

如图1—1所示,这个文化洋葱只有三层:表层、中层、核心层。

1. 表层文化

洋葱的表层——表层文化是我们平时能观察到的事物和产品。

事物和产品都属于有形的文化的外显物,如语言、食物、礼节、建筑、时尚、艺术等。所有可以观察到的行为都属于这个层面。这些由表层文化表现出来的一种文化的特征常常给人以强烈的直接冲击,让人感受到文化的存在和力量。

表层文化通过外在物品表现。语言是一个非常显著的外显物。语言不可视、不可触,却可以听到,亦是一个客观存在。语言是文化的一个重要产物。另一个比较有趣的是食物。比如,西方人首次看到中国人吃饺子会很惊讶,他们会认为这是一种奇怪有趣的食物。不过,在跨文化沟通中,我们不仅要注意到文化中可以观察到的表象,而且要注意到内部的层面。

2. 中层文化

在洋葱的下一层则是文化中的价值观和社会规范。在这里,价值观和社会规范被看成两个不同的概念。价值观是指为群体所接受的理想,是对特定群体而言重要的东西。价值观是一个群体对什么是"好"什么是"坏",什么是"对"什么是"错"的共同认识。比如撒谎是坏事,助人为乐是好事;贪污受贿是错的,而见义勇为是对的。社会规范指的是能够为一个文化群体所接受的、合适的、正确的东西,是这个群体中的多数人在某一情形下都会做的事。规范和价值观随着国家和民族的不同而不同,也会随着文化群体,如公司、职业、年龄、阶层等的不同而变化。需要注意的是,我们要把抽象的规范和实际规范区别开来,比如,不歧视可以是一种抽象的规范(原则上应该做的正确的事情),但是歧视可能正是真正的规范(在现实中适用的原则)。社会规范之所以不同于价值观主要在于多数人在做的事情不一定就是对的,而只有少数人坚持的行为也未必就是坏事。每个国家都有一些自己独特的社会规范。而一个社会的价值观决定这个社会对"好和坏"的定义,与该社会群体共有的理想密切相关。文化理念的不同,就会导致该文化中的人千百种不同的行为表现。任何表层文化都折射出一个社会更深的理念,都是社会价值观的直观体现。因此了解了中层文化,就应该能较深较好地解释一个民族的特殊行为,并对其可能出现的反应方式进行预测。但是,我们必须研究基本假设那一部分,否则,对文化的研究就不完整。这是文化中最关键、最隐蔽的部分。

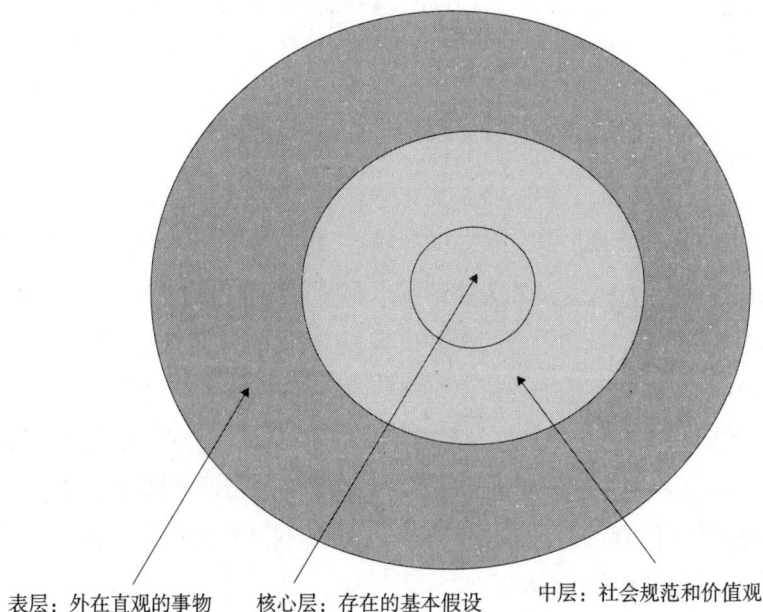

表层:外在直观的事物　　核心层:存在的基本假设　　中层:社会规范和价值观

图 1—1　文化洋葱说

3. 核心文化

核心文化是一个社会共同的关于人为什么存在的假设,它触及到该社会中人们最根深蒂固不容置疑的东西。比如人与生俱来的权利,人存在的价值,个人与他人的关系。西方国家普遍的核心文化中最重要的一部分是人人平等,是个体的独立和自由。这些理念对于在西方社会生活的人是不须多思考的,是他们所有生活所依据的基本原则,是不可动摇的社会存在的基础。相反,在其他社会,比如印度,人生来不平等是根深蒂固的观念,在这个社会长期存在的种姓等级制度(the caste system)中反映出来了。

时间是永恒的,但不同的文化对时间的经验却不同。西方文化常常把时间看做是稀缺资源(尤其是美国人的假设):你永远觉得时间不够用,没办法做自己想做的事情,因此,你不能够浪费时间,而是应该思考如何使用时间。你应该学会管理时间而且变得富有效率。"时间就是金钱"并不是一个事实,这是一种假设、一种信仰。在中国文化中,人们往往认为时间是充裕的,因为时间很多,所以你不必慌乱,你可以放松一些。

另一个文化中的假设和我们与自然的关系有关。人类是控制自然还是被自然所控制? 人类是应该征服自然还是应该顺应自然? 不同的文化对此有不同的认识。大多数西方人相信生活就是由自己创造的。"只要做就行!"如果你很勤奋并坚持不懈,你总能梦想成真的。事情总是由你来决定是成还是不成。从另一个方面看,不少中国人认为外在的力量总是在控制自己,生活就是碰运气或是命中注定的。应该指出的是,在跨文化管理中,我们的目标不在于判断哪种看法是对还是错,我们要做的是了解不同的看法,然后考察各自的优缺点。

从积极的方面看,人定胜天这种观点有助于培养人的上进心,能够形成良性的自我证明的状态,有助于你的美梦成真;从消极的方面看,这种观点太天真或者是自负,如果事情不能如你所愿,你就会感到内疚或者产生负罪感。由于你认为自己总能够掌控一切,所以,如果看不到成功,你就容易责备自己。相反,那种认为自然控制人类的想法有利也有弊。利在于它能帮助你卸掉对未来发生的事情必须承担责任的负担;但弊也很明显,会将这些外在的力量看得很重,并容易形成逆来顺受的宿命论的人生观。

涉及一个社会核心文化的理念这类问题,生活在该文化中的人往往很少关注,但他们视为理所应当的事情,却很难被生活在另一个社会中的人所完全理解。因此,当来自另一个社会的个体问"为什么"的时候,你会发现用三言两语竟无法解释。你必须从头说起,从该社会的历史发展过程,突出的历史人物和历史事件开始,讲到整个文化理念体系的提出,到最后形成的经过,从而回答为什么该理念成为这个社会存在的基石。当一个价值理念问题需要追溯几代以上的历史方能解释清楚的时候,就说明该理念触及了一个社会的核心文化。比如问中国人为什么个体是与他人紧密相联系的,为什么人和人之间的联系如此重要,为什么要"毫不利己专门利人",不花上一两个小时的时间讲述孔孟,讲述中国社会人治的历史,讲述毛泽东的思想,一定讲不清楚。

因此,文化的洋葱比喻事实上将文化分为三层,而三层之间又有着不可分割的联系:核心层驱动影响中间层,中间层驱动又影响表层文化。我们平时能观察到的通常都是表层文化(表1—1)。

表1—1 文化的层次

文化的洋葱层	表层(有形的部分)	中层(无形、有意识的部分)		核心层(无形、无意识的部分)
内容	事物和产品	价值观	社会规范	基本假设
说明	你是怎么说的,怎么做的,吃什么,用什么,有什么习惯。	对你最重要的是什么?你如何表达这些价值观?	你认为什么是对/错,什么是合适/不合适的?在实际生活中,应该遵循的原则是什么?	你认为的事实真相是什么?哪些东西是真的?哪些是假的?

二、文化的冰山比喻

相对于文化的洋葱比喻,文化的冰山比喻要简单一些。

如图1—2所示,这个比喻把文化看成由两部分组成:显性部分,即浮在水面上的可视部分;隐性部分,即藏在水面下的不可视部分。从图1—2中可见,水下隐藏的冰山比浮出水面的要大出很多,因此,我们平时观察到的文化表象只是冰山一角,真正造成表象不同的部分都藏在水下。如果想了解对冰面上有形的事物的影响力,我们就必须潜入水底去了解冰山隐藏的部分。如果我们能够接近或者熟悉冰山中那些不容易接近的部分,换句话说,能够了解深层的、无形的文化特质,会有利于我们洞察那些有形的部分。

所以,如果把冰山比喻和洋葱比喻进行比较,可以看出冰山一角也就是洋葱的表层,而冰山的水下部分则既包括了洋葱的中层也包括了其核心层:即影响各民族文化表面差异的隐含信念、价值观和社会规范。

三、文化的正态分布

在讨论文化差异的时候,常常会笼统地说中国的文化如何如何,德国的文化

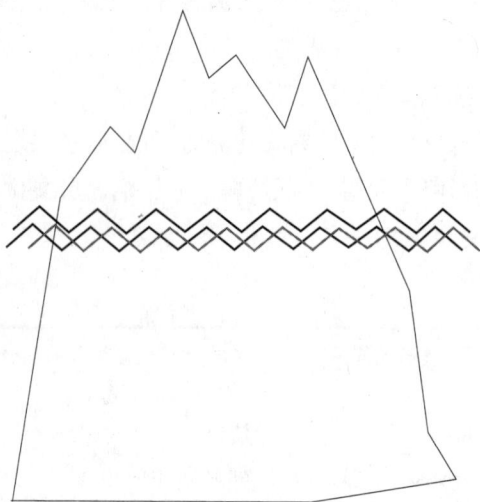

图1—2　文化冰山说

如何如何,英国的文化又如何如何。如此的表述当然是不精确的,而且有将某国文化定型化之嫌。众所周知,同一国家里面的人其个体之间的价值观都千差万别,根本无法用一种定型加以描述。因此,我们用文化的正态分布来表述这个概念。图1—3表现的是两个民族在某一文化维度上的差异。

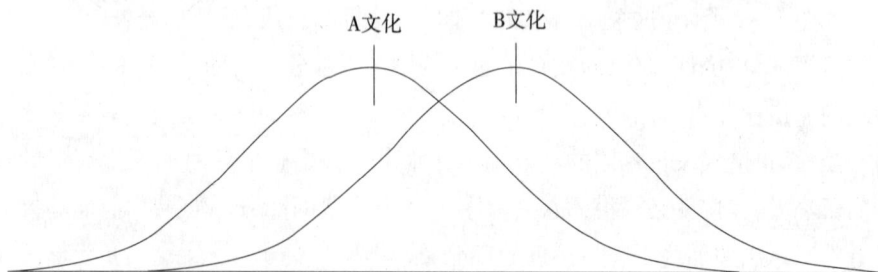

图1—3　文化正态分布图

从图1—3可见,A文化与B文化之间在文化维度上表现不同。假定各该维度是个体主义与集体主义,横轴的左端代表个体主义,而右端代表集体主义,那么,该图的意思就是说一般而言,A文化比B文化更追求个体主义,而B文化比A文化更追求集体主义。如果我把A文化说成是德国文化,把B文化说成是中国文化,那么,这张图就表达了德国文化比中国文化更个体,而中国文化较之德国文化更具有集体主义的特征。与此同时,该图又显示出同在德国社会中,个体之间在该维度上的差异:靠近正态曲线左端的人确实非常个体主义,但靠近曲线右端的人却不如此,他们中有的人甚至比中国文化中的一部分人更集体主义,超过中国文化的平均水平。同样,中国社会中的大部分人崇尚集体主义(如曲线右端的样本群体),但曲线左端的小部分人却比普通德国人更个体主义。因此,我们在讨论文化差异时,指的是国家或民族总样本平均水平的差异,而非个体水平的差异。

此外,曲线的陡峭和扁平程度(及数据的集中程度)表现出一种文化理念被一个社会所共同认可的程度。曲线越扁平,认同程度越低;反之,认同程度越高。这个含义被蔡安迪斯(1994)用文化的"紧密—宽松"概念所表达。所谓紧密文化主要有两个特征:一是同一种价值观被大多数人拥有和共享,二是社会对意见分歧者的容忍程度很低。

一个社会文化的紧密—宽松程度受诸多因素的影响,主要有三个。

(1)社会的稳定性,尤其是意识形态领域的稳定性。中国社会这些年经历了许多意识形态的变化,各种理念同时并存,儒家思想、道家哲学、共产主义、资本主义、传统管理、现代管理,不一而足。因此,今天中国文化的紧密度比之20年前应该要低很多。

(2)社会人口组成的同质性,同质性越高,紧密度越高;同质性越低,宽松度越高。因此,美国这个大熔炉的文化宽松度可能高于大部分国家。

(3)该社会人口的疏密程度,人口越集中的国家,文化紧密度可能越高;反之,则越低。游牧社会总的来说比农业社会的文化宽松度要更高一些。

中国人重情义

西方人重理性

第二章　中西文化形成的不同渊源

第一节　中西文化的概念

一、中国文化与中国传统文化

简单地说,中国文化就是指由中华民族在东亚大陆这片广袤的土地上创造的文化,其创造主体是整个中华民族。中华民族是现今中国境内由华夏族演衍而来的汉族及 55 个少数民族的总称。"中华"之得名,由来已久。"中",意谓居四方之中。"华",本义为光辉、文采、精粹,用于族名,蕴含文化发达之意。元人王元亮说:"中华者,中国也。亲被王教,自属中国,衣冠威仪,习俗孝悌,居身礼仪,故谓之中华。"(《唐律疏议释文》)

在漫长的历史年代里,随着疆域的扩大,社会的发展,中国境内各民族间的联系纽带愈益强化,民族共同体诸要素(共同语言、共同地域、共同经济生活以及表现于共同文化上的共同心理素质)渐趋完备。进入近代,由于西方资本主义殖民势力的侵入,中国境内各民族更增进了政治、经济、文化上的整体意识,进一步形成自觉的民族观念,"中华民族"遂成为涵盖中国境内诸民族的共同称谓。

中国文化是中华民族对于人类的伟大贡献。独具特色的语言文字,浩如烟海的文化典籍,嘉惠世界的科技工艺,精彩纷呈的文学艺术,充满智慧的哲学宗教,完备深刻的道德伦理,共同构成了中国文化的基本内容。中国传统文化是我们的先辈传承下来的丰厚遗产,曾长期处于世界领先的地位。传统文化是历史的结晶,但它并不只是博物馆里的陈列品,而是有着活的生命。传统文化所蕴含的思维方式、价值观念、行为准则,一方面具有强烈的历史性、遗传性;另一方面又具有鲜活的现实性、变异性,它无时无刻不在影响着今天的中国人,为我们开创新文化提供历史的根据和现实的基础。因此,传统文化距离我们并不遥远,在现实生活的强劲脉搏里,时时刻刻都能够感觉到它的存在。

二、西方文化与西方的三大文明系统

(一)西方文化体系

经过 2000 多年的历史演变,"西方"演变成为一个在不同历史时期具有固定所指的概念。

从地理、经济与政治的意义而言,西方主要指欧洲大陆、美洲大陆和大洋洲上的发达国家。如果从整个西方文化的历史来看,它可以划分为三个大的文化系统:

其一是地中海文化系统,这是西方文化的起源。以地中海区域的国家为主,古代希腊罗马文化就在这里诞生。

其二是西欧文化系统,也是所谓的"大西洋文化"的主体。

其三是东欧文化系统,欧亚大陆的欧洲东部地区,地跨欧亚两大洲的大国俄罗斯曾经在这里建立起沙俄大帝国的势力范围。

综上所述,西方文化是一个与东方相对的文化形态,主要指以古代希腊罗马文化为起源,以基督教为主要宗教信仰,以近现代工业为经济模式的文化形态。

以历史主义观念来看,西方文化是一个历史范畴,不同时期有不同的西方文化,西方文化经历了不同时期的扩张与变化。西方文化是从地中海地区的古代希腊罗马起源,但是在中世纪,范围加以扩大。西方不是纯粹地理上的概念,我们所说的西方是文化意义上的西方,除了欧洲的英法等地理学的西欧国家外,还包括北欧的斯堪的纳维亚半岛、中欧与南欧以及伊比利亚半岛的西班牙、葡萄牙等国,这是一个大的西欧文化概念,也就是所谓的大西洋文化圈;美国和加拿大等北美洲国家,大洋洲的澳大利亚和新西兰,地跨欧亚的俄罗斯一般也属于西方的范畴。

(二)西方的三大文明系统

西方文明历史悠久,它可以划分为三个大的文明系统:

其一是地中海文明系统。欧洲南部的地中海是西方文化的起源地。地中海是世界上最大的大陆之间的海洋,位于欧亚非三大陆之间,交通位置极为重要。古代希腊人最早是以地中海东部的爱琴海为中心,创造了爱琴海文明。从公元前8世纪起,古代希腊城邦国家大批建立,雅典是其中文化最为发达的城邦之一。希腊人开拓了广大的海外殖民地,成为古代西方文明中心。自公元前492年开始,地中海文明的希腊与东方帝国波斯之间进行了长期的战争,最后,实行城邦民主制度的希腊人战胜了君主专制的波斯帝国,胜利极大地鼓舞了希腊人。战后,希腊文明进入历史发展的高峰,直到公元前4世纪前期才开始衰落。

意大利半岛上的罗马人在公元前6世纪创造了发达的罗马文明,罗马人军事力量强大,在征服了马其顿与希腊之后,于公元前2世纪中期,建立起罗马共和国。罗马共和国是奴隶制的共和国,经历了一个多世纪的繁荣之后,公元前30年,罗马改为元首政治,从共和国变为帝国。罗马帝国经历了两个世纪的和平发展,逐步衰落,分为东西罗马两个部分。公元476年,西罗马帝国在欧洲蛮族入侵之中崩溃。罗马帝国时代,西方主要民族之间建立了紧密的联系,已经具有相当重要的文化共同点。罗马帝国分裂后,西罗马帝国的诸民族形成相近的文化传统,这一文化传统其实就是日后西方文化的根基。

中世纪之后,意大利以文艺复兴运动影响全欧。在欧洲的工业化中,意大利再次成为最早的工业化民族,并且向欧洲其他地区扩散,所以说,地中海地区一直在欧洲发展中居于重要地位。

其二是西欧文明系统。文明与文化意义的西欧可以将地理学上的英、爱尔兰、法、比、荷、卢森堡等国与北欧的斯堪的纳维亚半岛及德国、瑞士,南欧的希腊、意大利、梵蒂冈、西班牙、葡萄牙、马耳他、列支敦士登、圣马力诺、摩洛哥、安道尔等国包括在内。主要是从阿尔卑斯山到比利牛斯山的东西方向,从多瑙河到维斯瓦河,再到斯堪的纳维亚半岛的南北方向,其范围包括了整个大西洋地区,这一地区有比较相近的人文、社会与生活习俗。大约从12世纪到16世纪前后,西方文明中心从地中海地区转移到了西欧地区,以西欧国家为中心,取代了地中海国家的领先地位,建立起大西洋文化,原地中海国家也逐渐融入大西洋文化。西欧地区气候温暖,交通便利,工业化之后与北美洲一起成为世界经济发达地区。

其三是东欧文明系统。欧亚大陆的东部地区,土地广阔。主要大国俄罗斯曾经在这里建立起沙俄大帝国的势力范围,俄罗斯的领土横跨欧亚两大洲,它的政治经济中心偏于国家西部的欧洲地区,东部是世界上最寒冷的西伯利亚地区,属于亚洲。在不同的历史时期中,俄罗斯甚至扩张到中亚等地。东欧文明历史上曾经受到东罗马拜占庭帝国的影响,基督教的东正教等在这里占有重要地位。这一地区的国家包括波兰、捷克、斯洛伐克、匈牙利、保加利亚、罗马尼亚、巴尔干地区民族与阿尔巴尼亚等。俄罗斯位于欧洲东部,与东欧诸国历史渊源极深,但也有人认为,俄罗斯现在不应当属于东欧国家,而应当是一个独立的文化系统,当然,这只是一种可供参考的说法。

　　了解欧洲国家的自然与历史状况,就可以深入理解其文化特性的形成与来源。由于欧洲有大致相同的自然与人文环境,在长期的历史发展中,形成了基本相同的文化特性,包括共同的宗教信仰、相近的民族与人种、类似的生活习俗等方面。深谙西方文明特性的中国学者严复就曾经说过:

　　　　不惮艰险而乐以从军走海上者,欧洲之民,大抵如此。而图敦、日耳曼之种尤然。此其与中国所甚异而绝不同者也。欧罗巴能雄视五洲以此。支那常恐为其所逼而终不足自存者,其端亦在此。

　　这种说法虽然并不一定完全正确,但对于了解欧洲文化特性也可以作为一种参考。世界各地都有海洋,各国沿海也都有渔民。但是以海上商业贸易为主要经营,开辟环球航线的民族并不多,欧洲民族在这一方面所起的历史作用是相当重要的,这是历史事实。但是也无可讳言,进行海外扩张,开拓殖民地,也是从古希腊就开始的一个传统。

　　同时也要看到,欧洲各国的文明系统又各有不同,特别是由于宗教流派、民族传统与性格、社会生产与经济形态等差异的存在,各国的文化系统又可谓各有特色。如果以历史唯物主义观点看,决定一个民族文化特性的并不完全在于其自然与人文环境,而主要是其社会生产方式与经济发展的历史阶段特性,西方文化当然也不例外。西方文化之所以能在世界文化发展中取得先进地位,归根结底是由于它的工业化社会生产,它较早地发展了资本主义。这样才可能使它迅速提高生产力,积累财富,逐步成为发达国家。

第二节　中西文化形成的渊源

　　文化是人类社会实践的产物,因而不可能离开自然和社会的物质、经济、政治条件而凭空产生和孤立发展。正是基于不同的自然、社会条件,才可能产生不同民族、不同国家的文化。只有联系具体的自然、社会条件来考察文化,才能更深刻地理解文化的特质,全面认识文化的人类共同性以及民族、地域差异性,更准确地揭示人类文化发生、发展的客观规律。

一、中西文化形成的地理环境渊源

地理环境是指地形地貌、气候水文以及海陆分布等方面情况。地理环境是人类赖以生存和发展的物质基础。在人类社会的早期,人们在很大程度上依赖于自然界直接提供的物质生活资料来维持生存和发展。随着人类物质生活的发展,人类意识和精神创造活动才得以开展。正是在这个意义上,我们说,地理环境是人类文化发生、发展的必要前提。所以,当我们全面审视文化的源流演变时,就有必要了解和把握文化依存的地理环境。

地域文化初始形成时,科技的力量还微不足道,地理条件就对文化特色的形成有着极大的作用。之所以在不同地域有"农耕文化"、"商战文化"等不同的文化形态,就是因为初民时代生产力不发达而只好"靠山吃山,靠水吃水"所使然。理所当然地,当时人们只能让大自然安排自己的生活方式。既然斯时人类还没有什么科学技术的本事,也就还不曾梦见什么"改造自然"的事情。

文化形成的最初的影响很有可能会成为"永恒"的影响。文化的发展颇类似个体的人的发展,基因在其中起着决定性的作用,而文化的"基因"决定了后来发展的根本原因很可能就来自地理因素的赐予。民族文化的类型特征一旦形成,便很难改变了。比如"靠山吃山,靠水吃水"的生活方式,一旦开了头,便会自然而然地发展起来,后来便很难改变。地理环境对于文化特征的形成的作用,就是一种"第一推动力"的作用。而越发展就越是具有"稳定—阻抗"的机制,就越是不容易改变。地理环境因素是研究某种文化形态的起源问题时切不可忽略的因素。

(一)中国文化的地理环境渊源

1. 中国地理环境的特征

中国地理环境有着如下一些特征。

(1)偏远的地理位置。世界分为南北两半球,南半球由于海多陆少,陆地仅占总面积的19%,而且大陆内部多高原,多沙漠,少有大河贯穿其间,这些皆不大有利于人类文明的发展。相比之下,北半球陆地面积达到39%,并且多临海岸线与河流,陆地系统多处于温带范围,气候较为适宜人类生活。在这种自然条件下形成了所谓"中纬度文明带",世界上的"古典文明",如墨西哥文明、地中海文明、两河流域文明、印度河流域文明和中国的"两河"文明皆处在这个"纬度带"上,由西向东一字排开,而中国处在最远的一端。中国处在"文明带"的最东端,在古代交通条件极不发达的情况下,使它同其他文明的往来沟通有着相当的困难。这意味着,由于地理环境的特殊性,使得中华文明的确富于独创性或原创性,而借助文化传播的力量很少。而只有这种相对封闭的环境才有利于文化特色的生成,使它不致被其他文化影响干扰;另一方面这也成为它的文化保护机制,避免了不同文化的冲突碰撞。

(2)相对封闭的地理环境。除了"遥远"是一种封闭或隔绝的因素外,在交通条件不发达的古代,那些不利舟车往来的因素都能造成环境的封闭。中国的地理环境状况便是这样,中国的西、北不是高原、大山便是沙漠,中国的东、南皆为大海。这些是大自然之手筑起的天然屏障,既不便国人的远去,也不便外人的来往。然而封闭的环境不可避免地会带来封闭的心理,文化人类学曾谈及许多偏远地区的民族有"敬畏远客"的民俗,即表面上对来客热情招待,但这并非一般意义上的热情好客,而是由于环境的闭塞而短少见识,久之而对外来者及陌生事物皆怀有本能的畏惧所致。另一方面,海洋对于中华民族文化心理的最初发育不占有重要地位,也同中华最早的文明发祥于黄淮流域有关。黄淮流域的自然条件天然适于农作,初民以农耕为主,形成了对土地的深切感情,使得中国人后来对大海缺少足够的兴趣。海上作业不仅艰苦而且危险,远不如靠天吃饭的农业安全。根据马斯洛的需要阶梯理论我们推想,处在物质生活水准较低状态的古人的安全需要应是比较强烈的。既然有土地可以耕种,何必弃安全而就危险呢?从社会心理上,习惯了农耕生活的农民也不由得会喜欢素朴的生活方式和平静的生活节奏,而以海上贸易或劫掠为主的生活肯定会是动荡不定和快节奏的。"铜臭味"的背后既然有诸多的不安定因素,"重义轻利"的意识形态也就找到了立足的土壤。

(3)气候适宜的农耕区域。中国有世界早期文明中最大面积的平原和由风化造成的松软的土壤,这些是"五谷丰登"得天独厚的条件,而由于中国西高东低的地形条件,并处在多种气候带的覆盖下,所以还能适合多种经济作物的生长。中国的季风也是影响中国农业的重要因素,甚至是决定性因素,它既带来雨露的甘泽,也造成旱涝灾害。中国的自然条件——气候、地势等虽也存在着不利于农作生产的条件,但在总体上有利因素还是远远多于负面因素。即或和世界其他一些重要的农业产品国比较,中国的条件未见得优异,甚或在某些方面还有所不及,但就中国自身的生存条件看,农业却是最好的选择,这也会使得中国人毅然决然走上这条道路。中国人深有所感的"民以食为天"和"靠天吃饭"等,都是从农业生活中得出的体验。中国的食文化是一个围绕饮食贯穿全部生活的关注、思考的文化,是一个主宰人们生活的基本方面的文化因子。而这个文化因子又是受到"天"的制约、安排的。"天"的地位是由此确立的。中国人对"天"的敬畏,不同于西方宗教式的敬畏,那是一种对于命运的敬畏;而中国式的敬畏是对于大自然的,主要是自然气候的敬畏。

(4)幅员辽阔的文化疆域。在世界早期的几大文明中,中国的文化疆域也是最广阔的,这使得它在文化的发生、发展上具备了如下这样一些条件与特点。

一是同前几个特点、作用相同的方面,即同"偏远"、"封闭"一样,有利于形成文化保护机制,幅员广阔在异族入侵时有利于原住国民同强敌周旋,这样,在人力、物力被保护的前提下,民族文化自然也被保护住了。中国历史上颇有几次被声势浩大的敌人入侵的历史,但原有文化丝毫未损,就因为这些文化或迁移或固守而保住了斯文不坠。中国人津津乐道的"同化",即把入侵者不知不觉驯化,自觉接受汉文化的情形,应该也同幅员辽阔的因素有关,它是改造异族文化的物质条件。

再有,幅员辽阔也有利于自我调节。由于国土广阔而且地形复杂有利于在民族总体文化的内部再发生各色的子文化系统,如中国的南北文化就有着较大的不同。它们彼此之间既存在着分歧与冲突,但也更有互助和互补。由于多种文化的共存,有利形成复杂的文化结构,相互交织,使总体文化的发育更加巩固。由于多种文化共存,相互多有互补调节,因此也造成中国在文化选择上的充分余地,全然能"自产自销"而不假外求。这也进一步造成了中国文化的自闭心理,造成自视为"天朝大国"的自信和自恃心理。这既使中华文化具有怯于开拓的慵懒气质,同时也使得中华文化具有了典型的内倾性:文化风格由于重互补、反对立而呈现和谐性;人际关系也是具有以和谐为主要内涵的伦理型特征。

2. 地理环境半封闭、内陆性的特点对中国文化的影响

在生产力极低的情况下,地理障碍对人类活动、特别是交通运输的影响要比

现在大得多,有时往往起了完全隔绝的作用,例如海洋、大江、高山、沙漠、沼泽、丛林都曾是先民难以逾越的地理障碍。因此,相对封闭的地理环境造成了中国文化独具一格的特点。

首先,具有稳定连贯的文化特色。相对封闭的内陆地理环境,使中国文化在一种与外界基本隔离的状态下自发地产生与发展起来。由于这片土地的面积足够辽阔,物产足够丰富,人口足够众多,所以中国尽管缺乏与外界的联系,也能够产生出高度文明的本土文化。在中国四境之外,无论沧海、戈壁还是高原、江海,都成了一道道难以逾越的天然屏障,中华民族只在这半封闭的空间里活动,较少借鉴和吸收别国的文化,并且没有因外来文化的冲击而使自己的文化出现断层、转型或湮灭,表现出相对稳定连贯的文化特征和别具一格的文化特色。例如,中国西南、西北面与印度、阿拉伯国家毗邻,但是由于崇山峻岭、戈壁黄沙的阻隔,中国与这些国家较难进行文化交流。中国东面那浩瀚的太平洋更令古人望而生畏,一直到很晚他们才通过航海与外界接触。虽然从秦汉开始,中亚、阿拉伯以及欧洲等地的使臣、商人、传教士等源源不断地来到中国,然而,他们淹没于汉人的汪洋大海之中,无论是数量上还是质量上均无优势可言,所以尽管他们在某些方面也影响过中国文化,但在总体上却无法动摇中国文化的传统地位,只能是被中国文化所吸收,逐步同化、融合到中国传统文化之中,成为中国文化的组成部分。中国文化一直保持着自己的风格,始终是一个相对稳定的系统。

其次,形成了自我中心文化观。由于相对封闭的内陆地理环境使中国与别国文化交流较为困难,因而形成了自我中心文化观。与外界的隔绝,使古人误以为天下只有华夏民族和周边一些蛮夷部落,于是"天下"成了中国的代名词,历代帝王从来就把取得中国的统治权叫得到了"天下"。《史记·秦始皇本纪》记载:"唯秦皇兼有天下,立名为皇帝。"在古人看来,中国即是居于天下之中心的国家。这种以我为主,唯我独尊,普天之下,莫非王土的帝王思想不仅在各朝皇帝心中存在着,而且在某种程度上也成为中国一般百姓的习惯心理,甚至成为一种信念,即使在接触外界文化之后,中国人仍然以"天朝大国"自居,表现了一种自我中心的文化观。

3. 中国传统自然经济对中国文化的影响

(1)农耕经济的持续性为中国文化的持续发展提供了物质保证。中国是一个有着数千年历史的文明古国,农耕经济的持续性是中国传统自然经济的一大特色,而建立在这种经济模式基础之上的中国传统文化也明显带有世界其他古代文化无可比拟的延续力。正是传统农业的持续发展保证了中华文明的绵延不断,使其具有极大的承载力、化合力和凝聚力。

从古至今,中国农耕社会经历了无数次大大小小的天灾人祸的磨难,经历过战乱纷扰毁损和稳定恢复发展的周期运动。王朝兴衰更替,国家分裂聚合,特别是游牧民族的侵扰劫掠与入主中原,虽曾使中国传统农耕文化的延续面临考验,但始终没能使其陷入难以克服的困境。相反,短期的战乱与分裂,更增进了中国文化的坚韧性和向心力。魏晋南北朝是"五胡乱华"的动荡时代,恰恰也是中国农耕文化得到进一步扩展传播的重要时期。鲜卑族在中原建立北魏王朝,推行汉化政策,体现了中华文化的向心化合力。辽夏金元是中国历史上又一个较为动荡的时期,但文化的传承一如既往,雄才大略的忽必烈为游牧民族与汉族的文化融合,做出了积极的贡献。清朝也是如此,满洲贵族入主中原不久,便已"习汉书入汉俗,渐忘我满洲旧制",在各民族的共同努力下,中国的农耕自然经济以其顽强的再生能力仍然继续向前发展,而建立在这一基础之上的中华文化也就历久弥新,愈加璀璨。

(2)以农为本的生产方式使中国文化带有浓厚的农业型物态和心态色彩。首先,农业生活方式对中国文化求平尚稳、安土重迁心理特点的形成有重大影响。农业生产最显著的特点是对土地的依赖性,农民固守在土地上,日出而作,日落而息,年复一年,循环往复,从土地中获得生存所需要的一切,因而形成了安土重迁的观念。相比于海洋民族的征服异族、拓宽疆域,游牧民族的南征北战、左冲右突,作为农业民族的中国最宏伟的设计就是修建世界上最大的战争防御工程——万里长城。这些都是中华民族求平重稳文化心理的反映。

其次,自然经济的绵延性和中国文化的早期定型,使人们产生一种凝重的保守性格和思维方式。农耕经济的高度发展,促使中国农耕经济在早期就得到充分的发育。但是,中国早熟的农耕经济一旦形成,便停滞凝固不再发展,这与中国凝固保守的民族性格的形成有极大关系。农业生产靠农民来进行,农民是农业社会存在和发展的前提,只有让农民安居乐业,农业生产才能平稳发展,治国安邦也才有保障。所以,农耕经济形态重农尚农的特点,使得中国文化带有了较强的民本主义色彩。孟子"民为贵,社稷次之,君为轻,是故得乎丘民而为天子"的民本意识,曾受到西欧启蒙思想家的高度赞赏,但在中国这一思想却未得到正常的发展。相反却由此派生了平均主义思想,这种平均主义思想一方面成为农民反抗压迫的思想武器,另一方面又加剧了中国历史稳定与动乱的恶性循环。

中国逻辑思想和科学技术的发展也是如此。先秦墨学中的逻辑思想和自然科学已经取得了很高的成就,处于世界先进水平。然而,由于墨学的中绝,造成了中国传统文化构成中科学精神的严重缺失,从而使中国文化失去了向另外一个方向发展的可能。中国古代"四大发明"深刻影响了世界文明的进程,但却未能在中国本土得以发扬光大。中国许多重要的科技研究没有得到应有的重视,常常出现中断、失传的现象。如祖冲之的数学著作,在唐宋时就已失传。明代宋应星的《天工开物》,清康熙以后已无人过问,直到近代才从日本翻印回来。这些中国科学的不幸,和中国文化自身的早熟性和凝重的保守性格无疑有极大关系。

中国农耕自然经济的绵延性和中国文化的早期定型,也往往使中国知识分子产生一种"瞻后"式的思维方式。保守怀旧,言必三代周孔,成了大部分知识分子的思维模式。所谓"圣人设教,为万世不易之法",尽善尽美的制度和礼教存在于远古的三皇五帝之中,后世的治平之道便是"克绳其法",偶有一些枝节的改革,也大多是"托古更化"。特别是当社会进步、经济变迁加剧之时,守旧派人士总是怀念三代的井田制度和"小国寡民"的理想,欣赏"鸡犬之声相闻,老死不相往来"的生活境界以及布衣粗食、安天乐命这样的生活态度。这种文化思维模式,导致社会普遍安于现状,缺乏远见和开拓精神,不知不觉中积累着文化的封闭守旧性。到了封建社会后期,中国传统文化便显得暮气沉沉,缺乏积极进取的冲动。因此中国古代虽有过光辉灿烂的科技文化,但科技的运用却不受重视。

另外,小农经济的生产方式使中国文化呈现出务实理性的特点。"一分耕耘,一分收获"的农耕生活使农业民族深悟实干的重要,小规模经营方式和家庭劳动为主的小农经济使他们更注重现实和自身周围小范围的人事,很少去关心人世之外的事情。抽象玄远的宗教难以被农民接受,他们注重的是具体实际的农事,由此铸成了中国文化的世俗特征:关注现实人生,充满实用理性,富于务实精神。但同时,民族性格中也缺乏对现实的批判意识和超越精神。

正是中国文化的种种局限性阻碍着她实现近代的转型,从而使在长达十几个世纪的时间里走在世界前列的中国文化到了16、17世纪,却伴随着欧洲近代文化的崛起而逐渐丧失了她的领先地位。

4. 文化地理环境对思维方式的模塑

地理环境与气候对人的思维方式具有直接或间接的模塑作用。事实上,物理环境首先是对人类自身发生影响,然后才是对思维方式潜在地发生制约作用。据学者们的考察、研究,认为从猿到人的进化是世界气候发生变异的结果。距今约6500万—2000万年的时候,气候十分温暖潮湿,大面积的森林覆盖着地球的大部分土地,可供灵长类食用的食物也相对丰富,因此绝大多数灵长类动物的进化都发生在这一时期。而旧石器时期开始于距今300万年左右,结束于距今1.1万年左右。在旧石器时期出现了丧俗,人们已用仪式来表达哀思,在仪式中有一定的艺术元素出现。中国的旧石器时期至少始于170万—180万年前,很有自己的独特鲜明的风格。这主要是从所使用的石器的功能上反映出来的。与欧洲石器文化不同之处在于,中华石器品类丰富,而制造的工艺比较随意;欧洲石器种类较单一,但制作得较为精细、规整。这主要是两地出产的物品有所不同的结果。中国石器主要以采集类为主,这反映出当时大地上植被丰富,盛产灌木,生民主要以植物果实为主要食品,而采集类石器对制作工艺的水平没有太高要求。欧洲则不同,它主要处在中高纬度,乔木多而灌木少。由于所处纬度不同,低纬度地区,植物性食用资源相对丰富,而高纬度地区则相对匮乏。因此旧石器时期,欧洲人主要以狩猎为生,而中国人以采集为生。狩猎需要的石器也相对精准、单一,因为追逐猎物不可能携带大量石器,而只追求有效率;而采集则对工具的要求不甚讲究,可以就地取材,随用随丢。

从不同的石器特征上已可以初步看出那些在后来文化中反映出的民族文化心理。中国石器体现出思维的随意性,因为面对的对象比较丰富多变,所以思维上也以随意、灵活为适宜;尽管生产出的物品比较粗放,但追求的是简易、实用,而无须精益求精。长此以往,我们从工具生产中得到的不是技术的训练而是智慧的训练,即不是如何"造"工具而是如何"用"工具的训练。西方则恰恰相反,更加侧重在"工欲善其事,先必利其器"上,相信效率来自于工具。这些区别与特点在今天的中西餐具上依旧看得出来。

旧石器时代,由于地理环境、自然气候等不同,使中国人同欧洲人在生活资料和生产方式上都发生了差异,这些因素进一步造成了不同地区人们在思维方式上的不同。

（1）中国人生活在热带、亚热带、温带地区，食物品类丰盛而食物链复杂，而且是以采集为主，这使得在从事劳动时无须投入特别的注意力、观察力；欧洲人以狩猎为生，需要长时间凝神观察野兽的动静出没，久之，视觉器官锻炼得十分发达。这种区别可以从艺术作品中反映出来。中国的石器时期的壁画是表现主义的，即略具形似的，形、色都不追求十分准确，而传达出创作者的心理就行。西方同时期的壁画则已是写实的，不仅色彩丰富，力求贴近原物，尺寸比例也力求符合客观。这反映出制作人要求认识世界的心理。中国旧石器时期的岩画反映出同时期生产工具的同一特点，即随意性；相反，欧洲则是一种认真对待的理性精神。不同的制作对象——岩画和工具，却反映出同一思维倾向，这表明种族的文化确已形成，整合性及结果已经出现。

但有一点也须辨明的是，视觉器官的发达仅是观察力强的一方面表现，东方人种受地理环境的制约还体现出另一种观察能力，或者说另一种思维方式。这就是由于优越的地理条件，生物种类的丰富，使初民面临一个要认识这个复杂世界的课题，而他们采取的方式很自然地是一种辨识形貌而归总分类的方法，也就是辨物思维。辨物思维的特点是，相信事物的外貌同事物的内在属性存在着某种必然的联系，因此多从事物的外在形态着眼而去猜想、判断事物的内在属性。这种思维方式使人的感觉能力、想象能力都变得异常发达。

在采集和渔猎活动中培养起来的除了观察力之外还有感悟力。感悟力同观察力有所不同之处在于，观察力是力求得到客观世界的真实结论，而感悟力却是力求透过事物的表象去猜想所观察物的意味或它同其他事物存在何种联系。也许这只是感悟力中的一种，而非全部感悟力都如此；但这种感悟力肯定存在，而且在先民的思维中具有普遍性。我们看得出这种感悟力其实便是一种带有巫术意味也即属于原始思维的思维特征，它并不特别追求物象到底是什么，而是追求物象到底像什么？产生这种思维特征可能和思维的功利性有关，即它不是单纯为了满足求知欲而观察，而是出于生存的需要，满怀着期待与感情去想象。也可说前者是求真实的，而后者是求利益的。只有求真实才真正需要"观察"——摆脱自我，诉诸客观；而求功利则以主观代替客观，以想象代替观察。所以，感悟力是特别需要想象力的。假如这种推断是合理的，我们便可以进一步认定，斯时，在重观察的倾向背后，一种科学思维已经萌生；在富于想象的倾向背后，一种艺术思维已经萌生。需要、想象、感悟、感情，是艺术思维萌生的必要条件与内涵。

把一件东西"看做"什么,这已是对理性思维的叛变,但艺术思维正是在此迈出了第一步。

(2)不同的气候、地理条件,除了使东西方初民采取了不同的生产方式和具有了不同的生活习惯以外,也在感受世界方面有了差异。除此之外,由于地理环境等不同,物产不同,使生民的饮食内容和饮食方法上也有了较大的不同。证据表明,远在旧石器时代已经出现了人种的分化。古猿向人转化的一个重要原因在于气候变化、森林减少、人类的植物性食物逐渐减少而动物性食物逐渐增多。但各地区因地理条件的不同,这种变化的程度势必有很大的差异。在旧石器时代,黄色人种与欧洲人种在饮食结构方面就已经具有了较大的差异。欧洲人的狩猎文化使居民的食物结构以肉食为主,东方的采集文化则以素食为主,这样的饮食习惯从史前一直保留至今。

虽然目前还没有搞清食物与大脑发育的对应关系,但食物对大脑发育的影响应是毫无疑义的。但我们也并不能因此得出以肉食为主要营养内容的人种在智力上高于以素食为主的族群的结论,因为决定智力水平的还有其他许多更为复杂的因素。仅从现实上看也足以证明这一点,黄种人的智力绝不逊色于白种人。也许差异仅表现在性情或性格上。会不会像动物界的食肉类远比食草类凶猛一样,在族群变异的问题上也是这样?至今我们看到,尽管经过不知多少历史教训与文明的洗礼,欧洲人对于"他者"的征服态度还是随处可见,无论是对于大自然,还是对于他们的"非我族类",即便是在本族群内,人际关系的界限也至为明显。而素食为主的族群在性情上却是温驯得多,他们的"和合性"无所不在,对自然界讲"天人合一",对族类间也注重人际关系,甚至有意模糊人我界限。食肉为主不仅造成了性情的猛烈,也使得人生态度富于进取精神,表现之一便是哪怕是对大自然的研究也要有一竿子插到底而百折不回的劲头儿,与之相反的态度便是无可无不可而随缘自适的人生观念。这两种观念不仅在科学研究上,就是在艺术创造上也可以得到反映:前者我们说的那种精益求精的写实主义和激情四溢的戏剧精神占据了一段悠久的历史;后者讲究的则是在艺术表现上的抒情性和艺术手法、思维的整体性、意会性、模糊性等,"古人作画每取其兴会神到而不拘形似"就是这种思维方式的很有代表性的艺术主张。

(二)西方文化的地理环境渊源

西方的政治与文化,源于地中海沿岸国家,包括古埃及、两河流域和古希腊。

其主要源头应属于产生于地中海东部爱琴海诸岛和希腊半岛的希腊文化。其具体演化过程是:产生于尼罗河流域的古埃及文明和产生于两河流域的苏美尔和古巴比伦文明汇集到古希腊,后传至罗马帝国,罗马帝国灭亡后再由日耳曼人传播到整个欧洲,然后传播到北美和大洋洲。

著名学者罗素曾经说过,希腊文化、基督教和工业文明是西方文明的三大支柱。古希腊文化具有超常的渗透力和无限的生命力,其文化遗产对以后西方各国文化的发展均产生了巨大影响。今天,西方文化的各个方面都有着古希腊文化的烙印,古希腊文化可以说是西方文明的摇篮。

1. 海、岛与古希腊文化

"言必称希腊",这是不知起于何时、何地、何人的一句老话,但又是极著名的一句老话,它把古希腊对于西方文明起源的重要作用一语道尽了。具体而言,古希腊文明对西方文化生成和发展的影响表现在两方面。从广泛性上,后来西方文化发展的全部重大项目,政治、经济、哲学、科学、文艺等在古希腊时代已纷纷登场,而且一开始就出现了一大批里程碑式的人物和成就,其事迹至今为人津津乐道;所产生或提出的问题,至今仍引起浓厚的兴趣。譬如古希腊的神话,就被马克思认为是后世的文艺成就永难企及的样板;柏拉图的哲学,被海森伯认为其后两千多年的西方哲学不过是对它的一连串注释而已。古希腊的戏剧、古希腊的建筑、古希腊的雕塑、古希腊的宗教、政治、体育……总之是"说不完的古希腊"。另一方面,古希腊的源头作用更主要体现在"深度"即对于西方文化精神的铸造上。古希腊人的形上追求,古希腊人将感性与理性作高度综合所产生的"和谐",古希腊人对现实生活的热爱,古希腊的自由迁徙和勇蛮的开拓,总之,古希腊人的价值观念、思维方式、情感态度等都在西方文化上烙下深刻的印记,可以说,它基因一样地决定了后来西方文化的发展。

古希腊并不限于现今的希腊半岛。早在公元前一千多年,也就是在希腊奴隶制开始形成之时,希腊人就开始向外移民。往东,移民到了爱琴海诸岛并且扩展到小亚细亚沿海一带,而后甚至扩展到了黑海沿岸以远;向西,他们移民到了西西里、意大利南部以及现今的法兰西、西班牙的地中海沿岸地区。同样,与希腊文化一脉相承的古罗马文化也不仅限于现今的意大利半岛,它囊括了环绕地中海的全部土地,远远超过了古希腊的范围。

希腊文明发源于爱琴海区域,它是指以爱琴海为中心,包括希腊半岛、爱琴海中的各岛屿、克里特岛和小亚细亚半岛的西部海岸地带。

古希腊一向被看做是欧洲文化的摇篮,有可靠文字记载的古希腊文明史开始于公元前 8 世纪,比两河流域的古巴比伦文化和尼罗河流域的古埃及文化晚了两千多年,但希腊古典文明一登上历史舞台,就显出鲜明的个性、蓬勃的活力与生机。它不仅成为古典时期人类文明中璀璨的一枝,也给后来西方文明的发展以深刻的决定性的影响。

总结古希腊文化的特征离不开海,谈及希腊文明的发育,顿时爱琴海便闯入我们的眼帘。如同中华文明生成于中国的"两河流域"(黄河、淮河),古希腊人则"生于斯,息于斯,聚国族于斯"在大海之畔。海哺育了古希腊人和古希腊的文明。爱琴海地区包括希腊半岛(半岛主体和伯罗奔尼撒岛)、爱琴海中的各岛屿、克里特岛、小亚细亚半岛的西海岸。大而言之,整个地中海,全同古希腊文明的生成有关。古希腊把它大大小小的城邦"撒"遍了地中海海岸和大大小小的岛屿。

文化的形成离不开人类的生活环境。了解古希腊人活动的主要舞台——希腊半岛和爱琴海地区的地理环境,将有助于理解古希腊人何以创造了如此辉煌且影响深远的文化。希腊地处地中海东部交通要冲,多良港,多山,土地贫瘠,这迫使古希腊人很早就经营海上贸易,以补土地之不足。因此,古代希腊文明呈现出区别于其他地区的强烈的海洋性。古希腊文化的海洋性主要表现为:古希腊人由于见多识广,易于接受外来文化的先进成分;由于海上生涯的冒险性质,易于培养人民的独立性和平等观念。希腊气候温和,是典型的地中海气候,人们十分偏爱户外活动。丹纳在论及希腊气候对文化的影响时说:"这样温和气候中成长的民族,一定比别的民族发展更快更和谐。没有酷热使人消沉或懒惰,没有严寒使人僵硬迟钝。"日后的体育赛会的发展与希腊的气候应当说不无关系。临海和气候温和又造就了美丽的自然景观,优美的景观陶冶着人们的心灵,使之对美好的事物很敏感,有利于艺术的产生。古代希腊人的生活具有强烈的艺术性,这一点从他们遗留下来的艺术品和实用品中都可以得到证明。自然环境不但影响了人们的生活方式,还影响着人们的观念。希腊境内无巨大的事物,展示在希腊人面前的自然界是十分清晰和明确的,没有出现像上古文明中其他地区的人们对于巨大事物由于无知而产生的恐惧现象。因此,希腊人的宗教发育得不太成熟,这有助于希腊人科学精神的成长。就是在这样得天独厚的条件下,在希腊这片土地上出现了欧洲最早的国家,出现了自由平等的观念、民主政体和科学精神,从而使希腊成为西方文化的源头。

大海能够培养、陶冶人的自由独立的精神,不仅浪漫主义之士认为是这样,文化的事实也确实是这样。具体说来,海上作业需要勇敢、富于竞争和冒险精神;由于这种作业的技术性从而有了初步的分工合作的形式,这有助于人的独立性的养成;海上是"无根"的生活,使古希腊人的迁徙、闯荡成为家常便饭,当然使政治的约束管制也成为难事,于是造成人在个性上的我行我素、独往独来。此外,大海不仅给人科学精神,因为人必须有相当而且多多益善的科学技术才能够利用大海、制胜大海;而且大海也给人以宗教精神,因为宗教同科学、哲学、艺术一样,皆起源于人对大自然的天真好奇,而烟波浩淼、水天一色的大海最能给人激动和对宇宙洪荒的冥想。往古之时,这几种"学科"——科学、哲学、艺术等的思维方式还是混合一处,没有分化,而那种叫做"原始思维"的思维方式占据了其中主要的成分。"原始思维",这一文化人类学家叹赏不止、玩味不尽的主题,被意大利的维柯称作"诗化思维",乃是因为其中充满了想象、形象、情感以及对各种不解现象的"万物有神"的诗意的解释。因此,这种思维无论充盈在哪里,对无论是宗教、哲学、科学……都使它们不同于今日的冷峭玄深,而是充满了"诗意",已是高度"诗化"的了。

2. 希腊的陆地、山脉与气候

希腊大陆主要由一系列大小山脉组成,是巴尔干中部主脉的支脉;这些支脉又分出许多小支脉,连绵不断地越过科林斯地峡,在伯罗奔尼撒半岛上交相辉映。从陆地上看海洋,许许多多的小岛是浮出水面的山脊山顶。从地理环境角度看,希腊是全欧洲山陵最多、地面分割最破碎的国家。希腊地区山多,平原仅占总面积的20%;可耕地面积少,每块可耕地也很小,甚至不能进行本来意义上的犁耕,土壤不肥,并且多石块沙砾。希腊的土地状况很难使希腊文明形成典型的农业文明方式。同时,希腊地区是典型的地中海气候,降雨集中,甚至数月无雨。这样的气候、雨水条件也注定了希腊不能以粮食生产为主要经济命脉,粮食大多依赖海外进口。地中海气候夏季日照时间长,希腊的山岭丘谷可以种植葡萄、橄榄及其他果树,温和的亚热带气候可以保证农作物的成熟和果木的生长。希腊盛产经济作物,同时金属矿藏很丰富,有金银铜铁,还有大理石和陶土等。这一切为希腊园艺业、酿酒、制油、陶器、金属等手工业提供了便利条件,也使得希腊可以用丰富的可供对外贸易的产品来换取粮食。

由于希腊三面环海,希腊处于整个地中海地区的中间位置,海岸线曲折弯长,长达一万多公里,并有许多天然良港,使得希腊人拥有海上交通便利的天然优势。希腊半岛东于西亚、南于北亚、西于意大利、西西里皆为近海航运,由于航程很短,即使从克利特岛到埃及也只需三天。海上交通便利的优势,使希腊人成为那个时期的世界上有数的几个商业民族之一。古希腊的文明发展为商业文明,希腊人航海通商,以至于殖民他邦,他们的身份有商人、旅客、海盗、掮客、航海家等。靠海的希腊成了天生的海洋民族,在古希腊人眼中,商人和海盗并无高低贵贱的区别。

希腊所处的海洋环境特点,使得希腊人要"岛自为战";夏季少雨,不肥沃的土地,粮食不能自给,使得希腊人学会了商品交换;丰富的矿产、经济作物为手工业生产提供了原料;漫长的海岸线,天然良港先天造就了良好的经商通航条件。因此,古希腊由于所处地理环境发展了商业文明。商业文明的产生基于市场意识,市场意识基于交换意识,交换意识基于承认各自独立的平等意识,而平等意识来源于分立、独立意识。这一切是蔚蓝色的大海赐予他们的,古希腊文明是海洋文明,所以有人以蓝色象征他们的文明,同时以希腊国旗的兰地白条相间为佐证。

总之,从造物主赐予的生存条件粗粗一看,就可以感觉到,古希腊"生来"就不会是农民,在这块上帝赐予的地方想做一个农民是太难了,而"一不留神"就会成为商人、战士、海盗、工匠等等。

二、中西文化形成的制度渊源

(一)中国文化形成的制度渊源

1. 中国古代的政治制度

从公元前21世纪到公元前476年的1600多年(夏、商、西周、春秋)是中国历史上的奴隶制时期。在此期间,出现了许多影响深远的统治制度与措施,其中最重要、最具特色的便是宗法制度及与之密切相关的分封制度。

(1)宗法制社会产生的原因和特征

所谓宗法,是指以家族为中心,根据血缘远近区分嫡庶亲疏的一种等级制度。它包括嫡庶系统的法则和家庭中祭祀、婚嫁、家望、庆昆、送终等事务的家法。

关于宗法制的起源,我国上古的神话传说及历史记载的信息表明,我们的先民跨入阶级社会的门槛后,氏族首领首先直接转化为奴隶主贵族;以后,又由家族奴隶制发展成宗族奴隶制。这样,氏族社会的解体便很不充分,因而氏族社会的宗法制度及其意识形态的残余便大量积淀下来。又由于自然经济的长期延续,给宗法制度、宗法思想的继续流衍提供了丰厚的土壤。所以,中国的奴隶社会是宗法奴隶制,封建社会是宗法封建制,其实质都是父权家长制的政治政体。父亲在家庭中"君临一切",君主则是全国的"严父",宗法关系渗透到社会生活的最深层,以至到新民主主义革命运动兴起时,还要把宗法制度及其具体表现——封建的政权、族权、神权和夫权等作为革命的基本目标。家国一体、父权与君权结合的政治结构,在中国历史文化的形成、发展过程中,发挥了独特的作用。以亲亲为基础、以君王国家为核心的伦理型文化是中国传统社会具有持久凝聚力的精神保障,也是中华文化历经磨难而未中绝的文化动力。在魏晋南北朝时期长达数百年的分裂局面之下,在统一的国家基本上不存在的情况下,中国文化仍能保存传承,就得益于中国有一个以亲缘关系为基础的社会组织。当然,宗法制度原则与君主专制制度的结合,给中国文化也带来了相当大的负面影响。

氏族社会的宗法制度本来是一种习惯性的历史的事实,但进入阶级社会以后,却由统治阶级及其知识分子加工改造,使之理论化、固定化,铸造成一整套宗法制的政治伦理学说,深刻影响了中国人的国民性和两千多年的文化。

这种宗法制度下的文化首先表现为对血缘关系的高度注重。中国人亲属之间的称谓区分之细,在世界上是罕见其匹的。宗法制度下的文化又表现为对祖先的顶礼膜拜。"天地君亲师"五位一体,是中国人普遍敬奉的神主,但"天地"是虚设的;对"君"的崇敬是从对"父"的崇敬中引申、借代过来的;至于"师",也享有类似父亲的尊严并且"师"还是"孝亲"观念的灌输者。因此,"天地君亲师"的核心和枢纽在于"亲","孝亲"(即尊敬祖先)成为中国道德的本位。随着国家的家族化,宗法观念在封建时代便演化成"三纲"、"五常"等一整套伦理体系,构成封建时代人际关系的准绳。宗法制度下的文化还表现为对传统的极端尊重——政治上讲"正统",思想学术上讲"道统"、"心传",文学上讲"文统",艺术流派乃至于手工业行帮也讲"家法"、"师法"。从积极方面而言,这大大强化了中国历史和中国文化的延续力,使得中国历史和文化成为世界上少见的不曾中断过的典范;从消极方面而言,一味迷恋传统的宗法意识造成了中国人向后看的积习和守成的倾向。

综上所述,宗法制的特点在于,一方面用自然血缘关系来确定人们的社会关系,另一方面又用自然血缘关系将人们紧紧连在一起,从而限制着人们社会关系的发展。在宗法制度之下,社会结构以宗族为基本单位,每个社会成员依据与生俱来的血缘关系确定其在宗族中的位置。对于一般家族成员来说,他们很少有个人的权利,他们的个性几乎全部淹没在血缘宗族中,其全部权益由家长代理,因而在这种制度下,没有具有自我意识的独立的人,有的只是众多的大宗与小宗等贵族代表。在漫漫的历史长河中,这个带有某种血缘温情的宗法制度与几千年的专制制度相结合,形成了一种"家国同构"的社会政治结构,深刻地影响着中国文化,包括占主导地位的意识形态、史学、文学、艺术、民风民俗甚至科学技术等等。

(2)君主专制制度及其特征

秦并六国统一中国后,秦嬴政为炫耀其功业,改"王"为"皇帝"。皇帝集行政、司法、立法、监察、军事、考试等大权以及用人、刑赏等最后决定权于一身,拥有至高无上的绝对权力,开创了我国历史长达2100多年的中央集权专制制度。中央集权专制制度的内涵就是集地方之权于中央,集众人之权于皇帝个人。

皇帝总揽天下之权,但皇帝不可能事必躬亲,他对国家社会的控制是通过一套庞大的官僚办事机构实现的。从中央到地方的各级官员,直接对皇帝负责,他们在集权政治之下,谨慎地执行着皇帝的最高指示。在大一统的中央集权体制之下,庞大的官僚机构只是皇帝的办事机构。

2. 中国传统政治的基本特征

从对中国传统政治思想和政治制度的分析中,大致可以廓出中国政治的基本特征:

(1)家天下与君权至上

宗法制度的本质就是家族制度的政治化。西周时代统治天下的是姬姓家族;秦始皇统一中国,废分封,行郡县,建立公卿之制,但权力的核心仍牢牢掌握在自己手中,他自称始皇帝,以后二世、三世……要千万世地传下去。这显然比"封建亲戚,以藩屏周"的宗旨要贪婪得多。刘邦原是编户齐民,但当了皇帝后,也想让刘氏家天下永远保持下去。他与大臣们约定:"非刘氏而王,天下共击之。"以后有司马氏的晋朝、杨氏的隋朝、李氏的唐朝、赵氏的宋朝、朱氏的明朝、爱新觉罗氏的清朝等,一部中国历史,就是一部家族统治史。家天下最主要的特点就是一姓家族统治一个朝代,只要这个朝代不灭亡,这个家族就一直统治下去。

自秦汉以来,中国一直实行中央集权专制制度,尤其宋代以后,更是变本加厉,地方权势被逐渐削弱、侵夺,中央权力渗入各个角落。天长日久,地方政府相对于中央政府而言,不再成为权力机关。既然地方政府失去了实权,因此它的积极性也就受到极大的压抑而无从发挥。这种中央集权制的本质在于一姓之私的家天下传统。中国历代君王向来把天下国家视为私有财产。

(2)"有治人而无治法"

两千多年的专制时代里虽然不断经历改朝换代,但只是更换皇帝的名号而已,从张家天下变为李家天下,再变为赵家天下,等等,代表封建制度的皇帝及宗法观念不但没有削弱和消失,随着改朝换代反而不断得到强化。究其原因,在于"有治人而无治法",为政不在于制而在于人,这是中国几千年政治制度中一个根深蒂固的传统观念。由于只有人治而无法治,历代的政治制度,虽然在政府组织的安排上,对于皇权可以由宰相和御史大夫等高级官吏起到一定制衡作用,但当发生矛盾冲突时,最终稳操胜券的非皇帝莫属,因为皇帝拥有绝对权力,他可以一言九鼎,说一不二,甚至指鹿为马。绝对权力意味着他可以不受任何法律、道德的约束,包括他自己说过的话。而宰相和御史大夫们由于是皇帝任命的,因此也可以随意撤换。宫廷题材电视中常有一句台词:"天子无戏言",确实,皇帝一句话,不名一文的乞丐可以摇身一变而为万户侯,但皇帝也可以一句话将高官变为阶下囚,专制制度中的群臣的地位其实是没有任何制度来保障的。正因为这种传统的人治观念统治中国几千年,使人们总是把希望寄托在圣君贤相及清官身上,发生问题很少或根本就不从制度上去找原因;为政者则往往把国家的贫弱、社会的混乱等等归结为民心的伪诈与民风的浅薄,而完全回避制度的问题。即使有一些统治阶级内部的知识分子或民间的有识之士清醒地意识到这里面的制度问题,并试图去探讨、去分析并找出一些对策,但因为不合流或有谋反的嫌疑而受到各种粗暴的对待。"治心"或"攻心",成了统治者所遵奉的信条,这也是与"德治主义"相呼应配合的。纵观中国几千年的政治史,无一例外地都是在人治的框框里极尽周旋。

（3）"内圣外王"

宗法与专制的结合，在政治上表现为儒法合流，在文化上的反映则是伦理政治化和政治伦理化，突出地表现为"内圣外王"的心态，即修身、齐家、治国、平天下的人生理想和追求。所谓"内圣外王"，从广义上说，就是要求君主或政治领袖应具备道德条件，然后才能从事王者的事业。人格的完善是儒家基本的价值追求，故儒家极为注重人格的内圣规定。"内圣"是通过内省修身的功夫完成自我道德人格的塑造，其具体步骤是"格物、致知、诚意、正心、修身"，表现为善的德性，而善又以广义的仁道精神为其内容，即以"仁"为核心。"仁"既体现了人道的原则，同时又为理想人格提供了多重规定。从正面来说，仁德总是表现为对人的尊重、关心、真诚相待。孔子曾把"恭、宽、信、敏、惠"视为仁的具体内容，这些条目同时从不同方面展示了内圣的品格。与正面确立仁德相联系的是"克己"，所谓"克己复礼为仁"，"成己"是以仁来塑造自我，"克己"则是以仁来净化自我，二者从不同方面指向善的德性。其次，除仁德之外，人格还包括"知"的规定。在儒家那里，仁与知总是联系在一起的，而内圣在某种意义上即表现为仁与知的统一。"仁且智，夫子既圣矣。""知"是一种理性的品格，按儒家的看法，缺乏理性的品格，主体往往会受制于自发的情感或盲目的意志，从而很难达到健全的境界，只有通过理性升华，才能由自在走向自为，形成完善的人格，并赋予行为以自觉的性质。后来儒家一再强调的仁、义、礼、智、信等等，也可以视为人格的内在规定。从人格取向看，儒家在"内圣"之外又讲"外王"，所谓"外王"，是把自我道德人格由内及外、由近及远地推开来，以达到"治人"、"安人"的目的，其具体步骤就是"齐家、治国、平天下"。儒家的某些代表人物甚至还把"外王"提高到十分引人注目的地位，如荀子认为，理想的人格应该具有"经纬天地而裁官万物"的本领。当然，就儒家总的价值取向而言，"内圣"始终处于主导地位，"外王"事功不过是其逻辑的必然结果。因此，儒家所规定的"修身、齐家、治国、平天下"以及"自天子以至于庶人，壹是皆以修身为本"，即是对"内圣外王"最确切的注解。修身旨在达到"内圣"境界，治国平天下则属广义的"外王"，而"壹是皆以修身为本"的纲领，便使"内圣"具有了本体的地位。可见，内圣是外王的基础，道德是政治的前提，二者是不可分离的。

儒家把"内圣"作为"外王"的必要条件和充分条件，其实是一种不合实际的空想。纵观中国历史上的统治者即所谓的"外王"，往往是不合道德的，政治流氓有时也可能成为"外王",如刘邦,朱元璋等即是典型,但要说他是"内圣"则无论如何是不成立的。此外,统治者一般都是要求一切权力至最大限度的人,企图用道德的说教劝导他们自觉约束自己、减损权欲,肯定是不现实的。正由于此,在中国几千年的专制制度下,对皇帝不满,只有一种办法,就是把他打倒。但新换上来的皇帝换汤不换药地仍走前代皇帝的老路,甚至变本加厉,从而形成了中国一治一乱的历史。

几千年的传统文化片面强调道德作用的结果,使中国民众自觉到自身是一种道德的存在,而不是一种政治的存在。因此,对于政治往往从道德角度去观察和评价,把自己游离于政治之外,对政治有尽义务的自觉,但不知在政治上有自己的权利,不去争取,委弃于人,"他们不能代表自己,一定要别人来代表他们。他们的代表一定要同时是他们的主宰,是高高站在他们上面的权威,是不受限制的政治权力,这种权力保护他们不受其他阶级侵犯,并从上面赐给他们雨水和阳光"。这实际上是保守的小农经济和小生产者思想的基本性格。

(二)西方文化的制度渊源

1. 古代希腊城邦制度

从公元前 8 世纪起,希腊人开始建立城邦国家,形成了城邦政治制度。在此之前,地中海文明与世界其他古代文明之间在社会制度发展上并没有根本的差异。氏族与部落的农村公社制度是地中海文明与世界其他古代文明的主要形式,但是从这时开始,希腊人的城邦国家建制成为西方国家的一种重要特征。

简单地说,城邦是以一个城市为中心的独立主权国家,它具有自己的独立领土与居民,它有公众服从的独立权力机构。这里所说的"以一个城市为中心",显然就排除了领土广阔、包含多个城市的国家。那种国家是"领土国家",而不是城市国家了。领土国家因为疆域广阔,人民之间不可能有紧密的政治生活,没法实行主权在民的"直接民主"制度。所以,城邦首先是异于"领土国家"的"城市国家"。

希腊城邦制度的典型代表是雅典的民主政治。雅典民主政治进程异常复杂,经历了多次改革,平民与贵族之间展开了殊死搏斗,改革中的每一步都有惊心动魄的斗争。经过海外殖民与希波战争,希腊文明一方面不断向外发展,成为世界上最为强盛与发达的国家与民族;另一方面,希腊城邦自身的建设也在加强,它的政治经济进入了最兴旺的阶段。这一阶段中,民主政治从形式到内容都有重要进展,成为西方文明史上最光辉的时代。公元前 443 年至公元前 429 年的伯里克利时代,希腊民主政治发展到近乎完美的状态。

伯里克利是贵族出身,以民主派领袖身份出任首席将军,连续执政 15 年。伯里克利时代雅典民主制度规定:(1)国家保护公民自由与权利,个人出身与财产不会构成公民自由与从事政治活动的限制。(2)国家支持公民从事政治与文化艺术活动,为了保证所有公民特别是较低阶层的人参加政治活动,政府为担任公职和参加政治活动的公民发放津贴。(3)公民大会为国家最高权力机构,五百人会议与陪审法庭行使最高权力。陪审法庭是选举产生的。贵族会议的权力被取消了。(4)所有公民在公民大会上都有发言权,各级官职,除了 10 位将军的职务之外,全部向公民开放。(5)原来规定只有贵族才能担任公职的规定也被取消,贵族被取消了一切特权,只保留在宗教事务方面的作用。

这些极为重要的民主制度与法律的制定,使得希腊民主政治变得更加完善。法律面前人人平等是民主制度的基础,所以民主政治就是法治的政治,法治不能以公民的身份与财产为转移。另外就是公民拥有参与政治活动与决策的机会,这代表着一种政治生活的民主化。国家的重大问题首先经过辩论,然后再采取投票表决等方式,少数服从多数。国家公职进行公选,公选以投票方式进行。所有公职都有任职时间的限制,一般的公职都只任期一年,到期则进行轮换。

总括希腊城邦制度,它在政治上有以下特点:

第一,以单一的民族或是共同居住地的居民为基础,具有固定的领土与公众权力机构,是西方古代国家的典型形态之一。

第二,一般采用城市中心与周围农村相结合的形式,拥有从事工商业的商人、从事手工业的小业主、城市居民、农民与牧民等多种成分。这样有利于工商业经济的发展,也有利于形成一个有互补性的多种经济共同体,使它具有稳定性与自足性。

第三,多数城邦实行共和体制,没有建立君主专制制度。城邦居民、贵族与奴隶共同构成城邦主体。其中城邦居民与农民享有平等地位,奴隶不享有平等权利。部分城邦中还发展出充分的民主政治制度。

第四,城邦民主政治中最重要的、最能体现民主特色的是公民大会。一般的城邦实行三级制度,即执政官、贵族会议与公民大会。

城邦制度是古希腊对世界文明的巨大贡献,它也是人类社会所建立的最早国家形态之一。古代城邦国家之后,西方才发展出奴隶制大帝国、封建国家、资产阶级共和国等国家形态。其中只有城邦国家才是人类最自然的国家形态之一,所以关于城邦的历史研究对认识国家本质及起源极为重要。城邦制度的核心是民主制度,这一制度是产生于私有财产出现之后的。这一制度的存在说明了私有财产并不是国家产生的唯一根源,人类社会制度的最终目的也不是维护私有制。城邦的民主制度,曾经是人类理想的范本。

古代希腊城邦制度对欧洲国家制度有重要影响,它直接启发了封建民族国家与资产阶级民族国家的体制建构。它的执政官、贵族会议与公民大会等形式,对以后的王权制度、君主立宪、议会制度等都有一定影响。

2. 希腊罗马法学思想与罗马法典

古代希腊奠定了西方法学的基础,希腊各城邦都十分重视法律的建立,斯巴达人尤其重视法律。公元前 9 世纪末,斯巴达人建国,开国者即是法律制定者来库古,他主持国政期间,主持制定一系列法律,从而使斯巴达成为一个独立的文明国家。公元前 6 世纪初,雅典城邦实行了梭伦改革,梭伦建立宪法,设立四百人会议,作为公民大会的常设机构;设立陪审法庭,任何公民都有上诉权,陪审法庭的陪审员由所有等级的公民经抽签以后选出,陪审法庭受理并裁决公民的投诉或上诉,相当于最高法院。庇西特拉图当政时,甚至设立了农村巡回法庭。克里斯提尼时期的法律更为完善,著名的陶片放逐法保证了民主选举。这种方法就是召集群众,让每个人把要放逐者的姓名写到陶片上,最后决定不合格的领导被放逐,这种方法曾经受到亚里士多德等人的称赞。

希腊人已经提出法律面前人人平等的思想。这是古代希腊民主制度的法学观念的基石,也是希腊人对于世界法律思想的伟大贡献。希腊法学中相当重要的问题是法律的本质、公民守法的意义等。柏拉图相当推崇法治,他在《理想国》中曾经说过:"在一个法律是国家官员之主人的国家,我看到了拯救者和神给予它的佑护。"

如果说希腊哲学是希腊学术的代表,那么对于罗马人来说,法学则是他们所更为重视的社会科学。从深层联系来看,正是希腊人所确立的理性原则才可能产生罗马的法律至上观念。罗马人继承了希腊哲学家关于人生来平等、法律面前人人平等的观念,罗马皇帝马可·奥里略希望把罗马国家变成这样的国度:一种能使一切人都有同一部法律的政体,一种能根据平等的权利、自由平等的原则与言论自由而治国的政体,一种最能尊重被统治者的自由的君主政治。这种原则也成为西方社会的理想,从罗马皇帝到现代的资产阶级政治家,一直反复宣传它。纵观罗马历史,无论是共和时代还是帝国政治,制定各种各样的法律,推行各种新法,改革法律制度,一直持续不断,形成了罗马历史上一种独特的现象。

与罗马帝国的历史相关联,一个使用极为频繁的词是"罗马法"。罗马法是一个历史名词,包括两种含义,一是指所有罗马人通过的法典,二是指罗马民法。公元前509年,罗马人民起义推翻了塔克文家族的统治,结束了王政,进入共和国时期,实行执政官制度。公元前460年,罗马成立十人立法委员会,考察了梭伦宪法及希腊人的法律。而且罗马还出现了法学家阶层,这是世界最早的法学家阶层之一。公元前451年至公元前450年,在平民群起而斗争的情况下,贵族被迫同意制定了罗马历史上第一部成文法典《十二铜表法》,这部法典因铭刻于十二块铜牌上而得名。这部法典的目的虽然仍是为了保护贵族利益,但与以前的习惯法不同,这是以成文法的形式来保障社会秩序,这样就限制了贵族滥用解释权,曲解法律。《十二铜表法》之后,罗马又通过了一系列法律,基本上形成了完备的法律体系。

罗马法的形成,对于世界文化意义重大,如果说在公元前5世纪之前,古希腊罗马文化是一种以人文主义思想为指导与民主自由精神为追求的文化,那么,罗马法的确立,为世界贡献了以法律来治理社会的观念,这一观念成为罗马文化,也成为整个西方文化精神的代表。同时,这种法治精神对于未来世界产生的影响也是难以估量的。

罗马法律体系通常称为罗马法典,是奴隶制国家法律的典范,但这并不意味着罗马法典只适用于奴隶制,因为作为法律体系,只能是一定社会历史阶段的产物,但是作为法律的精神,却是适用于各种社会与不同历史时代的。罗马法典的思想来源是复杂的,但主要还是来自于希腊人的自然法思想。希腊自然法精神就是理性精神,正如英国学者梅因所说:"罗马安托宁时代的法学专家们提出:'每一个人自然是平等的',但在他们的心目中,这是一个严格的法律公理。"罗马法典之所以能受到世界各民族的肯定,流传于世,关键在于它所代表的正义与公正的精神,这种精神被用于衡量包括国家在内的一切事物。西塞罗认为,国家只是一个道德的集体,是共同拥有该国家及其法律的集团,所以是反对君主专制的。这可以看做是罗马法典特别是早期罗马法律的一种精神。

3. 民族国家的法律

罗马帝国崩溃之后,各民族的独立已经势不可挡,虽然宗教势力与皇权仍然在阻碍着古代民族国家的独立,但毕竟已经难以奏效。文艺复兴之后,早期民族国家的趋势已经出现,西方的法律制度也随之发生了大的变化。罗马法律是建立在统一的奴隶制帝国基础之上,它主要解决帝国统治的秩序问题。近代资产阶级国家诞生之后,迫切需要有为民族国家制度服务的法律思想与条文。

西方近代法学理论中,最为基本也是最为重要的是三权分立原则,这种原则是法国启蒙主义思想家孟德斯鸠提出的,他认为,立法、司法与行政的三权分立是最为合理的国家政治与法律制度。他指出:

> 每个国家都有三种权力:立法权、对有关国际法事务的执行权和对民法有关事物的执行权。根据以上的第一种权力,国王或执政官制定临时或长久的法律,并且修改或废止原来制定的法律。根据第二种权力,作出讲和或宣战的决定,派遣或接纳使节,维护公共安全,防御侵略。根据第三种权力,惩治犯罪或仲裁民事争端。我们称后者为司法权,而把第二种权力简称为国家的行政权……如果司法权和行政权集中在同一个人之手或同一机构之中,就不会有自由存在。因为人们会害怕这个国王或议会制定暴虐的法律并强制执行这些法律。

三权分立原则的提出标志着西方法律与政治思想发展的新阶段,它代表着民族国家形成进程中的法学思想,它是资产阶级法学的历史经验总结。

4. 现代欧美法律制度与法学思想

欧洲的三权分立原则在美洲大陆取得了胜利,并且产生了与欧洲不同的形式,也代表着现代西方法律制度与法学的重要进展。1787 年美国通过联邦宪法,即《1787 年宪法》,该宪法体现了三权分立的原则与联邦制度的结合,这是欧洲以前不曾出现过的。

有一个人物在欧洲与美国的政治风云中同时留下了痕迹,这就是托马斯·潘恩(Thomas Paine,1737—1809)。托马斯·潘恩曾经亲身参加了美国独立战争,以后返回法国,成为《独立宣言》的起草人之一,投身法国大革命,任制宪会议议员。他的法学思想中,将自然权利发展到公民权利,将人权观念推向新的阶段。他主张建立共和国,克服简单化的民主思想,推崇代议制。他还预见到,欧洲有可能将来成为一个大的共和国。美国的民主主义思想家托马斯·杰弗逊(Thomas Jeffeson,

1743—1826)是《独立宣言》的起草人,曾任美国第三任总统。在《独立宣言》中,他以天赋人权为思想基础,主张保护私人财产权利,政府行政必须坚持正义性;提倡出版与宗教自由,为美国联邦政府的法律与行政行为建立了准则。托马斯·潘恩和托马斯·杰弗逊在近代法学向现代法学思想的转换中,作出了重要贡献。

西方法学史家认为,杰弗逊式的"平民与自由主义的民主"是对启蒙主义民主的超越,启蒙主义的民主是拥护君主立宪的,而美国式的民主则是实行共和制度的。西方法学的发展从宏观来看是一个圆形结构,开始的罗马法是以民法为起点的,体现了一种共和国的古代民主法制传统,但是当代西方法学却是以国家法为终结的。西方法学发展的轨迹是从私法为重点开始却以公法为中心结束,这是一种值得深思的历史现象。

19 世纪以后,英国法律制度进一步完善,边沁等人的学说一定程度上有利于政治法律的改革。1832 年通过改革法案,1848 年谷物法被废除,其后,宪章运动与社会主义思潮兴起,这使得英国现代法律制度得以实行,也使得英国处于欧洲法律制度改革的前列。从大宪章开始,英国的法制就走上了稳定与求实的发展道路。

美国的最高司法机构是最高法院,宪法规定了三权分立与互相制衡的机制。从宪法产生以来,已经经历了数十次的修宪,主要是增加了反对歧视黑人与妇女等方面的内容。从美国政治总进程来看,美国政府克服了联邦制度行使初期的权力过于分散的局面,加强了国家权力。美国宪法是世界上第一部作为独立统一国家的成文宪法,它的历史意义在于明确提出以总统来取代王室,以人民可以掌握的力量来取代世袭的皇家权力。

近年来,欧盟正在酝酿通过一部欧盟的宪法,这部宪法适用于欧盟各国,法国等国家还就这一宪法进行了全民公决。这一进程本身就体现出欧洲法治的特点。如上所述,欧洲统一体与欧洲统一宪法的思想在西方文化中由来已久。目前这种努力仍在进行之中,至于它的未来与前途如何,特别是这种欧洲统一宪法会起到怎样的作用,还要由历史本身来证明。

三、中国文化形成的历史渊源与西方文化形成的宗教渊源

(一)中国文化形成的历史渊源

1. 中国文化的统一性

中国文化源远流长,有 6000 年以上从未中断的历史,其所以能顽强地生存

发展并绵延至今,究其原因,最显著的特征在于它的统一性。在漫长的历史长河的流淌之中,中国文化逐渐形成了一个以华夏文化为核心,同时汇聚了国内各民族文化的统一体。这个统一体发挥了强有力的同化作用,在中国历史上的任何时刻都未曾完全分裂和瓦解过。即使是在政治纷乱、国家分裂的情况下,在内忧外患、危急存亡的紧要关头,它都没有消散而顽强地保持着完整和统一,这一特征是在世界任何别的民族的文化中绝无仅有的。

2. 中国文化的连续性

连续性是与统一性既有联系又有区别的概念。就其联系方面而言,一个民族的文化如果在空间上有统一性的特点,那么在时间上它就应该呈现出连续性,否则将没办法保持它的统一。若从区别的角度而言,统一性是相对于文化的多元性而言,在同一个空间和时间中,有众多系统的文化并存,并且没有哪一个系统的文化占支配或主导的地位,那么,这个文化就不具有统一性的特点。而连续性,是指文化在历史发展中的承传性、延续性,它是相对于文化的间断性或中断性说的。一个民族的文化具有连续性的特点,表明这个民族的文化在时间上是连续发展的,中间没有产生过断裂。如果在时间上呈现出间隔或跳跃,在一个历史时期中,它可能具有一定的统一性,并得到发展,但在另一个历史时期中,它完全丧失了这种统一性,甚至连自身的存在也被其他系统的文化所代替,尽管后来在某一个历史时期中,它又得到恢复和发展,但它毕竟有一段空白或跳跃,这一文化就不具有连续性的特点。如埃及、巴比伦及古希腊文化即是如此。因此,从区别的角度说,统一性可分为间断的统一性和连续的统一性;连续性可分为多元的连续性和一元的连续性。纵观中国文化,它显然既具有连续的统一性的特征,又具有二元的连续性的特征。

(1)中国文化未曾发生"断裂"是因为具备比较完备的"地理隔绝机制"这种得天独厚的自然条件。从中国文化的自然地理环境来说,中国处在一个半封闭的大陆性地理环境中,东面临海、西北有戈壁沙漠、西南则多横断山脉、东北有广袤的原始森林,仿佛形成了一种天然的"隔绝机制",其内部有结构完整的体系,自成一个地理空间。几千年来,这种得天独厚的地理环境使中国文化好像一直孕育在一个广大的避风港中,很少遇到外部力量的巨大冲击。这是一个统一、独立的文化系统得以连续发展的必不可少的先决条件。而且,中国不仅有地理的隔绝机制,与其他文化区相距遥远,且关山重重阻隔,地域辽阔,水系繁多。在这种大环境下展开的文化系统,不仅能迅速完成内部的统一,而且不易受到外族的入侵而中断。因此,如果看不到地理生态环境对文化发展的影响,必然会导致认识上的片面性和主观性。客观地看,我们应该承认,中国文化在其粗具规模并显示出强大生命力的时候(鸦片战争前的中国古代),外族的入侵并没有对它的存在形成严重的威胁,确实是得益于中国具有比较完备的"地理隔绝机制";当然,如果把中国文化连续性的原因,完全归结为自然地理环境,而看不到其他因素,特别是经济的、政治的、文化自身的以及人的因素对文化连续性的影响,显然是一种错误的形而上学的地理环境决定论。

另外有一种观点认为,中国历史上长期缺乏开放的动力,根本原因并不是地理障碍的阻隔,而是中国的地理条件过于优越。为什么中亚、阿拉伯的商人可以不畏艰险、不远万里来到中国,而来往于丝绸之路的中原人却少得可怜呢?为什么当西方人千方百计在寻找通向中国的航路时,中国的统治者却要禁止海上交通,连早已开辟的航路也不加利用呢?这些固然有儒家思想的消极影响,但另一个重要原因则是中国所处的地位优越。因为在西方近代文明兴起以前,中国的确是东亚乃至当时全世界最强大、最富足的国家,完全可以做到自给自足,无求于人。尽管当时中国人的优越感和自我陶醉也是一种保守的表现,但与近代中国已经处于落后地位时一些人的夜郎自大还是有本质区别的。

(2)中国文化不曾发生"断裂"的内在根据是政治的连续性,即政治传统的继承性。决定这种政治传统继承性的是中国传统社会政治结构的两大基本特征:一是宗法制度和宗法观念的长盛不衰、深入人心;二是专制制度十分严密,且日益强化。宗法制度及观念的传统可一直追溯到夏、商、周三代甚至更早。如前所述,得天独厚的自然条件和地理生态环境奠定了中国传统社会的农业社会经济基础,这使得我们的先民很早就过着"日出而作,日落而息"的定居生活。人们安土重迁的活动范围相当狭小。由此,原始时代形成的血缘关系难以被冲破。在进入阶级社会以后,血缘家族的社会组织形式依然被长期保留下来,这就为周代确立严密的宗法制度奠定了坚实的社会基础。这种制度包括三个方面的内容:一是嫡长子继承制,二是封邦建国制,三是宗庙祭祀制。这三项制度极大地强化了血缘家族的社会组织功能,使宗法血缘关系成为整个社会的基本纽带。家天下制度长期延续,家族制度长盛不衰,构成了中国传统社会政治结构的最基本的特征。宗法制度和观念给君主专制提供了最有效的组织模式和基础,农业经济又给君主专制提供了最坚实的经济基础,因此,"家国同构"、"忠孝同义"成为中国传统社会的重要特点。

（3）学术思想的连续性是中国文化不曾发生"断裂"的自身基础。早在夏、商、周时期,中国古代学术思想即已萌发,并且历经数千年的连续发展而未中绝。孔子是中国第一个创立私学的伟大教育家,他对殷周以来的古代文献进行搜集整理,一方面作为教育的内容,另一方面也延续和保存了中国古代文献。孔子编辑整理的古代文献称之为"六经",即:《周易》、《尚书》、《诗经》、《礼》、《乐》、《春秋》。在这些古代文献典籍中,包容了古代的政治、历史、哲学、文学、音乐、典章制度等丰富的文化内涵,成为中国几千年封建社会经世致用的经典。可以说,在中国古代,作为一个知识分子,不论他的学习兴趣与研究方向最终怎样,他的首要任务就是学习经书,不可能有其他的选择。汉代,武帝采纳董仲舒的建议,"罢黜百家,独尊儒术","经"的地位被大大提高。训解和阐述六经及儒家经典的学问,称之为"经学",是学术文化领域中压倒一切的学问,成为汉以后历代的官学。"经",也不断地扩充与增加。先是有"七经"之说,到了唐代,经学作为官方学术,确定为九经,宋朝又扩充为十三经。作为一切文化学术的指导性经典,十三经往往被刻在石碑上,以显示其不可更改的权威性。中国文化的这种经学传统,对中国文化的发展产生了重大影响。

综上所述,由于中国政治变化、政权更迭,始终是在本民族内部进行,而中国民族文化的统一性又往往使内部的政治斗争无法选择它以外的文化做武器,因此总是在中国固有文化的自身因素中寻找,如儒、法、道、佛、玄等,而这几种不同的文化因素又具有同源的特点（佛虽源于印度,但也很快与中国文化融为一体）。这就使得中国历史呈现出这么一种情形,由于接受了统一文化的熏染,因此,不论谁夺取政权,他都必须借助于这个文化来巩固自己的统治地位,客观上保持了文化自身的连续性。即便是在少数民族当权的朝代里,也同样存在上述情形,尤其中国边远民族,在文化上都不如汉族发达,其文明程度一般都低于中原地区,所以在他们取得政权之前,就往往接受了汉文化的熏陶,取得政权以后,更是利用汉文化作为思想工具,任用汉族大臣实行管理。另外,由于中国宗教不发达,特别是由于多种崇拜的原因,没有形成一个足够统摄全民族的宗教势力,因此,也就没有形成不同的宗教势力集团。在官方往往儒、释、道并重于一朝,在民间往往孔、老、佛同祀于一庙。这样在中国就没有因宗教信仰的问题而发生宗教战争和文化排斥现象,这也是中国文化连续性的原因所在。当然,就中国文化的自身发展来说,最重要的原因,乃在于中国文字的统一及文字演变的稳定性。

(二)西方文化的宗教渊源

1. 基督教的起源与发展

关于基督教的起源问题,西方的学者和宗教学家众说纷纭、莫衷一是。但大部分学者认为,基督教是从犹太教的一个分支演变而来的,最早的圣经可能由散居在希腊的犹太人用希腊文整理而成。在此之前,可能有希伯来语及其他语言的散见的文件。"耶稣"这个名字是约书亚的希腊文音译,意思是说"约是拯救"。在《旧约》中,约书亚是以色列人征伐加南时的领袖。对于注定要把以色列人从罗马的压迫下解救出来的人物,预先予以这个名字,是很自然的事。所谓"基督"、"耶稣"是犹太所谓的"弥西亚"、"约书亚"。耶稣降生的传说反映出当时犹太爱国志士盼望约书亚式的英雄人物再生于世,以便在罗马帝国的废墟上创立一个新的世界秩序。"基督"、"耶稣"从最原始的意义上说在它和任何历史人物发生联系之前,都意味着一个期待革命、期待解放、期待自由的革命口号。

整部圣经是一部充满着血泪辛酸和洋溢着奋斗精神的历史。

基督教大约产生于公元 1 世纪,即罗马奴隶制帝国初期。最初流行于当时罗马帝国所属的巴勒斯坦和小亚细亚一带下层犹太人民中间,后来在整个罗马帝国传播开来。到公元 4 世纪终于成为罗马帝国的国教,而后逐渐发展为世界性的宗教。基督教对于欧洲乃至全世界社会历史、思想文化的发展所产生的影响是很大的,而且与欧洲哲学思想的发展关系尤为密切。一方面,从基督教产生来说,古希腊罗马的唯心主义哲学,特别是斯多葛派和各种神秘主义学派,正是基督教的思想渊源之一;另一方面,基督教产生以后便直接地影响着欧洲哲学思想的发展。

基督教信仰上帝,说耶稣是上帝的儿子。为救世人,上帝派耶稣(经童贞女玛利亚之身)降临人间,所以他是一个神人。耶稣在人间行了许多神迹,宣讲了许多教训,传布了福音,招收了一些门徒,后来被提庇留皇帝派驻犹太的总督彼拉多钉死在十字架上,但三天后复活升天,将来还要重新降临,来审判所有的活人和死人。基督教会就是由他在信徒中挑选的十二个门徒建立的。这些门徒在耶稣死后就到各地传教。根据基督教会的说法,耶稣生的那一年正是公元的开始。这个说法在西方世界曾长期广泛流传,但西方学界通过长期大量的考证研究,对所谓"创始者耶稣"及其十二门徒究竟是否真实存在的历史人物,并没有发现任何足资证明的可靠的历史材料。其实,基督教的产生并不完全取决于某个神奇的人物,它实际上是古代奴隶制社会阶级斗争的产物。其根源在于当时罗马帝国政治经济的发展以及意识形态,尤其是哲学和宗教上的特点。

基督教最初是从被压迫的下层犹太民众中产生出来的,因此,最初的基督教徒基本上是奴隶和被释放的奴隶以及受苦受难的下层群众。由于文化的融合与基督教的让步,它逐渐被西方执政者所接受。

在西方封建社会中,基督教会不仅支配着思想文化领域,而且有着强大的政治经济势力。在经济上,教会本身就是最有势力的封建领主,拥有天主教世界地产的三分之一,教会利用土地直接剥削广大农奴,并向居民征收什一税,利用各种迷信活动敲诈勒索,教会的僧侣们过着奢侈腐化的生活。在政治上,教会按封建等级制原则建立了自己的教阶制,把整个西方联合成为一个庞大的政治体系,成为西方封建统治的国际中心。至于思想文化领域,就更是基督教的一统天下。基督教会是最高的权威,教会教条同时就是政治信条,圣经词句在各法庭中都有法律的效力,政治、法律、哲学、文学都不过是从属于神学的旁系或分支,任何不合正统神学的思想学说都被斥之为"异端"受到禁止和迫害。总之,基督教徒使西方封建社会的各个方面都染上了宗教的色彩。

2. 基督教教义的"理性之旅"

基督教在西方文化土壤上生成,从而也具有浓厚的西方文化属性,其中至为明显的一点是,它也具有浓厚的哲学意味或色彩。这一点按理是很奇特的:哲学是理性的,宗教是反理性的,用理性来给反理性作证明;但西方人却正是这样做的,"先信仰,后理解",而不是"先理解,后信仰",即使信仰但还是丢不开理性。这种处处依赖理性,执著于理性的特点,的确是西方人的文化性格。基督教是富于理性的宗教,事实如此,不管这样的结果是不是使其更荒谬或顽固,但它的确做到了这一点——用理性为宗教辩护和服务。

3. 两种伦理观的微别与迥异

通观基督教在西方社会史上的作用,它的功能大体为两方面:道德伦理性的和政治统治性的。政治统治性的无非是把基督教的教义用作统治的意识形态,这一点从学理上说殊为简单,故无须多论。作为道德伦理的"说法",则与中国道德伦理所强调的略有不同。中国的道德伦理更强调人际关系的协调方面,表现为等级制的规约、规范更突出,每个人在社会中应各安其位,所谓"君臣父子"等;西方道德伦理的重点则不在等级制,实际上因为强调"都是上帝的仆人"而彼此间带有一定的平等色彩,如家庭、国家内部的专制程度都未达到中国的酷烈程度。西方道德伦理抓住一个更根本性的东西——欲望,以禁欲主义达到对人的"非礼之行"的制约。不仅仅是你不该对他人如何,而且是在你的心里压根儿就不该如何(不仅仅是你不该侵犯你的邻居,而是压根儿你就不该有促使你侵犯邻居的欲望)。可能是这样:中国人正因为"人我之间"的关系经常被搞得很模糊,所以特别要用繁琐的礼仪、规矩加以规范;西方人恰因为人我界限十分清楚,所以用不着把精力花费在怎样调节人际关系上。西方人把注意力更多放在怎样制约"自我"上,过于膨胀的自我不仅仅开罪于他人,而且获罪于上帝,从而最终导致自身的毁灭。文化结构的复杂性在西方人的民族性与宗教感之间的关系这一点上体现得非常典型。你看,西方民族一方面是高度重视人的"个性自由",但另一方面却又小心翼翼地防范着"自我膨胀"。这其实是合乎逻辑的,没有"个性自由",哪里来的"自我膨胀"?而在自我膨胀的前后,又有禁欲主义制约或纠正、补救。也许,自由和禁欲正是孪生关系,哪一个因素缺位,都会带来麻烦。西方社会的发展史,正是这对孪生兄弟轮番出场而"否定之否定"的历史。

4. 宗教的发展和影响

人对自然万物及自身存在的神秘感是宗教产生的根源。自古以来,人们面对未知世界,神秘感众多,所以,宗教有一个漫长的存在和发展的历史。由于人对自然事物及对自身的认识是无穷尽的,自然中永远存在着对人来说是神秘的领域,因此,随着科学与社会的不断发展和进步,宗教也会在一个漫长的未来中不断地发展和变化。

从西方文化发展的历史来看,宗教一直占有特殊重要的地位。宗教观念已经渗透到了西方文化的细胞核里,所以很少有思想家从正面彻底否定上帝的存在,像康德、休谟、伏尔泰、卢梭、斯宾诺莎这些大哲学家们也并不否定神的存在,他们都不同程度地带有自然神论的倾向。因而,他们在对神的解释上更接近于科学和理智。至于谢林尤其是黑格尔这类学者则企图在逻辑体系的概念等级中为宗教寻找一个应有的地位,宗教在这个概念等级中乃是绝对精神表现的一种最高形式。

宗教是一个内容多样而复杂的概念,就其体系结构而言,包括宗教观念、宗教体验或情感、宗教行为或活动、宗教组织或制度,等等。其中每一项,对于不同宗教、不同流派、不同个人的主张又各不相同。所以,尽管许多人都在使用着"上帝"、"神"、"宗教"……等词句,但各人的理解、所赋予的含义可能相差很大。如爱因斯坦对宗教的理解,他所提出的所谓'宇宙宗教',就主要指的是一种对宇宙的和谐性、可知性的强烈信念与执著追求。他有一句名言:"科学没有宗教就像瘸子,宗教没有科学就像瞎子。"爱因斯坦指的就是其中的宗教,指的就是"宇宙宗教",显然,与罗马天主教会所宣扬的宗教是有相当大的差异的。因此,今天西方有众多的科学家及人文学者在放弃了人格化上帝的观念之后,仍然保留着一种神圣而严肃的宗教感情,即对宇宙和谐、秩序的敬仰。正是在这个意义上,许多人认为科学与宗教是并行不悖的。总体而言,基督教理论在西方的影响相当于儒学在中国的影响,虽然它的很多具体的成分已被摒弃和遗忘,但它在西方民族的伦理学和道德中仍然起着巨大的作用。很多皈依宗教的哲学家、物理学家和文学家,不一定是真正相信《圣经》中那个拯救人类的上帝,而归根到底是皈依一种理性追求的信念,而这种信念在宗教气氛中变得越加神圣化起来而已。科学家、哲学家和文学家与一般教徒同时进教堂去做弥撒、做祈祷,但他们的心灵中所展现出的境界却大不一样。很可能那些科学家头脑中所展示的境界是一个未被认识的科学领域,哲学家头脑中展示的是一种理想的人生观,而文学家头脑中所展示的则是一种难以扼制的高尚的激情。

第三章　中西文化的基本要素及其差异

第一节　中国文化的基本要素

一、宗教

与西方文化相比,宗教在中国文化中的地位显然没有那么显著,宗教情绪也远不如西方那么强烈。从文化的角度看,中国文化中宗教内容是错综复杂的。在中国历史上,曾经流行过佛教、道教、天主教、基督教、回教等等,但上述宗教在中国的影响都很有限,没能在较长历史时间内提升到国教的地位,而是诸教并存,多神崇拜,互相吸收,彼此相通,及至你中有我,我中有你,异中有同,同中有异;不论何种宗教,来自异国何方,总要带上中国面目、中国特色。这种情况在世界诸民族文化中是不多见的。

(一)中国文化中的早期宗教

在儒、释、道三教产生之前的漫长岁月中,从远古时代的自然神(日神、月神、星神、云神、风神、雨神、山神、地神、河神、树神等)崇拜;动物神(图腾)(鸟、凤、龙、蛇、龟、马、牛、羊、犬、虎、豹等)崇拜;到夏、商、周时期的天帝崇拜、祖先崇拜以及长期以来存在于民间的尊天、祭祖、拜鬼神等原始宗教就一直存在。这些原始宗教与中国文化基本上是同步萌发和发展的,它们对中国的民族文化、民族心理以及民族生活的影响较后来的其他宗教要深远和重大得多。几千年来直至今日,在人们心灵深处,对祖先和天神的崇拜都不同程度地保留着。

上古时期,与当时社会发展阶段以及人们的直观思维方式相适应,中国的原始宗教信仰呈现出多元的倾向。在这一时期中,原始的宗教信仰多以拜物教的形式度过其早期萌芽阶段,如对动物、植物、太阳、月亮、星辰、江河乃至硕大可怖的自然现象如雷鸣闪电、火山喷发等的崇拜。随着人类对自然界及自身的了解,

中国人重情轻法

西方人重法轻情

对死亡现象及死者产生了怀念、眷顾及恐惧心理,遂产生了鬼神崇拜。由于相应的社会条件,特别是氏族首领在尘世中所居高位肯定影响其同族人在其死后对他们的态度。这样,从前产生出来的对死者的宗教态度就逐渐演化为祖先崇拜。

由上述论述可知,原始宗教的崇拜对象归纳为三类:鬼神、天神及祖宗神。

1. 鬼神

原始时代,由于生产力低下,人类征服自然、改造自然的能力十分有限,与强大的自然现象(如风、雨、雷、电)相比显得极为渺小,不可避免地产生了宇宙间万事万物都有鬼神主宰的观念。于是,在上古时期产生了众多的神话:从开天辟地的盘古,到炼石补天的女娲;从张弓射日的后羿,到投奔月宫的嫦娥……作为一种早期文化的象征性表记,它是民族历史文化的源泉之一,其中蕴涵着民族的哲学、艺术、宗教、风俗、习惯以及整个价值体系的起源。

2. 天神

自然神崇拜的最高境界便是对"天"的崇拜。古人对自然现象深感神秘,在其强大的力量面前显得渺小无力,因此幻化出各种自然现象背后都必定有神支配,产生了风神、雨神、雷公、电母及形形色色的神。这些都是拟人的,具有人格的神,它们各司其职,掌管着自然。人们进而认为,在诸神之上还应该有统领的更高级别的神。故夏商以后,"天"的观念出现,并成为最高的神,占据至高无上的地位接受人们的膜拜。

3. 祖宗神

祖先是人类延续的根本,远古时代的"男根"崇拜就是祖先崇拜的反映。在中国古代文化中,祖宗神崇拜源远流长。据甲骨文和古文献记载,殷人对祖先就抱持一种"事死如事生,事亡如事存"的认真态度。从出土的甲骨文和卜辞中,存留了众多殷人祭祀祖先的记载。他们称自己的祖先神为"帝"或"上帝"。"帝"前加一个"上"字,表示他们的祖先居高临下,统治世界。殷周时期的祖先崇拜与天神崇拜构成了这一时期中国早期宗教的主要内容,对中国文化的发展起了重要影响。一方面影响了古代哲学。以易学为代表的哲学系统及以阴阳为代表的哲学系统,都是在上古生殖崇拜观念的启发下诞生并发展的。另一方面中国古代的伦理、政治乃至家庭也受到极深的影响。祖先崇拜是与单系亲族群相联系的,带有浓厚的血缘宗族关系的性质。这一信仰凝固了中国的家族制度,特别是在此基础上提出的"孝"的观念,形成秦汉以来中国文化的最大特色。后来经过儒家的发挥和润色,使之成为维系家庭、家族乃至国家的重要支柱。如果对中国古代宗教中的图腾崇拜、祖先崇拜等缺乏起码的了解,那就很难较深入地去理解和把握以"孝"为基石的儒家伦理哲学。同时,作为中国早期宗教的祖先崇拜与天神崇拜,以不同的方式灌注到中国人的心灵中,并在某些方面与后来的佛、道二教相融合,形成中国文化中特有的宗教系统,佛教的灵魂不灭,道教的肉体成仙,都或多或少地可以在中国早期宗教中找到它们的胚胎。

(二)道教

从历史渊源说,道教是从古代的鬼魂崇拜发展而来的,但它又不仅仅是鬼魂崇拜,而是掺杂了秦汉时期的神仙信仰和黄老道术而成的。道教是我国土生土长的宗教,包含有我国古代社会的宗教意识与民族文化。追溯其思想渊源,最古的是殷商时代的鬼神崇拜,继之是战国时期的神仙信仰以及东汉的黄老道学。可以说道教是我国古代社会鬼神崇拜的延续和发展,道士是古巫祝、方士之遗绪。古代巫祝的占卜、祈祷,方士的候神、求仙等等,无不为道教所承袭:中国古代社会万物有灵和祖先崇拜相结合所形成的一个天神、地祇和人鬼的神灵系统,也为道教所接受,成为其神仙谱系;中国古代社会的天人合一、天人感应以及谶纬之学等宗教色彩较浓的思想,也是道教神学理论的思想源泉。

1. 道教的创立和发展

道教成为一个有组织的独立的宗教,是在东汉时期。东汉顺帝年间(126—144 年),沛国丰(今江苏丰县)人张陵学道于鹤鸣山(今四川崇州境内),依据《太平经》造作道书24篇,自称出于太上老君的口授,并依据巴蜀地区少数民族的民间信仰,创立了道教。因入道均须缴纳五斗米,故称"五斗米道",主要是教人悔过奉道,以符水咒语治病。此派教徒尊张陵为"天师",故又名"天师道"。东汉时期道教还有另外一个教派叫"太平道"。此派由巨鹿(今河北平乡)人张角创立于汉灵帝熹平年间(172—178 年)。史载张角信仰黄老道,自称"大贤良师"。他在用符水咒语为人治病的同时,组织教团和"黄巾军"。

道教在魏晋时期获得了较大发展。东晋时期的葛洪从神仙方术的角度发展了道教,创立了道教的丹鼎一系。建武元年(317 年),葛洪撰《抱朴子》。《抱朴子》同时包含儒学和道教两种思想,分内外两篇,内篇整理、阐述了道术等理论,从神仙方术角度发展了道教,属道教;外篇论述儒家的入世思想,属儒学。南北朝时,北魏嵩山道士寇谦之改革旧天师道,创立"北天师道",使道教由民间宗教变为官方宗教。南方庐山道士陆修静整理三洞经书,编著斋戒仪范,道教形式因而形成。唐宋之后,南北天师道与上清、灵宝、净明各宗派逐渐合流,到元代归并为以讲究符箓为主的"正一道"。在北方,金大定七年(1167年),王重阳在山东宁海(今牟平)创立全真派,其徒丘处机受到元太祖成吉思汗重视,全真派遂成为道教中势力和影响最大的一个教派。此后道教正式分为正一、全真两大教派。道教在长期发展的过程中,与中国传统思想文化有着千丝万缕的联系,特别是与佛教、儒学相互排斥、互相吸收、互相融合,形成了自己独特的宗教体系,对中国的民族文化、民族心理、风俗习惯、哲学思想、文学艺术、民族关系、农民运动、科学技术乃至医药卫生、政治经济生活等,都发生了极其深刻的影响。

2. 道教的信仰特征和基本教义

道教的基本信仰是"道"。道教尊奉《老子》一书为《道德经》,作为自己的主要经典,并声称自己信仰的是老子所阐述的"道"。其实,老子的"道"仅仅是哲学概念,道教信仰的"道"是经过曲解、加工和改造过的宗教化的"道",它不仅包含有道家哲学的内容,而且更多地包含了神学的内容。道教认为,道是"虚无之系,造化之根,神明之本,天地之元","万物以之生,五行以之成"。就是说,宇宙、阴阳、万物都是由道化生的。道是宇宙万物之本原,同时又是"灵而有性"的"神异之物"。道教信奉的最高神——"三清尊神"也是"道"的人格化。根据"道生一,一生二,二生三,三生万物"的思想,道教把它衍化为"洪元"、"混元"、"太初"三个不同的世纪。三个世纪又进一步衍化为"三清尊神":元始天尊手拿圆珠,象征"洪元";灵宝天尊身抱坎离匡廓图,象征"混元";道德天尊(即太上老君)手持扇,象征"太初"。这样,道教又从信仰"道"进一步演化为尊奉"三清尊神"。

道教的最终目标是"得道成仙"。道教认为,人通过求神或修炼可以得道,不仅可以享受人间的幸福,而且可以返本还,与道合一,肉体永生,白日升天,长存仙界。因此,长生久视、全性葆真就成为道教的一个基本教义。

如何修炼才能得道果、成神仙呢? 道教的不同派别有不同的修养方法。其中,符箓派、正一道的方法主要是通过服符、念咒、敬神、诵经、祈禳、斋醮等驱鬼去病,求神保佑;丹鼎派、全真道认为通过内修、炼养,便可以达到长生久视的目的。至于具体的修行方法,道教有一系列的道功及道术。道功指修性养神的内养功夫,如清静、寡欲、息虑、守一、抱朴、养性、存思等;道术指修命固本的具体方法,如吐纳、导引、服气、胎息、辟谷、神丹等,实际上是我国古代的气功。

3. 道教对中国古代文化的影响

道教对于中国文化的影响是多方面的,特别是对古代文化中的科技文化影响较大。在医学、化学、药物学等方面作出了较明显的贡献。如道教把内外丹理论与传统医学理论结合起来,把调息、按摩、导引、行气等养生术纳入医疗领域,把炼丹术、服食术作为制药手段。其内丹学著作探讨人体"气、气化、气血、经络"等变化规律,丰富了传统医学的理论及医疗手段。其外丹术不仅为医药学积累了知识,认识了铅丹、铅白、石灰、朱砂等矿物的特性与用途,而且通过炼丹实践,推动了古代化学的发展。

道教对于中国古代文学艺术的影响也不容忽视。从六朝直到元明,文学作品的内容、情景、表现手法等均深受道教的影响。如六朝时期出现的《海内十洲记》、《汉武帝内传》、《洞冥记》等志怪小说,是为道教而作的。唐代的《枕中记》、宋代的《太平广记》、明代的《四游记》(除《西游记》以佛教为题材外,其余都以道教为题材)及后来的《封神演义》等等,都是以神仙道教为题材的。

道教对于中国古代民俗的形成与发展有着极为广泛、深刻的影响。例如,对城隍、土地、灶君的崇拜和祭祀,几乎遍及全国各地、各民族甚至每个家庭。春节到来之前,人们忙着贴门神、灶马、画桃符、钟馗,迎赵公元帅,热闹异常,这些习俗也是来自道教。

道教作为我国土生土长的传统宗教,其与佛教及其他教派在宗教神学理论乃至教术上有较大的不同,构成了道教的特点:

第一,在生死问题上,佛教以有生为空幻,认为即使能够延年益寿,最终仍不免一死,故主张"无生",而追求超脱生死轮回,进入涅槃境界。道教则以生为真实,故主张"无死",追求养生延年,肉体成仙。

第二,在形神问题上,佛教及其他宗教派别大都主张"灵魂不灭",而道教吸收了中国传统哲学中的元气论,认为人的生命由元气构成,人的肉体是精神的住宅,因此要长生不死必须形神并兼,即所谓的"内修"和"外养"或"拘魂制魄"的功夫。

第三,在"出世"和"入世"的问题上。各宗教派别都主张"出世",尤其印度佛教更甚;而道教作为中华民族土生土长的宗教却深深地打上了"入世"的烙印。它们有强烈干预政治的愿望。如道教大师葛洪就提出"佐时治国"的主张,认为修道不能脱离人世。真正有才能、有道行的人,对于学道与治国应"兼而修之"。

（三）佛教

与道教这一种土生土长的宗教不同,佛教则是一种外来的宗教。但是,佛教自传入中国之后,由于受到中国古代经济、政治传统文化的影响,逐步走上了中国化的道路。隋唐之后,佛教与中国传统文化相融合,进一步演化为中国化的佛教。

1. 佛教在中国的传播

佛教是当今世界三大宗教之一,产生于公元前6世纪到公元前5世纪,起源于印度,于汉代(公元1世纪)传入中国,在中国封建社会及其文化的土壤上,经过与中国本土文化的排拒、吸纳、依附,以及同传统的道教、儒学等互相影响,产生了自己独特的结构,形成了具有中国民族特色的宗教体系,成为中国文化的一个重要成分,推动了中国文化的发展。

佛教在中国的传播过程,即是不断向中国文化认同的过程,亦即不断中国化的过程。佛教在中国传播的过程中,在不同的历史发展阶段呈现出很不相同的内容和特点,而且各个宗派之间存在着较大的差别,呈现出一种错综复杂的格局。尽管有上述特点,但佛教的基本精神却是一以贯之的,即始终表现在对现实生活的否定上。在佛教的世界观看来,整个客观世界就是一个无边的苦海,处在"三世因果"、"六道轮回"中的芸芸众生,承受着怨、憎、离、别、生、老、病、死等种种苦难。因此,对于众生来说,"一切皆苦"、"一切皆空"。作为佛教教义总纲的"四谛:苦、灭、集、道",便是以"苦谛"为先。由此出发,按照佛教教义的指示,企图让人们相信,现实世界中的一切苦难及其产生的根源和条件,全部是虚幻的,只要顺着佛的指引,用"戒、定、慧"来克服自己的"贪爱"和"无明",彻底洞察这种虚幻性,就能跳出"苦海",得到"解脱",进入"涅槃"而成佛。

为了论证这条成佛道路的可能性,佛教充分地发挥了自己富于思辨性的哲学。以上述佛教教义的总纲为例,在论证中依其因果,解释世间诸法。四谛为苦谛、集谛、灭谛、道谛。所谓"苦",亦即"人生皆苦"、"一切皆苦",苦是佛教对有情世界的基本看法。最显著的为生、老、病、死四大苦,此外还有"爱别离苦",即生离死别之苦;"怨憎会苦",即与难于相容的人一起相处之苦;"求不得苦",即欲望得不到满足之苦;"五阴盛苦",即执迷地把色、受、想、行、识五阴和合的虚空的自身认做真实的存在而导致之苦。这些苦都是集的结果。集是苦的原因。

"集"的本意是"招聚"或"集合"。佛教认为,造成人生痛苦的最根本的原因是"烦恼",而"烦恼"之最大者即是(贪欲)、嗔(激忿)、痴(愚痴)这"三毒",或叫"三大根本烦恼"。此外,还有慢、疑、见等诸多烦恼。因烦恼而迷于事、迷于理,此即为"惑",有了"烦恼惑障",遂使身、口、意做不善之业,从而沉沦在轮回中,不能自拔。了解了苦因和苦果,还要寻找苦的解脱,也就是灭谛。苦因立于苦果之前,苦因不起则苦果不生,因而解脱的关键在于断苦因。佛教认为,人们只要把贪、嗔、痴三种致苦的原因灭尽,就可以抵达涅槃的彼岸,得到最高的幸福。灭谛为人们虚构了一个幸福乐园,向人们出售了一张平等、廉价的佛国入门券。达到涅槃境界的方法,即为道谛。"道"者,道路、途径之谓,亦即方法。佛教认为,只要依照佛法修行,就能出生死苦海,到涅槃彼岸,进入一种"常乐我净"的境界。佛教的修行方法很多,最主要的也就是佛祖最初宣说的"八正道":正见、正思、正语、正业、正命、正精进、正念、正定。正见即是正确的观察,对于四谛有正确的认识,便是如真知灼见的智慧;正思亦称正态,即是正当的思想,就是根据四谛的真理进行思维、分辨;正语乃正确的言语,即说话要符合佛陀的教导,不说妄语、绮语、恶语等违背佛陀教导的话;正业即是正当的行为,一切行为都要符合佛陀的教导,不杀生、不偷窃、不做邪淫等恶行;正命即过符合佛陀教导的正当的生活;正精进即毫不懈怠地修行佛法,以达到涅槃的理想境地;正念即正当的念虑,谓不起邪念;正定即专心致志地修习佛教禅定,于内心静观四谛真理,以进入清净无漏的境界。总起来说,便是观四谛之理,以得之乐。由上可见,佛教在论述自己的教义时,思辨性是极强的,当然,也不乏烦琐、枯燥的内容,不具备相当文化的人是难以理解的。因此,佛教在中国的传播过程中,也充分利用了中国社会的各种传统,其中包括社会的、伦理的、哲学的、原有宗教的、政治的和心理的等各个方面的现成材料,经过多番磨难和苦心经营,终于在中国赢得了比任何别的宗教都多得多的广大信徒。

2. 中国化佛教是中国文化的组成部分

在佛教中国化的过程中,它对中国文化发生了广泛而深刻的影响。佛教传入后,许多道教经典是在佛经的直接影响下形成的。例如道教的《洞玄灵宝太上真人问疾经》源于佛教的《法华经》,《太上灵宝元阳妙经》仿照《涅槃经》。以哲学为例,自魏晋以后,中国古代哲学就与佛教结下了不解之缘。佛教哲学是一种宗教唯心主义,但其思辨之繁富与巧密超过中国传统儒学及魏晋时期流行的玄学。因此，佛学的系统传入，对中国哲学以至整个中国文化都产生了巨大的启迪作用。中国古代思想家在消化佛教哲学的同时，把中国传统哲学中诸如孟轲、庄周等人的思想融入佛教，使佛学本土化。相继崛起于隋唐时期的禅宗、天台宗、华严宗、净土宗，便是中国化的佛学学派。宋、明时期，新儒学派又从佛学中汲取养料，使之与易、老、庄三玄相糅合。如程颢、程颐宣扬的"理"，即套自佛教的"真如佛性"，不过赋予了更多的封建伦理道德意蕴。朱熹的客观唯心主义体系也有若干内容来自佛教禅宗和华严宗的思辨。传统儒学与外来佛学长期融合，终于产生了中国封建社会后期的文化正宗——宋明理学。理学无论是在思维模式，还是在修行方法方面，无不深深打上了佛学的烙印。可以说，如果不懂得佛教的本体论思维模式和"明心见性"的修行方法，对于理学就如同隔岸观火。佛教对中国文学艺术的影响也十分深远。以诗为例，从魏晋的玄言诗到南北朝的山水诗，从唐诗到宋词，无一不受佛教的深刻影响。南北朝山水诗的集大成者谢灵运，本身就是一个对佛教义理颇有造诣的佛教徒。唐代的几位大诗人也具有浓郁的佛教风格和禅宗思想。白居易佛、道兼修，贬谪江州后，寄情于山水诗酒之间，彻底皈依佛门，并以"香山居士"自许；王维更是典型的佛教徒，其禅诗在中国诗歌史上占有举足轻重的地位。东晋顾恺之、北齐曹仲达、唐代吴道子等，在绘画中或融入佛、道的意念，或借鉴印度的雕塑方法与绘画方法。闫立本、李思训等画家吸收佛画中用金银加强色彩效果的手法，创立了金碧山水画，以"满壁风动"、"灿烂求备"的气派来表现唐代的丰功伟业和时代精神。中国著名的云岗、敦煌、麦积山等石窟艺术，都受印度艺术的影响，在艺术家的改造下，佛的森严、菩萨的温和与妩媚、摩诃迦叶的含蓄、阿难陀的潇洒、天王力士的雄健和威力，都充满活力，达到了前所未有的成熟与完善。宋元时期的轴卷、册页、扇面往往通过山水花鸟展示"无为"、"寂灭"的境界。中国古典文学中的平话、小说、戏曲多源自佛教的俗讲、变文，民间文学作品也受到禅宗语录的影响。尤为值得一提的是，中国古代的诗、书、画等都极为注重"境界"，而"境界"与佛教的"禅机"多有相通之处。正因为如此，唐宋之后的诗、书、画的发展变化，常常与佛教的发展变化息息相关。

（四）带有宗教色彩的儒学

1. 传统儒学的宗教色彩

孔子是儒家思想的集大成者，他在中国文化史上的最大贡献是对"人"的发现。他罕言神与天道而注重人事,对鬼神敬而远之,把眼光转向现实的人生。这种思想倾向在当时是具有反宗教或非宗教意义的。然而,孔子并没有抛弃"天"与"天命",《论语》中,有很多内容与"天命观"有联系,如"君子有三畏:畏天命,畏大人,畏圣人之言"、"死生有命,富贵在天"等等。孔子思想乃至整个儒家学说都没有完全抛弃"天"这个外客,都是在这个既"无声无臭"又至高无上的"天"之下去谈道德、做文章。由于时代不同,或称之为"天命",或名之曰"天道",或冠之以"天理","天"一直是政治思想和人伦道德之本原。所谓"奉天承运"、"天命之谓性"等等,都说明"天"、"天命"、"天道"仍是儒家学说的最高范畴。可见,儒家的"天命观"虽不是宗教,却有着明显的宗教色彩。

汉代董仲舒进一步推进了儒家的宗教化发展,他建立了"天人感应"的理论体系,提出了"道之大原出于天,天不变,道亦不变"的思想,将"天"进一步神话、宗教化。尤有甚者,董仲舒还把世间的一切,包括政治制度、伦理纲常等等,统统归结于天下。所谓"王者法天意"、"人受命于天"、"王道之三纲;可求于天"等等,把儒家学说完全神学化、宗教化了。

2. 宋明理学的宗教功能

宋明时期,儒家凭借自己在中华民族中根深蒂固的影响,以及在政治、宗法制度等方面的优势,自觉不自觉、暗地里或公开地把佛、道二教大量的思想纳入自己的学说体系之中,建立起一个融三教思想于一炉的"新儒学"——宋明理学。由于理学(包括心学)把佛、道二教的许多思想加以内在化,从而具备了一定的宗教功能。

宋明理学所摄取的佛教思想,主要是隋唐佛教的"心性"学说。"心性"问题本是传统儒家所注重的,如孟子就阐说了"尽心、知性、知天"。心性问题在儒家观念中与"修、齐、治、平"密切相关,在佛教观念中则是成佛的根本问题。隋唐佛教把儒家的心性学说佛性化、本体化,而形成了佛教特有的心性理论。而这种佛性化、本体化的心性理论又为宋明理学的援佛入儒提供了极大的方便,使得作为宋明理学最高范畴的"天理"、"天道"、"本心"、"良知"等,在思想蕴涵上,吸取了隋唐佛教的"佛性"论,使宋明理学在相当程度上呈现为一种儒学化了的佛性理论,因而带有明显的宗教功能。

宋明理学所要达到的目的,是"存天理,灭人欲"。此"灭欲"说无疑具有强烈的宗教禁欲主义倾向。朱熹说:"收放心,只是收物欲之心。如理义之心,即良心,切不须收。须就这上看教熟,见得天理欲分明。"为此而提出的修行方法便是由"修心养性"转向注重证悟的禅宗式的"明心见性",带有浓厚的宗教式面壁修行的色彩,如理学家们强调与实行的"半日读书,半日坐禅","主静、居敬","戒惧、慎独"等莫不如此。

二、哲学

在中国的传统文化中,哲学文化是中华民族智慧的理性积淀和内在体现,是中华民族数千年文明发展的结晶,代表了中华民族理论思维的最高水平。不仅如此,哲学文化还是整个传统文化的核心,在整个传统文化体系中起着主导作用。在西方文化中,宗教处于核心的地位,然而在中国文化中,宗教的功能基本上是由哲学承担的。

（一）儒家哲学

儒家哲学是中国哲学文化的主干。形成于春秋时期百家争鸣文化环境中的儒家哲学思想,自汉武帝"罢黜百家,独尊儒术"后,便一直占据着中国思想文化的统治地位,其基本精神贯穿于此后的中国历史长河,对中华民族的共同文化和共同心理的形成起了极其重要的作用。在整个中国文化思想、意识形态、风俗习惯上,处处都可以见到儒家思想的痕迹,正因为如此,儒学几乎成了中国文化的代名词。

儒家,是指春秋战国时期形成的以孔子为宗师的学派。儒家思想具有深厚的土壤、绵延的历史、众多的流派,从而构成了极为丰富和庞杂的思想文化体系。从发展上看,儒家哲学历经不同时期形成不同的理论形态。但是,儒家作为一大思想文化学派,其哲学思想又有着共同的属性和一贯的道统。其中核心的基本观念,在先秦时期便已形成,概括起来,主要包括以下几个方面。

1. 贵仁

"仁"是儒家学派道德规范的最高原则,也是孔子思想体系的理论核心。"仁"的最初含义是指人与人的一种亲善关系,在此基础上孔子把"仁"进一步作为伦理道德的最高范畴,人格修养的理想境界和最高标准。

孔子将"仁"定义为:仁者"爱人"。爱人是"仁"的核心内容。孔子认为,人之所以为人,正在于具有仁爱之心;这一仁爱之心是建立于人们血缘情感基础之上的。因此,强调血缘纽带是"仁"的最基本含义,这是儒家思想区别于其他派别的最大特征。当然,孔子的仁爱并非止于此,而是突破血缘亲近的狭隘,把爱人的范围从"亲亲"扩充到"泛爱",进入广阔的社会领域,使家族伦理转变成社会伦理,而主张以仁对待一切人。正是基于此,孔子将"孝悌"视为仁的根本表现。"孝悌"在孔子的仁学中有着非常重要的地位。在孔子看来,从小培养"孝悌"品德,成人后自然就会移"孝"作"忠",以事父母之心事君上,由孝子变为忠臣。这样,从孝亲始,至忠君止,从而使封建社会得以长治久安。

对于如何达到仁,孔子提出了两个根本标准,即忠恕。所谓"忠",含有真心诚意、积极为人之意,包含着"己欲立而立人,己欲达而达人"等一系列道德内容,以及由己及人,由父子及于君王以至整个社会、国家的多层次、完整的道德范畴,是一种以他人为重、以社会为重的人生观,是一种积极进取、无私无畏、与人为善的献身精神。所谓"恕",是相对于做不到有利于别人的"忠"而言的,它的起码要求是做到不要有害于人。孔子强调的"己所不欲,勿施于人"就是这个意思。"忠"与"恕"的结合就是为仁之道,也是"仁"本身。实现了忠恕之道,也就实现了对他人的爱。

孔子这一套"仁"学思想经过孟子的发挥,至汉代构成了一个颇具特色的思想模式和文化心理结构。构成这个模式结构的有四个重要的因素:血缘基础;心理原则;人道主义;个体人格。儒家的这一思想模式和文化心理结构,奠定了中国政治哲学、道德哲学和历史哲学的基础。

2. 尊礼

"礼"是指中国奴隶社会的典章制度,奴隶社会及封建社会的道德规范。作为典章制度,它是奴隶社会政治制度的体现,是维护宗法与等级制度的上层建筑以及与之相适应的人与人交往中的礼节仪式。作为道德规范,它是奴隶主贵族及封建地主阶级一切行为的准则。

"礼"是儒家政治哲学的核心。儒家认为,春秋时代的社会争乱,正是由于人欲横流、名分紊乱造成的。而要匡正这一时弊,唯一途径就是重建礼制。孔子就非常推崇周礼,要求用周礼来约束人们的一切行动:"非礼勿视,非礼勿听,非礼勿言,非礼勿动。"他非常强调的"正名",就是要辨正礼制等级的名称和名分,严格遵守"君君、臣臣、父父、子子"的等级秩序,使人人明白自己在社会中的位置,控制自己的"欲",不超出由"名分"规定的"度量"范围,从而消除争乱。

孔子说过,"克己复礼为仁"。这体现了"礼"与"仁"二者的密切关系。"克己"与"复礼"既是"仁"的政治内容,也是达到"仁"的方法和途径。"克己"即是克制自己的欲求,通过对个体道德的自觉培养,使一切视听言动的行为都符合"礼"的要求,以最终达到恢复周礼的政治目的。"复礼",就是恢复周礼,让社会回复到西周盛世。可见,"礼"作为实现"仁"的政治保证,既是社会伦理原则,又是社会政治原则。作为伦理原则,它保证每个人都必须遵守伦理道德规范;作为政治原则,它保证人与人之间的关系的协调以及整个社会的秩序稳定。

儒家的尊礼思想一方面有利于协调个体与社会的关系,有利于整个社会的和谐稳定;另一方面其严格的等级名分制度,也极大地限制了个体的主观能动精神和创造欲望。

3. 重教

要达到"克己复礼"的理想结果,孔子以为是可以"学而知之"的,因此,为达到"克己复礼"的目的,儒家非常重视教育。

孔子认为,教育在政治统治中和一个人的品质形成中均具有关键作用。因此,儒家提出了德育优先的教育原则。孔子说:"弟子入则孝,出则弟,谨而信,泛而众,亲而仁,行有余力,则以学文。"孔子认为,教育的目的,就是培养"圣人"、"君子"之类的理想人才。"圣人"、"君子"应具备"仁、义、礼、智、信"五个方面的品质。因此,教学内容应首先是"四教"(即文、行、忠、信),然后才是"六艺"(即礼、乐、射、御、书、数)。在孔子看来,教育的重要任务不仅是传授知识,而且更要注意品行修养。儒家的重教思想在本质上仍然是服从其仁学思想的。

孔子第一次提出"有教无类"的教育思想,打破氏族等级界限,使教育在一定程度上向庶民开放。在教学实践中,孔子强调"诲人不倦","循循善诱",善于进行启发式教学,注意发挥学生的主观能动性,注意因材施教。

4. 尚中

"中庸"是孔子对商周以来"中和"思想的继承和总结而提出的一个哲学范畴,被他称为"至德",他说:"中庸之为德,其至矣乎!"也就是说,中庸是至高无上的道德准则。中庸的基本原则是"允执其中",要求把握适当的限度,以保持事物的平衡,使人的言行合于既定的道德标准。

从总体上看,儒家的中庸理论是以中和观念为理论基础的。所谓"和"即事物的和谐状态,是最好的秩序和状态,是最高的理想追求。按照儒家的思想,"和"不仅指自然本身的和谐、人与自然的和谐,更重要的是指人与人、人与社会的和谐。孔子讲"礼之用,和为贵。先王之道,斯为美"。所谓"中",指的是事物的"度"。不偏不倚,过犹不及。它是实现和谐的根本途径。"和"与"中"是相互联系的,正如《中庸》中所说:"中也者,天下之大本也;和也者,天下之达道也。致中和,天地位焉,万物育焉。"

以"中和"观念为核心的中庸之道,包含两层意思。其一,反对过犹不及,强调中和、和谐,任何固执一端都失之于"中"。其二,"执中"的准则就是"礼"。所谓"执两用中"、"过犹不及"的中庸之道,归根到底就是要时时处处按照"礼"办事。可见,儒家的"中庸"思想,在某种程度上把人们的视听言动束缚在奴隶社会的等级制度和道德规范之内,既无过又无不及。因此,中庸思想在政治上是保守的。不过,作为思想方法,中庸之道含有一定的辩证法因素,又是值得肯定的。

（二）道家哲学

与儒家哲学一样,道家哲学也是中国传统思想文化的主要组成部分之一。在中国传统思想文化史上,道家哲学与儒家哲学是两座对峙的高峰,同时,道家哲学又是儒家哲学的重要补充。道家哲学自先秦时期形成后,在2000多年的社会历史发展过程中曾经被广泛传播,全面而深入地渗透到中华民族的思维方式、民族心理、风俗民情、文学艺术及社会生活的诸多方面,对中国传统文化产生过广泛深刻的影响。

道家哲学在不同时期、不同流派那里,常常表现出不同的时代特征,但是不同时期道家哲学又存在着一以贯之的基本精神。因此,从整体角度来看,道家哲学最为基本的特征,可以概括为以下两方面。

1. 尚自然

崇尚自然是道家哲学的主要思想特点。道家的思想体系虽然以"道"为核心,但其基本精神却在"自然"二字。道家哲学是一种以自然哲学为构架的,以"自然之道"一以贯之的思想体系。它的本体论、人生观、政治哲学等都无不主张"道法自然",体现了鲜明的自然主义色彩。可以说,道家哲学就是一种自然主义哲学。

道家崇尚自然的真正含义,是要求人类顺应"自然之道",以"自然"、"无为"作为人生和社会的理想追求。道家的自然无为理想,首先是崇尚天道（自然界的法则）的自然无为,如《老子》所说:"人法地、地法天、天法道、道法自然。"其次是提倡人道(人事的规范)的自然无为,即人类应当效法天道的自然无为。在人道自然无为的主张中,又包含有两层意思:一是在人与自然界的关系方面,道家强调人与天地万物之间和谐、一体的关系,认为人应当顺物之则,缘理而动,不要以人的主观意愿去胡乱行动,从而破坏自然界(包括天地万物与人类)的和谐与平衡;二是在社会人际关系方面,尤其是处于社会领导地位的统治者,要效法道的自然无为精神,尽量简化各种制度、规范,使百姓保持纯朴的民风。总之,若能顺应自然,则能无为而无不为。

2. 重个性

重视个体生命和个性自由是道家哲学的另一重要特征,这是与崇尚自然的思想相关联的。道家崇尚自然,强调人性的自然存在方式,这必然导向提倡独立人格的保持,个体价值的实现。道家抨击君主,鄙弃物欲,诋毁文明,反对家、国观念,力促个体摆脱这些观念对人性自然的束缚,其意义正在于此。

老子以仁义礼智为社会祸首,以物欲为可耻。在"名与身"、"身与货"的抉择上,他重"身"而弃"名"和"货",并强调"贵以身为天下,若可托天下;爱以身为天下,若可寄天下",将个体生命看得比天下还重。可见老子对个体精神自由追求的重视。庄子的人生哲学更是突出强调了个体的存在及其价值。庄子认为,个体生命之所以可贵,并不在于他有无完美的德性,而在于他是一个生命的主体。庄子认为尊重个体生命主要体现在保身全生、养亲尽年上。人生价值不在德性的升华,而在生命的完成。庄子还在《逍遥游》中表达了追求精神解放的价值取向,其特点就是要摆脱各种外在的束缚,使个体的本性得到自由的伸张。在庄子看来,个体生命的首要意义就应该是自由生存,而现实社会中的伦理道德和功名利禄等等,都不过是束缚这种自由的樊篱。为了实现个性的自由,人们应该摆脱世俗的精神奴役和羁绊,从思想的牢笼中解放出来。在封建社会中,庄子及大多数道家人物都采取了"独乐其志"以"适己"的避世生活态度,这便是他们追求精神解放和个性自由的重要方法。道家的这种自由观念在传统文化史上产生了深远影响,许多重要的思想家和文学家都以此来反对封建礼教。抒其意而逞其情,越名教而任自然。如嵇康、阮籍、陶渊明等人,都各自表现了对自由人生的诚挚追求。

道家肯定生命价值和个性自由的思想学说,具有人道主义精神内涵。道家的人道主义思想在中国历史和传统文化中具有不容忽视的意义。道家思想从

"道法自然"的原则出发,推崇人和社会的自然状态,批判人的异化物对人的限制,在消极的外表下,以浪漫的形式,肯定了人对自由平等的追求,具有真正的人道主义精神。

（三）佛教哲学

印度佛教传入中国后,通过由汉代到唐代六百余年的消化,中国人创造了自己的中国化了的佛教哲学。中国佛学渗透了中国哲人的智慧,特别是渗透了道家、儒家和魏晋玄学的哲理。中国化了的佛教宗派,主要有天台宗、华严宗和禅宗。

佛教哲学有着丰富多彩的内容,学派众多,异说纷呈。但在各个时期,佛教各种流派的基本观念都是大体一致的。佛教哲学的历史源远流长,其源头在古印度,但其繁盛却在中国。中国佛教哲学一方面继承了印度佛教哲学的基本思想,另一方面又有不少创新。

1. 重现实人生

中国佛教哲学思想的主旋律和真精神,在于成就了人生最高的价值理想。印度佛教哲学的基调是宣传一切皆空,否定存在(包括个人生命在内)的客观性、真实性。这种思想与中国固有哲学的基调——承认存在的客观性、真实性是迥异的。天台宗、华严宗和禅宗等宗派的大师们,自觉地吸取了中国固有的思维方式,运用圆融的思想方法,把理想世界和现实世界统一起来,强调理想寓于现实之中,主张回归现实,从现实中实现理想,也就是立足现实,消解对立,超越现实,成就理想。这正是中国佛教哲学思想的发展轨迹。

2. 重个体心性

要成就人生的最高理想境界,关键在于认识、重塑和完善主体世界,也就是认识、改造和提升人心、人心的本质(本性)。这样,心性论就日益成为中国佛教哲学思想的重心。在中国佛教史上,先后展开争论的重大理论问题大体是因果报应之辩、神灭神不灭之争、佛性问题的纷争、真心说与妄心说的对峙、性善论与性恶论的对立,最后统一为主张与儒、道两家同一本心的三教心性合一论。这基本上是围绕心性问题而展开的。

3. 重直觉思维

中国佛教心性是阐述心的本性(自性)的理论,它的重心不是论述心的本性是净还是染的心理和生理问题,而是阐明成佛的可能性和开悟人心的理论根据。

因此,天台宗、华严宗和禅宗都重视"观心"、"见性",或观真心,或观妄心,或明本心,复本性。尽管法门不一,但贯穿其间的共同点是较多直接的感悟,也就是直觉方法。可以说,富有理智的直觉思维是中国佛教在心性论基础上构筑主体理想价值世界的基本方法。

佛教哲学常被喻为"治心"之学,其可"治心",也可"制心"。如按照禅宗的观点,自性是佛,外界的一切都是虚假不实的,只会干扰主体的"涅槃寂静"和"直指本心";若能去掉妄想邪念,则"性自清净"。因此,当事业受挫、理想幻灭时,应自我反省,扫除内心的"妄念浮云";而当功成名就、荣宠加身时,应想到这只不过是过眼云烟、身外之物。总之,执著于荣辱、毁誉、进退、得失,都是对佛性的亵渎,只有身处尘世之中而心超尘世之外,宠辱不惊,进退从容,才是把握了佛家的真谛。这样一种心态无疑是一种较高的人格境界。

(四)中国哲学的基本特征和基本精神

中国哲学的基本特征是相对于西方哲学说的,由于认识的角度不同,分析的出发点不同,得出的结论往往也带有较大的差异。因此,这里所说的基本特征,只是基本倾向或主要现象。

1. 重人生

在中国哲学里,重人生这一特征主要是儒家所表现的。传统的儒家哲学,极为重视心、性、情、气,意、良知、良能等表示对人生、人性及生命认识的概念范畴的认识和研究。因此,传统文化中人本主义浓重的主要因素是因为这一哲学特点。

2. 重践履

西方的传统哲学,以知识论为主,故极力追求所谓"纯智"的活动。这种追求所得的结果,使西方哲学中的知识论大为发展,不但具有普遍性,而且具有独立性,即与人的行为可以不发生关系。中国哲学,尤其是儒家哲学,都与人的具体行为发生有不可分离的关系,是一种践履主义哲学。不过,这种践履并非人类的生产实践,而是偏向于个人的修德重行。以"知行合一"为例,其主要内容便是关于道德修养、道德实践方面的。这种以道德为终极而追求践履的结果,在哲学上讨论真伪的问题甚少,而讨论善恶的问题甚多。以儒、释、道为代表的哲学思想都极关心和重视善恶问题,善恶问题也一直是中国整个历史上最重要的哲学问题。中国哲学重道德践履的传统,导致中国哲学的知识论不甚发达而道德哲学相当发达。

3. 重和谐

中国历史上,绝大多数哲学家及哲学观念都十分重视合一、相融与和谐,他们虽然已看到物我及人我之间的种种矛盾,却避免强化这种对立关系,力求达到相互间的和谐一致。如"天人合一"、"知行合一"、"体用合一"等哲学命题,强调的都是合一与相融。可以说这与历史哲学中的"二律背反"现象形成了明显的对照。这一点也成为中国哲学的最大特色,在统一中存对立,追求平衡、对称、和谐,对中国文化产生深刻影响。

4. 重直觉

中国哲学强调合一、协调、相融的结果,往往使每一观念范畴与其他范畴都相应合一,因而模糊了范畴之间的形式或本质上的差异,使概念往往缺乏明确的内涵。范畴之间的联系和统一的方面常被夸大,而其差异的一面则被忽视,从而造成一种注重体认的模糊的整体观。因此,儒、道、佛三家都主张直觉地把握宇宙人生之根据和全体。儒家的道德直觉、道家的艺术直觉、佛家的宗教直觉,都把主客体当下冥合的高峰体验推到极致,而且它们都悬设了一个唯有直觉才能把握的大全或圆满(道、涅槃等)。中国哲学认为,对于宇宙本体不能依靠语言、概念、逻辑推理、认知方法,而只能靠直觉、顿悟加以把握。

三、政治

中国传统政治是中国文化的主要组成部分,它与国家、社会、家庭、个人都有着十分密切的关系。中国传统的政治思想,早在先秦时期就已奠定了基础,其中以儒、墨、道、法四家为主。

(一)儒家的政治思想

儒家政治思想的主要内容是"德治主义",孔子的政治思想集中体现了这种"德治主义"。首先,是正名主义。他这种正名分就是要严格等级,重礼法。可见,对孔子来说,政治无疑是人伦道德的延长。一种好的政治,必须具有正常的人伦关系。如果君臣、父子、夫妇、长幼各尽自己的责任和义务,那么政治也就归于清明。

其次,是从上而下的政治。这是从家长制度脱胎而来的。家族的家长如果能正,则一家人也能正。推而至于国,亦何莫不然。所以只要在上位的能正,在下的臣民也就无不正了。这种从上而下的政治当然强调的是人治主义。

再次，以德为治之本。孔子之道，既以仁为本，其政治，又为德治主义。孟子进一步发挥了孔子的德政思想，提出了"仁政"的学说，主张在政治上采用"以德服人"的办法，这是儒家政治学说的重大发展。孔子主张的"德治"和"仁"，基本内容属于道德伦理的范畴，还不是严格意义的政治学说。孟子主张"性善论"，他将"仁"的思想发展为系统的"仁政"学说，提出仁政说和性善论，反映出伦理本位的人本主义思想，为后来中国封建社会儒家的政治思想奠定了理论基础。

总之，儒家政治思想的核心，是以人伦关系为基础的仁政与德治。它们把政治问题的解决，完全寄托在道德与人格的修养上，使政治与伦理统一、内圣与外王合一、政权与教化合一。

(二)墨家的政治思想

墨家政治思想的核心是尚贤与尚同。他们从小生产者的利益出发，以"兴天下之利，除天下之害"为衡量政治思想的价值和标准。在"用人唯亲"还是"用人唯贤"的问题上，墨子的观点与儒家孔子的观点是相对立的。孔子在不废"亲亲"的前提下，也提出举贤才的主张，但是他强调的却是"君子笃于亲"，首先考虑的是氏族血缘关系。墨子的主张则带有鲜明的革新色彩，他激烈地抨击"骨肉之亲无故富贵"的世袭禄位制度，斥责这种制度是产生暴王、暴政和造成社会国家危乱的根源。他主张："官无常贵，而民无终贱，有能则举之，无能则下之"的尚贤思想。与儒家的德治思想相比，墨家似乎更重视人的才能方面。对于统治人才的选择，墨家主张打破儒家"亲亲有术，尊贤有等"的宗法等级制度，对于有才能的人，可以不问其出身、地位，"虽在农与工肆之人，有能则举之，高予之爵，重予之禄。"即使是统治者的亲属或贵族，如无才能，也不应任用。

在"尚贤"的基础上，墨家又提出"尚同"的思想。墨子认为国家刑政的设立，起源于统一思想的需要。他设想未有国家刑政以前的社会是纷乱状态的，所谓"一人一义，十人十义；百人百义，千人千义"，各人都有一套主张，彼此互相攻击，以至父子兄弟互相怨恶，百姓之间以水火毒药相杀害。要改变这种混乱局面，就需要组织国家，"选择天下贤可者，立以为天子"。天子以下，从三公、诸侯直到乡长、里长，也适应这种需要而设置。各级行政长官及最高统治者皆应由贤者担任，下级都应以上级的是非为是非，"上之所是，必皆是之，所非，必皆非之"，并"天下之欲同一天下之义"，形成思想、意志、观点、标准、纪律等方面由上至下的统一,最后做到"天下之百姓,皆上同于天子",也就是集中统一到最高统治者那里。只有这样,被统治者才能"皆恐惧振动惕傈,不敢为淫暴"。为了加强这种意识,墨家又提出"天志"、"明鬼"、"天意"等人格神的权威,以作为天上人间的主宰。这是因为天子权力太大,故其政治主张近于绝对权威,权力过大,恐有为所欲为之弊,所以抬出天来,以限制天子的权力。如是,墨家的政治思想便与宗教结合,排除了儒家的道德性,把希望直接寄托在王公大人、国君天子,甚至"天志"、"天意"之上,对后世的政治思想发生着潜在的影响。

(三)道家的政治思想

道家的政治思想趋向于现实意义上的无政府主义。这主要表现在对当时的现实政治、礼义道德等的彻底否定上。儒、道两家代表了两种不同的文化思想:儒家崇尚礼乐,道家师法自然;儒家强调人与社会的统一,以维护现实既定的宗法社会秩序,道家则强调人与"自然"的一致,追求理想的境界;儒家的思想是入世的、功利的,道家的思想则是出世的、超然的。可以说,在一切根本点上,道家都以儒家反对派的姿态出现。庄子进一步发挥了老子的思想,认为仁义道德不足以治天下,它只能使人虚伪、攘夺,为窃国大盗提供统治人民的工具。庄子认为,仁义礼智是圣人制造出来的一种畸形病态现象,社会的一切罪恶都是推行仁义礼智的结果,因此只有打倒圣人,抛弃圣知之法,天下才能回到至德之世,由大乱变为至治。道家这些偏激、尖刻的政治言论是对当时社会的深刻揭露,但并没有创造一种新的思想来除旧更新。它所留下的除了"无为而治"和"小国寡民"的乌托邦式的幻想外,就是给中国仕途失意或不满现实的知识分子以一种心理上的慰藉,对中国政治并没有发生根本性的影响。

(四)法家的政治思想

法家极力推崇"以法治国",其"法治"主张是针对儒家所鼓吹的"人治"及"德治"而提出的。他们认为,"德治"只适用于民性朴厚的古代。在民性巧伪的当今之世则是不现实的。相对于儒家温情脉脉的"人治"、"德治",法家以暴力为基础的"法治"多了几分严酷,但却更具合理性和现实性。在私有制和商品经济存在的社会中,把治理国家的希望寄托于圣贤的道德示范和民众的道德自觉上,只能是一种良好的愿望,缺乏现实的可操作性。而法家却通过在各国进行"法治"实践,成功地结束了战国纷争的局面,把陷入混乱的社会重新导入正常发展的轨道。

先秦法家思想集大成者为韩非。首先,他极为强调法、术、势三者的结合。法是成文法;术,就是君主驾驭臣民的权术;势,则是势位,指国君的威势,即政权。在韩非的思想中,法、术、势(法令、权术、政权)三者密切结合,成为巩固君主专制的手段。法是公布出来要人民遵守的,而术则由君主秘密掌握用以保证法的贯彻。法和术成为君主手中的两大法宝,缺一不可。故"君无术则弊于上,臣无法则乱于下;此不可一无,皆帝王之具也。"并由此提出了"法不阿贵"的思想,是要限制贵族的特权,这样才能"一断于法",强化法治,以有利于地主阶级对农民的统治。战国时期,法治思想是有进步意义的,起到了巩固新兴封建制度的作用。一方面,它奖励耕战,开阡陌封疆,打破井田制,垦殖新的土地,鼓励小农经济,这些都有利于生产力的发展;另一方面,它以郡县制代替分封制,有利于打破旧贵族的宗法血缘世袭制度。后来封建社会的进步思想家颂扬这种变革为"天下为公"。

其次,法家坚定不移地认为要建立强有力的中央集权,必须高度加强君权,削弱贵族大臣的权力,即实行所谓强干弱枝的政策。为此,"重术"势在必然。韩非继承并发展了慎到、申不害、李斯等人的"任术"、"重势"的思想,并把它推向极端。法家将巩固公庭(国君)和削弱私门的原则用政策规定下来,把两个政治集团的斗争引到法治领域中来;法家集团都要拥戴强有力的皇帝,因而强调法、术、势集中于皇帝手中。在加强中央集权的同时,极力削弱地方豪强的势力。为了达此目的,韩非认为"术不欲见"而"藏之于胸中",是为了使群臣猜测不到统治者的任何企图和想法,使人主与外在的一切都隔绝,既不能相知,又不能相感通,更不能兼听兼信。臣民对人主只能百依百顺,"畏之如雷霆,神圣不可解"。这些都是为了保证法的贯彻,防止大臣舞弊枉法,结党营私。因此,君主用术防奸就很重要了。韩非将君主用术概括为"七术"、"六微"、"八说"、"八经"等等。以"七术"为例,《韩非子·内储说上》的描绘为:一曰"众端参观";二曰"必罚明威";三曰"信赏尽能";四曰"一听责下";五曰"疑诏诡使";六曰"挟知而问";七曰"倒言反是"。其中"疑诏诡使",就是君主屡次召见某人,使其久待身边又不任用其做事,让别的官吏认为其一定得到了君主的什么旨意,则奸邪之吏就会感到害怕而不敢为非作歹。或者派某人做事,又派另外一个人与其同行,则被派办事的人以为君主派人监督而不敢弄虚作假。"挟知而问"就是用自己已经知道的事去问官吏,考察其是否诚实。"倒言反是",即用说反话的方式来试探官吏,了解奸邪行为。可见,韩非子所谓的"术"多为阴谋诡诈手段,有些则干脆就是玩弄权术。如下假命令、说假话、布置圈套、以诱惑诈供获得真情等等,实开后世政治中告奸连坐的特务制度、严刑峻法的恐怖政策;诱供诈供的审讯方法,以及说假话;布置圈套、制造派别等一系列政治阴谋的先河。不过,尽管这种"术"在某种程度上能够起到防奸、止奸的作用,但从长远看,是不可能彻底解决问题的。既然君主知道用诡诈的手段来防范臣下,臣下自然也会仿效君主,以诡诈的手段应对君主。你来我往,双方在欺骗与反欺骗的手段上下工夫,势必导致恶性循环。当然,这也说明将法与术混淆在一起,是专制制度的法治所难以避免的。君主为了保证法的贯彻,很多时候不得不用术。韩非重法,同时也重术,把术作为法的重要补充,正是反映了皇室和贵族官僚之间在争夺政治权力方面无法克服的矛盾;另外,韩非还吸收了慎到"重势"的思想,认为"势"就是君主的爪牙,就是权力,君主所以能够发号施令,统治臣民,那是由于他所处的地位、权力决定的。君主即使有尧舜那样的才能,而一旦失去权力,就是三家也不能管理好,就更提不上治理国家了。这说明法和势是不可以脱离的。这种"重势"的思想,为后世政治中权力之争提供了酵母。

儒、墨、道、法的政治思想在先秦时期各有分际,秦汉以后就逐渐合流。从总体上说、统治阶级往往采用阳儒阴法的手段,实行德治与法治的结合。而墨、道的政治思想往往成为未取得统治权的政治改良派或农民革命的潜在意识,一旦取得统治地位或权力巩固后,便立刻采取阳儒阴法的政策。因此,儒、法两家的政治思想一直是中国传统政治的主流。

四、文学

如果说一个民族的哲学是这个民族整体文化抽象的反映,宗教是歪曲的反映的话,那么,一个民族的文学,往往是这个民族整体文化的形象而具体的表现,是社会现实生活的具体反映。中国古代文学是世界上历史最悠久的文学之一,经历了长达3000多年没有中断的发展历程,以其辉煌成就而成为全人类文化宝库中的瑰宝。其悠久的历史、丰富的内容、独特的风格、鲜明的个性,与整个中国文化有着息息相通的多种层次的联系。它是中国传统文化中最重要、最具活力的一个部分,深刻而且生动地体现着中国文化的基本精神。因此,透过这种形象思维所描写的个体行为,个体的精神、心理和情感,能够更直接捕捉这个民族文化所反映的社会群体的心理意识及其共性。一般而言,杰出的文学作品都具有永恒的魅力。中国古代文学由于存在着"一代有一代之胜"的特殊情况,当它的某种样式在某个时代达到巅峰状态后,其艺术成就很难被后人所超越,从而成为后代读者永久性的审美对象。如唐诗、宋词中的名篇警句至今脍炙人口,元杂剧、明清小说里的故事、人物至今家喻户晓,便是很好的说明。由于文学以生动的、形象的方式体现了中国文化的基本精神和中华民族的文化心理特征,又由于它广泛、深刻地反映着传统文化其他部分的内容,所以它的审美功能及认识功能历久弥新。中国古代文学是沟通现代人与传统文化最直接的桥梁,也是世界其他文化背景的人们了解中国文化的最佳窗口。

中国文学领域宽广,以朝代和体裁划分,除了早期的诗经、楚辞之外,依次有汉赋、汉乐府、六朝文、唐诗、宋词、宋话本、元曲、元杂剧、明清小说、明清平话等等。从文学批评方面分析,则有艺术构思、艺术表现、创作方法等不同的文艺理论,其中包括文与气、文与理、文与质、文与情、情与性、情与理、情与景、风骨与辞采、法度与自然等一系列范畴和概念。多样化的体裁可以表现丰富的文学内容,抽象的艺术思维,可以反映精深的文学思想。它们共同构成了博大生动的中国文学系统。

(一)《诗经》与《楚辞》

《诗经》是中国最早的一部诗歌总集,至迟在孔子出生以前就已基本编定了。编者可能是周王朝的乐官太师。《诗经》共收入自西周初年至春秋中叶的诗歌共305篇,根据音乐的类别分成三个部分:一是《国风》,共160篇,是从十五个地区采集的民间歌谣;二是《大雅》、《小雅》,共105篇,大多是宫廷宴饮的乐歌;三是《周颂》、《鲁颂》、《商颂》,分别为西周王室和春秋前期鲁国、宋国用于宗庙祭祀的乐歌。《诗经》的内容非常丰富,300多首诗从各个角度反映了五六百年间广阔的社会生活。《诗经》的艺术特征也值得注意。古代学者把《诗经》的艺术手法归纳为"赋"、"比"、"兴"三类。简单地说,"赋"是指直接的叙述和和抒写,"比"是比喻或比拟,"兴"则是从意义、声音等方面的类比关系来引发歌。"赋"、"比"、"兴"的手法都对后代诗歌产生了深远的影响。而就《诗经》自身来说,"赋"的手法运用得最多,这显然是与《诗经》的写实倾向密切相关的。

中国古代另一部著名的诗歌总集是《楚辞》。"楚辞"本是战国兴起于楚国的一种诗歌样式,汉代也有不少作家模仿这种样式进行写作,经过刘向、王逸等学者的收集整理,编成《楚辞》,"楚辞"就成了此类作品的通称。《楚辞》的主要作者是屈原。他是楚国的贵族,曾官居要职,参与内政外交等重要活动,后来被谗、遭放逐,因报国无门而自沉于汨罗江。屈原的作品有《离骚》、《九歌》、《九章》、《天问》等,其中最主要的是长达 2 400 多字的《离骚》。"楚辞"因此又名"骚"。《离骚》是屈原"发愤以抒情"的一首政治抒情诗,它首先叙述了诗人自己的世系、天赋、修养和抱负,回顾了自己辅佐楚怀王革除弊政的过程及受谗被逐的遭遇,表明了自己决不与邪恶势力同流合污的决心。然后借与女媭、重华的对话,总结了历史上国家盛衰的经验教训,阐明了"举贤授能"的政治主张,并以神游天地、上下求索的幻想境界表示自己对理想的执著追求。最后写自己因苦闷而求神问卜,寻求出路,倾诉了远游他方与眷恋故国的内心冲突,并决心以死殉志。《离骚》是屈原用他的整个生命熔铸成的伟大诗篇,强烈的爱国思想和执著的人生追求融会成激越的精神力量,奇特的想象和瑰丽的语言产生了巨大的艺术魅力。诗中大量运用的"美人芳草"的比兴手法也对后代诗歌产生了深远的影响。屈原的作品闪耀着伟大人格的光辉和南方楚文化的奇丽色彩。《楚辞》的其他作者宋玉、贾谊等人的作品都继承了屈原的传统。楚辞成了一种源远流长的独特文体。《诗经》与《楚辞》历来合称"风骚",是中国古代诗歌的两大源头,2 000 多年来一直被历代诗人尊为学习的典范。

(二)先秦散文和汉赋

中国古代很早就有史官的建制。传说"左史记言,右史记事"。史官的记录成为史书,也就是所谓的历史散文。先秦史书内容丰富,形式多样,主要有编年体的《左传》,国别体的《国语》、《战国策》,专记个人言行的《晏子春秋》等。《左传》是"春秋三传"中文学价值最高的一种,相传为鲁国左丘明传孔子《春秋》而作。《左传》基本上以《春秋》所载大事为纲,记载了春秋时代 250 多年间各国的政治、外交和军事活动,包括聘问、会盟、征伐、篡弑、婚丧、出亡等内容,除了记录诸侯、卿大夫的活动之外,也涉及商贾、卜者、乐师、妾媵、百工、皂隶等社会阶层,叙写广阔的社会生活画面,深刻地反映了当时诸侯角逐、社会急剧变革的历史进程。

从春秋末年开始,随着社会的急剧变动,"士"的阶层兴起、壮大,成为最活跃的社会力量。他们针对当时的社会现实,提出了各种不同的政治主张,展开论辩,形成了思想史上百家争鸣的局面,于是产生了以论说为主的诸子散文。诸子散文的发展可分为三个时期:第一个时期是春秋末年到战国初期,此时的散文主要是语录体,代表作是《论语》。第二个时期是战国中叶,散文已由语录体向对话体、论辩体过渡,代表作是《孟子》、《庄子》。第三个时期是战国后期,散文发展成专题论著,代表作是《荀子》、《韩非子》。

《论语》主要记录了孔子及其弟子的言行,语言简练明白,说理深入浅出,有些篇章描写人物对话、举止,相当生动,体现出人物个性。《孟子》和《庄子》的内容大多是论辩之辞,是争鸣风气盛行时典型的散文形式。《荀子》和《韩非子》都是比较严谨的学术论文集,中心明确,条理清晰,逻辑严密,论证充分,具有很强的说服力。《荀子》中的比喻和辞藻丰富多彩;《韩非子》中的寓言生动精辟,具有较强的文学意味。

赋是中国特有的一种文学样式,兼有散文和韵文的性质,主要特点是铺陈描写,不歌而诵。赋的形成和发展经历了很长的时间。它产生于战国后期,接受了纵横家游说之辞及楚辞的巨大影响,到汉代达到鼎盛阶段。汉以后,赋仍然有所发展,出现了六朝的骈赋、唐代的律赋和宋以后的文赋,而且代有作者,不乏名篇。但总体成就最高的仍推汉赋。汉赋题材取向可分为两大类。一类是抒情述志的短赋,如汉初贾谊《吊屈原赋》,东汉张衡的《归田赋》,汉末赵壹《刺世疾邪赋》等;另一类则是以铺陈排比为主要手法的"体物"大赋。后者是汉赋的主流。汉代大赋滥觞于汉初枚乘的《七发》,此赋假设楚太子与吴客的问答,以七大段文字铺陈了音乐、饮食、漫游、田猎等盛况,辞采富丽,气势宏阔。《七发》的影响很大,拟作者很多,以致形成了称做"七"的一类文。到了西汉中叶,由于经济发达,国势强盛,武帝等君主又好大喜功,雅好文艺,于是以"润色鸿业"即歌功颂德为主要目的的大赋就应运而生了。汉代大赋的代表作家首推司马相如,其代表作是《子虚赋》、《上林赋》。这两篇赋假托子虚、乌有先生、亡是公三人的对话,对天子、诸侯的田猎盛况与宫苑之豪华壮丽作了极其夸张的描写,并归结到歌颂汉帝国的强盛和汉天子的威严。作者在赋的末尾委婉地表示了惩奢劝俭的用意。但由于赋的主要篇幅与精彩部分是铺陈描写,这种"曲终奏雅"的讽谏方式只得到了"劝百讽一"的效果。所以司马相如《大人赋》本欲讽谏武帝喜好神仙,但武帝读后反而飘飘然有凌云之气。大赋的另一位重要作家是西汉末年的扬雄,其代表作有《甘泉赋》、《羽猎赋》、《长杨赋》。这些作品在题材、思想倾向和结构写法上都与司马相如的大赋很相似,不同的是赋中的讽谏成分有所增加,铺陈描写也更加沉博绚丽。扬雄与司马相如并称"扬马",成为后人心目中大赋的典范作家。汉赋(主要指大赋)产生于中国历史上第一个空前强大的统一帝国——汉,汉赋的恢弘气度正是自强不息的民族性格和积极乐观的时代精神的艺术体现。

(三)唐诗宋词

中国是一个诗的国度。唐诗是诗国中最为辉煌的高峰。自从汉代以来,五、七言诗经过了长期的发展阶段,在题材走向、格律形式、艺术手段、风格倾向等各个方面都取得了巨大的成就,并积累了丰富的经验。随着强盛繁荣的唐代到来,中国诗歌也进入了巅峰时期,产生了古代文学中最为光辉的唐诗。唐诗篇什繁富,名家辈出,流传至今的作品有 55 000 多首,名篇数以千计,堪称古代诗歌的宝库,也是人类文化史上的一大奇观。

唐诗的发展过程大致可分四期,即初唐、盛唐、中唐、晚唐。其中尤以盛唐、中唐两个时期的诗坛最为光辉夺目。富于浪漫气气息和理想色彩的精神面貌在诗歌中的体现就是盛唐气象。反映盛唐气象的最杰出代表首推李白。李白以复杂的思想、丰富的情感和多元的人生追求涵盖了王、孟与高、岑两大诗派的内容取向,又以惊人的天才融会超越了他们的艺术造诣,从而成为盛唐诗坛上最耀眼的明星。李白热情地讴歌现实世界中一切美好的事物,而对其中不合理的现象毫无顾忌地投以轻蔑。这种解放追求,自由追求,虽然受到限制却一心要征服现实的态度,乃是中华民族反抗黑暗势力与庸俗风习的一股强大精神力量的典型体现。所以,以浪漫想象为主要外貌特征的李白诗歌事实上蕴涵着深刻的现实意义,想落天外的精神漫游乃以对人世的热爱为归宿。与李白齐名的伟大诗人杜甫,在青年时代也受到盛唐诗坛浪漫氛围的深刻影响,但他很快就从那个浪漫主义诗人群体中游离出来了。杜甫以清醒的洞察力和积极的入世精神,深刻而全面地反映现实生活。杜诗为"安史之乱"前后唐帝国由盛转衰的那个时代提供了生动的历史画卷,对"朱门酒肉臭,路有冻死骨"的黑暗现实进行了入木三分的揭露和批判,因而被后人誉为"诗史"。当然杜诗的意义绝不仅仅在于记录历史,而在于记录了动荡时代的急风骤雨在诗人心中激起的跳动思绪和情感波澜。杜诗中充满着忧国忧民的忧患意识和热爱天地万物的仁爱精神,是儒家思想核心精神的艺术表现,也是中华民族文化性格的形象凸显。在艺术风格上,李白诗飘逸奔放,杜甫诗沉郁顿挫,它们既具有鲜明的个性特征,又具有丰富的内涵,从而对后代诗歌的审美取向产生了深远的影响。

词这种特殊的诗体产生于初盛唐,到晚唐、五代时已取得相当高的成就,出现了温庭筠、韦庄、李煜、冯延巳等著名词人,但尚未能与五、七言诗相抗衡。真正成为一代文学之圣,并在古代诗歌史上堪与唐诗交相辉映的是宋代的词。宋词名家辈出,流派众多。后人往往把宋词划分为婉约派与豪放派两大流派,但事实上这两种词风在宋代并不是始终平分秋色的。北宋的词坛几乎是婉约词的一统天下,当然词人们在题材走向、风格倾向等方面仍是争奇斗艳、各呈异彩的。例如晏殊、欧阳修等人的词反映士大夫的雅致生活,而柳永词却更多地迎合广大市民阶层的情趣,以青楼歌妓为主要描写对象。又如晏几道、秦观的词以清丽的白描语气见长,而周邦彦词的风格则趋于典雅凝重。南北宋之交的女词人李清照与南宋词人姜夔、吴文英也分别以清新、清空和神秘的艺术风格丰富了婉约词的词风。相对而言,豪放词的兴起要晚得多。宋初词坛上偶尔有风格豪放的词作出现,如范仲淹的《渔家傲》,但数量极少,不足以影响词坛风气。到北宋中叶,苏轼首先对革新词风作了巨大贡献。他一方面打破了词为艳科的题材领域,不但大量写作抒情述志、咏史怀古等题材,而且在描写女性的传统题材中一扫脂粉香泽,从而完成了使词从伶工歌女之歌词向士大夫抒情诗的转变。另一方面他在以柔声曼调为主的传统词乐中增添了豪放、高妙、飘逸的新因素。苏轼词中无疑已出现了豪放词,如《念奴娇·赤壁怀古》等,但为数不多,在北宋词坛上的影响也不大。靖康之变发生后,侵略者的金戈铁马使婉约词赖以生存的社会环境不复存在,国破家亡的惨痛经历也使文人们无心再沉湎于轻歌曼舞。时代的动荡引起了南北宋之际词坛风气的巨大变化。张元幹在北宋时的词作纯属婉约风格,而南渡后的词风却变为慷慨悲凉。杰出的女词人李清照的词作也鲜明地体现着时代的影响,其前期词抒写少女、少妇的情怀,缠绵委婉,后期词则融入了家国之恨,风格变为凄恻哀怒。以辛弃疾为首的爱国词人更把爱国主义的主题变成当时词坛的主旋律。他们继承、发扬了苏轼词中始露端倪的豪放词风,并以慷慨激昂和沉郁悲凉两种倾向充实、丰富了豪放风格。

综上所述,宋词的题材内容和艺术风格都出现了异彩纷呈的景象,但是相对于诗而言,宋词自有其独特的传统。首先,婉约词的传统源远流长,在全部宋词中,婉约词在数量上占绝对优势。宋代有许多与豪放词风毫无关系的婉约词人,却很少有完全不写婉约词的豪放词人。苏轼、辛弃疾历来被看做豪放词人,但他们都善于写婉约词,有些代表作完全可与秦观、周邦彦相媲美。所以宋词在总体上具有以下特征:题材走向上注重个人的生活而不是社会现实,表现功能上,长于抒情短于叙事,风格倾向上,偏嗜阴柔、婉而不是阳刚雄豪。虽然辛弃疾等豪放派词人的创作,部分地改变了这些传统,但只要把辛弃疾词与同时陆游的诗相比,就可看出辛词更侧重于心曲的倾吐。宋词委婉含蓄的美学特征是中华民族传统审美思想的典型体现。宋词虽然不如西方爱情诗那样热情奔放,但自有深情缅邈、低回往复的特殊魅力,因为那是一代词人心曲深处的沉吟。

(四)元杂剧与明清小说

广义的"元曲"包括元代杂剧和元代散曲,但元杂剧也可单独称为"元曲"。它是元代文学中的精华,历来与唐诗、宋词并称。元杂剧是融合了歌唱、舞蹈、说白、杂技等多种艺术形式的综合艺术,是中国独特的戏剧形式。元杂剧的剧本主要有唱词、对白、动作三个部分,一般分为四折。"一折"就是一场。每折的时空背景有所转换,但场面紧凑,表现一个完整的故事。杂剧在元代极为隆盛。在不足百年的时期内,有姓名叫考的杂剧作家有 200 人,见于记载的剧目有 700 多种,涌现了被后人称为"元曲四大家"的关汉卿、马致远、白朴、郑光祖和以《西厢记》闻名于世的王实甫,流传至今的剧本尚有 200 余种(包括部分作于元明之际的作品)。元杂剧在中国文学史上有着划时代的意义。在此之前,占据文坛统治地位的是以抒情为主要功能的诗歌散文,而元杂剧则以叙事为主,这就使文学更贴近人民的生活,更直接地表现人民的喜怒哀乐,更广泛地反映社会现实。元杂剧的成功宣告了戏剧、小说等叙事文学开始成为中国文学的主流。元杂剧的作者多为社会地位低下的文人、演员等,观众更是遍及各个社会阶层,它的兴盛意味着文学在作者和读者两个方面都进一步走向民间。

中国的小说经历了先唐笔记小说、唐代传奇小说和宋元话本小说三个发展阶段后,到明清时代臻于极盛,涌现出《三国演义》、《水浒传》、《西游记》、《金瓶梅》和《儒林外史》、《红楼梦》六部著名的长篇小说。前四部被称为明代"四大奇书",后两部则是清代长篇小说的双璧。《三国演义》是明初罗贯中作的历史演义小说。它取材于东汉末年和魏、蜀、吴三国鼎立的一段历史,为那个群雄逐鹿的动荡年代提供了全景式的历史图卷,创造了数以百计栩栩如生的人物。其中雄才大略又奸诈残暴的曹操,足智多谋、忠贞鲠亮的诸葛亮,勇武刚强、忠义凛然的关羽,宽仁爱民、知人善任的刘备,勇猛粗犷、嫉恶如仇的张飞,以及气量狭小的周瑜,不堪造就的刘禅等都已成为家喻户晓的人物典型。《三国演义》在描写错综复杂的政治、军事、外交斗争时特别崇尚智谋,在客观上把统治阶级的各种斗争手段、谋略向民间晋及,成为一部形象化的政治、军事教科书。《水浒传》是完成于明初的英雄传奇小说,一般认为它的作者是施耐庵。北宋末年宋江等人起义反抗官府,这个故事在民间广为流传,在宋元话本和元杂剧中都有所反映。《水浒传》就是在这些传说的基础上创作的。《水浒传》深刻地揭示了"官逼民反"的道理,它描写的108位英雄出身各异,既有贫苦的渔民、猎户、农民、小市民,也有小官吏、军官和地主。《水浒传》严厉批判了封建统治阶级的腐朽和凶恶,热情歌颂了起义的英雄,塑造了宋江、武松、林冲、鲁智深、李逵等性格各异的典型人物。《水浒传》所描写的造反是以"忠义"为行动准则的、有限度的反抗。"忠义"作为一种伦理道德观念具有浓厚的封建色彩,但也含有牺牲个体利益以维护正义的献身精神。所以在《水浒传》中,歌颂反抗与宣扬个体利益以维护正义的献身精神是并行不悖的。这正是传统文化精神两面性的体现。

《西游记》是明代出现的神话小说。唐代高僧玄奘远赴天竺(印度)取经的故事在民间广为流传,《西游记》在此基础上进行了创造性的艺术加工。它的主要内容可分两个部分:一是孙悟空出世、学艺及大闹天宫,二是孙悟空与猪八戒、沙僧保护唐僧往西天取经。贯穿全书的中心人物是石猴孙悟空,机智勇敢,尚侠行义,正直无私。《西游记》的思想倾向很复杂。它一方面肯定孙悟空大闹天宫,体现了蔑视统治者的权威,反对不合理社会秩序的叛逆精神;另一方面又肯定孙悟空等人护法取经,体现了维护既定秩序的观念。这一点与《水浒传》一样,反映了传统文化精神的两面性。

《红楼梦》是中国古代文学中最优秀的现实主义巨著,也是古代文学的光辉总结。它的作者曹雪芹是满族人。《红楼梦》以贾府这个累世公侯的封建官僚家庭由盛转衰的过程为主干,深刻地揭示了封建社会必然走向没落的历史命运,堪称封建末世的百科全书。《红楼梦》对封建的国家政治制度、家庭宗法制度、科举制度、婚姻制度以及依附于这些制度的伦理道德、价值规范进行了大胆的否定和批判,成功地塑造了贾宝玉、林黛玉这一对封建官僚家庭叛逆者的形象。贾府的统治者把重振家业的希望寄托在聪明灵慧的宝玉身上,可是宝玉却顽强地逃避既定的封建贵族人生道路。他对封建家庭的反抗既是为了追求恋爱自由,也是出于对整个封建制度及其思想体系的厌恶。所以他把程朱理学斥为"杜撰"，把封建政治学说（"仕途经济"）斥为"混账话"，把科举制度斥为"诓功名混饭吃"，把"文死谏，武死战"的封建道德斥为胡闹。他还彻底否定"男尊女卑"的封建观念，把全部热情倾注在不幸的女性身上。林黛玉作为一个寄人篱下的贵族小姐，不但以清高孤傲的举动维护着自己的尊严，而且不守闺训勇敢地追求爱情，在一切价值观念上都持有与宝玉相似的观点。站在宝、黛对立面的则是以贾母、贾政为首的封建家长。他们有的道貌岸然而实质虚伪、冷酷，有的凶狠阴险、荒淫无耻，是日益走向灭亡的腐朽势力的艺术象征。宝、黛最后以死殉情（宝玉的出家意味着尘世生命的结束），就是年轻的叛逆者对腐朽封建势力的殊死反抗。《红楼梦》一方面凝聚着传统文化的精华，发扬了崇尚理性、追求真善美的精神，并以审美观点使家庭日常生活升华到诗的意境；另一方面又体现了对传统文化、尤其是对重群体轻个体的价值取向的深刻反思。宝、黛以死相争的正是个体的自由和尊严。

（五）中国文学的基本性格

1．以儒家思想为代表的人格主义（道德主义）

重视文学的社会功用，始终是中国文化的一个显著特征。中国古代知识分子大多深受儒家思想的影响，"治国平天下"的入世思想是大多数文人的终身抱负，而"兼济天下"与"独善其身"互补的人生价值取向则是他们的共同心态。因此，以诗文为教化手段的文学功用观便凸显出来，成为古代最重要的文学观念。

开中国文学先河的要算诗歌，在中国古典文学中最发达的也要算诗歌。自《尚书·虞书》起，就有"诗言志"之说。此后，孔子、荀子、《礼记》、《诗·大序》、《春秋说题辞》等儒家大师及儒家典籍对"诗言志"都表达了重要的观点。表明早在春秋战国时期，儒家就积极提倡诗教，企图以文学作为推行教化的有力工具。诗在中国文学中一直占有最重要的地位，与儒家认为诗有融和人际关系功能的文学观，以及中国人重人伦关系的传统是相辅相成的。

儒家的这一文学理论不仅表现在诗歌方面，也广泛地表现在文学的其他领域。同时在当时的社会中形成了强有力的影响。先秦诸子的观点尽管判若水火，但他们著书立说的目的都是为了宣扬自己的政治理想和社会设计，同样体现了对现实政治的强烈关注。可以说，他们的"文"都是为其"道"服务的，"文"只是手段、"道"才是目的。这种传统后来被唐宋时期以韩愈、柳宗元为代表的古文家（唐宋八大家）表述为"文以载道"或"文以明道"，强调文学作品的社会作用。宋代王安石也主张语言艺术要发挥匡时济世的作用。总之,"文以载道"说把道统和文统结合在一起,把文学与道德合而为一。在其指导下创作的文学作品对社会的功用是相当巨大的。以元杂剧《赵氏孤儿》为例,该剧描写春秋时晋国奸臣屠岸贾诬陷忠臣赵盾,将赵门300余人斩尽杀绝,还千方百计要搜杀赵氏孤儿以斩草除根。而一批志士仁人则想方设法保护孤儿,当屠岸贾为诛杀赵氏孤儿下令将晋国所有的同龄婴儿全部杀戮时,程婴、公孙杵臼二人合谋定计,分别以舍子、献身的壮烈举动制止了这场浩劫,从而保全了孤儿,最后伸张正义,复仇除奸。该剧体现了震撼人心的道德力量,程婴等人见义勇为、舍生取义,支持着他们的正是坚定的道德信念,历来深受人民的喜爱。18世纪,《赵氏孤儿》传入欧洲,伏尔泰将其改编为《中国孤儿》,也产生了巨大的影响。西方观众为之倾倒的正是剧中所体现的中国文化精神中的道德光辉。

"文以载道"的思想对中国古代文学有正、负两面的深刻影响。首先,这种思想强调了文学的教化功能,为古代文学注入了政治热情、进取精神和社会使命感,使作家重视国家、民族的群体利益,即使在纯粹个人抒情的作品中也时刻不忘积极有为的人生追求。其次,"文以载道"思想也给中国古代文学带来了负面的影响。它使文学在很大程度上沦为政治的附庸,削弱了其主体意识和个性自由。本来,魏晋以后,文学已逐渐摆脱了政治伦理仆人的地位,而向着"纯"文学的方向发展,呈现出比较自由、开放和活力,但隋唐的古文运动,重又将其拉回到传统的道德主义的轨道,使道德的洪流淹没了文学故有的田园,降低了文学的质量与影响。

2. 以道家思想为代表的自然主义

自然主义是中国文学的另一个重要的性格,它是在老庄道家哲学和中国化的佛教影响下形成的,在中国文学的发展道路上,除了与政治、社会、道德密切结合的带有实用性很强的儒家传统外,还有道家的传统。道家的生活情调、人生态度以及所追求的意境,恰与文学自身不受外在强力束缚的发展要求相适应。具体反映在文学创作上便是崇尚自然美,将自然美的发掘和表现作为审美理想和审美趣味的主导倾向。如老子就极力提倡"自然"和"无名之朴"。庄子认为最高的艺术境界是自然之美,强调"朴素"是最高的美。"朴素",就是天生、天成、天然。庄子对世俗的厌恶而追求超越世俗之上的思想,在不知不觉中,使人要求超越世俗而归向自然、追寻自然。他的物化精神,产生了文学上的物化境界,即物我合一的境界。老庄提倡"淡然无极"之美,追求自然美的思想对中国传统文化的审美理想和审美趣味影响深远,一直是中国语言艺术中不绝如缕的民族特征和宝贵传统。正由于此,它才能够广泛、深入地影响历代的诗人、文学大家们,这也是历代文人虽然受到儒家"诗教"、"文以载道"思想的深刻影响,却仍能留下大量醇美的诗文的原因。如唐代大诗人李白非常崇尚自然美,他说:"清水出芙蓉,天然去雕饰。"宋代文豪苏轼也十分强调自然天成之美,在其艺术创作理论中极力推崇这种境界,把它看成是艺术构思的最高境界。道家的物化精神与儒家强调人的主体性完全不同,它不但可以赋予自然人格化,而且可以赋予人格自然化,艺术创作所达到的这种物我同一的自然状态,苏轼称之为"真态"或"无人态",即没有任何人工斧凿的痕迹。他反对人们做诗时人为地搜索枯肠,断须苦吟。唐宋诗多自然天成,写眼前实景,抒心中真情,无不真切自然,毫不雕饰,趣味盎然。此外,唐代司空徒在其《诗品》中所描绘的二十四种诗歌艺术境界,如雄浑、冲淡、高古、典雅、自然、含蓄、豪放、清奇、飘逸、旷达等,可以说充分体现了道家物化境界的特色。

此外,作为文学创作中艺术意境重要特征之一的"超言绝象"或"言外之意"的理论,显然也是从道家思想中推衍出来的。"意境"说的提出对中国文学的发展产生了深远的影响,它是在"言—象—意"三层次基础上的一种新的发展。老庄从"道"的无形无象、不可言喻的角度出发,认为言是不能尽意的,但它可作为象征意义的工具,使人由此得到"言外之意",实际上强调了读者的再创造。也就是所谓的"作者得于心,览者会以意"。因此,当我们透过"得意忘象"、"得象忘言"的思辨哲学语言,对它进一步有所了悟时,它便升华为一种高超的艺术精神。如陶渊明的"结庐在人境,而无车马喧"、"采菊东篱下,悠然见南山"以及王维的"空山不见人,但闻人语响。返景入深林,复照青苔上。"等著名诗句,便是运用上述象征性艺术方法,表现对超现实的理想世界的追求与憧憬。这种象征性文学对于世俗的污浊起到一种净化的作用,带有浓厚的道家豪迈愤懑的激情和奇特夸张的艺术表现手段以及幻想的、超现实的内容等等,也都与道家或佛教的影响有关。

综上所述,中国文学的基本性格,实际上是受中国传统哲学中儒、道两大系统的影响而形成的。儒家注重入世,面对现实,往往从道德教化入手,主张人格重于文章。因此儒家偏重于法度,强调现实主义,注重于研究人工创造的具体方法,从思想内容到艺术形成,都有比较严格的规范要求,反对离经叛道。而道家则强调自然,反对人为,尤其视道德为虚伪,视人生为赘疣,故鄙弃一切法度,以能达到天生化成为目的。因此道家强调神奇、诡谲,往往与浪漫主义相通。儒、道两家不同的文学思想决定了中国文学的这两种性格,尽管在文学发展的道路上,这两种性格逐渐融合互补,带来中国文学的繁荣,但随着作家的境遇不同、历史条件及政治环境的差异,这两种性格有时又发生分离。一般说来,儒家的文学观往往受到统治阶级的青睐,而道家的文学观则受到统治阶级的冷遇。

五、艺术

中国艺术源远流长。18000 年前山顶洞人的装饰品,说明审美观念已经产生。8000 年前出现的岩画、彩陶、玉器,可以算做中国艺术的开始。到 6 000 年前的仰韶文化,彩陶已经达到一定的艺术高度,并且分布地域广阔,数量众多,成为一种最能体现中国艺术和文化性格的东西。中国艺术的主要门类包括文学、建筑、雕塑、书法、绘画、音乐和戏剧。以下主要讨论建筑、雕塑、书法、绘画。

(一)建筑

中国古代建筑,从有据可依的西安半坡圆形住房和大口,就一直与自己的文化观念和与之相应的审美趣味紧密相连("天圆地方"正是中国古代的宇宙观念),尔后又随着文化的发展而逐渐丰富。从远古至东汉,主要是以帝王为核心的宫室、苑囿、庙社、陵墓等一整套宫廷建筑体系的发展和完成。从东晋始,表现士大夫情趣的私家园林开始风行。从南北朝始,寺庙建筑大量修建。此后一直到清代,古代的建筑体系基本上在这一框架内运作。因此,中国古代建筑大体上可分为四大类型:宫殿、陵墓、寺庙和园林。

宫殿建筑以皇宫为代表,其目的是要显示帝王之威,因此有高、大、深、庄四大特点。天安门,是进入大清门后的第一个重点建筑,大大高于一般房屋,这主要是显示帝王的威严。"大"是占有空间众多。故宫的建筑群恰如一大队金盔红袍庄严群立的战阵。也只有空间的大,才能显出"深"来。从大清门到天安门到午门到太和门最后到太和殿,正是在这个由建筑的变化形成的节奏起伏的深长的时间进行中,不断地加重着人们对帝王的敬畏情绪。"庄"是以建筑完全沿中轴线对称排列和墙柱门的深红色显示出来的。人在对称建筑中行进,内心会有一种肃穆之感。

皇宫显示现世帝王的威严,陵墓则表现已逝帝王的威严。只是陵墓与另一个世界相连,不以房顶的金色表现现世的光辉,而以青土暗示永恒的宁静。因此陵墓或者依山为陵,如唐代陵墓,或者垒土为陵,植树以像山,如秦始皇陵。陵墓的地下形态因看不见而对活人的心理并无影响,但其地面建筑仍有另一种高、大、深、庄的特征。唐代高宗与武则天葬的乾陵以梁山为陵,这是"高"。围绕地宫和主峰有似方形的陵界墙,而进入乾陵的第一道门却在禹陵墙的朱雀门很远的山下,这是"大"。从第一道门到地宫墓门要经过四道门,路长约四公里,这是"深"。在这悠长的时间流动中,于梁山南侧的两峰之中始,是神道,神道两旁有华表、飞马、朱雀各一对,石马五对、石人十对、碑一对。正是从神道始,陵墓建筑开始对观者内心进行庄严肃穆的心理强化。

中国寺庙建筑最早见于记载的是东汉永平十年建立的洛阳白马寺,从那时起,中国的佛教寺庙就不同于印度的寺庙。它以王府为模式,纳入中国礼制建筑的体制之中。后来的道观也是这样。因此,可以说佛寺与道观除了塑像、壁画、室内外装饰不同之外,在建筑形式上是基本一致的。与宫殿和陵墓一样,寺庙也有商肃穆的要求,因此整体对称是其特色。

中国园林可追溯到西周初的苑囿合池。其发展和壮大是从春秋到秦汉。这时的园林,其功能和趣旨与宫殿一样,都是显示帝王的伟大巨丽。魏晋以后士人园林兴起,中国园林才获得了自己的品格,并影响了皇家园林。其核心是情趣,在结构上绝没有使人紧张起来的对称。其情趣主要是自然情趣,亭台楼阁均随地附形,巧夺天工。廊榭台池,山石花木,一切布置都考虑到人与自然的情感交流,而且通过园林揭示和领悟自然之美。

中国建筑无论宫殿、陵墓、寺庙,还是园林,都不注重单个建筑的高大,而强调群体的宏伟;不追求纯空间的凝固画面,而追求在时间中展开,在时间的流动中展现自己的旨趣。中国建筑形成群体结构时,小至四合院,大至皇宫、圆明园、皇城,都有一道墙,形成一种封闭自足、不待外求、自成一统的意蕴。而群体之中都有核心部位,主次分明,照应周全,其理性秩序与逻辑或明(如宫殿)或暗(如园林),却都气韵生动、韵律和谐。虽然处一墙之中,中国建筑又总是追求超一墙之外。且不论园林,就是四合院、宫殿,群体结构的屋与屋之间,总有很多"空",有条件就一定要加之以亭池草木,显出实中之虚。中国建筑的特点是使人不出户,不出园,就可以与自然交流,悟宇宙盈虚,体四时变化。从这个意义上说,它又是外向开放的。中国人就是在日常所居的建筑中体悟宇宙和天道,以及由天道所决定的儒家秩序和道家情趣的。

（二）雕塑

雕塑在中国没有像西方那样独立的地位,几乎一直是建筑的一部分。但雕塑又一直都在被创造出来,从河姆渡文化遗址出土的陶猪,到青铜器上的虎、鹤,春秋战国的土俑陶俑,秦兵马俑,汉霍去病墓的石兽,直到以后源源不断的宗教造像、民间小品。中国雕塑主要包括陵墓集群、宗教集群、建筑装饰和工艺雕塑四个集群。中国的雕塑从来没有脱离建筑而完全独立出来,更强化了整个中国艺术本有的特征——整体性。一个雕塑的大小是由雕塑群体和建筑整体决定的。同是门前石狮,门的大小决定石狮的大小。同是佛像,寺殿内部空间的大小决定其大小。同理,佛的二大弟子迦叶、阿难及菩萨、罗汉形象总是比佛小。整体性决定中国雕塑是程式化的。陵墓雕塑的狮、马、龙、凤造形应怎样造,佛、菩萨等应穿什么衣服,手应是什么"印相"（姿势）,或应持何种器物,立姿与坐法应如何等,都有一定程式。程式往往压倒了雕塑的自身特质。因此,中国雕塑明显地具有两个绘画特性,一是平面性;二是彩绘。西方雕塑是通过材质本身起伏凸凹来显示对象的特质,不施彩绘使得雕塑必须显出自己的特点。中国雕塑的程式化往往忽略细部。平面性减弱了雕塑的特质,而彩绘却可以帮助中国雕塑起到雕塑以外的功能,因此中国雕塑的很多细部不是雕出和塑出来的,而是绘出来的。这些雕塑的减省本身是符合中国艺术的总体原则的,因为中国艺术讲究的是气韵生动,神似胜于形似,即所谓"笔不周而意已周"。只有把握中国雕塑与中国文化精神相通的意境追求,才能对它有更进一步的理解。

（三）书法

书法在诸艺术门类中,最具中国独特性。世界上,只有在中国文化和伊斯兰文化中,书法才成为一门举足轻重的艺术。只有在中国文化中,书法才象征了人之美和宇宙之美。中国书法从字体类型上分为篆、隶、楷、草、行五类,每一类都有自己独特的风貌。

中国书法之所以成为一门重要艺术,是由于它与中国文化紧密相连。在中国,道是一切具体事物的根本,通过一切事物表现出来,但又非由具体事物所能穷尽。书法是反映自然的,但不是反映自然之形,而是反映自然之象。中国艺术,文学、绘画、音乐、建筑,都含有线的意味,但只有在绘画之线与书法之线中,才能更好地体会出中国艺术中线之美的特色。纸为白,字为黑,一阳一阴。纸白为无,字黑为有,无有相成。纸白为虚,字黑为实,虚实相生。总之,中国书法由中国文字、书写中国书法由中国文字、书写工具和文化思想而形成了一个独特的艺术世界。

（四）绘画

中国古代绘画大体上可分为宫廷绘画、文人绘画、宗教绘画、市民绘画和民间绘画五类。宫廷绘画有两类:有政教实用性的一类,即绘具有榜样性的历代帝王和文臣武将。二是闲适性的一类,体现身在朝廷之中,心存江湖之远的旨趣。宫廷绘画的主要追求是精巧,宫廷绘画的最佳表现形式是彩墨画。文人绘画的要旨是抒情达意,其最高顶峰是水墨画。宗教绘画的目的是解释宗教内容,多为彩色壁画。市民绘画与表现市民的小说故事内容相连,达到妙境。民间绘画负载下层民众的愿望,年画为其重要表现形式。

中国古代的绘画没有透视关系,从一开始就不是视觉性的。画作一般不大考虑对于空间的精确组织,对象的结构比例也向来不是画家们所操心的事情。画家们最为关注的仅是关于对象的情理性表现,而非对象于某一特定时空原貌的客观再现。换言之,他们看重的不是再现物的理,而是表现人的情,力图借情之生动妩媚以超越理的呆板僵硬。画的终极指向是人不是物,故而物理空间在他们眼里,不过就是"经营位置是也"的人为平面摆放。绘画艺术当然不可能不面对空间这一问题,但倘若过于强调空间意识在中国传统绘画里的存在,那便无法真正领会和阐释独特中国传统绘画艺术的精髓。事实上,恰是这种不同的认知范式促成了中国古代画家们的非写实艺术观念。在他们那里,绘画无需经过临摹训练;同时亦不强调取决于活生生的现实标准的临场式"写生"实践。"写生"之于他们只是一种效果上的概念而已。画的成功与否,关键还在于心声的有效传达与否,而非物象的客观呈现。

郑板桥的画竹过程可以作为一个典型实例,令我们从实践的角度目睹到中国古代画家的创作理念及其习惯。在他那里,审美对象虽是现实之中的活竹,但他却从不以临场作画的写生方式将其原貌如实定格于画纸之上;而是经过反复的观摩与揣度之后,直至现实中的竹子在自己心里扎下根来,即所谓的"胸有成竹",才将它们从容画出。此时的竹子要求我们的绝不是去现实里找寻其对应物,而是意欲将我们引向画家的内心世界。不过,这里需要一个前提,即我们只有首先进入自己的内心世界,才可能进入画家的内心世界。此种画作唤起的是观者同画家之间的心灵交流,需要充分调动观者的想象能力,而这样的能力唯有通过听觉不是通过视觉方可获致最大限度的释放。

通过郑板桥的例子,我们已经看到,中国古代画家虽不囿于物体的真实表象,却也从不无视物体的客观存在,将作画等同为随心所欲的闭门造车。他们之于自我内心的真实传达,始终是建立在针对生动对象的真实理解根基上的,故此,认真仔细的观察当然是必不可少的一步。

第二节 西方文化的基本要素

一、宗教

西方的宗教主要有基督教。古希腊时期的宗教是多神教,信宙斯、信阿波罗等,在各国和不同的地区都有自己的土著宗教。但随着基督教在欧洲的传播,所有其他的宗教便逐渐退出而让位于基督教。基督教因此在西方文化中占有极为重要的地位。

基督教各教派对在《圣经》教义的理解上有着十分复杂的区别与争议,但在以下几点上则大体是一致的。

1. 一神论的上帝观

在基督教之前一般是多神教,相信有各种各样的神,虽然也有一神教,但却是初级形态的,与基督教不可同日而语。基督教认为统治宇宙万物只有唯一的神(或称上帝、天主),是天地的主宰,万物唯一的造物主。《圣经》说:"我是耶和华,在我以外并没有神,我造光又造暗,我施平安,又降灾祸,造作这一切的是我耶和华。"宣称一神、一信、一教的神学信条,认为"神是一,基督是一,它的教会是一,信仰是一,神的百姓是由协和而联合成为一体"。

基督教宣称,唯一的神——上帝是一位全能的神,它"无所不知,无所不能,无所不在,全善,全智,全爱"。敬畏驯服者必得福,违背者必遭祸。"你们要赞美耶和华,敬畏耶和华,甚喜爱它命令的,这人便有福。"谁要是不喜爱耶和华的律法,就必在"苦难中灭绝"。一神论是基督教为确立崇高地位的政治策略和舆论宣传。

2. "三位一体"

基督教宣称,基督教上帝是由圣父、圣子、圣灵组成的"三位一体"。上帝是圣父,是"天地全能的创造者";耶稣是"上帝的独子",也是上帝的"道";道通过童贞女玛利亚(圣母)感受圣灵(来自上帝的一道神秘的精灵),并受胎而成为肉身,神采取人的形象,在人间传播福音,并通过自我牺牲,拯救世人。所以,圣父、圣子、圣灵虽是三位,却是同一本体,称为三位一体。三位一体说是基督教努力摆脱建立在一个神话基础上的教义的先天不足,从而穿上一件带有理性色彩外衣的做法。

3. 原罪说

《旧约·创世记》里说,上帝创造了世上的万物,并按照自己的形象用泥土造人,将生气吹入他的鼻孔,他就成了有灵魂的活人,名叫亚当。上帝在亚当睡熟后从他身上抽出一根肋条,造了一个女人——夏娃,并把他俩安置在伊甸园,吩咐他们不可吃无花果树上的果实(实际是智慧果)。但他们却在蛇的教唆下偷吃了果实,从此人类就有了智慧,但却也犯下罪恶,这个罪过就被称为"原罪"。因此,基督教认为罪性是人的本性,人类的始祖犯了罪,这种罪过将被传给后人,永不断绝。后来人生来就是罪人,带有罪性,永受惩罚。原罪说是基督教最重要的理论支柱之一,因为它给天堂地狱说准备了理论条件。原罪说是基督教教义最为基础的理论,撑起整个基督教教义的大厦。

4. 天堂地狱说

基督教作为宗教,必然提出它的"彼岸"——"来世"学说,即许诺或警告。许诺善良、忍让、勤劳地度过一生的人一个美好的未来世界;也安排了地狱,警告那些奸诈、贪婪、凶残、虚伪之徒,等待他们的将是个无比恐怖的世界。并且,为了加强这种说教的力量,基督教还指出现实世界也是苦难的世界,只有相信救世主耶稣,忍耐顺从,才能使灵魂得救。信在今生,见在来时,这是基督教信仰的基本观念,也是说服听众的策略。这样能使人甘心忍受,也免去了说教者今生今世就须向信众兑现的担心。他们把现实的苦难说成是上帝对人的考验或试探。"你们落在百般试炼中都要以为大喜悦","忍受试探的人是有福的,因为它经过试验以后,必得生命的冠冕"。基督教声称,每个人是否虔诚地信仰救世主耶稣,全知全能的上帝是一清二楚的,在末日审判的时候,上帝将按照每个人的表现——发落,"照个人的所行的报应它"。如果"原罪说"是基督教教义的"宪法"的话,"末日审判说"则是"刑法"。

5. 鼓吹自卑、怯懦、容忍、顺服

同"来世说"有关的,是关于今生怎样度过的"今世说",即一套容忍、退让、

逆来顺受的主张,唯其如此才有希望获得天堂的入场券。值得注意的是,基督教把这种理论发挥到相当彻底的地步:"要爱你的仇敌","凡事要欢欢喜喜地忍耐宽容"。《旧约》中的"十诫"比较集中地反映了这一点:(1)除耶和华以外不可信别的神;(2)不可造、拜偶像;(3)不可妄称耶和华的名;(4)当守安息日为圣日;(5)当孝敬父母;(6)不可杀人;(7)不可奸淫;(8)不可偷盗;(9)不可作假见证;(10)不可贪恋他人财物。"十诫"的出发点并不是人际关系,而首先是"进天国"的考虑,为了进天国,所以我才要保持对我的邻居的忍耐、宽容;而自卑、怯懦是指对上帝的关系而言的。

二、哲学

"哲学"一词来源于希腊文的 philosophia,原意为"爱智慧之学"。希腊哲学是西方哲学的创始,也是它的高峰。德国学者 E. 策勒尔认为:"并非每一个民族甚至每一个文明的民族都产生过一种哲学。许多民族都有圣人、先知和宗教改革家,但只有极少数民族,拥有哲学家。在古代的民族中,除了希腊人,只有中国人和印度人可以加以考虑……这三个民族按各自特有的本性形成了自己的哲学。可是,整个欧洲哲学却都是希腊哲学的后裔。"我们探究西方哲学,大致可以遵循理性及思辨这一主线,从历史的纵向上将之分为四个阶段:理念、理性、超理性和人的哲学。

（一）理念

理念哲学的创始人是柏拉图,理念哲学既是柏拉图哲学的核心,也是希腊哲学的核心。在柏拉图以后的十几个世纪当中,其理论体系始终居统治地位,它对西方世界所产生影响的规模、范围和程度不亚于孔子在中国的情况。

柏拉图从苏格拉底寻求"一般"的方法出发,认为对任何一类特殊的东西来说,都有它的"一般",他把这个一般称为"理念",并以此为核心创立了完整的唯心主义哲学体系——"理念论"。柏拉图理论中的理念主要有以下特征。

1. 本原性

柏拉图认为,理念是万物的本原。它外在于并且先于感性的个别事物而独立存在,是个别感性事物的范型,而感性世界的个别事物则是它的摹本。超感性。柏拉图认为,同可感觉的具体事物不同,理念是感官所感触不到的,只能为理性所把握,具有不变性和永恒性。在柏拉图看来,具体的东西都是变化的、不稳定的,而理念则是不变的、永恒的。如具体存在的床是各式各样的、可新可旧的、可成可毁的;而理念的床,也即所谓"床本身",却是始终如一、不变不动的。

2. 绝对性

在柏拉图看来,具体事物的美都是相对的、不纯粹的、不完全的,即特殊的美的事物;无论是美的花、美的画,总是多数的,是变化的,是不完全的。它们中还有不美的东西,所以不是绝对的美,它们是不真实的;而美的理念则不然,它是绝对的、纯粹的、完全的,绝不可能存在既美又不美。

3. 客观性

柏拉图认为理念客观地存在着,不依赖于人们的意志、想象。总之,柏拉图认为,和多变的、相对的、感性的事物不同,理念乃是不变的、绝对的存在。现实的具体事物是虚幻的,理念才是真实的,是世界万物的本原。不过,理念和感性世界是有联系的。他的理念论的基本倾向是贬低现实事物和感性知识,追求脱离现实世界的绝对不变的本位和理念的知识体系。

柏拉图的理念论思想实际上是区分理性和感性的界限问题,但由于当时的认识水平、科学水平及其他种种原因,他的这种划分在今天看来有很大缺陷,并不可避免地堕入荒谬。然而,柏拉图的这种认识给西方文化带来的诗意化的东西也许比哲学化的东西更多。他大胆地否定了一种人们习以为常的视为定理的事实:即我们所看到任何实际事物并不是一种真实的事物,而在这事物的背后有一个更加真实的东西——这就是这个事物的理念。从文化发展史看,任何一种有生命力的学说,总是植根于它所在的文化土壤的最深层,一种经得起历史淘汰的东西,才会成为一种文化的砥柱。柏拉图之所以成为西方哲学很长的一个历史阶段的强大支柱,究其原因,在于它所提倡的理性精神。

在我们看到柏拉图把概念和本质相割裂的同时,我们不能否认柏拉图这一哲学命题给哲学家和科学家们带来的深刻影响。他引导人们不满足于感官的认识,而要具有穷究物理的精神,这种精神是纯西方的一种文化精神和哲学性格,后来的文艺复兴哲学以及黑格尔哲学无不受到柏拉图这一理性精神的强烈影响。在真实事物的背后还存在着一种理念思想,所导出的神秘主义和丰富的诗意联想,不仅符合了一种宗教的信仰精神,而且使很多睿智的头脑,面对宇宙、面对自然、面对自我提出了一连串的问号,产生出各种神奇而瑰丽的想象。而这对西方文化性格的形成、对西方人的激进精神和文化心理的培养无疑具有极为重要的作用。

（二）理性

从文艺复兴到启蒙运动的 300 年间,西方资产阶级的理性精神逐渐萌芽、苏醒并进而获得了突飞猛进的发展。与之同步,在这期间西方的哲学家们对理性传统的哲学进行了较大的发展和突破。

总体上说,启蒙运动中的哲学家们都非常注重理性,视野都比较开阔,同时也相当关注现实。以伏尔泰、卢梭、孟德斯鸠和狄德罗等为代表的启蒙思想家们虽然各有自己的哲学思想体系,但他们有以下几个共同点:

第一,启蒙运动的思想家们都崇尚理性、反对宗教。他们对当时的宗教、教会和封建制度的某些最黑暗残酷的东西以及高级僧侣、贵族腐化堕落的生活,作了尖锐的批评或辛辣的讽刺。伏尔泰是法国启蒙运动的领袖人物,他运用唯物主义、依据科学的发展对基督教神学进行了彻底的批判。伏尔泰认为假如上帝不是使人变得完美和给人带来好处,那么上帝也是无用的。人们之所以崇拜上帝,是因为上帝使人类世界变得美好。他认为,上帝存在的意义就在于它能给人一种走向道德的力量。由此可见,伏尔泰所崇拜的上帝和当时他面临的作恶、犯罪和腐化、堕落、欺骗及愚弄人们的教会所宣扬的上帝完全是两码事。卢梭和狄德罗等则从根本上对上帝加以否定。狄德罗是战斗无神论的典型代表,他反对宗教的名言是:"走向哲学的第一步就是不信神。"他认为自然是由各种元素构成的一种物质世界,人只是这个世界中的一个普通结果。因此,他从根本上否定上帝的存在,否定上帝造人的胡说。狄德罗还认为,人们应该行动起来,既要反对封建世俗政权,又要反对封建教权。他说:"人们在用最后一个教士的内脏做绞索把最后一个国王绞死以前,他们绝不可能自由。"

第二,启蒙思想家们在重理性的同时,也十分重视人的感情,重视人生,尤其重视自己的人生经验。如伏尔泰就十分重视人的感情、热情的作用。他认为热情和勇敢是一切伟人的标志,人,应该有自己的个性,有个性才能在灵魂中迸发出不竭的特殊力量。他认为,伟人和罪人的分界不在于情感,不在于个性,而在于道德。一种心灵中的力量,可以把人造成英雄,也可以把人造成罪犯,关键在于这股力量用在什么地方。心灵中桀骜不驯的勇敢不是造成伟大英雄便是造成千古罪人。伏尔泰的个性说和道德说构成他的完整的哲学和伦理学体系。他认为一位有德行的人不是没有个性和激情,而在于使理性有节制地支配这种个性和激情以求对人类及社会做出好事。他认为奢侈和吝啬是一回事,都是物欲超过了理性,败坏了个性和人格,都是一种对财宝贪婪情感的放肆发泄。他还认为,人生在世应该有干点大事的野心(或雄心),但是野心太大了就失去了真正的人格和个性,造成一种畸形,那是不幸的。狄德罗也有与伏尔泰类似的思想,他说:"没有激情的理性是没有臣民的国王",毫无意义。理性的价值在于驾驭激情朝着伟大目标冷静地前进,假如一个人没有情感,不用说他做不成任何事业,就连作为一个人的起码标准也值得怀疑。

第三,启蒙思想家们都比较注重理性与实际的结合。伏尔泰认为理性的价值就在于在实际中发挥作用。使人看到在何种场合可为、何种场合不可为,不仅是一种智慧而且是一种道德修养。人是一种具有想象力和智慧的动物,人活着是不会没有幻想的,但在实际中碰了壁,他的幻想就破灭了,因此,人生中充满苦难和痛苦。人的力量在于能在忧虑和烦恼中获得一种平衡,获得一种超脱的境界,获得了这种超脱的境界就达到了智慧的顶点。人生的最大幸福莫过于爱,人生的最大痛苦莫过于失爱,幸福是人生的追求,爱是人生的大事。爱胜于自己的生命。他写道:人生有两次真正的死亡:"一个是不再爱,一个是不再被爱,这都是难以忍受的死亡。至于瞑目咽气,倒没有什么。"

狄德罗则在一种哲学的理论高度上强调理性与实际的结合。他认为很多纯理性的东西一遇到实际,往往会像鸡蛋碰石头一样,撞个粉碎,因此,实际中得出的理论比纯思维性的演义要坚实得多。他认为人的头脑中一切概念性的东西,"只有在和外界的东西联系起来才成为坚实可靠",因此,他要求应该像物理学家那样,在自然中而不是在头脑中把握事物。他认为人的认识开始于感觉经验,他说:"我们就是赋有感受性和记忆的乐器。我们的感官就是键盘,我们周围的自然弹它。"因而一切缺乏实际基础的抽象逻辑和空洞概念只不过是空中楼阁和无根之树,经不起实际的检验。

第四,启蒙思想家们都认为自由是人的本质,因而充满对自由的憧憬、追求和崇拜。启蒙运动的思想家们都不同程度地强调个人意志的自由,他们用尊重人的尊严、价值和自由来否定和批判封建专制。伏尔泰看到"第三等级"和专制制度间的矛盾日益尖锐,因此主张君主立宪,并且论述了共和政体的优越性。他主张废除贡赋,消灭贵族和僧侣的特权,热烈地要求信仰自由、言论和出版自由。他宣称人民的自由和贸易的自由是一个国家繁荣的根本。他认为封建专制的国家,束缚了人的智慧,压制了人的自由,用一个人的任性来代替众人的智慧,这是造成专制王朝愚昧、落后和黑暗的根本原因。在这里,正义被歪曲,光明被掩盖,自由被扼杀。觉醒了的思想家们应该意识到同这种专制王朝的斗争不是一朝一夕所能完成的,他们所面临的是一个漫长而沉重的整个历史时代。

卢梭是启蒙运动中最激烈的自由主义思想家。其思想的中心是关于社会的不平等以及克服不平等的方法问题。他认为在"自然状态"中,即未被私有制和文明污染过的环境中,人才具有真正的人的本性。人的本性即自然,就是指人生来具有自保和自爱的本能及对同类同情和怜悯的本性,具有自由和平等的天性等。所有这一切都是天赋予人的权利。卢梭以为,人的这种自然状态后来遭到了破坏,到了他所处的时代就更是被破坏得不成样子。他指责说:"人是生而自由的,可是现在他处处带着镣铐。"这无疑是他对封建制度的控诉。为了维护人的本性,即维护人之为人的资格,就必须争取和捍卫天赋的人权。

以伏尔泰、狄德罗和卢梭等为代表的启蒙运动的哲学家们在反对宗教神学、反对世俗禁锢的斗争中,高举科学、自由和民主的大旗,极大地促进了西方传统哲学中理性成分的发展,使之达到一种透视社会、透视人生的臻于完美而至善的阶段,在西方哲学史中形成了一个辉煌的哲学时代。法国的启蒙运动是西方理性哲学的一个顶点,从那时起,理性的哲学开始向着相反的方向潜滋暗长。到德国的黑格尔时期,西方哲学已产生了复杂的变化,黑格尔已尽了相当大的努力企图跳出原来的固有观念来创造自己独特的哲学体系。实际上,黑格尔的哲学中已有不少现代主义哲学因素。他的哲学不再限于纯粹的对事物的认识,而是着力深入人的逻辑、思维的深层,并把这种深入的思考外化于自然,形成一种主客观融合的独特的哲学思想体系。

(三)超理性

黑格尔哲学已有了超越传统理性的趋向,但他还保持着与传统理性的和平共处。19世纪后半期的柏格森哲学,明显突破了西方传统理性的规范,开始对哲学的一系列范畴和概念加以批判,来创造自己超理性的哲学体系。柏格森反对理性主义关于认识过程和主客观关系的理论,代之以非理性的直觉认识和"生命创化论"的观点。他认为,宇宙间真正实在的东西不是物质,而是纯粹意识的流变;这种流变是连续的、不可分的,变化无穷,川流不息,又相互交融,合为一体,呈现出一种"绵延"性。"绵延"(Duration)是直觉主义哲学的基本范畴之一。绵延与明确而单纯的心理活动意义不同,有这么几个特征:首先,"绵延"是没有间断的连续性,是绝对的连续性。在绵延中,过去、现在、未来三者之间互相交融渗透,浑然成一体。现在的心理活动有过去的成分,有关过去的记忆就是靠"现在"表述出来,而且无不是在"今天"的观点上展现和感受着。对未来的预测,只有在今天的水平上进行。相反,间断性的、静止的心理活动只是一种假设,是人强加的界定。其次,绵延是质的连续出现,其中没有量的差异。人的情绪和美感,在每一瞬间都有质的差别,绵延说强调多质性。再次,绵延是方向不可预测的流动。他认为绵延的每一瞬间都在变化,它并无确定的流向。柏格森认为,凡预测都是从过去推断将来,其前提就是断定将来与过去相同,这样一来也就否定了变化。因此,他进一步认为,意识的绵延不能循环,不能预测,没有目标,不受任何约束,因而是绝对自由的,永远创新的;意识的绵延有一种原动力,那就是好比喷泉般的生命冲动,它内在于意识,使意识作用于物质,战胜物质,由此,生命的运动是一种创造与进化。生命冲动是宇宙万物之根本,它不能通过理性而得到认识,只有凭直觉才有可能有所感受。理智可以认识物质世界,形成科学,具有使用(实用)价值,但并不反映实在,不是真正的真理;只有直觉才能把握意识的世界,形成哲学,揭示实在,因而是真理,但没有实用价值。为此他强调,真正的科学必须以直觉的真理作为依据,并认为,在直觉中科学与哲学将实现统一。

超现实主义的哲学实际上是一种超理性的哲学,在理论上有一定的偏颇,在实践中也有一些偏激,但给文化界、知识界、文学界乃至哲学界带来很大的冲击和刺激,它的影响遍及西方文化乃至世界文化的各个领域,不容忽视。

(四)人的哲学

这里所说的人的哲学,不是一般研究人生体验的哲学,不是研究人的一般认识的哲学,而是把人作为一种哲学研究的特质、特殊对象而处理的哲学。西方哲学中关于"人"的理论学派较多,最具代表性的是弗洛伊德的"精神分析"学说和存在主义的哲学理论。

无意识的心理结构是弗洛伊德精神分析学说——"深度心理学"理论的基础和核心。他通过对歇斯底里症状的观察和研究发现,人的心理和意识并不等同,心理活动大部分是无意识的。他认为,所谓的"无意识"其实是人的被遗忘的经验尤其是人出于各种原因不便承认的本能。他发现,人们经验到的有意识思考和觉知，其实只是人的精神生活中很小的一部分，就如同冰山露出海平面的尖角，而"无意识"则是隐匿在水下的巨大冰块。因此，他的学说从人的意识结构出发研究人的本质，努力破入意识经验的表层，去发现底下人的生命深处的实际状况，以此来论证人的理智和本能的问题。弗洛伊德的这个见解，对于认识研究人是十分有启发的。其理论使西方对人的本质的认识发生了根本变化。过去人们认为只有按照理性、道德行事才是一种文明，人的本能只是未被驯化和教养过的兽性。而弗洛伊德的理论则认为人的意识结构分为三个层次，即处于深层的无意识（或称潜意识）——本我、处于表层的意识——自我和处于中层的前意识——超我。最底层的是本我，是人对应于无意识的一种神秘的、原始的、本能的欲望冲动，它处于人格结构的最深层，其核心是"里比多"（libido），即性本能。它总是处于无意识领域，是人的一切精神活动的内驱力，也是造成社会非理性泛滥的原因。本我遵循的是享乐原则，它随时都会迫使人设法满足它追求快感的种种要求。很多时候，这种要求与社会的道德习俗是相违背的，所以必须要限制本我的欲望。此时，自我便具有重要的意义，它处于人格结构的表层，是从本我中分离出来的高级心理活动，代表理性和机智，因此，它在本我要求和现实环境之间，根据本能欲望与社会道德的矛盾关系而起调节作用。自我所遵循的原则是现实的，它既防止过度压抑本我的欲望，又避免与社会公德发生公开冲突。超我，即"良心"的我，它代表宗教、道德等外在的社会强制和自我理想，它总是根据道德原则，把社会习俗所不容的本我冲动压制在无意识领域。弗洛伊德认为，这三部分相互协调，形成了正常的人格，而相互冲突则导致不正常的人格。

上述对人的意识结构三个层次的划分，构成了弗洛伊德"深度心理学"的理论。在他看来，"意识不是心理的实质，而是心理的一个属性，一个不稳定的属性，因它是旋即消失的，消逝的时间比存在的时间要长。"人的大部分时间受前意识和无意识控制。前意识是意识和无意识之间的一个边缘部分，由贮存在记忆中可以回忆起来的经验构成，主要功能是阻挡无意识进入意识之中。前意识与意识没有绝对的界限，而无意识则是指包括所有被压抑的、不得进入意识的冲动和欲望。虽然这些东西是人行为的动力，但由于社会规范的约束，难以为社会、他人甚至自我所接受，也不能通过正常的形式得到释放，因此往往被压抑在无意识中，以神经癔症和梦魇等形式来表现，寻求满足。弗洛伊德非常重视和强调无意识（潜意识）的作用，认为这是"填补意识知觉的空白"和"通向心理奥秘"的探照灯,是人类认识自身心理活动本质的圭臬。他的学说为人的自我认识打开了一个新的领域即对潜意识(本我)的研究。尽管弗洛伊德的学说中泛性欲主义的见解具有很大的局限性和片面性,但他所发现和提出的关于精神生活的无意识方面是左右人的力量的学说,对于现代西方社会改变人是以理性为主的动物的观点,起了重大作用。

继弗洛伊德之后的另一个影响巨大的哲学思潮是存在主义。存在主义哲学是专门研究和阐释人的存在的哲学。

德国哲学家海德格尔明确提出要建立一种同以往哲学都不同的"新"的本体论,其根本范畴就是"存在"。他认为以往哲学的缺陷和错误在于,总是从"世界"方面而不是从"存在"方面进行哲学探讨,因而其本体论是"无根的"。他把世界统一性归结为"存在",说只有从它出发才能建立"有根的本体论"。海德格尔其实说了一套玄学,其中心是说世界上一切东西之所以存在,并且可能成为什么模样,纯粹是由于我是我自身,以"我的存在"为条件。人的存在先于一切其他存在。人的特征是,人首先存在,然后才规定自己。人在有任何规定性之前,或当我成为什么样的人还不清楚之前,我的"在"已经明明白白地显示出来。人的存在的基本状态是烦恼、畏惧和死亡,个人只有处于这种状态,才能真正体会到自己的存在。"烦"总是为自己同他人的关系而烦,有区别、有对立、有竞争,每个人同他人或世界打交道时,要显示自己的存在,避免沉沦于世界而失去自己,这就是烦恼。这还不够,要到"畏"的状态,才能领会"存在"本身。畏惧是感到孤独的个人被抛入虚无的世界而产生的一种茫然失措的情绪,感到环境和无形的、不可名状的力量对个人造成的威胁。而真正领悟到威胁自己存在的则是"死亡"。"死亡"是非存在、是虚无,并且是任何别人所不能代替的,所以一个人只有在面临死亡时,才能真正把自己同社会、集体和他人分开,懂得自己的存在与他人不同,生与死的不同,懂得个人存在的意义。

存在主义哲学把个人的存在当做一切存在的出发点,并由个人的存在推导出整个世界的存在。如萨特就公开承认个人的主观性是他的哲学的出发点。他利用了笛卡儿的"我思故我在"的公式。但他在承袭笛卡儿的主观唯心主义时,却排斥了笛卡儿的理性主义。他断言,人们无法用理性的方法给存在下定义,也无法用理性的方法去说明物质世界的客观存在。但是,人们却可以意识到自己的存在。当人没有认识到其他事物的存在时,他就能清楚地意识到自己个人的存在。我有意识，我在思想，所以我必然存在，这是一个无可怀疑的事实。萨特由此宣称："世间决没有一种真理能够离开'我思故我在'。我们凭此，可得到一个绝对真实的自觉意识。任何一种使人脱离令他明白自身环节的学说，从这开端就是一种混乱真理的理论。"当然，萨特表面上也承认个人以外的事物的存在，并以此冲淡他的理论的极端主观主义。他说他并不完全否定人以外的世界的存在，而只是以为世界的存在依赖于人的存在。他在《存在与虚无》一书中把存在分为两类：一类叫"自在的存在"，指的是外部世界；一类叫"自为的存在"，指的是人的意识。自在的存在是一片混沌，是一个巨大的虚无，它没有原因、没有目的、没有理由、没有必然性和偶然性，也就没有意义。所以，自在的存在是荒谬的，人们一想到这种存在就会"呕吐"。自为的存在是自我的世界，是与自在的存在完全相反的存在，它是非存在，或者说是虚无的，它总是不断地超越自身去同世界和他人打交道，它总是追求它现在不是的东西，意即人总是在超越现在，趋向未来。萨特把人的自为的存在归结为意识的存在、主观性的存在。他从现象学的意向性概念出发，强调意识是能动的，它总是趋向某一物的意识，也就是隐去一切其他物的意识。隐去其他物的过程就是虚无化的过程，人正是在这种虚无化中揭示世界上事物存在的意义。人的这种超越性和能动性过程就是价值创造过程，它赋予自己和世界新的意义。这种否定、超越和创造过程是永无止境的。这就决定了人的存在始终处于一种悬而未决的状态，焦虑、烦恼、苦闷、迷茫、困惑甚至绝望始终伴随着人。萨特认为，人就是通过体验这些感受而认清自己真正的存在。

因此，存在主义哲学的第一个命题就是：人生是荒谬的。人面对的世界是一个偶然的、荒诞的、使人烦恼、孤独、厌倦、恐惧和绝望的世界。人一生下来就被一系列外加的、不容选择和拒绝的条件限制着，这本身是没有什么道理可寻的。人生下来就被烦恼、忧虑、恐怖等缠绕，充满着痛苦，无论他愤怒或斗争还是拼命，最终也只是徒劳，因为人的力量微薄、渺小和整个社会这一疯狂的大机器相比较实在是太脆弱了，人一点也不能改变它的疯狂和残酷。真正的理智在于参破这种禅机，看破这种人生，对它保持着一种超脱的"局外人"的态度。

存在主义哲学的第二个命题是：人的自为的存在先于人的本质。它把人的存在同人的本质分割开，即把人同人所生活的客观世界分割开，特别是把人同人所处的社会历史条件、所属的阶级以及各种社会关系分割开。这就是说，人处于何种社会关系中,人的阶级地位、阶级立场以及性善性恶等问题,总之,人的本质以及人的各种社会特征,都是由人按照自己的意志而造就的,与客观世界无关。萨特认为,人之首先作为单纯的主观性而存在,人之任意选择和造就自己的本质,这是使人与其他一切事物区别开来的根本特征。人的这个选择是十分重要的,它是世上唯一能按照自己意志来创造自己的。人,究竟是好人还是坏人,是英雄还是懦夫,不是从娘胎里带来的,而是通过个人的自由选择所决定的。每个人所成为的那个样子,都是他所选择的结果。这种选择既使人保持了与其他事物相比较所独具的价值和尊严,又使自己把自己的命运掌握在自己的手中。而且这种选择是完全自由的,作出怎样的选择完全是出于自己的决定。同时,萨特认为,任何选择都意味着择善而从,除了那些自甘堕落的人和少数罪犯而外,任何选择都意味着斗争和创造。

由于人首先是存在、露面、出场,然后才说明(规定)自身(本质),人之初,自身是空无所有的,也就是绝对自由,后来人按照自己的意志创造、选择了自身。人的存在的空无所有规定了人的绝对自由性,而人的绝对自由又规定了人必须自我选择,即便是不选择也是一种选择,是作出不选择的选择。因此,人一旦作出自己的选择,自己就承担了这种选择的责任,因此,人时时是处在对社会和对人类负责的道德之中。人的烦恼、孤独和绝望的情感等是一种本质性的东西,是由人的本质所决定的。所以人一步入人生就承担着一种不可推卸的责任,而且这个责任是与人终身相伴的。由于人的选择完全是由自己自主决定的,因此,这个自由意味着责任。这种把所有的责任都压在个人头上的自由,使得人始终处于一种试图逃避而又无法逃避的两难困境之中。由于人存在于自然、社会和他人的意识之中,每个人都以自我为中心,这样,他人对自己来说就是异己的力量,这种力量会限制自己的选择,扼杀自己的个性和挫伤自己的尊严。所以,"他人就是地狱"。人就是在这个荒诞的世界中,在这个尔虞我诈的社会里,咀嚼着孤独、烦恼、痛苦和绝望的滋味,并在这种体验中领悟出存在的价值和人生的真谛。

综上所述,西方哲学从柏拉图的理念的确定到理性哲学和超理性哲学再到人的哲学,我们从文化史的角度上看,尽管这些哲学的程度、角度和侧重面不同,但从认识论的角度上看,这一过程有一种循序渐进和步步深入的轨迹。从一般的意义上说来,西方的哲学到现代主义哲学的时代并不是在倒退,而是在以更加激进的形式和特征向深化的方向演化着。

三、政治

(一)古代希腊城邦制度

城邦,是一个以城市为中心的独立主权国家。公元前506年贵族克里斯提尼取得政权,推行民主化改革。他划分了10个选区,创立了五百人会议的新国家机关,设立公民大会,设立"陶片放逐法",使得公民可以通过投票的方式放逐国家最高公职人员。这一做法打破传统血缘部落的界限,使社会结构发生了实质性改变。从破除血缘组织到建立地域组织,这是一个关键性的改革。恩格斯谈到国家建立的意义时指出,国家是以地域组织取代了氏族社会的血缘组织,这是国家的标志之一。其实,可能早在此之前古希腊就已经有了这样一种原始的民主手段,通过在陶片上书写所反对者的姓名,使被写姓名最多的人离职甚至离开社会群体。总之,这样的一系列举措,大大推进了雅典的民主政治,使希腊民主制度得到了基本的肯定,社会政治中,长期以来平民与贵族的冲突在这一时期中,也得到了缓解。

经过海外殖民与希波战争,希腊文明一方面不断向外发展,古希腊成为世界上最为强盛与发达的国家与民族;另一方面,希腊城邦自身的建设也在加强,它的政治经济进入了最兴旺的阶段。在这一阶段中,民主政治从形式到内容都有重要进展,成为西方文明史上最光辉的时代。公元前443年至公元前429年的伯里克利时代,希腊民主政治发展到近乎完美的状态。

雅典民主政治进程异常复杂,经历了多次改革,平民与贵族之间展开了殊死搏斗,改革中的每一步都有惊心动魄的斗争。伯里克利是贵族出身,以民主派领袖身份出任首席将军,连续当政15年。伯里克利时代雅典民主制度规定:(1)国家保护公民自由与权利,个人出身与财产不会构成公民自由与从事政治活动的限制。(2)国家支持公民从事政治与文化艺术活动。为了保证所有公民特别是较低阶层的人参加政治活动,政府为担任公职和参加政治活动的公民发放津贴。(3)公民大会为国家最高权力机构,五百人会议与陪审法庭行使最高权力。陪审法庭是选举产生的。贵族会议的权力被取消了。(4)所有公民在公民大会上都有发言权,各级官职,除了10位将军的职务之外,全部向公民开放。(5)原来只有贵族才能担任公职的规定也被取消,贵族被取消了一切特权,只保留在宗教事务方面的作用。

　　这些极为重要的民主制度与法律的制定,使得希腊民主政治变得更加完善。在法律面前人人平等是民主制度的基础,所以民主政治就是法治的政治,法治不能以公民的身份与财产为转移。另外就是公民拥有参与政治活动和决策的机会,这代表着一种政治生活的民主化。解决国家的重大问题首先须经过辩论,然后再采取投票表决等方式,对表决结果少数服从多数。国家公职进行公选,公选以投票方式进行。所有公职都有任职时间的限制,一般的公职都只任期一年,到时进行轮换。

　　希腊民主政治制度是人类历史上引人注目的成就。关于它的作用与历史地位,几千年来几乎所有重要的思想家都进行过评价,特别是马克思等伟大思想家对希腊民主有高度评价,认为它是其他任何一种政治制度所无法比拟的。这并非伟人们情有独钟,而由于它确实是全人类的财富。直到今天,这种制度仍然与伟大的希腊神话一样,是难以企及的典范。

　　总括希腊城邦制度,它在政治上有以下特点:

　　第一,以单一的民族或是共同居住地的居民为基础,具有固定的领土与公众权力机构,是西方古代国家的典型形态之一。

　　第二,一般采用城市为中心与周围农村相结合的形式,拥有从事工商业的商人、从事手工业的小业主、城市居民、农民与牧民等多种人口成分。这样有利于工商业经济的发展也有利于形成一个有互补性的多种经济共同体,使它具有稳定性与自足性。

　　第三,多数城邦实行共和体制,没有建立君主专制制度。城邦居民、贵族与奴隶共同构成城邦主体。其中城邦居民与农民享有平等地位,奴隶不享有平等权利。部分城邦中还发展出充分的民主政治制度。

　　第四,城邦民主政治中最重要的、最能体现民主特色的是公民大会。一般的城邦实行三级制度,即执政官、贵族会议与公民大会。

　　城邦制度是古希腊对世界文明的巨大贡献,也是人类社会所建立最早的国家形式之一。古代城邦国家之后,西方才发展出奴隶制大帝国、封建国家、资产阶级共和国等国家形态。只有城邦国家才是人类最自然的国家形态之一。城邦制度的核心是民主制度,这一制度是产生于私有财产之后的。这一制度的存在说明了私有财产并不是国家产生的唯一根源,人类社会制度的最终目的也不是维护私有制。城邦的民主制度,曾经是人类理想的范本。

古代希腊城邦制度对欧洲国家制度有重要影响,启发了封建民族国家与资产阶级民族国家的体制建构。它的执政官、贵族会议与公民大会等形式,对以后的王权制度、君主立宪、议会制度等都有一定影响。

(二)希腊罗马法学思想与罗马法典

古代希腊奠定了西方法学的基础,希腊各城邦都十分重视法律的建立,斯巴达人尤其重视法律。公元前9世纪末,斯巴达人建国,开国者即是法律制定者库古。他主持国政期间,主持制定一系列法律,从而使斯巴达成为一个独立的文明国家。公元前6世纪初,雅典城邦实行了梭伦改革。梭伦建立宪法,设立四百人会议,作为公民大会的常设机构;设立陪审法庭,任何公民都有上诉权,陪审法庭的陪审员由所有等级的公民经抽签以后选出,陪审法庭受理并裁决公民的投诉或上诉,相当于最高法院。庇西特拉图当政时,甚至设立了农村巡回法庭。克里斯提尼时期的法律更为完善,当时著名的陶片放逐法保证了民主选举。这种方法就是召集群众,让每个人把要放逐者的姓名写到陶片上,最后决定不合格的领导被放逐。这种方法曾经受到亚里士多德等人的称赞。

希腊人已经提出在法律面前人人平等的思想。这是古代希腊民主制度的法学观念的基石,也是希腊人对于世界法律思想的伟大贡献。希腊法学中相当重视的问题是法律的本质、公民守法的意义等。柏拉图相当推崇法治,他在《理想国》中曾经说过:"在一个法律是国家官员之主人的国家,我看到了拯救者和神给予它的佑护。"

如果说希腊哲学是希腊学术的代表,那么对于罗马人来说,法学则是他们所更为重视的社会科学。从深层联系来看,正是希腊人所确立的理性原则才可能产生罗马的法律至上观念。罗马人继承了希腊哲学家关于人生来平等、在法律面前人人平等的观念。罗马皇帝马可·奥里略希望把罗马国家变成这样的国度:一种能使一切人都有同一部法律的政体,一种能根据平等的权利、自由平等的原则与言论自由而治国的政体,一种最能尊重被统治者的自由的君主政治。这种原则也成为西方社会的理想,从罗马皇帝到现代的资产阶级政治家,一直反复宣传它。纵观罗马历史,无论是共和时代还是帝国政治,制定各种各样的法律,推行各种新法,改革法律制度,一直持续不断,形成了罗马历史上一种独特的现象。

罗马法的形成,对于世界文化意义重大,如果说在公元前5世纪之前,希腊罗马文化是一种以人文主义思想为指导与民主自由精神为追求的文化,那么,罗马法的确立,为世界贡献了以法律来治理社会的观念,这一观念成为罗马文化,也成为整个西方文化精神的代表。同时,这种法治精神对于未来世界产生的影响也是难以估量的。

罗马法分为三大系统,即公民法、万民法和自然法。公民法包括成文法与非成文法两种,是关于罗马及其公民的法律,其内容有元老院的法令、罗马国家元首的命令、大法官的布告等。万民法是适用于一切公民与外来居民的法律,它的主要原则是保护私有财产,维护奴隶制度,保障交易、合作与契约原则。自然法是罗马法的核心,是罗马法典的思想基础,它强调正义原则与公理,认为合理秩序是一种自然的呈现。由于人类的天性是相同的,所以所有人都有权享受基本的权利,而政府无权违背这些基本权利。

罗马法律体系通常称为罗马法典,是奴隶制国家法律的典范,但这并不意味着罗马法典只适用于奴隶制,作为法律体系,只能是一定社会历史阶段的产物,但是作为法律的精神,却是适用于各种社会与不同历史时代的。罗马法典的思想来源是复杂的,但主要还是来自于希腊人的自然法思想。希腊自然法精神就是理性精神。罗马法典之所以能受到世界各民族的肯定,流传于世,关键在于它所代表的正义与公平的精神,这种精神被用于衡量包括国家在内的一切事物。西塞罗认为,国家只是一个道德的集体,是共同拥有该国家及其法律的集团,所以是反对君主专制的。这可以看做是罗马法典特别是早期罗马法律的一种精神。

在共和国后期,罗马建立了大法官制度,大法官有权解释与维护特殊诉讼法,并且有权向陪审团发布判决指示。也就是说,陪审团可以决定事实部分,但是判决是由大法官作出的,所以大法官的判决就是解决未来类似案件的原则,其他法律程序可以由此建立。这种程序对于后世的影响,可以由英国的习惯法看出。美国现在实行的陪审团制度,同样是由陪审团作出是否有罪事实的认定,最终判决仍然是由大法官作出。

四、文学

西方文学艺术历史久远,以其独特的风格与传统,展现着西方文化的深厚积淀。它最早的源流可以追溯到2万年前的史前文化,西欧与南欧地区的古代岩画可以看成是最早的艺术作品。

（一）文学的起源与史诗

史诗（epoc）是西方文学的起源，这是一种以诗歌的形式来记录表现重要历史事件与过程的文学体裁，同时，史诗也可以看做是一种历史文献，具有史料价值。公元前8世纪前后，希腊的民间说唱艺人、盲诗人荷马将口头流传的史诗整理成系统的史诗，一部是《伊利亚特》（也有译为《伊利昂纪》），另一部是《奥德赛》（又译《奥德修纪》），两部史诗合称为《荷马史诗》。两部史诗都以发生于公元前12世纪末的一场战争为背景。这场战争中，希腊半岛南部的阿开亚人与小亚细亚西北部的特洛伊人发生了一场大战，希腊人组织了联军，跨海作战，经过10年征战后，希腊联军攻克特洛伊城。

《荷马史诗》是西方文学的起点也是不可逾越的高峰，它反映了广阔的社会生活与历史环境，其人物性格刻画之精湛，艺术形式之完美，都成为后世文学的典范。

中世纪的欧洲产生了一批英雄史诗，主要分为两大类，一类是蛮族史诗，包括日耳曼人的《希尔德布兰特之歌》（仅残存68行），描写东哥特王狄特里希的部将希尔德布兰特，因为与西罗马帝国的日耳曼人首领奥多亚克作战不利，与狄特里希一起避难于匈奴王阿提拉处。三十年后希尔德布兰特在返回故乡时，竟然与不相识的儿子哈都布兰特在互不知情的状态下刀兵相见。可惜的是，由于史诗不全，竟然不知下文。但这部史诗显然具有重要的历史价值，其中的奥多亚克、匈奴王阿提拉都是知名的历史人物。盎格鲁—萨克逊人的《贝奥武甫》（3182行）是篇幅较长的史诗，内容以神话为主，描写英雄与毒龙之间的生死搏斗。冰岛的《埃达》与《萨迦》等也是著名的史诗，这些民族当时尚未信奉基督教，保持了氏族社会的生活特点。这些史诗多数形成于6—8世纪，反映了民族形成与蛮族社会分化的状况。这些史诗大多数与中世纪民族大迁徙有关，所以关于欧洲古代民族与匈奴之间的斗争是相当重要的题材。这些史诗保持了古代民间生动的语言，生活场面丰富多彩，思想深刻，有相当高的艺术价值。

另一类史诗是基督教民族史诗，产生于欧洲封建国家建成之后，以歌颂宗教与民族英雄为主，其思想与艺术形式受到基督教观念的较大影响，其艺术价值远远逊于带有浓厚古代民族形成时期的朴素与简洁的艺术，但是从中可以看出基督教观念的历史衍变与西方古代民族接受基督教的过程。这一类史诗包括法国的《罗兰之歌》(约 1080 行)、西班牙的《熙德之歌》(约 1140 行)、德意志人的《尼伯龙根之歌》(约 1200 行)与俄罗斯的《伊戈尔远征记》。

这类史诗与古代史诗相比,思想主题方面仍然有一致性,一般以反对异族入侵或是对外战争为主线,但是观念已经发生了变化,由民族英雄的颂歌变为对封建王国的国王或是大公的赞颂,中心内容已经成为对异教的贬低与文化冲突的描绘,宣扬基督教的光明,异教徒的野蛮与背信弃义。

史诗,在西方主要是作为古代文学文体存在,进入近现代社会之后,传统意义上的史诗不复存在。这并不是指所有记叙历史内容的诗全都不存在,而是作为一种具有历史特征的文学体裁随着社会环境的改变而更新了。史诗作为西方文学的重要文体,不但是最早的叙事文学,也是抒情诗等文体的开端。

(二)多姿多彩的诗歌

诗歌是西方文学中的一种重要文体,并且有着悠久的历史。西方的诗歌包括抒情诗、教谕诗、田园诗与神话诗等,具有史诗、叙事诗、十四行诗、长诗等多种多样的诗体,可谓多姿多彩,蔚为大观。

古代希腊已经出现了丰富多彩的诗歌创作,荷马之后,诗人赫西俄德的教谕诗《工作与时日》和《神谱》等是传诵一时的佳作,反映了公元前 8 世纪前后的社会生活,其艺术价值与历史价值同样重要。公元前 8 世纪到公元前 6 世纪之间,希腊从氏族社会向城邦社会过渡,社会制度的转变引起下层人民更大的不幸,于是产生不少抒情诗。女诗人萨福是最负盛名的独唱琴歌的作者。琴歌是一种以竖琴为伴奏的乐诗。萨福的作品大多数以爱情与婚姻为题材,风格沉郁、哀婉。希腊另一位琴歌诗人是阿那克里翁,他写了 5 卷诗,题材多为醇酒与爱情,他的诗体被称为“阿那克里翁体”。

罗马时代的诗歌形成一个高潮,首先是卡图卢斯在亚历山大里亚诗风影响下所创作的一批有创新意义的诗歌。卡图卢斯善于写哀体诗,其作品精雕细刻,风格沉郁、细腻。他的诗风对于文艺复兴的诗人有一定影响。罗马诗坛最杰出的诗人是维吉尔、贺拉斯与奥维德,其中贺拉斯以文学理论著作《诗艺》为世人所知,是继亚里士多德之后最重要的文艺理论家。奥维德的代表作是长诗《变形记》,该诗根据古希腊哲学家毕达哥拉斯的“灵魂轮回说”来构思,用 250 个故事描绘人被变形为石头、天体、动植物等,把希腊神话的故事串接起来,其结构独特,题材新颖,是世界诗史上的一朵奇葩。奥维德因故被流放黑海后,创作了

《哀歌》与《黑海零简》等诗集,诗风缠绵悱恻,哀婉动人。诗人维吉尔是罗马最伟大的诗人,他的长诗《埃涅阿斯纪》近万行,分为 12 卷,被认为是欧洲"文人史诗"的开山之作。这首长诗以罗马先祖建立国家为内容,歌颂了罗马人英勇壮烈的事业。史诗描写特洛伊城陷落之后,王子埃涅阿斯被迫流亡海上,曾经与迦太基女王狄多结为夫妻,以后为了建立罗马,离弃狄多,远行意大利。狄多女王为爱情而自尽,以此来反衬埃涅阿斯为了建国大业,毅然断绝儿女私情的雄心壮志。埃涅阿斯来到拉丁姆地区后,奉神的旨意与国王拉提努斯的女儿结婚,杀死竞争者鲁图利亚国王图尔努斯,终于建成罗马国家。长诗将历史人物加以神化,埃涅阿斯成为罗马恺撒与屋大维这一族的先祖,形象感人,故事情节曲折,引人入胜。该诗重要特点是有较深入的人物心理描写,这是其他古代史诗中所难以达到的。同时,作为文人史诗,该诗没有《荷马史诗》那样经过长期民间传唱的基础,语言具有个性色彩,典雅庄重,受到历代诗人的推崇。另外长诗表现手段异常多样,作者运用幻景、梦境、暗示、预言等多种表现方法,有一定的艺术价值。

意大利诗人但丁是从中古封建时代到文艺复兴过渡时期的代表人物,恩格斯称其为中世纪的最后一位诗人,同时又是新时代的最初一位诗人。早期诗集《新生》等在内容与形式上都属于"温柔新诗体",以歌咏爱情为主,但已经显示出作者杰出的艺术才能。但丁的代表作《神曲》奠定了他在欧洲文学史上的重要地位,结构宏大,主题庄严。与诗人早期创作相比,诗风为之一变,思想内容也大大超越了以前的作品。《神曲》的形式仍是中古梦幻文学的长诗,继承了希腊罗马长诗富于哲理的传统,想象诗人漫游地狱、炼狱与天堂三界,与古今人物对话,反思中古时代的各个重要历史事件。

但丁信仰神,但是提倡理性,肯定人类追求自由与幸福的权利,但又认为理性是有局限的,只有神力是绝对的。但丁在诗中引用维吉尔的名言:"如果有人要以为理性能走完三位一体的神性的道路,那他无疑是疯子。"长诗艺术上成就突出,虽然有人认为长诗有理性说教等形式缺陷,但其结构布局,深刻的思想,华美的文字与精彩的比喻等,都表明《神曲》是西方诗歌史上的一座丰碑。

英国在文艺复兴之后成为西方诗歌发展的重要国家,直到今日,英国诗歌的成就仍然在西方文学中占有重要地位。16 世纪中后期,意大利的十四行诗在英国受到欢迎,使得英国出现了一批十四行诗人,但多数十四行诗人没有取得突破性的成果。反而是斯宾塞的长诗《仙后》成为名作,诗中以亚瑟王追求仙后格罗丽亚娜的故事为线索,歌颂英国清教,反对天主教,讴歌冒险精神与人文主义思想。英国诗人重视形式革新,无韵诗体的推广就是一个例子,马洛把这种诗体写成剧本,改变了英国戏剧。17世纪,在动荡的英国政治生活中,涌现出了伟大的诗人弥尔顿,弥尔顿早年即以华美的诗风而著称,他的名作《列西达斯》被认为是英国最伟大的短诗。晚年生活境遇的悲惨,使他写出了三部长诗名作《失乐园》、《复乐园》与《力士参孙》。这三首长诗的出版,使得弥尔顿在英国文学史上位列莎士比亚之后,成为屈指可数的伟大诗人,也成为英国古典诗的最后一人。

法国是欧洲的另一个文学大国,中世纪的十字军东征中,基督教骑士们从东方带回充满异域色彩的抒情诗,与法国普罗旺斯的民歌相结合,产生了一批优秀的诗歌,大多数是歌颂爱情的情诗。最为出名的是"拂晓歌",描写天色拂晓之际,热恋中的骑士与情人难舍难分的心情。这种诗歌大胆描写性爱,冲击了中世纪基督教的禁欲主义思想。文艺复兴运动中,七星诗社掀起诗歌改革运动,七星诗社的宣言是杜倍雷起草的《捍卫与发扬法兰西语言》一文,提出不用拉丁文,改用法语来创作的主张;认为吸收民间语言,可以使法语更加丰富。这一主张与意大利诗人但丁的《论俗语》的看法基本一致,表现了人文主义者反对罗马帝国的政治专制与语言文化的一体化、倡导民族独立与思想解放的愿望。19世纪的帕尔纳斯诗派(高蹈派)是法国诗歌史上的重要流派,诗人戈蒂埃的诗集《珐琅与玉雕》,勒孔特·德·利尔的《古代诗篇》、《蛮族诗集》,埃雷迪亚的《锦帆集》,萨曼的《在公主的花园里》等,形式完美,精雕细刻,是形式主义诗歌的代表作。1857年,诗人波德莱尔的《恶之花》出版,这是象征主义者的名作,以敏锐的个人感觉来反映社会变革。20世纪初期,象征主义诗人中新人辈出,克洛代尔的诗剧《缎子鞋》,瓦莱里的《海滨墓园》与《年轻的命运女神》等作品在20年代陆续出版,标志着现代主义在法国的一个高峰时期的到来。当代西方理论家所重视的诗人里尔克是奥地利人,经历了从浪漫主义到象征主义的转化,以《祈祷书》闻名,其诗感情浓郁,语言优美,有丰富的音乐性。

德国作家歌德既是杰出的小说家,又是杰出的诗人。诗歌《浮士德》是诗人历时近60年创作的代表作,诗歌取材于中世纪传说,叙述了博学多识的浮士德博士的灵魂被魔鬼所收买,他借助于魔鬼的力量,可以上天入地,经历许多不平凡的事情。全诗分为5个阶段,也是5个悲剧,以浮士德追求知识、享受爱情、施展政治抱负、对艺术和美的梦幻破灭以及创造事业等为主要内容。这5个阶段其实是文艺复兴以来资产阶级的精神发展史。追求知识阶段否定了唯一依靠书本知识的社会风习,肯定了浮士德走出书斋,面向现实生活的方向,批判了经院哲学及死气沉沉的德国学术对于知识分子的禁锢作用。爱情阶段以浮士德与城市民女之间的恋爱为线索,揭露了当时社会对敢于追求爱情自由的下层妇女的不公,同时也表现出作者对世俗爱情与精神追求之间的矛盾态度。政治阶段描写浮士德在魔鬼的帮助下进入皇宫,成为朝廷要人。皇帝却要求浮士德施展魔法,将古代美女海伦的幻影显现出来,供宫廷取乐。当浮士德看到古代美的象征海伦出现时,竟然感动得昏倒在地,从而结束了无所作为的政治阶段。在艺术与美的创造阶段,浮士德依靠魔鬼的帮助,与复活的海伦结婚,生下儿子欧福良。但欧福良的思想充满着浪漫主义精神,不断向上追求,最后反而陨落逝去,浮士德的美与艺术之梦幻再次破灭。这也象征着启蒙主义者们企图以古典美和艺术来教育人民的理想是不现实的,是注定要失败的。最后,浮士德要通过改造大自然的事业来实现人生理想,他号召人民填海造田,目的是实现"在自由的国土上居住着自由的国民"。总结浮士德一生所经历的不同阶段,代表了文艺复兴以来新生阶层的思想家们自强不息的斗争过程,虽然每一个阶段都充满艰辛,但真正令人珍视的正是这种奋斗精神。

美洲新大陆的文学在19世纪也进入成熟阶段,美国的惠特曼是具有民主主义思想的进步诗人,他的诗集《草叶集》中收入了《自己之歌》、《大路之歌》、《斧头之歌》等积极反映生活现实的作品,以后陆续加入一些反对蓄奴制度与悼念美国总统林肯等的诗作。惠特曼的诗歌歌颂独立的自我,赞美大自然与劳动创造,激情澎湃,格律上也有大胆革新,被人称为"自由体"。其中《啊,船长! 我的船长哟!》等名篇受到美国与世界各国人民的喜爱,流传很广。惠特曼的诗歌使美国文学进入一个新的发展阶段,为美国诗歌走向世界铺平了道路。

在俄罗斯民族文学形成的历史上,一系列诗人的名字地位显赫。普希金、莱蒙托夫、涅克拉索夫与马雅可夫斯基等人,都是具有世界影响的诗人。此外,匈牙利诗人裴多菲、波兰诗人密茨凯维奇等人的诗作,都为西方文学史留下了辉煌的诗篇。

(三)西方文学的骄傲——小说

古代史诗的叙事传统与中世纪骑士传奇,为西方小说这一文学形式的形成起了铺垫作用。现代意义上的小说,起源于西方,并且流传于世界,成为现代文学中最重要的艺术形式之一。

小说的出现，是世界文学史的一个转折，这是世界工商业发展、欧洲城市化运动所引起的文学现象。小说这种艺术以其描绘社会生活广阔领域，人物形象鲜明多姿，具有形象刻画社会现实等特性而推动了文学发展，很快成为文学艺术最重要的形式之一。西班牙不但是小说的起源地，也是小说思想与艺术形式最发达的民族。西班牙语的文学传统以后影响到拉丁美洲，西班牙人是美洲最早的殖民者，西班牙语成为南美的主要语言，所以直到20世纪，美洲小说仍与西班牙小说有相当密切的关系。

英国的早期小说中，托马斯·莫尔的《乌托邦》具有非凡的意义，不仅是因为它开创了英国小说文体，而且也因为它把中世纪的宗教幻想诗改革为幻想小说，形式极为独特。这部小说有强烈的针对性，直指英国社会的现实生活，16世纪，农民在资本主义原始积累的圈地运动中，被夺去土地，流离失所。莫尔却创造了一个乌有国，在那里一切财产公有，城市美丽，道路宽阔，人民生活安乐，国家由明君统治，每一个人都享有信仰自由。小说用拉丁文写成，乌托邦是拉丁文即乌有之国的意思，以后成了空想美好社会的代名词，也成为世界广泛流行的词语。

18世纪到19世纪，英国小说开始进入兴旺时期。笛福的《鲁滨孙漂流记》、《摩尔·弗兰德斯》等取材于社会现实生活，前者描写英国海外殖民者的冒险经历，特别是在荒无人烟的海岛上求生的经历，扣人心弦，颇具吸引力。后者则是一个贫苦而天真的女子被骗后被逼成为盗贼，最后流放美洲后反而苦尽甘来，结成美满婚姻，故事跌宕起伏，趣味性强，深受普通读者喜爱。笛福的小说风格独特，为小说这一文体在英国的普及立下汗马功劳。斯摩莱特的小说《蓝登传》是英国第一部以海军生活为题材的作品，具有现实主义风格，虽然表面上仍然沿用流浪汉小说的结构，但已经有较大的革新。他的小说以讽刺社会现实为主要色调，表现了英国现实主义文学的特点。斯威夫特的寓言小说《格列佛游记》风格独特，受到儿童与成人的欢迎。这部小说看起来荒诞不经，其实蕴涵着深刻的思想内容。它所讨论的英国政治体制的得失、党派斗争、英国与殖民地爱尔兰之间的斗争等社会问题，都是英国举国上下所关注的，所以引起极大的社会反响，小说风行一时。菲尔丁是英国最伟大的小说家之一，他的《弃婴托姆·琼斯的故事》是英国半封建半资本主义社会的写照，生活场面广阔，人物类型形形色色，五光十色的生活现象都得到反映。他使用流浪汉小说的手法,但是又改变了传统模式,让主要人物生活于典型的环境之中,而不是仅仅在旅途上来展示其精神。他是一位伟大的现实主义作家,对于其后的英国小说家很有影响。同时,可以说他是一个过渡性的、承前启后的作家,他把浪漫主义与感伤主义的英国小说带进了现实主义的新阶段。

19世纪到20世纪,英国出现了一批"出色的小说家",他们与法国、俄罗斯、北欧等国的小说家们一起,把欧洲小说艺术发展到了顶峰。狄更斯是一位伟大的现实主义作家,他创作丰富,多部小说都享有盛名,其中最为著名的是《双城记》。《双城记》以法国大革命为背景,描写医生曼奈特因为揭露贵族罪行而被判刑,农民的小孩无辜地死于贵族的车轮之下,反映了贵族的横行霸道,同时小说还反映了法国大革命中攻克巴士底狱、革命人民严惩统治阶层的情形。但作者所讴歌的并不是革命精神,而是宽恕与自我牺牲,认为这是对付革命暴力的济世良方。同时,英国作家中,萨克雷的《名利场》,夏洛特·勃朗特的《简·爱》,爱米莉·勃朗特的《呼啸山庄》,盖斯凯尔夫人的《玛丽·巴顿》、《克兰福德》等小说,都深为广大读者所喜爱。进入20世纪,杰出的诗人与小说家托马斯·哈代的《德伯家的苔丝》、《无名的裘德》等作品,坚持现实主义方法,批判社会现实中不合理的方面,同情社会下层与劳动者,成为被称为"批判现实主义"文学流派的后期代表作品。

法国的小说在文艺复兴中也已经相当成熟,拉伯雷的《巨人传》在1532年前后陆续出版,创造出一个具有人文主义思想的巨人形象,庞大固埃不仅身体高大,并且是一个精神上的巨人,他反对教会与封建势力对民众的压迫,主张个人有发财致富的权利,呼唤人身自由,享受爱情,追求知识与人生快乐。18世纪是法国小说的重要阶段,法国作家勒萨日的长篇小说《吉尔·布拉斯》的历史背景放在16—17世纪的西班牙,这正是环球海上航线开通之后,西班牙经济最为强劲的时代。小说描写青年吉尔·布拉斯流浪各地,见证了封建社会的溃败过程,政府官员腐败,贵族们过着行尸走肉般的生活,金钱腐蚀了整个社会。这是一部杰出的现实主义力作,这里明为写西班牙,暗中是在批判法国社会。启蒙主义者伏尔泰、孟德斯鸠等人也有一批宣传启蒙主义思想的小说问世,其余如法国伟大浪漫主义作家维克多·雨果的《巴黎圣母院》、《悲惨世界》、《笑面人》、《九三年》等名作,气势磅礴,具有非凡的想象力和精湛的艺术技巧,极大地繁荣了法国的小说创作,提升了法国在世界文学中的地位。

1831 年,法国作家司汤达的长篇小说《红与黑》问世,红色象征革命,黑色象征宗教,小说以大革命后的法国社会为背景,描写贵族、宗教与新兴阶层之间复杂纷纭的斗争,肯定个人自由与奋斗精神,批判个人野心与贪欲,成为法国批判现实主义文学的代表作品。法国作家巴尔扎克从 1829 年到 1848 年间,用 20 年的时间创作了总题为《人间喜剧》的系列小说,91 部作品分为三个大的部分,即《风俗研究》、《哲理研究》与《分析研究》,其中最为重要的是《风俗研究》。巴尔扎克是社会的书记官,他是从社会风俗的变化来研究社会的,特别是对于法国复辟王朝时期的风俗的研究,在 91 部作品中,描写复辟王朝时期的作品占到 66部。《人间喜剧》中,最为重要的有以下作品:《舒昂党人》、《驴皮记》、《夏培上校》、《欧也妮·葛朗台》、《高老头》、《幽谷百合》、《农民》、《贝姨》、《邦斯舅舅》等。巴尔扎克对现实主义文学有巨大贡献,他的作品以社会全景描绘的气势、典型的人物性格与环境、具体而详细的经济条件描写而超越以前的作家。

19 世纪后期到 20 世纪初,法国文坛名家辈出,流派纷呈。自然主义作家左拉主张用自然科学的方法来研究社会环境,从文学描写中得出某种科学的结论。左拉的《卢贡—马卡尔家族》的写作从 1868 年开始,到 1893 年完成,共有 20 多部小说,展现了第二帝国时代法国社会的生活场景。以短篇小说为主要文体的作家莫泊桑写下了 350 多篇中短篇小说,一些描写普法战争与小市民生活的名篇如《羊脂球》、《项链》等传遍世界,这对于短篇小说的文体发展有相当大的影响。20 世纪初期到中期,罗曼·罗兰的《约翰·克利斯朵夫》等长篇小说代表着法国文学的不断开拓。同时,萨特、普鲁斯特等现代主义作家也为法国文学增加了光彩。

俄国文学真正走向世界是 19 世纪,俄国作家屠格涅夫、列夫·托尔斯泰与陀思妥耶夫斯基的小说震撼了欧洲文坛。列夫·托尔斯泰的长篇小说《战争与和平》、《安娜·卡列尼娜》与《复活》都是世界名著。其小说反映了俄国从农奴制度向资本主义制度转化,原有的农村庄园经济被破坏,贵族被新生的资产阶级所取代,各种新思潮猛烈冲击沙俄专制制度的历史背景。托尔斯泰出身贵族,但对社会问题有相当深入的思考,他把种种社会矛盾反映到自己的作品中,同时他自己的世界观也充满了矛盾,这些矛盾交织在一起,使他的作品中有一种独特的艺术魅力。

（四）戏剧创作

古代希腊的文学中最重要的形式有两种：史诗与悲剧。对于他们来说，这两种艺术形式同样重要，并且具有相同的意义，只不过是形式上稍有差异而已。史诗重格律，而且不必考虑时间，戏剧则正相反，最多不过是在一天之中完成。希腊人在某种程度上虽然尊崇史诗，却更为宠爱戏剧。正如亚里士多德《诗学》中所说：所以，能辨别悲剧优劣的人也能辨别史诗的优劣，因为悲剧具有史诗所具有的全部成分，而史诗则不具备悲剧具有的全部成分。

如果从希腊的历史来看，戏剧的兴盛有其历史环境。公元前5世纪的伯里克利时代，希腊人在与波斯人的战争中取得了胜利，进入雅典城邦的黄金时期。农村中的酒神祭祀被搬到了城中，祭祀的表演以后演变为悲剧。希腊实行奴隶民主制度，悲剧成为教育民众的手段，伯里克利时代还进行了一系列的改革，如发放观剧津贴，建立了巨大的露天剧场，举行戏剧比赛等。这就使得希腊的悲剧与喜剧成为最受民众欢迎、发展最兴盛的文学形式。

将希腊戏剧推向高潮的是三大悲剧诗人，第一位是埃斯库罗斯，他的传世悲剧有7部：《求援者》、《波斯人》、《七将攻忒拜》、《被缚的普罗米修斯》、《阿伽门农》、《奠酒人》、《复仇神》。他的戏剧描写了氏族贵族专制时代向民主制度转化的历史过程，表达了诗人拥护民主制度的思想。其戏剧中人物形象崇高，主题鲜明，但戏剧结构较简单。

第二位是索福克勒斯，人称"戏剧艺术的荷马"，是雅典民主制度鼎盛时代的剧作家。他的传世作品也是7部：《埃阿斯》、《安提戈涅》、《俄狄浦斯王》、《埃勒克特拉》、《特拉基斯少女》、《菲罗克忒忒斯》、《俄狄浦斯在科洛诺斯》。由于他生逢盛世，所以早年作品充满阳刚之气，歌颂民主制度，但是在中年之后，城邦趋于衰落，他的戏剧中出现了反对僭主政治与专制制度的主题。他最优秀的剧作《俄狄浦斯王》是希腊悲剧中的代表作，故事曲折动人，该戏剧讲述了忒拜王拉伊奥斯从预言者口中得知，自己的儿子将会杀父娶母，于是派人将刚生下来的儿子俄狄浦斯抛弃。俄狄浦斯在科林斯王的宫殿中长大后，得知自己命运与未来后，逃往忒拜王国，并成为国王娶了前任国王的妻子。最终，俄狄浦斯王得知自己误杀的人正是自己的生身父亲，所娶的则是自己的生母。在不可知的命运的压迫下，俄狄浦斯刺瞎自己的双目，自愿放逐。该悲剧主题深沉，超越了希腊雅典一个城邦故事的范围，将人类对于命运的抗争作为主题，以人类自由与命运之间的对立为冲突,折射了希腊奴隶制度下的社会现实。

最后一位伟大的悲剧诗人是欧里庇得斯,他是传世剧作最多的诗人,传世剧作包括 17 部悲剧与 1 部喜剧。其中较为出名的是:《美狄亚》、《希波吕托斯》、《特洛伊妇女》、《伊菲格涅亚在陶洛人里》、《奥瑞斯忒斯》等。欧里庇得斯的大部分作品写于内战时期,充满了危机意识。他在戏剧中反映家庭生活与妇女问题,极大地开拓了悲剧的表现范围。其作品善于描写人物的心理变化,采用日常生活题材,改变了悲剧以国王或大英雄为主要人物的模式,使悲剧更加接近生活实际。

除了悲剧之外,希腊喜剧也具有自己的特色。著名喜剧诗人阿里斯托芬传世的作品有 11 部,其中较有影响的是:《阿卡奈人》、《骑士》、《云》、《马蜂》、《鸟》、《地母节妇女》、《蛙》等。阿里斯托芬的喜剧与以后希腊化时代的喜剧完全不同,他的喜剧主题鲜明,具有重要的社会意义,他是恩格斯所说的“有强烈倾向的诗人”。其中最为突出的就是歌颂希腊民主制度,反对战争,《阿卡奈人》出现了反对战争的农民与拥护战争的将军厮打在一起的场景,结果是将军被痛打一顿后,不得不承认战争无益于国家,农民得意扬扬地打道回府。《骑士》中把统治者克勒翁变成了一个家奴,只会出卖讨好主人,具有强烈的政治讽刺性。

中世纪欧洲戏剧以宗教剧为主,奇迹剧与神秘剧占据了舞台,宣扬教义成了戏剧的主要内容,只有部分笑剧与市民阶层的生活现实有关。

文艺复兴时期是欧洲戏剧的高峰,人文主义思想对于戏剧这种大众化的艺术形式本身就是有利的,欧洲大陆的城市化在中世纪后期已经形成,市民阶层欣赏戏剧的要求为戏剧的新兴与复兴奠定了基础。英国的莎士比亚就是应时代之要求而产生的伟大戏剧家,也是世界文学史上最伟大的作家之一。现存 37 部戏剧、两首长诗与 154 首十四行诗,其中最著名的是所谓“四大悲剧”,即《哈姆雷特》、《李尔王》、《麦克白》与《奥赛罗》。

作为一个人文主义思想家,莎士比亚在《哈姆雷特》中描写了丹麦王子哈姆雷特因为父王被暗害,母后再嫁给杀死其父并且篡夺王位的叔父,王子肩负起复仇的重担。但不幸的是,他却迟疑不能行动。最后,当他实行复仇计划时,终因无法完成重任而毁灭。哈姆雷特以人文主义者形象而著称于世界舞台,是世界文学中塑造得最为成功的人物形象之一,后人往往把他作为迟疑不决而不能行动者的代表,虽然这种理解可能有不妥之处,但作为一种艺术形象给人如此之深刻的印象,正表现出莎士比亚对其性格刻画之有力。《麦克白》的故事取材于苏格兰历史传说。该戏剧讲述了苏格兰大将麦克白功劳卓著,但是在妻子的鼓动下,竟然谋杀国王,企图自立为王,由于个人野心的膨胀,最终身败名裂。剧中谴责分裂阴谋与野心私欲,歌颂民族统一大业。《奥赛罗》的主人公是摩尔人出身的统帅,他屡立战功,赢得了威尼斯元老的女儿苔丝德蒙娜的爱情。但是奥赛罗在外出征战中,不幸听信恶人伊阿古的诽谤,误信妻子与副官凯西奥有私,竟然扼杀妻子。事情澄清以后,懊丧的奥赛罗把利剑刺入自己的胸膛。奥赛罗的鲁莽并不值得称赞,作者恰恰通过他的悲惨命运来歌颂真情与正义,揭露阴谋家的罪恶,赞美社会正义与纯洁的爱情。

莎士比亚的喜剧同样出色,在《仲夏夜之梦》、《无事生非》、《第十二夜》、《皆大欢喜》等名作中,多数以男女情爱为主题,乐观诙谐,表达了一种人文主义的热爱生活、享受生活的精神。与其悲剧、喜剧一样,莎士比亚的历史剧也十分精彩,《查理二世》、《亨利四世》都是不可多得的名作。莎士比亚的历史剧重视人物性格刻画,英国君主在他的剧中走出历史,成为活生生的英国人,所以深受观众喜爱。

伟大戏剧家莎士比亚的艺术忠实于生活,以五光十色的社会生活背景来塑造典型的人物,而不是把作品变成时代的传声筒。他笔下的人物性格鲜明,虽然略有夸张,但给人留下深刻印象。作为一位语言大师,他把民间生活俗语引入作品,状物写人,如在目前。虽然由于大量采用民间语言,也曾被法国作家伏尔泰等人视为"粗野"与不雅,但受到历史的肯定。

进入 17 世纪之后,欧洲戏剧的中心移向法国,初期的法国剧作家们模仿古希腊戏剧,艺术上不成熟。后经过对于"三一律"的争论,原本是亚里士多德所提出的戏剧创作规律三一律,在法国经过古典主义理论的改造,成为法国古典主义戏剧的经典条律,使戏剧的时间、地点与事件相对集中,克服了以前戏剧结构松散、盲目仿古的缺点,经过艰苦努力,法国古典主义戏剧终于占据了舞台。1636 年,高乃依的悲剧《熙德》上演,使他获得声誉,成为古典主义戏剧的第一期代表人物。这部戏剧以爱情与职责之间的对立为戏剧冲突,罗德里克与施曼娜本是一对出身高贵、门当户对的恋人,可是罗德里克的父亲被施曼娜的父亲打了一记耳光,于是罗德里克奉父命与施曼娜之父进行决斗,并且杀死了他。两家遂结为仇家。以后由君主任命罗德里克率兵与西班牙的摩尔人作战,获胜之后成为民族英雄。这种情况下，皇帝亲自下令让两人结为夫妇，以爱情取代了仇恨。高乃依的另一部名剧《贺拉斯》同样是以职责与亲情的对立为主要冲突，只不过将爱情换成了亲情，这也暴露出古典主义戏剧的一个根本缺陷，情节结构过于刻板，往往流于重复。拉辛是古典主义的第二期代表人物，1667 年他的悲剧《安德罗玛克》上演后即成名。该剧取材于古希腊史诗，赫克托耳的妻子安德罗玛克在特洛伊城被攻破之后，为了保全儿子的性命，不得不嫁给希腊的皮罗斯，其实她心里准备在婚礼后即自杀。但是皮罗斯所遗弃的未婚妻爱弥奥娜却动员青年奥雷斯为自己复仇，奥雷斯杀死了皮罗斯。不过，奥雷斯本人又并未能获得爱弥奥娜的爱情，最后终于发疯。与高乃依一样，拉辛的戏剧情节曲折，冲突尖锐，结构也很匀称，是古典主义戏剧的佳作。

法国古典主义时代有一位伟大的戏剧家，却并不受三一律的约束，这就是喜剧作家莫里哀。他的剧作以现实生活为对象，这同多数取材于古代希腊罗马史诗或是神话的古典主义悲剧不同。他虽然也信奉理性主义，但并不否认思想自由的原则。莫里哀的代表作之一是《达尔丢夫》（又名《伪君子》），描绘了商人与教会之间的斗争，主要倾向是反对虚伪贪婪的教会势力，歌颂国王的英明，这对于当时危害法国社会的宗教势力的批判是有进步意义的。他的《吝啬鬼》、《太太学堂》、《恨世者》等作品都有强烈的现实意义，针砭社会黑暗，推动社会文明。

在启蒙主义运动中，德国的戏剧产生了莱辛与席勒这样杰出的戏剧家。德国由于历史上长期分裂，经济社会发展缓慢，各种文学思潮也落后于西欧各国。到 18 世纪 40 年代后，具有本民族特色的戏剧才真正形成。莱辛是第一位德国现代意义上的戏剧家与理论家，他的早期作品《萨拉·萨姆逊小姐》是德国第一部描写市民生活的悲剧，他有三部代表性作品：《明娜·冯·巴尔赫姆》（又名《军人福》），讲述了德国 7 年战争之后，普鲁士的军官巴尔赫姆与敌对国家萨克森的一名贵族小姐明娜·冯·巴尔赫姆相恋，经过多种波折，最后终于结成良缘。巴尔赫姆被写成一个具有启蒙主义思想的人物，以对其美好品德的歌颂来肯定启蒙主义的进步意义，这种赞颂同时也是对黑暗的普鲁士帝国的揭露。《爱米丽雅·迦洛蒂》取材于意大利史，但表现的社会生活却是德国的现实，讲述了没落贵族奥多雅多为了保全女儿的贞操，不受辱于无耻的亲王，竟然被迫将女儿杀死。《智者纳坦》以宗教斗争为主题，宣扬了启蒙主义关于基督教、伊斯兰教与犹太教三者可以互相容忍、不必彼此仇恨的观点。

18世纪70年代德国兴起了名为"狂飙运动"的文学革新运动,席勒以其《强盗》一剧一举成名,与歌德一起,成为狂飙运动的主将。他以市民生活为题材的悲剧《阴谋与爱情》被认为是德国第一部有政治倾向的戏剧,该剧以市民与封建统治者之间的斗争为主线,呼吁打破封建等级制度,要求自由平等。

19世纪到20世纪,欧美国家的戏剧主要有两种大的类型,一种是传统戏剧的繁荣,包括以浪漫主义与现实主义为创作思想的剧作家的作品,另一种则是现代主义剧作,特别是荒诞派戏剧的创作。最令人瞩目的是,传统戏剧作家中,原本沉寂的北欧与俄罗斯戏剧异军突起,出现了一批伟大戏剧家,成为欧美戏剧的一支主力军。

挪威作家亨利克·易卜生是北欧也是世界文学中最杰出的戏剧家之一,他的创作风格多样,体裁与形式不拘一格,有话剧也有诗剧,有悲剧也有喜剧,有历史剧也有现代剧,有讽刺剧也有社会问题剧,共有25部剧作。其中最有影响的是所谓问题剧,以反映社会现实问题为特色。《社会支柱》讽刺资产阶级的虚伪道德,一家造船厂厂主身为社会上层,却是个盗窃别人钱财的无耻之徒,揭露了当时上流社会的道德败坏。《玩偶之家》(即《娜拉》或《傀儡之家》)涉及当时社会的道德伦理、法律、妇女与家庭等社会问题,以其深刻的思想意义引起震动。小资产阶级的青年妇女娜拉为了替丈夫海尔茂治病,假冒父亲签名借钱,不料此事引起海尔茂的恐惧,害怕因此影响自己的前程。所幸后来债主被感化后主动退还借据,了结此事。这时海尔茂立即转怒为喜,与妻子和好。娜拉却因此看透了他的虚伪,不甘心再做家庭中的玩偶,为争取女性的独立自主,愤而离家出走。这里表现的是挪威妇女争取独立与自主的斗争精神。该剧演出后,受到一些人的攻击,但易卜生坚持不懈,继续为宣传自己的主张而创作。《人民公敌》(即《国民公敌》)写医生斯多克芒无意中发现疗养院的矿泉水中有传染病菌,虽受到市长与浴场主的威胁,但医生不为所动,坚持要改造浴场,结果却被当权者诬为"人民公敌"。由于剧本对资产阶级"民主制度"的强烈批判,引起争论。易卜生从浪漫主义与现实主义创作出发,晚年又以象征主义剧作引起世界文坛的关注,其艺术探索精神是难能可贵的。

回顾西方戏剧的历史,从古代希腊戏剧到现代派戏剧,其内容和形式都产生了巨大的变化,但是我们从中仍然可以看到继承与变革的关系,这就是一种文化的内在关联。人与自然的关系、人与命运的关系等,是从《俄狄浦斯王》到《等待戈多》中一脉相承的因素,作为重要的主题,在西方戏剧中一直持续下来。

五、艺术

西方艺术的最早的繁荣阶段是古希腊的建筑和雕塑,以后整个艺术的发展几乎和文学的发展是同步的,每一个文学阶段,都有一个相应的艺术阶段,这便是古希腊建筑和雕塑、哥特式风格、意大利绘画、巴洛克风格、洛可可艺术、印象派画风等。

(一)希腊建筑与雕塑

古希腊的建筑与雕塑艺术,在公元前4—6世纪就已达到了极高的水平。古希腊代表性的建筑主要是神庙。古希腊的神庙大多数为主体是长方形,周围绕以圆形廊柱的建筑物,其中又以圆形廊柱的不同,分为多利亚式、爱奥尼亚式和科林斯式三种,并为日后西方建筑所沿袭。多利亚式廊柱粗壮,无柱础和柱头装饰,以厚壮朴实为特征,其代表建筑是雅典卫城里的帕特农(雅典娜)神庙。爱奥尼亚式廊柱较之多利亚式纤细,有柱础和涡卷形柱头装饰,其代表性建筑物是伊利特益神庙。科林斯式外形与爱奥尼亚式较为接近,不同之处在于柱头饰以卷叶形装饰,风格更为华丽精巧,以雅典卫城里的奥林比昂神庙为代表。它们的共同特点是庄严、和谐、精致、爽朗,被认为是古代建筑艺术中的杰作。

古希腊雕塑和绘画是同一个时代产生的,或者比绘画稍晚一些时候。相传希腊的第一个著名雕塑家是西西翁尼的底比塔代斯,他是一位陶瓷匠人。他有一个漂亮的女儿正在热恋中,女儿的恋人即将远出旅行,他来向自己的心上人告别。在这个夜晚,两位年轻的情侣极尽缠绵之情,正当男方熟睡之际,姑娘发现灯光把他的影子映在墙上,她为了给自己留下一个美好的回忆,便从炉膛中取出一块木炭,把恋人的影子描在墙上。第二天,父亲看到这个优美的画影,十分欣赏,于是按墙上的轮廓塑造了一个陶人。这样,一位多情的女儿和一位手巧的父亲同时成为希腊最早的画家和雕塑家。这个带传奇色彩的故事也许是人们编造的,但它确实揭示了雕塑与绘画之间不可分的关系。

希腊的雕塑艺术的繁荣和发展与希腊民族的习俗、风尚和艺术趣味密切相关。

希腊雕塑家在艺术上最大的成就,是对于人体美的发现。在他们眼中,理想的人物不是善于思索的头脑或者感觉敏锐的心灵,而是血统好、发育好、比例匀称、身手矫健、擅长各种运动的裸体。一位美术史家说:"希腊人学会了纯真地看待裸体,不论是在希腊人以前或以后,世界上还没有一个民族是这样看待裸体的。"由于城邦之间以及与更远的异族之间的斗争频繁,公民不可推卸的义务是保卫国家。一个强健而勇敢的战士,是作为"人"(公民)的不可或缺的素质。在希腊人看来,"健全的精神必然寓于健全的身体"。为了保证自己种族的健康和雄壮,希腊当时有一系列的法令和规矩:体格有缺陷的婴儿一律处死,结婚年龄应选择对生育最有利的时期与情况,老夫而有少妻的,必须带一个青年男子回家,以便生养体格健全的孩子,中年人倘若有一个性格与相貌使他佩服的朋友,可以把妻子借给他使用。在教育方面,不论男女,一律从小受到编队训练,青年人的大半时间都在练身场上角斗、跳跃、拳击、赛跑、掷铁饼,把赤露的肌肉练得又强又壮又有弹性,目的是要使之成为一个最结实、最轻灵、最健美的身体。

　　由于这种制度而形成的民族风习也独具一格,希腊人参加角斗和竞走时,不论男女都是裸体进行,他们以展示肉体之美为荣而不是以裸露肉体为羞,在重大的节日祭祀仪式时都是以裸体为快,他们不认为在神面前裸体是亵渎,而认为把美的躯体绽露于神前是一种最高的奉献。因此,希腊神话中的神和英雄都是和人一样有着健美有力的肉体。希腊人能够以一种坦荡无邪的态度去对待裸体形象,给人以健康的纯洁的美感。

　　希腊雕塑的主要题材是神像和运动竞技优胜者的纪念像。由于希腊人把神看做是理想的、完美的人,因此,他们也力求将神像表现为生动逼真的人的形象。此外,为了奖掖在运动中出色的人,希腊普遍举行大规模的运动会,对得奖的运动员都立一座雕像做纪念,得奖三次的即将本人的肖像塑出,如著名的雕像《昂弗拉的阿波罗》和《掷铁饼者》,实际上就是运动员的优胜纪念碑。这些都促使希腊雕塑逐渐走上了完美表现人体的现实主义道路。到公元前5世纪时,希腊雕塑家已娴熟地掌握了人体结构的艺术表现技巧,创造了许多卓越的雕像和浮雕。

　　由于上述原因,希腊的雕塑艺术不仅是一种高级审美的艺术,而且是体现一种民族精神的、成为全民族生活中不可分割的一部分的实用艺术。雕塑艺术的最大特点是实感性强、力度大,尤其对表现肉体的健美和姿态上更显得得天独厚。所以希腊的雕塑成为一种普遍的艺术形式,也是后来西方艺术的最早的模范。西方的绘画艺术和雕塑都深受它的影响,对表现力的崇拜和对肉体的赞美成为西方文化观念中的一个重要成分,也是一切艺术的最原始的出发点。

继希腊艺术之后的一个具有全欧影响的艺术时期是"罗马艺术"。罗马艺术的基本特征是继承了希腊艺术的特点,并从拜占庭和埃及艺术中吸取了一些东西,形成一种东西文化融合、天主教和世俗趣味相结合的一种艺术风格,它的成就主要表现在建筑方面。帝国时代的罗马,城内建筑规模宏大、富丽堂皇,到处可见神庙、剧场、宫殿、凯旋门等,为后世欧洲各大都市所仿效。著名的罗马"万神殿",从屋大维时代开始建造,直到哈德良时代才完工,费时150多年。著名的科罗赛姆大圆形剧场,是一个可容纳8万观众的露天剧场,高48米,舞台周长524米,可以灌水成湖,表现海战场面。罗马的许多建筑物都饰以精美的浮雕。罗马的建筑艺术对西方后世的建筑艺术曾产生过很大的影响。

(二)哥特式风格

哥特式风格是继罗马艺术之后对欧洲艺术具有全面影响的一种艺术风格,其影响遍及建筑绘画、雕塑及文学等各个文化艺术领域,是欧洲艺术史上最辉煌、最伟大的艺术阶段之一。

最充分显出"哥特式"艺术风格的是大教堂的建筑。如法国的巴黎圣母院、夏特大教堂等都是哥特式建筑的典范。哥特式建筑的特点是:堂厅宽阔,重重叠叠,连环配套,柱子粗大、林立,围廊架空,穹隆高耸,一层层钟楼直上云霄,内部装饰极为细腻纤巧,窗玻璃饰以彩色,黄红蓝绿交相辉映,一派珠光宝气,像神秘的焰火,再加以奇异的照明,使整个教堂像一面开向天堂的窗口。在教堂内部看来,高大明亮、涂金的柱子间是镶满彩色玻璃的大窗,显得辉煌而神秘;从外部看来,高耸入云的尖顶,犹如矗立的蜡烛,由细密的拱柱组成的教堂,好像放大了的金银首饰或镂空了的广东象牙雕刻。向来以稳重为基调的建筑物,似乎变得失去了重量,引起人缥缈虚幻、向往天堂的情绪。

哥特式风格是西方中世纪一个漫长阶段里审美观念的产物。它的开阔的穹隆和高耸的钟楼显示出中世纪特有的骑士风度和气质。哥特式风格对西方文化的最重要贡献之一就是亢奋的突兀和灵活打破了希腊传统的平衡和谐的基调,第一次形成具有纯粹西方风格的艺术特征。哥特式艺术之所以在浪漫主义时期被格外重视,原因在于哥特式艺术的基调与浪漫主义的情趣和追求相一致。它对浪漫主义作家和艺术家来说,既具有古老年代的庄严,又有一种适合于浪漫精神的激进、活泼和神秘情调。我们从浪漫主义作家的作品中不难看出哥特式风格给作家带来的诗意和灵感。

（三）意大利绘画

在文艺复兴时期的西方艺术中,意大利绘画是一块价值连城的瑰宝。在基督教一统天下的中世纪,绘画与雕塑艺术大多以《圣经》故事为题材并服务于宗教主题,脱离现实社会,人物形象呆板且公式化。随着文艺复兴运动的兴起,人文主义渗透到艺术创作之中,现实生活中的人物形象开始成为主要题材,注重人的现世生活与人的尊严,反映人的精神风貌。而且,文艺复兴时期的艺术家开始把艺术创作与自然科学结合起来,把解剖学、光学、几何学及透视原理等方面的知识运用于艺术创作之中,提高了艺术创作的技巧。文艺复兴后期的意大利,不仅诞生了达·芬奇、米开朗琪罗和拉斐尔等不朽的伟大艺术家,而且有提香·丁托列托及卡拉齐兄弟等具有全欧声誉的大画家,他们在继承前人艺术成果的基础上,把人文主义思想和艺术的现实主义手法巧妙地结合在一起,创造了许多不朽的艺术珍品,为后世留下了宝贵的精神财富。意大利的绘画深深影响了德国、荷兰、法国和西班牙乃至整个欧洲的绘画及其他艺术。

达·芬奇是意大利后期文艺复兴最杰出的代表者。他是一个多才多艺的文化巨人,恩格斯称赞他"不仅是画家,而且也是大数学家、力学家和工程师"。他的绘画,感情细腻,擅长人物内心活动的刻画,特点是和谐、丰富、精深。他最享盛名的作品是《最后的晚餐》和《蒙娜丽莎》。《最后的晚餐》是为米兰圣玛利亚教堂画的一幅壁画,取材于《新约圣经·约翰福音》中犹大出卖耶稣的记载:在耶稣与十二门徒共进的最后一次晚餐上,耶稣对他们说:"我实实在在地告诉你们,你们中间有一个人要出卖我。"十二门徒听了这话后非常震惊,不知耶稣指的是谁。达·芬奇将耶稣话音刚落的一瞬间每个人的表情惟妙惟肖地描绘了出来,惊讶、恐惧、愕然、愤怒、紧张等等,入木三分。《蒙娜丽莎》是达·芬奇艺术创新的典范,在这幅画中,他勾画出一位佛罗伦萨少妇的青春之美,形象生动深刻,是世界美术史上最卓越的肖像画之一。画中人物的面部表情是这幅画的点睛之处:双眼和嘴角似动非动,若隐表现出微笑,给人以缥缈、恍惚与捉摸不定的感觉。这一绘画向人们展示出一位少妇神秘的内心世界,令人产生无穷的遐想。

米开朗琪罗·波纳罗蒂是意大利后期文艺复兴的艺术巨匠,他不仅是著名的雕塑家、画家,而且也是一位杰出的建筑师和诗人。相对于达·芬奇的绘画而言,米开朗琪罗的雕塑则表现刚毅坚韧的英雄形象,特点是宏伟、浑厚、强劲。他的艺术不像达·芬奇的那样博大精深,擅长人物内心世界的刻画,人物感情表现得细腻入微;也不像拉斐尔的那样秀美、典雅、和谐,但他的艺术一扫意大利宁静和精美的艺术风格,以雄浑、豪放、宏伟、强健和充满激情而著称。他的代表作有《大卫》与《摩西》。其中《大卫》雕像被塑造成一个正握着肩上投石机弦准备战斗的青年巨人,他是既富于理想又有无穷力量的英雄人物形象。《摩西》雕像被塑造成一位坚忍不拔、刚毅果敢、能领导人民摆脱外族压迫的领袖人物形象。这些雕像都表现出作者的人文主义思想和爱国主义激情。米开朗琪罗在绘画方面的代表作是《创世纪》和《末日审判》。《创世纪》是梵蒂冈西斯廷大教堂拱顶上的一组壁画,全长 40 米,宽 14 米,主体部分是表现《旧约·圣经》中"创世纪"的几个场面,以活生生的人体描写为主。《末日审判》是西斯廷大教堂祭堂后面的大壁画,取材于基督教中耶稣基督再临人间对世人进行末日审判的故事。画以威严正直的耶稣为中心,描绘了 200 多个不同姿势的裸体巨人形象。米开朗琪罗的雕刻与绘画作品虽是宗教题材,表达的却是人文主义的思想主题,通过塑造强健、善良的英雄人物形象来展示人体美与内心美,歌颂人的力量与伟大。

拉斐尔·桑西是意大利后期文艺复兴杰出的画家。他的艺术特点是秀美、典雅、和谐、圆润和明朗。特别是他塑造的众多圣母像最负盛名。拉斐尔笔下的圣母大多被描绘成平民式的母性,多以现实生活中的母亲和儿童为模特,充满了母爱和人情味。其代表作有《西斯廷圣母》、《草地上的圣母》、《花园中的圣母》等,这些圣母不再是过去宗教画中那种呆板而神秘的形象,而是美丽、温柔、充满母爱的世俗女性形象。如《西斯廷圣母》中所描绘的圣母,怀抱耶稣从云端款款而来,要把自己的爱子献给人类,表现了一个平凡而伟大的母亲形象。他还接受罗马教皇的邀请,担任梵蒂冈宫殿壁画的主创,在其所创作的壁画中以《雅典学派》最为著名。这幅画以古希腊哲学家柏拉图兴办雅典学院为题材,描绘了古希腊哲学家、科学家、艺术家等共聚一堂展开讨论的场面。苏格拉底、柏拉图、亚里士多德等 52 个不同的人物形象栩栩如生,人物多而不乱,整个画面既有个性的突出,又有总体的和谐统一。

(四)巴罗克风格

作为一种艺术风格的代名词,在 17 世纪以后巴罗克为欧洲艺术和文化界所广泛采用。当时,艺术家们特别重视"风格"。所谓"风格",意味着一件作品是依照某种特定的组合方式而构成的,它本身有着内在的和谐一致,但又明显地区别于其他的风格,故能给人以深刻的印象。风格的形成,当然是某一个时代和作者艺术发展成熟的表现。艺术史家和考古学家们可以根据风格来判定作品的时间、地点和作者。因为某种特定的创作意图,常常可以显示出艺术家的个性、流派,以及他所生活的环境和时代的精神。

"巴罗克"作为一种风格,一直是美术史家们有争论的问题。"巴罗克"一词的原意,含有不整齐、扭曲、荒诞的意思。原来所称的巴罗克艺术是当时对于摆脱古希腊罗马规范的艺术,是一种贬称。从时间上说,"巴罗克"流行于17世纪至18世纪初。所以有人又把整个17世纪各国的艺术——意大利、西班牙、荷兰、法国等都列在"巴罗克"范围之内。可事实上,它们之间的风格差异是很大的。

严格说来,"巴罗克"之所以成为独特的风格,是由于它在艺术精神和手法上,与盛期文艺复兴有着明显的区别。巴罗克建筑的主要特征是,建筑物规模宏大、巧夺天工。在装饰方面,从形式到材料,都追求新奇怪诞,椭圆形的窗、螺旋形的柱、尖圆顶、多角形、棕榈叶以及许多无意义的花饰,并大量采用表现神话传说中的雕塑等古典主义成分。此外,巴罗克建筑打破了匀称、平衡、合理的原则,给人一种不规则、不稳定的感觉,看不出部分与整体之间的明朗关系,相反却引起一种视觉幻像和戏剧性的效果。如果将文艺复兴归之为"古典主义",那"巴罗克"则可以归之为"浪漫主义"。与古典主义艺术相比,它具有以下的特点:第一,它不像古典主义那样重视形式和内容的规范,而是比较自由地表达主体对题材的现实感受;第二,它不像古典主义那样重视整体美和统一美,而是把丰富性和多样性放在首位;第三,它也不像古典主义那样重视稳定和均衡,而是力图表现运动,是一种动感的艺术;第四,它不像古典主义那样强调对色彩和节奏的节制,而是夸张色彩和节奏的强度和对比度。

巴罗克艺术成就主要体现在建筑和绘画上。文艺复兴时期的建筑最有代表性的是意大利佛罗伦萨等城市的私人府邸,是为新兴的富商和贵族霸主服务的,核心思想是享乐,物质的享乐和精神的享乐。按照当时的审美观念,这种建筑是匀称的、宏伟的,它给人以一种明朗而不是晦暗、活泼而不是沉思的感觉。文艺复兴时期,即使是教堂也和哥特式教堂迥然不同,它通过各种奇异的造型、宏大的柱廊、庄严的雕塑装饰以及富有宗教色彩的天顶画等,将天国与人间融为一体,使人们置身其中似在天国,置身其外又在人间。可见,巴罗克艺术反映了 17 世纪时欧洲资本主义与封建主义、宗教与世俗之间充满对立的社会现实。意大利著名建筑师洛伦佐·贝尼尼设计的罗马纳冯纳广场和圣彼得大教堂是巴罗克风格的杰作。圣彼得大教堂的平面图是所谓希腊十字架形,教堂给人的感受只能站在教堂的中心点才能领略。它不是引向神秘,而是使人享受周围的美:广场喷泉的淙淙水声中耸立着庄严的圣女阿涅斯雕像,四周暗红色房子与圣母院和高耸的螺旋形钟楼连成一体,这种建筑的审美趣味突破了原来一般的美学情调,它把富有动态的螺旋形钟楼和具有静的广场的结构及气氛融合为一体,构成一种人为的复合情调。后来这种风格渐渐在欧洲其他地方传开并形成一种时尚的建筑趣味。

巴罗克精神体现在绘画和雕塑上就是感情的夸张,特别是哀伤的感情。如贝尼尼雕塑的圣铁烈莎像(在罗马圣玛利亚教堂),他把这位西班牙贵族出身、重建白衣僧团的狂热天主教徒塑造成一个疯狂入迷、形似昏厥的姿态,旁边还塑了一个小天使把一支金箭刺进她的心脏。巴罗克绘画常常体现为比例的失调、对照的强烈。巴罗克在不同艺术家、不同国度和不同时期,风格都有不同,不过从总的方面讲,它最常见的特点是气势雄伟,生气勃勃,有动态感,气氛紧张,注重光和光的效果,擅长于表现各种强烈的感情色彩和无穷感,颇有打破各种艺术界限的趋势。

巴罗克风格是文艺复兴的理性精神和 17 世纪封建大帝制的强烈的道德尊严矛盾与统一的混合体。它是文艺复兴精神在稳定的封建统治下的飞扬蹈厉和羁绊中跌宕回旋的一种奇观。巴罗克风格中在对静与动的结合和对比上表现得十分明显。将它与文艺复兴时期的艺术相比较会发现,文艺复兴艺术重视素描,巴罗克风格重视色彩的运用;文艺复兴时期的艺术主要是静止的,以匀称为目的,而巴罗克风格主要表现动势,以动为目的,为了达到这一目的,他们采用斜线和对角线的构图;文艺复兴时期的艺术主要是强调线条、热爱线条,而巴罗克风格则是以明暗来造型的,他们追求表现物质的逼真与强有力的效果。

(五)洛可可艺术

"洛可可"艺术风格流行于 18 世纪以法国为中心的欧洲。洛可可艺术表现在建筑上,尤其注重建筑内部的华丽装饰,讲究豪华舒适,富有世俗生活的浓重氛围,为达到该目标而进行的室内装饰往往到了无以复加的地步。在建筑物外部造型与装饰方面,它不再强调高大宽阔的柱廊、庄严肃穆的雕塑以及望而生畏的宗教画面,而是突出建筑物的玲珑剔透、优雅美观。洛可可艺术在绘画方面的突出特点是,反映宗教生活题材的绘画明显减少,而反映世俗生活尤其是上流社会女性的绘画十分流行,女性裸体画成为洛可可绘画艺术的主要内容,被称为"洛可可"的艳情艺术主宰着18世纪的前半期。它以上流社会男女享乐生活为对象,描绘全裸或半裸的妇女和精美华丽的装饰。洛可可艺术的出现与当时法国社会的现实紧密相关。路易十五时代的法国上流社会普遍形成一种追求享乐的时尚,而高雅的贵族气质、华丽的绅士服装、优雅的花园别墅、浪漫的贵族沙龙以及无数的舞会甚至男女偷情等等,都被认为是上流社会的标志和时尚。此外,洛可可艺术里包含着两个东西,一个是已经死亡了的东西,一个是正在生长着的东西。在洛可可的艺术里一方面有着封建主义的威严和盛气已走向了垂危;另一方面新生的一种情趣和意识正在萌发。洛可可艺术之所以后来影响整个欧洲与此种趋势有很大关系。

洛可可艺术是启蒙时代的一种开放与追求的艺术结果。它的主要艺术特征是:"比例关系偏于高耸和纤细。造型均取 C 形螺旋线,一般均以不对称代替对称,色彩明快柔浅,象牙白和金色流行色。"为了造成虚幻和光亮的效果和气氛,洛可可爱用镜子做壁饰,互相映照使得室内显得雅致、明净和空阔。洛可可艺术的形式与启蒙运动时期对外文明的吸收有关,如,洛可可的艺术趣味的形成可能与中国瓷器、牙雕以及其他工艺品的影响有关。

绘画方面法国洛可可风格最伟大的画家是安托尼·华托,他擅长描绘贵族们的宴饮游乐、谈情说爱、歌舞弹唱等。在其《舞蹈》中,一对翩翩起舞的青年男女在周围的贵族青年的衬托下浪漫悠闲、充满情趣。他的画构图繁复多姿,在灵活和机智中,透出一股浓郁的诗意感。华托的另一个特点是善于从最平凡、最普通和最常见的事物中挖掘出一种清新而细腻的诗意。布歇是洛可可绘画的又一著名代表,他的画有反映社会生活方面的,如《巴黎的叫卖》,但更多的是宫廷画、沙龙的装饰画,其中以取材于宗教的女性裸体画为主,并将宗教故事中的裸体女性用极度世俗的笔调加以描绘,以迎合当时的社会时尚,如《维纳斯的胜利》、《狄安娜出浴》等。华托和布歇具有开创性的画风对后来印象派的画家莫奈、雷诺阿、巴齐依等人的艺术都产生了很大的影响。

法国以洛可可为主的艺术对欧洲的影响很大,据说当时欧洲每个国家的宫廷,就像派大使一样在巴黎都有一个美术顾问,他们负责采访、预订、购买,并选聘艺术家。还有一大批艺术家到巴黎去,或接受最初的训练,或进行专门深造。"这个时期的法国艺术有这么多具有天才的画家,使人们不由得忘记了其他的国家。"

(六)印象派绘画

19 世纪的欧洲,在艺术上曾经出现过新古典主义和浪漫主义的艺术思潮,而且也产生了一批相当有影响的艺术家,然而从对后世所产生的影响来看,它们都无法与后来的印象派绘画同日而语。艺术史上,一般将印象派作为欧洲艺术开始进入现代主义阶段的标志。

印象主义画派出现于 19 世纪 60 年代的法国,19 世纪 80 年代兴盛于整个欧洲。它的兴起与当时象征主义诗歌运动的兴起相呼应,可以说是受到象征派诗歌的美学思潮的影响而出现的一种艺术趣味。

当时,法国一些年轻的画家不满于法国画坛传统的题材和表现手法,同时对学院派绘画注重理性等也表示出异议,他们要追求新的绘画表现手法,选择新的绘画题材,创作出不同于学院派的新作品。他们受到当时光学和色彩学的影响,开始注意用光和色的合理搭配进行绘画创作的尝试。1874 年有 25 名不大出名的画家以"艺术家、油画家、雕刻家、版画家无名协会"的名义举行了一个展览会,这个展览会展出的作品在巴黎引起大哗,很多人对这些艺术家们别出心裁的作品嗤之以鼻。有个叫路易·勒罗瓦的作家在一家杂志上写了一篇小品文,借莫奈的一幅油画《日出的印象》的标题,讽刺这些艺术家是印象派,"印象派"由此而得名。开始,这个派别是很不确定的,画家们的政治倾向、艺术观点等等各不相同,甚至究竟有多少人真正属于印象派也没办法确定。不过,被人们视之为"印象派"的这一群人,有一点是共同的,就是他们都反对官方学院派,都要求从当代生活中寻求题材和灵感,并且在绘画上创造出了一条与自称是继承古典传统的学院派不同的路子——尽管他们每个人的路子都并不相同。

印象派的主要画家是马奈、莫奈、雷诺阿、巴齐依、西斯莱等人。这些人大都喜欢象征派诗人的具有革新倾向的诗歌及其理论。如莫奈,既是象征派先驱诗人波特莱尔的崇拜者,又是象征派理论家和诗人马拉美的朋友。因此,他的艺术思想和美学追求都受到马拉美诗论的影响。

一般来说可以将印象主义绘画归结为以下几个特点:

（1）强烈的主观色彩。印象派画家完全摆脱了西方传统中所谓模仿的特征，他们注重用光和色的作用，不再注意画面的统一性与纵深性，而是强调在特定时刻的光和色的作用下画家对客体的独特感觉，来造成一种具有独特气氛的艺术境界。因此在印象主义绘画作品中，同样的题材在不同画家的笔下往往会产生截然不同的效果。如莫奈和雷诺阿曾经在同一时间一起到塞纳河边的一个浴场写生，并各自创作了几幅《河边浴场》，但两人反映同一客体的作品存在明显的不同。后期印象主义画家保罗·塞尚和梵·高也是如此。塞尚强调描绘对象在特定的瞬间给画家留下的深刻印象，而不拘泥于对象的真实性，他的《草地上的午餐》便与马奈的同名作品大不相同，他的大量的静物画都以表现画家对静物的瞬间感觉为主，其作品可以说就是其思想的反映，有时甚至带有神秘的色彩。凡·高更是完全根据自己的感觉作画，从《向日葵》等象征生命和活力的作品中，我们可以强烈地感受到这位英年早逝、终日自我反思、忍受巨大精神痛苦的印象主义大师的独特的视角带给人们的震撼。

（2）追求一种神秘感和难以一目了然的朦胧感。印象派画家追求的艺术本质，并不再是一种具有外表的凝固的事物，而是一种透过事物表面的难以琢磨、难以捕捉、难以理解的存在。如莫奈的作品《日出的印象》，以暗红的光线、蒙蒙的水雾、灿烂的朝霞等描绘了一幅日出的印象。总而言之，这种东西并不能靠画家和艺术家的直接艺术手段而能企及，只有通过梦幻式或暗喻及象征式地加以实现。这就构成印象派画家所追求的神秘感和谜一样的意境。

（3）印象派追求的艺术效果不是被理解和动人，而是使人去感受和发展。即所谓"仁者见仁，智者见智"。这种倾向在后来的印象派画家中得到了加强和发展。

从印象派开始，西方绘画逐渐走向一种纯艺术性的倾向，即对艺术的追求，成为艺术家的一种单纯、执拗、不计任何社会效果和任何人际关系的纯艺术的宗教。

第三节　中西文化的基本要素差异

一、中西宗教的差异

儒学是古代东方国家尤其是中国的立国原则，是东方文明的精神所在；基督教则是欧美诸国的立国基石,是西方文明的本源特质。作为意识形态,它们的相异远远超过它们的相同,尤其是在整体结构上。然而最明显、最本质的不同还在于它们的基本出发点:前者以人为出发点,后者以神为出发点。基督教以一个人格化的上帝为中心,宣称上帝创造了人并对人享有绝对权威。由此,上帝与人的纵向关系便是基督教关注的首位。儒学却没有相应的创世说,没有相应的人格化的上帝,也没有任何相应的神话,于是注意力便集中投向人与人之间的横向关系。当儒学被称为儒教时,这个"教"更接近"教导"的意义,而不是"宗教"的意义。但中国人对待儒学的态度却是宗教式的,故有人称这种以圣贤为中心的宗教为"哲人宗教"而进行中西文明之间的比较,势必涉及儒学、基督教这两种令东西文明相异的最基本的精神载体。

1. 中国文化的非宗教性与西方文化的宗教性

西方文化具有浓厚的宗教色彩。在西方国家中,自中世纪以后,教会的权力曾超过世俗王权,文化教育、道德伦理、思想观念等等都曾统一于教会,使西方文化贯注了完整系统的宗教精神。宗教不仅渗透到了政治军事领域,而且渗透到了哲学科学领域。在当今社会,宗教作为一种文化,在人们的心灵中仍然占据着十分重要的位置。在西方,基督宗教不仅仅是一种文化现象,毋宁说更是一种存在的品质。基督宗教不仅是西方文化极为重要的组成部分,更体现为西方文明的精神核心和素质。西方的哲学思想、价值观念、文学艺术、教育理想、政治法律、经济制度、社会习俗、科学技术以及社会发展都与基督宗教紧密相关。自基督宗教诞生以来,基督教神学在西方一直是一门与哲学并驾齐驱的学科,甚至在相当长的历史时期内——如中世纪,基督教神学还占有主导学科的地位。从最一般的意义上讲,哲学探索形而上的终极存在的奥秘,神学则探索三位一体的上帝的奥秘。基督教神学植根于基督教信仰,之所以在世界文化中扎下根来,很大程度上是由于与希腊理性精神相结合的结果。由此,基督教神学成为对基督宗教信仰和行为的理性的自我理解和批判的自我审视,信仰与理性在神学中有机地结合在一起,成为一种专门探索上帝与人、上帝与世界之关系的学科。

中国文化的非宗教性为中国文化的一大特征,这一点被许多学者论及。很早,梁漱溟在其《中国文化要义》中就说:"几乎没有宗教的人生,为中国文化一大特色。""非宗教性",并不指在数量上,而是在"质量"上,看"宗教意识"是否强烈,态度是否虔敬,是否宗教信仰能主宰你的精神世界?而不是相反,是你在

"主宰"宗教,把信仰作为一种生活工具。从宗教类型中似乎也能区别"宗教性"的存在与否,梁漱溟的所指主要是基督教,基督教的信仰方式最典型地体现了所谓"宗教性",即必须是发自内心地"虔信"。使基督教徒们在内心苦苦追问不休的问题,往往就是近乎自我精神折磨的"我是否虔信"的问题。而人世间或发生于自身的一切苦难,都会被基督教徒们看做是对于自己是否虔信的考验。这种灵魂的"拷问"在中国文化心理中的确是罕见的。

2. 儒教的内倾性、平和性和基督教的外向性、扩张性

"中国文明倾向于平静、满足;而美国文明则倾向于奋进和开创。"造成两种文明巨大差异的根源就在于主导东西方国家精神取向的儒学与基督教。儒学占据了中国现实生活领域,拥有至高无上的地位,"儒学成了中国社会政治、国民生活的基础。它把中华帝国的各种不同成分,凝聚成为一个同宗的整体。"如果可以把美国称作基督教国家的话,那么,按照同样的原则,可以把中国称为儒学的国土。

注重人与自然的和谐,强调人与人之间的亲情,是儒学的另一特色。人类为了满足无止境的欲望,无限度地向大自然宣战、征服,到头来必定会受到大自然的惩罚,加速人类灾难的降临。因而,人类应该遵照儒学的说教,注重维持人与自然的和谐状况。在人与人之间,同样也要讲求一种人伦秩序,具体说即儒学宣讲的"五伦"。这里所说的五伦,包括了一个人置身社会的地位和各种生活态度。每一种地位和态度都联系着特定的职责,履行这些职责,就可以造就一个合格的社会成员。同时,在实践中还要恪守"五行"(仁、义、礼、智、信)以求得自身的完善。因此,儒学不是"消极的学说",而应是"积极的学说"。

儒学是一种"和平的宗教"。儒学不仅在中国深入人心,成为人们生活取向的最高准则,而且,它还远播海外。但是,这种学说的传播不是武力征服或侵略宣传的结果,它从不靠刀剑,也不靠传教去争取信徒。在它的进步过程中没有血腥的痕迹,也从没有派遣教徒到其他国家和地区,去要求人们信奉儒学。如果一旦发生了纠纷,也不靠发动战争,以迫使人们信奉它的教义。儒学祈助于人类的同情心、共同利益、崇高抱负。它的威望的建立不是通过武力,而是通过人们心悦诚服地皈依。

与此相反,基督教则是一种极富扩张性、充满征服欲望的宗教,它总是希望事情的发生。它鼓励变化,也间接促进了民族扩张心理的增长。可以说,基督教

是一种霸气十足的宗教。在它的发展史上,既有"异教徒被绑在火刑柱上烧死"的宗教信仰之争,也有"以它的名义发动的圣战"。其传教方式就最典型地供认了它的宗教本质。身负"天职感"、"使命感"的基督教传教士,自元明清以来,远涉万水千山,漂洋过海,踏入中国疆域,向中国人民灌输其教义,进行一场旷日持久的宗教征服战争。

与基督教国家充满血腥气味相比,在儒学盛行的中国,却是另一番景象。中国是一个多神教的国家,民众拥有绝对的信仰自由,既有佛教徒、道教徒,又有犹太教徒、基督教徒和伊斯兰教徒,只要不造成政治动乱,他们就可以在信仰和宗教仪式方面自由地按自己良心的驱使行为。

二、中西哲学的差异

不同的文化体系,产生着不同的哲学体系,西方哲学体系与中国的哲学体系有着决然不同的特点,这些不同之点概括起来大致有以下三方面。

1. 中国哲学以研究人与人之间的人际关系为主,是对人生经验进行反思的人生哲学,如以孔孟为代表的中国儒家的哲学思想,便把主要精力放在研究"天人关系"以及由此衍生的君臣关系等方面;而西方哲学则以研究人对物、人对自然的关系为主,是具有一定科学色彩的哲学体系。这种不同,根源于两种根本不同的文化背景,在漫长的历史过程中形成了与此相关的决然不同的理论体系。一般说来,中国有关社会及伦理的理论比较发达,从维护社会统治秩序出发的理论观念根深蒂固;而西方的有关自然科学的理论及根源于理性的思维比较发达,从个人出发、焕发个性精神的理论源远流长。

2. 中国传统的哲学思想比较注重于"智",他们对"理"的问题不太爱钻牛角尖,不太爱用大力气,而着力研究人间际遇中的机敏和睿智。所谓"运筹于帷幄之中,决胜于千里之外",就是这种"智"的哲学在军事战略上的体现。而西方哲学则很侧重于"理",对"理"的追寻相当执著和顽强。从古希腊的柏拉图到当今的科学主义及人本主义哲学家们,都围绕着自己的一个着眼点而寻根究底地建造自己的理论大厦,哪怕这个着眼点是很狭隘和细弱的,但并不影响其理论大厦的富丽堂皇。由于两种完全不同的哲学风气的影响,中国人一般比较重工艺、美术和运筹,西方人则相对重数学、物理和逻辑。

3. 中国哲学重实际和实用而西方哲学重玄思。中国的哲学相对的是宁静、清虚和稳健,西方的哲学中则充满着躁动、不安和遐思。西方哲学无论是在所谓的唯物主义者还是唯心主义者的哲学论著中,都充满着纯粹理性的思辨。与这两种不同的特点并行的是中国的伦理道德理论比较盛行,而西方的形而上学的思辨和辩证法比较发达。

三、中西政治的差异

中国传统社会是一个泛道德主义的社会,在这个社会中,任何个人的言行都严格遵守道德的制约与牵制,历代的统治者及制礼作乐的御用知识分子,都十分强调以道德标准来衡量事物或行为的好坏,而且为一般人所接受。这个特性,是与传统的人文精神及自然主义精神紧密相连并互为因果的,它反映了中国传统社会的一元化价值取向,表现了中国传统文化中道德对政治、道德对法治以及道德对文学、艺术等各个领域的影响及指导意义。

道德乃为政之本,这是儒家关于道德与政治关系的一个基本观点。中国传统文化把道德意识渗入政治领域,使政治染上了浓厚的道德色彩。不管是孔子、孟子,还是荀子、董仲舒,都强调修身正己。在他们看来,只有统治者加强自身的道德修养,提高自身道德素质,给百姓做出榜样,并以此教化百姓,政治才能获得成功。"己身正,不令而行;己身不正,虽令不从",便是这种政治思想的生动表述。中国传统文化以德治代替刑治,使法律具有道德化倾向。儒家的德治思想强调发挥每一个人的道德自觉,以道德力维持社会稳定,调和社会矛盾。汉代的董仲舒在继承儒家思想的基础上,提出"阳德阴刑"的理论,董仲舒的"阳德阴刑"理论,对中国古代法律制度的形成产生了重大影响,其最突出的表现是把道德立为行为的准则,法律则赋予统治者惩罚的权力,两者结合的结果,形成一种强制性的道德体制,法律成为道德的附庸,违反道德则成为刑罚的对象。唐代到清代的法典表明,刑法所处罚的对象,除一般刑事犯罪外,道德过错也在处罚之列。《唐律》第五十五款规定:只要父母健在,儿子另立家庭者,即构成犯罪。《历代刑法志》记载,凡告父母者,不论其指控属实与否,均判以极刑。诸如此类的法律规定说明,法律道德化的结果导致了道德法律化。

儒家德主刑辅、阳德阴刑的主张,重点在于要求百姓树立道德。除此而外,儒家对在社会中居要位者尤其是统治者也有相当强烈的道德要求。在儒家看来,统治者道德的好坏往往决定着政治措施以及社会风气的好坏。他们认为,从人性的本质上说都是善的,"不忍人之心"人皆有之。既然"德"为天下人所同好,因此统治者的"德",自然会对被统治者产生重大的影响与启发。因此,《大学》说:"所谓平天下在治其国者,上老老而民兴孝;上长长而民兴悌;上恤孤而民不倍;是以君子有絜矩之道也。"这就是说:"絜矩之道"即治国之道。治国的根节在于统治者的道德示范作用,通过在上者的道德提携与牵引,天下之人便可孝悌而不叛,从而达到天下太平的目的。由上至下的道德启示,再由下至上的道德效法,于是政治、法律的瞄准点,便由制度转向道德;由"治法"转向"治人",此即《中庸》所谓"以人治人"的政治原则。儒家人治观念基本包含三层意思:(1)社会的清浊与政治的好坏限决于人君之德;(2)人君之德的重要表现在于用人,用人得当,便是人君有德,用人不当,便是人君无德;(3)取人的标准,重在修身,因此人君务在"修己",然后再以德取人。

由于强调"为政在人"而不在制度,因此中国的传统政治体制延续几千年而不衰,朝代的更迭仅仅意味着统治者换班,而在制度上却极少变动。这就必然造成两个结果,一是统治者考虑的重点,是怎样维持其权力,即如何得人,如何使政权顺利转移。二是对一般民众而言,丝毫不敢存有参与政治的非分之想,只好把改善自己命运的希望寄托在"明君"、"贤相"、"清官"身上。由于第一个结果,极易造成政权衔接过程中的"权力真空"状态,对权力的觊觎,导致形成各种宗派,加剧各派势力之间的权力之争。任何新上台的统治者,都必然将主要精力用于稳固自己的权力,必须花大力气精心地进行权力的重新组合,然后才能腾出小部分精力过问经济、生产等国计民生之事。由于第二个结果,导致从根本上堵塞了走向民主、民治的政治道路,形成与专制主义相配合并且根深蒂固的"人治"传统。我们通过对中、西方社会发展历程的回顾以及理性分析的结果不难看出,由"人治"必然导致"官治",最终只能皈依到君主集权的专制主义;由"法治"才能走向"民主",最后则归向民主政治。中国传统政治,由于强调"人治"的结果,它走的是前一条道路,探寻其重要原因之一,即是泛道德主义的影响。

与中国传统文化讲德治和人治不同,法制观念在西方深入人心。在西方法律是"神圣不可侵犯"的。西方的法律宣称保护人们不被剥夺、不能转让的天赋权利;宣称法律面前人人平等。在激烈的经济竞争、政治竞争中,在尖锐对立的阶级矛盾、种族矛盾面前,在复杂的社会民事纠纷中,以法律为武器捍卫自己的权利便是顺理成章的事。这既适应了商品经济发展的要求,适应了民主政治的要求,它也符合西方民族争强好胜的文化心理。

四、中西文学的差异

中西方文学相异的因素,可以分为内在的和外在的两种:内在的属于思想、属于文化背景,外在的属于语言和文字。

1. 中西文学的内在差异

西方文化的三大因素——希腊神话、基督教义、近代科学——之中,前两者决定了欧洲的古典文学。无论是古典的神话,或是中世纪的宗教,都令人明确地意识到自己在宇宙中的地位,与神的关系,身后的出处,等等。无论是希腊的多神教,或是基督的一神教,都令人感觉,主宰这宇宙的,是高高在上的万能的神,而不是凡人;而人所关心的,不但是他和旁人的关系,更是他和神的关系,不但是此生,更是后生。在西方文学之中,神的惩罚和人的受难,往往是动人心魄的主题。相形之下,中国文学由于欠缺神话或宗教的背景,在本质上可以说是人间的文学,它的主题是个人的、社会的、历史的,而非"天人之际"的。

这当然不是说,中国文学里没有神话的成分。后羿射日,嫦娥奔月,女娲补天,共工触地,本来都是我国神话的雏形。然而这些毕竟未能像希腊神话那样蔚为大观,大半东零西碎,不成格局,故事简单,未能赢得重要的地位。在儒家的影响下,中国正统的古典文学——诗和散文,不包括戏剧和小说,始终未曾好好利用神话。

至于宗教,在中国古典文学之中,更没有什么地位可言。儒家常被称为儒教,事实上儒家的宗教成分很轻。儒家无所谓浸洗,重今生而不言来世,无所谓天国地狱之奖惩,亦无所谓末日之审判,最重要的是:我们的先人根本没有所谓"原罪"的观念,而西方文学中最有趣最动人的撒旦,也是中国式的想象中所不存在的。看过《浮士德》、《失乐园》,看过白雷克、拜伦、霍桑、麦尔维尔、史蒂文森等 19 世纪大家的作品之后,我们几乎可以说,魔鬼是西方近代文学中最流行的主角。中国古典文学里也有鬼怪,从《楚辞》到李贺,到《聊斋》那些鬼,或有诗意,或有恶意,或阴森恐怖,但大多没有道德意义,也没有心理上或灵魂上的象征作用。总之,西方的诱惑、惩罚、挽救等概念,在佛教输入之前,并不存在于中国的想象之中;即使在佛教输入之后,这些观念也只流行于俗文学里而已。

在西方,文学中的伟大冲突,往往是人性中魔鬼与神的斗争。如果神胜了,那人就成为圣徒;如果魔鬼胜了,那人就成为魔鬼的门徒;如果神与魔鬼互有胜负,难分成败,那人就是一个十足的凡人了。中国文学中人物的冲突,往往只是人伦的,只是君臣、母子、兄弟之间的冲突。西方文学的最高境界,往往是宗教或神话的,其主题,往往是人与神的冲突。中国文学的最高境界,往往是人与自然的默契(陶潜),但更常见的是人间的主题,个人的(杜甫《月夜》)、时代的(《兵车行》)和历史的(《古柏行》)主题。咏史诗在中国文学中的地位,几乎可与西方的宗教相比。

中西方文学因有无宗教而产生的差别,在爱情之中最为显著。中国文学中的情人,虽欲相信爱情之不朽而不可得,因为中国人对于超死亡的存在本身,原就没有信心。情人死后,也就与草木同朽,说什么相待于来世,实在是渺不可期的事情。在西方,情人们对于死后的结合,是极为确定的。米尔顿在"悼亡妻"之中,白朗宁在"展望"之中,都坚信身后会与亡妻在天国见面。而他们的天国,几乎具有地理的真实性,不尽是精神上象征的存在,也不是《长恨歌》中虚无缥缈的仙山。正因为有这种天国的信仰支持着,西方人的爱情趋于理想主义,易将爱情的对象神化。中国的情诗则不然,往往只见一往情深,并不奉若神明。由此可见,由于对超自然世界的观念互异,中国文学似乎敏于观察,富于感情,但在驰骋想象、运用思想两方面,似乎不及西方文学;是以中国古典文学长于短篇的抒情诗和小品文,但除了少数的例外,并未产生如何宏大的史诗或叙事诗,文学批评则散漫而无系统,戏剧的创造也比西方迟了几乎两千年。

与西方文学相比,中国古代文学具有鲜明的人文色彩和理性精神。从上古神话中就可清晰地看到,我们的先民所崇拜的是具有神奇力量并建立了丰功伟绩的人间英雄,与欧洲民族所崇拜的希腊、罗马诸神那样的天上神灵有极大差别。如补天的女娲、射日的后羿、治水的大禹等神话人物其实就是人间的英雄,他们的神格其实就是崇高、伟大人格的升华。在整个中国古代文学中,无论是抒情文学还是叙事文学,作家们总是把目光对准人间而不是天国。他们关注的是现实世界中的悲欢离合,而不是属于彼岸的天堂地狱,宗教观念在中国古代文学中的反映是相当淡薄的。显然,这与西方文学长期受宗教支配形成了鲜明的对照。西方名著如但丁的《神曲》、弥尔顿的《失乐园》以及歌德的《浮士德》等,都与宗教传统有密切关系,它们或是通过天堂、地狱、亚当、夏娃或是通过鬼神、上帝、圣母、基督去追求理想的世界。相反,在中国的文学作品中,上天、神灵的神圣性是大打折扣的,早在《诗经》里,就有"怨天"的思想。屈原更是以怀疑的态度,对日月山川、天地神灵等提出了诘难和苛问。又如《西游记》,孙悟空敢于蔑视天庭的统治秩序,即使失败后仍保持着傲骨,对佛祖菩萨也敢嘲弄揶揄。中国古代文学的这种带有浓厚人文气息与关注现实的理性精神的特点反映了中国文化的早熟。

中国文学的表达,往往就是作家性情的表达。古代文学一贯强调表现作者的思想感情。如伟大诗人屈原,他所处的是一个纵横捭阖的战国时代,面对黑暗腐败的楚国贵族统治集团,围绕在他四周的是一群卖国求荣的小人。为了正义和理想,他不屈不挠地同昏君佞臣做斗争,但终被楚怀王放逐,楚国也终被强秦所灭。此时他内心无比地悲愤,郁沉在心中的积怨,再也无法压抑,终于像火山一样爆发了。那炽热的熔岩就凝注成光照千古、与日月同辉的壮丽诗篇——《离骚》。因此,要有伟大的文学,首先必须有崇高的道德和伟大的人格。而人格是由气质和性情决定的。

就道家来说,一般讲"无情"。庄子说,"吾所谓无情者,言人之不以好恶内伤其身,常因自然而不益生也。"实际上,道家以无情为情,而这种"无情之情",乃是指去掉束缚于个人生理欲望及人间是非的内在感情,以超越上去,显现出与天地万物相通的"大情",有这种天地大情,即可达到一种"混冥"的境界,可见,儒道两家在"情"的问题上是相通的,儒道两家相互补充,深刻影响了中国文学的创作与发展。表现在:

第一,中国文学之成学,不仅在其文学风格与技巧,而主要在于作家个人的生活陶冶和心灵感应,即重视作家的人格,使修身齐家治国平天下及忠君报国、交友爱民成为文学的最高题材,而爱情、家庭、个人在文学作品中表现不强烈。

第二,从道德立场出发,视俗文学如旁门左道、市井下流,不能登上文学的大雅之堂,而只能流传于民间。

第三,不以表达纯情的文学为上品,往往是情理兼综,文质并重,富有委婉、含蓄、典雅、肃穆,而缺乏直率、狂热、奔放、潇洒。

中国古代文学最重要的性质是抒情,即使是叙事文学也不例外。如《史记》就因为洋溢着司马迁的悲愤情感而被鲁迅先生誉为"无韵之《离骚》"。这个特性使中国文学在写物手法上不重写实而重写意,如戏剧在西方历来是以写实为主的,但中国古代的戏曲作家及理论家却强调戏曲首先要表现作者对现实生活的感受即"意",而不是简单地模仿生活。抒情性质和写意手法使中国古代文学产生了如下的文化特征:首先,中国古代文学是古代中国社会的文学图卷,但更是古代中国人的心灵记录,是我们了解中华民族传统文化心理的最佳窗口。如我们要想知道禅宗思想与理学观念对宋代士大夫的影响,最好的材料并非禅宗教条或理学词句,而是宋代的诗词。仔细阅读王安石、苏轼、黄庭坚等人的诗词作品,就能对宋人融儒道释为一体的思想面貌有直观而真切的把握。其次,中国古代文学追求的艺术境界不是真实而是空灵,不是形似而是神似,那种为历代文学家所憧憬的变幻莫测、知其妙而不知其所以妙的艺术化境,正是在精练含蓄的艺术表现形态基础上才可能达到的目标。

在希腊文学中,往往通过悲剧表现英雄的死亡、正义的毁灭,但英雄的精神即"人的自由意志"却是不可战胜的。因此西方文学中(尤以悲剧、英雄史诗为代表)常常是以英雄为主角,以毁灭为结局,在死亡与毁灭中显出崇高,给人以陶冶。而中国文学由于深受儒家所倡导的"中庸"精神的影响,主张在文学作品中有节制地宣泄情感,而不要把感情表达得过分强烈。同时,中国文学也深受中国哲学"天人合一"思想的影响,往往把宇宙看做是一个生生不息的有机整体,文学作品亦多把人与自然、人与人的关系描写成一种亲和关系,很少表现人的自由意志对命运的抗争。由于这个原因,中国文学整体上呈现出一种中和之美。一般说来,剑拔弩张地表达狂怒或狂喜的作品很罕见。中国文学作品往往也有"愁"、"怨"等心理矛盾的反映,但仍缺乏波涛汹涌般的激情和极度的内心矛盾,而是自觉或不自觉地遵循着"诗教"的精神,以"怨而不怒"、"婉而多讽"的方式来批判现实。诗人在抒写内心情感时总是委婉曲折、含蓄深沉。中国古代诗歌中绝不缺少深挚的感情,但从未达到过西方诗歌那种"酒神"式的迷狂程度。情感宣泄的适度与表现方式的简约使中国文学在总体上具有含蓄深沉、意味隽永的艺术特征。

2. 中西文学的外在差异

中国文学有一个极为有利的条件,富于弹性与持久性的文字。中国方言异常分歧,但文字统一,乃能保存悠久的文学,成为一个活的传统。今日的中学生,读400年前的《西游记》或1000多年前的唐诗,可以说毫无问题。甚至2000年前的《史记》,或更古老的《诗经》的部分作品,借注解之助,也不难理解。在欧美各国,成为文言的拉丁文已经是死文字了,除了学者、专家和僧侣以外,已经无人理解。在文艺复兴初期,欧洲各国尚有作家用拉丁文写书,如 1516 年汤默斯·莫尔的《乌托邦》和 17 世纪初弥尔顿所写的一些挽诗,仍是用拉丁文写的。可是用古英文写的《贝奥武夫》,今日英美的大学生也不能懂。即使 600 年前乔叟用中世纪英文写的《康城故事集》,也必须译成现代英文,才能供人欣赏。甚至 300 年前莎士比亚的英文,也要附加注解,才能研读。

中文历久不变的原因:一是中国的文字。虽历经变迁,仍较欧洲各国文字为纯。中国文化不但素来比近邻各国文化为高,而且是影响四邻的文化,因此中国文字之中,外来语成分极小。欧洲文化则交流甚频,因此各国的文字很难保持纯粹性。以英国为例,历经罗马,盎格鲁—萨克逊,丹麦和诺尔曼各民族入侵并同化了英国人,其文字也异常庞大,大致上可分为拉丁文、法文、古英文三种来源。二是中国文字在文法上弹性非常之大,不像西方的文法,好处固然是思考缜密,缺点也就在过分烦琐。中文绝少因文法而引起的字形变化。中文的文法中,没有西方文字在数量、时态、语态和性别各方面的字形变化。

中国文法的弹性,在文学作品,尤其是诗中,表现得最为鲜明。英文文法中不可或缺的主词与动词,在中国古典诗中,往往可以省去。

中国诗和西洋诗,在音律上最大的不同是,前者恒唱,后者亦唱亦说,寓说于唱。

因为文法富于弹性,单音的方块字天造地设宜于对仗,这是西洋文学所无能为力的。中国的古典诗有一种圆融浑成,无始无终,无涯无际,超乎时空的存在。由于不拘人称且省略主词,任何读者恍然有置身其间、躬逢其事之感。由于不拘时态,更使事事都近逼眼前,历久常新,像不拘晨昏无分光影的中国画一样,中国诗的意境是普遍而又永恒的。

五、中西艺术的差异

绘画是中西方都存在的艺术形式,中西艺术的差异集中体现在绘画艺术上。其他艺术形式虽然由于艺术形式和手法存在不同,会出现个性化的差异性,但并不影响中西艺术之间的比较。世界上的绘画大致可分为两大体系,即中国画和西洋画。这两大绘画体系各有其特点,尤其在两者的绘画形式上,差别更大。

1. 焦点透视法与散点透视法

这是中国画与西洋画特征上的一个显著区别。一般中国画上的远近关系,采取的是动的方式,称为"散点透视法",同时还采取俯视、平视等混合的方式来处理景物,因而画家的位置和视点是不固定的,可以上下、左右、前后自由地移动,不受空间和近大远小的透视原理所限制。但这在西洋画中是不允许的,西洋画的每一幅画,其视角必须同一,且严格遵守近大远小的透视规则,一切景物的透视线都集向一个焦点,这就是"焦点透视法"。

西洋画的这种焦点透视法的由来,显然是跟西方几何学的发展分不开的。欧洲人很早就开始对几何学的研究,欧几里得的《几何原本》就是西方几何学的一块基石。几何学在西方经过了几千年的研究,当它开始进入射影几何阶段时,正值欧洲文艺复兴的掀起。数学家、工程师、绘画家达·芬奇认为,一幅画必须是实体的精确再现,他坚信数学的透视法能做到这点,在他看来,数学的透视法是"绘画的舵轮和准绳",绘画只不过是一种揭示自然界真实性的科学。

由此可见,西洋画中的焦点透视法绝非来自偶然,它有西方发展了几千年的几何作为基础,可以说,离开了几何学,也就没有近代西方绘画。同样,中国画中采用散点透视法也不是没有原因的。中国古代的科技成就,很少有关于几何学方面的阐述。李约瑟说:"毫无疑问,论证几何学是希腊数学的主要特征……同样肯定的是,中国的数学主流是朝着代数的方向发展的。在中国从未发展过理论的几何学。"中国古代没有能够存在一套理论的几何学,就很难想象古代的艺术家们使中国画在漫长的形成过程中会凭空产生运用焦点透视法;形成的只能是根据画师们自己需要而发展的,但从几何学上来看则较为凌乱的"散点透视法"。

2. 神似与形似

中国画不注重光在绘画中的作用,换言之,就是不大注重形似。中国画所注重描绘的是景物的神气和性格,也就是说注重神似。关于神似,在中国历代画论中谈得很多。唐代张彦远说:"得其形似,则无其气韵。具有色彩,则失其笔法"。"以气韵求其画,则形似在其间"。绘画大师齐白石也说:"作画妙在似与不似之间,太似为媚俗,不似为欺世"。前人说的作画要"不求形似",又说要"不似之似",这两句话的意思并不是完全不去追求对象的外在形和色,因为神是离不开形的,离开了形,就没有神。不过在作画的时候,往往不很受其拘束,在一定程度上大胆加以取舍和夸张,甚至于变形和变色,借以达到追求神似的目的,这一点在写意画方面表现得尤为明显。要达到这点,往往要求画家"意在笔先,画尽意在"。

而西洋画里的景物,非常注重物体上的光和色彩所起的变化,要求描绘得与真实景物一般无二,简言之,就是注重形似。我们在欣赏西洋静物画中常可以看到,画面上出现的是挂着的死鸟或躺在砧板上的死鱼,只要画得真实,色彩美丽,西洋人是不在乎它们是活的还是死的。

3. 对色与影的认识不同

中国画对色和影的看法,不同于西洋,谢赫"六法"的"随类赋彩"虽说是要根据对象的"类"来设色,但是不必跟对象完全一模一样,而是从物象"固有本色"出发的。物体上面的色彩,由于受到光的影响而起的变化,中国画是不去描绘它的。因此,中国画上的设色比较单纯,不画出物体上的反光及阴影来。

西洋画则不然,法国科学家研究光学的结果表明,物体并没有什么"固有的本色",只是物体对光波的吸收不同而已。在这种情况下,促使西洋画家对色彩的真正研究,他们发现,大自然的色彩会随着观察的位置和时间而发生种种变化。他们又发现,物体一定有阴影,阴影的色彩是该物体颜色的补色。因此,光、色、影在西洋画中占着极其重要的位置,掌握它是掌握西洋画法的基础。

4. 对线墨和色彩的认识不同

中国画很重视线描,线在国画中并非作轮廓看待,而具有表现人物的感情和物体性质的作用。故南齐谢赫把"骨法用笔"放在六法的第一位。墨在中国画里的地位也很重要,宋代李成说要"惜墨如金"。用金喻墨,足见墨在国画中的地位了。由于线墨在国画中占据着主要地位,色的作用就相对减弱了。再者由于中国画所用的绢和宣纸的性质决定,一经涂色,就不易再改,所以中国画对于色的用法非常谨慎,只是在必要的地方才设色。跟西洋画相比,便反映出中国画的特点就是淡色、清雅。

在西洋画中,不重视线墨而重视色彩,如在油画中,一般只有色来分别物与物之间的"界",在界上并不描线,它与中国的淡彩相反,追求重彩,时常为了突出物质的质感和空间感,把颜色涂得很厚很厚。这一是由于西洋画家注重色彩,二是西洋画画在布上,质地经得起刀刮和更改。

5. 对待人体美的着眼点不同

在中国画方面,人物画中的人物都穿衣物,很少有裸体的。主要在于表现人物姿态的特点,追求神似不需要讲究人体各部分的比例和动作的肌肉外形的变化,所以没有研究"艺术解剖学"的必要。

在西洋画方面，人物画中不少是裸体的，所以必须研究"艺术解剖学"，从而掌握人体各部的骨骼比例及动作肌肉外形的变化。

解剖学在西方医学中占据着重要的位置，虽然在基督教盛行时曾一度中断，但总的说来，解剖学在西方发展还是比较顺利，比较迅速的。早在古希腊时，人们就崇尚裸体的比武运动，不存在东方的那种对人体的神秘感。解剖学对西方绘画发展来说是至关重要的。西方文艺复兴时以及后来的一些著名画家，差不多人人都亲手解剖过尸体。当时许多画家、雕塑家同时也是解剖学家。达·芬奇说他曾解剖过30多具各种年龄的男女尸体。解剖学至今是掌握西洋人物绘画的基础课程。在中国长期的封建社会中，人们深受孔孟的"身体发肤，受之父母，不敢毁伤"的影响，谁动手解剖尸体，便被认为"大逆不道"。

6. 空白与补白

中国画不重视画背景，中国画在经营位置的时候，总要在画面上下左右留出很多空白，古人称之为"无画处"。西洋画则重视背景，不论人物、风景或静物画，都要涂满色彩，不留一点空白的地方。例如，中国画中表达"天"往往留其空白，而西洋画中的"天"即使是画布的本色，也要涂上跟画布一样的颜料。

东西方绘画中的这种不同做法，很可能来自东西方的哲学对物质世界的不同看法的影响。在西方"较旧哲学家所谓宇宙是充盈的宇宙，是个充满实质的体系。凡受到尊敬的哲学家都憎恶真空这个概念"。在中国的物理学中，我们看到，原子学说从未出现过。梅森在《自然科学史》中也说："古代中国人从来就没有过原子论哲学。"

中国画家的这种"色不异空，空不异色，色即是空，空即是色"，以白计黑，以无当有的处理手法，可能源于庄子学派的无即是有、有即是无的玄学思想。的确，空白对于布局的作用不但能够突出主体，而且能使画面生动起来，很适于表达中国画的那种令人难以捉摸的"传神"和"气韵生动"。

7. 诗画结合和画即是画

在中国画的画面上，可以题诗以阐发那幅画的主题思想，诗和画互相结合起来的这种例子是很多的。而在西洋画方面，画即是画，没有这种诗画结合的情况。

从总体上来看，西洋画跟科学技术的联系较为密切，中国画跟科学技术的联系较为疏远，这有社会和历史的原因。朱光潜在《西方美学史》中写道：希腊人所了解的"艺术"和我们所了解的"艺术"不同。凡是可凭专门知识来学会的工作都叫做"艺术",音乐、雕刻、图画、诗歌之类是"艺术",手工业、农业、医药、骑射、烹调之类也还是"艺术",我们只把"艺术"限于前一类事物,至于后一类事物我们则把它们叫做"手艺"、"技艺"或"技巧"。

从个体上来看,西方历史上一些著名人物的个人素质,无论是自然科学家,还是画家,他们都擅长于自然科学中的某一门。亚里士多德、柏拉图、达尔文、哥白尼、麦克斯韦等一些著名的自然科学家,都擅长绘画。而中国历史上的科学家和画家就缺乏联系。鲁班、张衡、祖冲之、毕昇等古代科学家就没有绘画特长的记载,也没发现古代画家顾恺之、吴道子、张择端、黄公望等有从事过自然科学的记载。

在中国历史上,诗人与画家兼于一身的倒不少,如果说达·芬奇是西方"艺术中的科学家和科学中的艺术家"的杰出代表,那么唐代的王维可称谓是中国"诗中有画,画中有诗"的杰出典范。如唐寅、苏东坡、米芾、赵孟頫等,都是画师、书法家、诗人,一身三任。由此看来,为什么中国画中的诗与画结合是从唐代开始的,其原因跟唐代是中国诗歌发展的顶峰分不开的。

中国人内敛含蓄

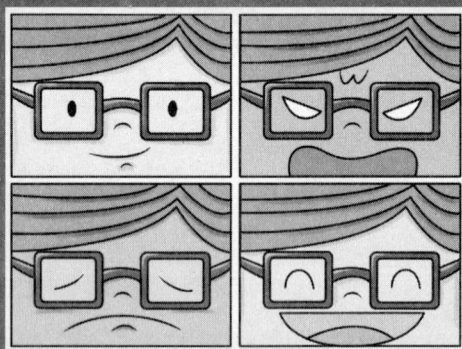

西方人外露夸张

第四章　中西文化差异分析

第一节　中西文化的特征

一、中国文化的基本特征

任何一种文化的产生,都离不开其生存和发展的自然环境和历史条件,中国文化的特点就是在特定的自然、历史条件下产生和发展起来的。正是由于独特的地理环境、经济结构以及政治结构的制约和影响,使中国传统文化带有鲜明的中国特色。如果从整个世界文化发展史的角度来考察和比较,我们就可以发现,中国传统文化具有以下几方面的特点。

(一)强大的生命力和凝聚力

中国文化虽然在世界范围内,并非是最古老的文化,但值得我们自豪的是,在世界上所有古老的文明中,唯有中国传统文化表现出最顽强的生命延续力。正是这种无与伦比的强大生命力和凝聚力,使得中国传统文化成为世界上唯一绵延不绝,延续至今的文化类型。在四大文明古国中,印度文化因雅利安人入侵而雅利安化;埃及文化先后因亚历山大大帝占领而希腊化、恺撒占领而罗马化、阿拉伯人移入而伊斯兰化;两河流域的文化更是陷入各民族的纷争之中而不断异化;古希腊、古罗马文化因日耳曼族入侵而中断。但是在中国,这种情形则从未发生。

中国传统文化强大的生命力和凝聚力的成因是多方面的。东亚大陆的特殊地理环境提供了相对隔绝的状态,是原因之一,但绝不是唯一的原因。华夏文化在历史上多数以明显的先进性"同化"以武力入主中原的北方游牧民族,反复上演着"征服者反被征服"的历史戏剧,这也是历史事实。

在中国漫长的历史发展进程中,中国古代文化虽然未受到远自欧洲、西亚、南亚的威胁,但也屡屡遭到北方游牧部落的军事冲击,如春秋以前的"南夷"与"北狄",汉代的匈奴,十六国时期的"五胡乱华",宋元时期契丹、女真、蒙古人接连南下,直至明末满族入关。这些勇猛剽悍的游牧民族虽然在军事上大占上风,甚至多次建立起强有力的统治政权,但在文化方面,却总是自觉不自觉地被以华夏农耕文化为代表的先进的中原文化所同化。匈奴、鲜卑、突厥、契丹、女真、蒙古等游牧或半农半牧民族在与先进的中原文化的接触过程中,几乎都发生了由氏族社会向封建社会的过渡或者飞跃。军事征服的结果,不是被征服者的文化毁灭与中断,而是征服者的文化皈依和进步,这是中国传统文化的一大特色。而在这个过程中,中华传统文化又多方面地吸收了新鲜养料,如游牧民族的骑射技术,边疆地区的特产、技艺等,从而使古老民族增添了新的生命活力。

中国历史上各民族的融汇与亲和在世界上也是少见的,它曾令世界上许多著名的学者称羡不已。英国历史学家汤因比在 20 世纪 70 年代初,曾与日本学者池田大作有过一次著名的对话,在这次对话中,他指出:"就中国人来说,几千年来,比世界任何民族都成功地把几亿民众,从政治上文化上团结起来。他们显示出这种在政治、文化上统一的本领,具有无与伦比的成功经验。"

总之,中国文化所由产生的农业——宗法社会具有坚韧的凝聚力量,伦理型范式具有强大的习惯势力,坚守自身传统和体系,具有很大的凝聚力,使中国文化不断调节发展轨迹,顺应时势变迁;另一方面,中国古代文化虽然长时期领先于周边各国,但它并没有自我封闭,而是不断吸纳国内各民族和其他民族、国家的文化精华,在博采众长中走向雄浑辉煌的。因此,中国文化具有旺盛的生命力,具有无与伦比的延续性。中国文化的这一特征,使其越积越厚,文化的底蕴非常宽广,博大精深。同时,由于历时久远,文化体系完备,文化的各个方面成就斐然,无论是制度文化、风俗文化还是文学、史学、哲学、教育等都十分发达,且各代均有所发展,各文化门类的发展保持完整连续的阶段性形态,这在世界文化史中是少见的。

(二)重人道,轻天道

最早的人们由于所掌握的知识无法解释种种客观现象,因此不约而同地找到了隐藏在自然物中,或隐藏在大自然背后的"神"。因而在世界文化史上,最早出现的总是图腾、祭祀、迷信、宗教等现象。处于石器时代的人们,曾将诸如狮、虎、蛇、龙等作为图腾,加以崇拜;我国古代也不例外,时至今日,"龙"依然是我们民族文化的一个象征物。

中国从奴隶时代开始,就有以神权论证王权的"君权神授"说,夏代已经出现了对神的崇拜,相传禹本人就把祭祀神鬼作为确立其权威的手段;禹的儿子启也依例行事,把自己的权力说成是由神所授,并由此开始中国的君权世袭制。殷商时期的奴隶主阶级是笃信鬼神的,大大小小的事情都要求神问卜,巫师集团在政治生活中占有十分重要的地位。殷商统治者还号称其祖先是神的子孙,即所谓"天命玄鸟,降而生商"。周王朝建立后,西周统治者虽然从形式上继承了殷商的宗教,但却加强了人的重要性:"皇天无亲,惟德是辅。"当殷商之汤王有德时,故"天命归殷";而后来殷纣王无德乃早坠厥命,"天命"由是归周。

在中国文化史上,最具影响力的思想家孔子也相当推崇"以德配天"的天命观。孔子极少谈鬼神。他以自己特有的智慧,提出要"敬鬼神而远之"(《论语·雍也》),主张要先弄清人自身的问题:"未能事人,焉能事鬼?""未知生,焉知死?"(《论语·先进》第十一)这一思想在当时是很了不起的。这种情况产生的不良后果就是,同为人类早期文明的中华文化却没有能像古希腊、古希伯来或古印度那样,产生系统辉煌的神话,原因就是作为中国民族思想的启蒙者的孔子,对中国古老的神话故事加以人文的解释,而儒家又是中国两千多年封建统治的正统思想,因此造成中国神话是世界古老民族中最支离破碎的。应该说这和中华民族在世界文明史中的地位是不相符的。

后世占主导地位的思想家们,大致执行了孔子的这一思想路线。虽然在中国古代,佛教、道教、各种封建迷信也曾广泛传播,并多次试图登上封建意识形态的一统地位,但到了宋明理学形成以后,儒学在思想文化领域中的统治力量大大加强,宗教势力日益衰落。所以中国与其他国家和民族形成鲜明对照的是:非宗教儒家文化占据着统治地位。这是中国传统文化远远高于其他国家封建时代文化的突出标志。

儒家强调现世的功名,把通过正常途径获取功名利禄、荣华富贵作为终身奋斗的目标,鄙视投机取巧和玩弄阴谋诡计的小人,体现了中国人重现实、重人事的精神。对古代宗教,中国文化兼收并蓄,在百余种曾经流传过的各式各样的宗教中,佛教与道教是古代中国宗教的主体。与许多地区和国家不同的是,宗教并没有主宰中国的一切,中国也从没有陷入宗教迷狂,纯宗教性的冲突和战争几乎没有发生过。道教是中国土生土长的宗教,具有鲜明的"中国特色",它与世界上许多宗教把希望寄托在来生,虚构"天堂",鼓吹死后灵魂不灭不同,道教鼓吹乐生、重生。道教认为现实生活乐趣无穷,它引导人们如何享受生活,追求精神的超越,肉体的康宁,直至长生不老,长生不死。因而道教讲究修炼养生之术,飞升成仙之术,一句话,道教重现生、轻来世。道教在某些方面浓缩了中国文化的因素,从积极的方面看,中国文化熏陶下的中国人的人生观是奋发向上的。当然,中国重人事并非尊重个人价值,而是强调人对宗族和国家的义务,强调人对国君的效忠。对君主和国家而言,企求长治久安亦不能不考虑民生,只有百姓安居乐业,才能为朝廷提供赋役,从而保障社会的稳定。因此"民为邦本"的民本思想时有体现。

(三)重实际,求稳定

中国传统文化素来推崇积极入世、求真务实的人生观。它以究天人之际为出发点,落脚点是治国、平天下,时刻关注国事民意、天下苍生,力求通过经世致用,促使"民以安,物以阜"。墨子强调为学、从政必须体察天下"耳目之实",关注"百姓人民之利",并将"兴天下之利,除天下之害"作为墨学价值判断的标准。东汉著名学者王充力倡"实学"、"文以致用",坚决反对虚妄浮华的时尚之风。魏晋南北朝时期,崇尚清谈,玄学盛行。历事四朝、备尝艰辛的著名思想家颜之推,在《颜氏家训》中语重心长地指出:"君子之处世,贵能有益于物耳,不图高谈虚论",要求为文必须有用于时,做人必须应世经务,从政必须有益于世,切勿高谈阔论。唐朝诗人白居易强调"文章合为时而著,歌诗合为事而作",认为诗歌不可一味"嘲风雪、弄花草",而要为百姓疾苦鼓与呼。儒学大师顾炎武自幼留心经世致用之学,注意民生利病和国家大事。一本《日知录》,记录了他"兴太平之事"、求学术之真的拳拳之心。在晚清衰世,龚自珍力倡注目现实、力戒空谈,断然舍弃考据之学,转向"西北舆地"研究,务求使文有用于时、有补于世。正是这种求真务实、经世致用的精神,支撑了整个中华民族不断超越思想局限、赢得社会发展。

中华文化传统本身就具有着浓厚的"实用"精神和风格,它关注现实人生,追求现世幸福,而对彼世、来生较少考虑。在这种情况下,实用的政治哲学、实用伦理文化、实用科学技术……乃至日常饮食文化,在我国历史上都曾经十分发达。但是,对现实、实用的追求一旦排斥了深刻的理论思考,就绝非幸事。例如:当我们有世界上最精奥的实用政治权术时,却没有关于权力本身的实际的思考,缺乏关于体制、机制的思想理论;我们有举世闻名的饮食文化(包括酒文化),"吃"得有滋有味,举世皆惊,却一直没有科学系统的营养学……甚至对于人生之意义或普遍真理的"道",也只注重"用"的层面,既缺乏理论上的严密论证,又缺乏生活实践中的对照。对于"道",或者依长官意志,或者依个人的意向去执行,不加论证,不问为什么。先信仰后理解,"理解的要执行,不理解的也要执行",在服从中理解,但凭权威之力推行,不愿或不许深究、质疑。

一味重和谐、中庸,强调"过犹不及",久而久之,陷入了害怕矛盾、冲突和竞争的消极求"和"状态。崇尚那种"采菊东篱下,悠然见南山"的闲情逸致,小富即安的小农经济意识有广大的市场。在人与人的关系上,内向自省为主,外向扩张较弱;习惯于忍让、依赖,独立性差。许多人把克制、忍让,"退一步海阔天空"当作自己的信条。长期以来,养成了安分守己,逆来顺受,不思进取,不求有功但求无过"无为而治"的保守心理。

(四)重整体,倡协同

中国文化是典型的群体文化,在这种文化熏陶下的中国人在行动时非常重视整齐划一。孔子提出的"仁",一个明显的特点就是抑制个性。孔子强调实践"仁"学的根本目的是恢复周礼,使整个社会安定和谐;要求用仁的思想,使整个社会平衡,不允许个人利益破坏整体的平衡,要求个人反省内求,调整自己,抑制"邪念恶行",要做到"非礼勿视,非礼勿听,非礼勿言,非礼勿行"。

儒家学说一向强调一种"族群主义"的人生定位,强调"能群"是人之为人的根本。荀子说:"(人)力不若牛,走不若马,而牛马为用,何也? 曰:人能群,彼不能群也,人何以能群? 曰:分。分何以能行? 曰:义。"也就是说,人之所以能驾驭牛马,是因为人能组成社会;人之所以能组成社会,在于人能以礼划分等级;而实行等级秩序的保障,则在于仁义道德。与这种"族群主义"相联系的价值取向,当然也就是重群体,强调个人对群体的责任、义务、服从和牺牲;轻个体,认为人人都应该"群而忘己"、"无我",等等。在这样的群体原则中,即使贵为天子诸侯的个人,也应该"群而忘己"。如董仲舒说:"独身者,虽立天子诸侯之位,一夫之人耳,无臣民之用矣。如此者莫之亡而自亡也。"就是说,如果不遵守群体至上的原则,即使是群体的首领、天子诸侯,也不过是孤家寡人而已,就没有人会服从他、为他所用,这就是他自己使自己完蛋了。

在中国长期的封建社会,实行的是宗法等级专制统治。在这一体制中,"群体本位"的真实含义就是"家族本位"。国不过是放大了的家,个人是完全从属于家庭、家族和其放大意义上的国家社会的。"家长主义"是这种族群主义的实质。作为最大的"家长",皇帝雄踞金字塔形权力结构的顶端,天下乃一人之天下,"普天之下,莫非王土,率土之滨,莫非王臣"。所有个体包括各级官僚,仅仅是君主实现其个人目的、满足其个人需要与欲望的手段。而各级官僚与其"子民",家长、族长与其家族成员的关系,也大致与此相类似。

在中国传统社会中,这种族群主义要求每一个人都"忘己"、消融于群体之中,而且却并不主张平等,而恰恰是要保持等级。结果必然是依等级、辈分形成普遍的"下对上"的人格从属关系、依赖关系。比如"三纲五常"就最能说明问题。正如陈独秀曾指出的:"儒家三纲之说,为一切道德政治之大源:君为臣纲,则民于君为附属品,而无立自主之人格矣;父为子纲,则子于父为附属品,而无独立自主之人格矣;夫为妻纲,则妻于夫为附属品,而无独立自主之人格矣。率天下之男女,为臣,为子,为妻,而不见有一独立自主之人者,三纲之说为之也。缘此而生金科玉律之道德名词——曰忠,曰孝,曰礼——皆非推己及人之主人道德,而为以己属人之奴隶道德也。"概而言之,这种族群主义及其道德,无外乎以维护"别尊卑、明贵贱"的等级制度为本义,它是不主张人的独立自主性和主体意识的。

重统一、轻多样,这也使国人从众心理十分普遍。说话做事最好随大流,即使做坏事,因为"法不责众",也可能逃脱惩罚。反过来,扼杀冒尖,害怕与众不同,对于有个性、有能力之人,则"枪打出头鸟",使"出头的椽子容易烂"。久而久之,在这个和谐的社会氛围中,就较少能产生个性鲜明、特点突出、充满阳刚之气的民族性格。

(五)重道轻器

在中国古代哲学中,"道"是一个最高范畴。老子说:"有物混成,先天地生,寂兮寥兮,独立而不改,周行而不殆,可以为天下母,吾不知其名,字之曰道,强为之名曰大。"作为"天下母","道生一,一生二,二生三,三生万物。"管子也说:"道生天地",总之,尽管老子说:"道可道,非常道"——道是不能用我们通常的语言来描述的,但仍可看出,他们所说的"道"有点像是包罗万象的统一性,是先天地之生的万物本原,或一切事物永恒规律的代表。孔子和儒家很少讲这样的"天道",却并不否认"天道",他们主要讲伦理政治哲学,是将其落实为"人道"——人世的最高原则、治国的根本原则。

"形而上者谓之道,形而下者谓之器"。与"道"相对的是"器",指各种派生的、有形的或具体的事物。关于"道"与"器"的关系,我国近代学者郑观应的解释比较有代表性:所谓"道",即"形而上者",是万物与人性之本原,是治理国事之本;作为一种学问,"道"是"一语已足包性命之原,而通天人之故"的原理之学。所谓"器",即"形而下者",是万物,是有利于物质发明和实际生活之末;作为学问,指"一切汽学、光学、化学、数学、重学、天学、地学、电学"等"后天形器之学"。

在追求根本、注重高远的人看来,就应该重本轻末、重道轻器。这是自老子、孔子以来的一个传统。在人生原则方面,孔子早就明确主张"君子谋道不谋食","君子忧道不忧器",讲究"安贫乐道"、"孔颜乐处",即使处在"一箪食,一瓢饮,在陋巷,人不知"的境地,也不改其志。积极地理解它的意义,在于强调求道是生命的意义和价值所在。"朝闻道,夕死可矣。"

关于道和器的关系,重道轻器者们很强调要"以道御器",——要让器服从于道,服务于道。"庖丁解牛"这个十分著名的比喻,表达了他们对道本器末的理解。这一比喻力求告诉人们:"以神喻、不以目视"(用心从精神上把握,不靠用眼睛去看)的"道",是比技艺("器")更高明的境界。就是说,掌握了大道的人,天机藏于内心,善于精细地体察安危,能够高屋建瓴,可以凭借"运用之妙",平静地顺应吉凶,达到目的。这显然是一种非常理想化的状态,一种极高的水平、极高的境界。

但是由于重道轻器,又把道仅仅理解为"大道理"和道德原则,似乎只有搞政治、讲道德才是重道,而关心经济、研究科学技术等都与道无关。因而导致了中国传统文化轻视科学技术、生产创新等弊病,甚至说技艺是"小人"的事业,为君子所不齿,视之为"奇技淫巧"、"雕虫小技"。古代民间甚至流传着这样的歇后语:"教儿习技艺之事——没见识"。受这种观念的影响,科学技术研究在中国长期没有得到统治者应有的鼓励和重视,特别是自近代以来,根本就没有产生我国的现代科学、实验科学。这不能不说是一个极大的损失。

毫无疑问,"重道"本身是非常重要的。道是指根本道理、方向、道路、原则等大问题。这些问题不解决好,当然就要犯大错误,出大问题,吃大亏。所以做事必须重道,对这一点任何时候都不能轻率。从历史上看,当"重道"原则被加以抽象片面的理解,并且被绝对化了的时候,往往比只知"重器",即只从眼前现实出发、目光有些短浅但脚踏实地的思想境界还能够造成更大的危害。

二、西方文化的基本特征

西方文化由希腊、罗马、基督教三种特点完全不同的文化传统组成。这三种传统,差异非常大。希腊文化带有一种和谐的特点,它力求达到现实和彼岸,理想和现实之间的和谐,所以希腊文化表现了人类童年时代的文化。罗马文化,则是以功利、物欲为主的文化。这种文化虽然带来了法律的健全、帝国的膨胀,以及社会的繁荣;但同时也导致这一时期人类出现的种种残酷行径,如奴隶与奴隶或奴隶与猛兽之间的角斗。基督教文化是唯灵主义文化。基督教文化以"天国"为最终理想,而将人性异化。导致人们视现实生活为罪恶之源,而把目光注视于虚无缥缈的世界,于是造成中世纪文化的落后和愚昧。近代西方文化融希腊、罗马、基督教文化于一体,因此在近代文化中既有希腊的那种对人的尊重,对知识的追求,又有罗马的那种对功利的向往,对世俗国家的那种热爱;同时也有基督教对现实的批判,对理想主义的向往。

由于西方文化来源的多源化,使西方文化与中国传统文化有着截然不同的特点及基本精神。

(一)科学性

西方文化从诞生之初,就有明显的科学性,也可以称作求真精神。这和中国传统文化中的重直觉轻解析的思维方式有着鲜明的区别。

西方文化的科学性,可以从古希腊传统中加以寻找。

希腊位于地中海中的巴尔干半岛南端,陆地与欧洲相连,隔海与亚洲、非洲相望,这种地理环境,使其交通非常便利,同时也带来了文化交流的频繁,那时希腊的许多学者都越过海洋往来于波斯、埃及等地进行文化交流。正是由于古希腊人的好学精神、天生的好奇心、刨根究底的追问与开放的民族性格,使他们百般寻求知识,而不管这种知识来自何方,如"历史之父"希罗多德、哲学家泰勒斯等人为寻觅真知,其足迹曾遍布东方各个角落,所以古希腊文化远远先进于当时其他民族的文化。

西方文化继承了古希腊传统,相对于中国文化具有明显的求知、求真精神。中国人看世界,习惯于混沌地、宏观地、定性地、整体地看,往往不太思考细节的联系,在分析上做得较差。而西方文化将对事物的认识过程概括为从感性到理性,他们认为最高层的理性就是明晰的语言符号定义,所以他们很早就建立起形式逻辑,分析事物发展的过程,研究其细节,逐渐形成实验科学,即在实验室中,暂时割裂事物间的联系。创造人为的外部环境(如隔绝空气、加热等),然后观察物体的变化与联系,再将实验中的成功经验推广到现实中。正是由于这种科学性使得西方成为近代科学的发源地,我们现在所探求的现代科学体系几乎全部来自西方,它的影响还会长久地存在下去。

西方文化的科学性,不仅使西方建立了全套科学体系,而且它对整个西方的文化也产生了非常重要的影响。相对于中国式的重义轻利、以善为美的"贤人作风",西方文化明显地显现出爱智、求真的"智者气象",认为"美德即知识"。西方文化可以接受一个有道德缺陷的智者,相对的中国则更愿意容忍一个平庸的好人。在中国文化中对一个人最高的评价,即是在盖棺定论时说"这是一个好人",而西方文化则是给那些先哲一个"智者"的封号。

(二)民主性

从西方文化被引入中国开始,首先引起国人关注的是科学,其次就是民主,这是现代中国在起步时向西方学习的两项重要内容。

民主性同科学性一样,来源于古希腊文化。古希腊地处交通要冲,地理环境多山而且土地贫瘠,这使得希腊人不得不早早就开始经营海上贸易,以弥补土地的不足。贸易的发展把个体的观念推广到社会,带来民主观念的深入人心,由于商业的原则是等价交换,而等价交换的前提则是交换双方都有自由意志,自由意志的前提是交换的双方都是平等的人,这就决定了他们的政治生活特点,即求自由、求平等、求民主。而在中国传统的农业制度下,人是等级森严的,人与人之间的不平等,使平等交换成为不可能。如《卖炭翁》的故事中,老人之所以一车炭在寒冷的季节只换来装饰性的红绸,就是因为对方是皇宫的太监,地位的不平等造成交易的不等价。

海上生涯的冒险性质还造就了海洋民族爱冒险、能创新、喜探索的特点,这就明显区别于"脸朝黄土背朝天"的中国农业文化。不被束缚于土地上就少了家族观念,不盲目尊崇长辈,而是尊崇在航海中有能力的青壮年人,尊崇通过航海贸易得到许多财产的人。而这些都是西方早期文明中民主观念得以产生的原因。

西方近代民主政体的产生,和欧洲封建制度发展不充分也有密切关系。在西方的中世纪封建贵族分裂割据的时代,不少农奴因为种种原因,逃亡到割据势力统治较弱的关津要道,从事手工业和商业活动,并逐渐建立了城市自治制度。这些城市首先通过武装斗争或金钱赎买的方式从贵族的统治下解放出来,获得城市自治权,继而与王权结盟,逐步扫平封建贵族割据,建立起君主专制中央集权的民族国家。在这种国家中,专制君主仰仗着市民手中的金钱养兵打仗,于是市民阶级就有可能利用议会与王权相对抗,并在打倒王权之后能够建立起代议制的民主政体。

另外,由于西方社会长期处于分崩离析的状态中,思维方式有冲破种种框框的创新精神,较少有以权威为当然依据的思维定式,较多对权威的怀疑和挑战精神。这可以说是民主性在思维方式中的表现。

(三)竞争性

西方文化的另一个特点是崇尚竞争。其竞争性表现在很多方面,如在人与自然的关系上,中国的观点是"天人合一",而西方的观点则是"征服自然";在民族关系问题上,中国的理想是"协和万邦",而西方人的目的是"征服世界"。

西方文化强调征服自然、战胜自然的思想渊源,可以追溯到各种文化的早期,从基督教经典《圣经·创世纪》中的故事,我们可以感受西方文化中人与自然的关系:上帝创造了世界,而且按照自己的样子造了人,并派人去管理自己所创造出的一切。人和自然本来相处得很好,无忧无虑地生活在伊甸园中。由于人类始祖亚当和夏娃,受到蛇的引诱,违背了上帝的旨意,偷吃了伊甸园中的禁果——智慧果,受到上帝的惩罚,被逐出伊甸园。上帝于是让蛇与人世代为仇,让土地长出荆棘和蒺藜来,使人必须终年辛劳苦作,才能得到吃的。这种说法隐含着一系列对人与自然关系的思想观念。其一,人是站在自然界之上之外的,有统治自然界的权力。其二,人与自然界是敌对的。其三,人要在征服、战胜自然的艰苦斗争中才能求得自己的生存。这些思想观念影响深远,在很大程度上铸造了西方文化在人与自然关系上的基本态度就是征服自然。受此文化影响,近代西方文化中征服自然的观念意识很强,在文艺复兴之后,征服自然的意识形成一股对科学技术的热烈追求,从而对西方科学技术和工业的发展产生巨大的推动作用。

在民族关系问题上,中国传统的理想模式是通过道德的教化去"协和万邦"。《三国演义》中"七擒孟获"的故事就很有代表性。西方在民族方面重视竞争、讲究斗争,许多思想家主张征服别的民族甚至统治世界,而这些思想往往被当权的统治阶级采纳并付诸行动。实际上早在古代和中世纪,西方人已经从希腊人与野蛮人、基督徒与异教徒的对立中,意识到民族差异的问题,而且这种对立是血腥的,陈独秀曾说:"自古宗教之战、政治之战、商业之战,欧罗巴之全部文明史无一字非鲜血所书。"现代西方各民族是与资本主义的发展一起登上历史舞台的。在资本主义上升时期,它一方面使欧洲各主要国家在反对神权、争取民族独立的斗争中,结束分裂割据,形成统一的民族国家;另一方面促使西方国家疯狂对外扩张,把广大的亚洲、非洲、美洲变成殖民地,所以这种征服世界具有向后进地区侵略扩张的丑恶一面。

(四)崇利尚力

所谓"利",即利益;所谓"力",即力量、竞争。以个体商业活动为经济基础的西方文化始终把"利"和"力"看做正常价值,鼓励人们追求利益且引导通过公平竞争获取利益。要在竞争中获胜,就必须击败对手,这既需要有实力作为后盾,还须具备敢于拼斗的冒险精神,由此形成了西方崇利好斗尚争的民族性格和文化精神。主要表现在:

一是功利主义道德原则。与中国文化中的"先人后己","利他"等要求不同,西方文化奉行利己主义道德原则。对他们而言,尽可能趋利避害,追求自己的最大幸福便成为无可非议的人生目标。

二是强烈的竞争意识。利己主义和功利主义原则的确定,商业社会经济活动中的利益冲突及商品价值的动态性,由于缺乏可以永久依赖的亲族组织和其他社会力量而导致的生存危机……所有这些都给他们造成了一个激烈动荡的生存环境,他们必须不断奋斗,才能获得良好的生存条件并提高社会地位。竞争的失败者,则可能在一夜之间失去家庭和财产。西方文化的竞争意识正是在这样的环境和条件下培养起来的。从商业竞争到战争的对抗与征服,西方人的竞争意识发展成为好勇尚武的冒险精神。

三是对力量的崇拜。与中国文化宣扬的"以德服人"、以礼治国的模式不同,西方文化在个人竞争和民族战争中都奉行以力服人的强权统治战略,因而实力成为西方人在激烈竞争中建功立业的基本条件,形成了西方文化中力量崇拜之传统。

（五）法理性

中国传统文化是"以德治天下"，而西方文化是"以法治国"。在西方法律是"神圣不可侵犯"的；而在中国则有时"情比法大"，因为"法不责众"。

在西方国家，从古希腊开始，由于交通便利，几乎没有人固守家园，所有的人如果对自己的生存状态不满意，都可以另外寻找生存地点，随着人员的流动，自然带动商业高度发展，而商业的发展又带来个体意识的突出，于是经济观念日益普及。人人都想在商品交换中取得最大利益，于是在肯定对利益追求的合理性基础上，就要制订相应的规则，而这些规则最后确定为法律。法制观念的深入人心，正是现代西方政治的成功之处。可以说即使在发达的资本主义国家，也有腐败产生，但如果法制健全，就可以把这种腐败压到最低点。

与其相对的中国传统社会在义与利的关系上，"重义而轻利"，强调通过"仁"达到人内心、内在的自我约束，叫做"内圣"，即通过自我陶冶，使内心充满神圣感，达到自我约束的目的。中国的这种内省式文化，造成中国法制不健全。而中国式的德治靠的是大家自身的修养，缺乏起码的制约机制，没有法制跟上，其结果必然是人治，这也是长期以来中国社会最大的弊病。

情、理、法在中西方的人际关系互动和社会秩序整合中，其作用显然有所不同。在中国情为基础，理为本，法为末。在西方则是理为本、法为用、情为末。法治精神是理性精神的直接体现。而纯粹的理性精神则是排斥情感的。在西方文化中，理性主要被看做是认知性的纯粹理性，具有某种普遍化、形式化的特点。它强调了理性与情欲的对立，由此也维护了理性的纯粹性。中国人似乎是最讲理的，但这种理却是以情为基础的情理，情、理、法的次序，显现"情在理先、法在理后"。

西方文明发展的一个重要后果就是广泛而日益密切的世界联系的建立，今天，这种联系的紧密程度已达到可以把世界称之为"地球村"的程度。在这种情况下，自我封闭、因循守旧、孤芳自赏、以大国自居是绝对没有出路的。但另一方面，今天的世界仍是一个多民族多国家激烈竞争的世界，为了在这样的世界上自立自强，各民族都应注重发扬自己的民族主体意识，保持自己民族的主体性，珍视自己的传统文化。探讨了中西文化的特点和基本精神，就是为了在今后的发展道路上，兼顾世界化、现代化和民族化，在学习世界先进文化的同时保持并发扬民族文化的优秀传统，创造出中华文化辉煌的未来。

第二节 中西文化差异分析

总体上看,由于欧洲位于欧亚大陆的西部,西临大西洋,南濒地中海,东南是黑海、里海,北临波罗的海、北冰洋,东部以乌拉尔山脉与亚洲相接。欧洲海岸线曲折,多天然优良港湾,适于发展海洋贸易和海洋运输。欧洲土地面积狭小,平原小,山地、丘陵较多,发展农业生产条件欠佳。因此,古代欧洲人非常善于利用海洋优势,发展海洋贸易和海洋运输等商品经济。古希腊罗马就发展出了当时世界最发达的商品经济。商品生产和商品交换成为古代欧洲经济的一大特色。商品经济的特点是互通有无,具有开放性和外向性,在这种经济基础上所产生的欧洲文化也就具有了外向性和开放性的特征。西方文化自始走的就是向外部世界寻求的道路。古代欧洲人向外部世界寻求并对这种寻求过程及其结果进行计算,产生了自然科学。而"商品经济又是天生的平等派"(马克思语),商品经济又给欧洲文化带来了平等、民主观念。因而西方文化以科学和民主为重心,西方文化的两大成就是科学与民主。

中国传统文化产生与发展的经济基础是"以农立国"的农业经济。小农业和家庭手工业相结合的、一家一户为一个生产单位和消费单位的、男耕女织自然分工的、自给自足的自然经济是中国传统文化赖以存在和发展的深厚基础,这种经济形式具有浓厚的封闭性和内向性。它追求的是天人合一、顺应自然。这就使得中国传统文化一开始就走上了反省内求的道路。这种文化所追求产生的结果则是关于如何"正心、诚意、修身、养性"等一系列伦理道德观念和规范及其在治国安邦等现实社会中物化出来的经世致用之学。故而伦理道德及经世致用就成为中国传统文化的重心。中国古代所谓的"学问",不是关于自然的知识,而是如何安身立命的道德信条和怎样治国平天下的经世致用之学。

中国传统文化与西方文化是世界文化中两个根本不同的体系。它们是随着历史的发展先后出现且并列平行发展的两个文化系统。在1840年鸦片战争以前,两者是各自独立发展的,并没有明显的冲突和融合。随着社会生产力的发展、科学技术的进步以及"新航路"的开辟和国际间交流的频繁,特别是由于西方列强在近代对外侵略扩张,两种文化之间的正面交锋、日益冲突和斗争才逐渐显现出来。

谈文化的对比和差异,不能不涉及根本的人性问题。应该说,人性就整个人类而言大致是相同或相似的,如人皆有恻隐之心、善恶之心与是非之心,都具有七情六欲,都具有执著于现实和追求理想的本能,等等。但是,由于上述的地理环境、历史背景、发展历程以及其他因素的不同,中西方人在生活方式、价值观念和文化心理特征方面的差异还是相当明显的。

一、中西文化的基本差异

(一)多元文化与一元文化的差异

西方文化在其形成的过程中具有多元的特征,是多种文化交互融合的产物,文化的传统不断地发生着变化,旧的文化传统不是灭亡了,就是被转移到新的文化之中,西方文化在其发展的过程中,经历了众多的文化冲突;与之相比较,中国文化的形成可以说几乎是一元的,自始至终是一个文化传统沿袭下来的。从古至今,虽也遇到外来文化的强烈冲击,但中华文化从未崩溃过,而是不断吸收和融合外来文化,形成更为丰富的统一体。

文化史研究的成果表明,西方文化起源于希腊文化。希腊文化则是受埃及文化、巴比伦文化、叙利亚文化与爱琴海文化的影响而形成的。后来,罗马帝国崛起,征服了希腊,罗马精神融摄了希腊文化,一变而形成了罗马文化;希伯来的犹太教、基督教精神,与阿拉伯精神侵入罗马世界,二变而形成了中古文化;意大利文艺复兴,与日耳曼精神的发挥,三变而形成了西方近代文化。尤其需要重视的是其中的基督教精神,由于它主宰了漫长的中世纪,故而成为西方文化的传统所在。可见,西方文化的来源是多元的,是多种文化长期交融的结果。今天西方英、美、法、德、俄的文化思想冲突频繁,究其原因,实乃这种文化多源的结果。

反观中国文化,早在夏、商、周时代,就已经形成了统一的局面,几千年来文化的主流从未中断过。春秋战国时期,虽有短暂的分裂局面,但文化形态并未产生裂变。随之而起的秦汉帝国,建立了政治上、思想上高度统一的中央集权专制王朝,为中国文化的统一奠定了基础。中国由于地域辽阔,各地语言(方言)差异甚大,但人们用于表达学术文化思想的文字一直是统一的,指导人们社会行为的思想意识(如"三纲五常"之类)是统一的,管理人们社会生活的政治制度是统一的,历史上,中国北方一些少数民族曾入侵中原,并建立了全国性政权(元、清),但他们最终实际上都承袭了传统的中华文化。在武力上,他们征服了中原,而在文化上,他们则被中华文化所融合和同化。

汉唐以降,对于佛教(印度文化)的接触,不是由于实际利害上的情势所促成,主要出于中国人内心的向往之情,加之中国文化有强大的消纳能力,以致佛教中国化(典型如禅宗),因此中、印文化的冲突很少。唐代以后与伊斯兰教文化思想的接触,亦未曾发生严重的文化冲突。明代中叶以后,西方传教士输入西方科学与基督教义,当时也未产生大的影响。只是鸦片战争以后中西文化的接触,使国人做了几千年的春秋大梦被猛然惊醒,因迫于西方列强的掠夺和压迫,国人保种保国的神经受到了强烈的刺激,才引起种种文化的冲突。由此可见,中国文化的历史发展是一元的,几千年来,中国文化不断地吸纳、综合并同化外来文化,从而使中国文化传统更加丰富和具有适应力。

(二)征服自然与天人合一

在人与自然的关系问题上,西方文化强调征服自然、战胜自然;而中国文化则比较注重人与自然的和谐统一。

西方文化强调征服自然、战胜自然的思想渊源,可以追溯到基督教的《圣经》。《圣经》认为,世界是上帝创造的,人也是上帝创造的。上帝按自己的形象造人,是要派他们去管理自己所创造的一切的。《圣经》还说,人和自然本来相处得很好,后来由于人类始祖亚当和夏娃偷吃了伊甸园的禁果——智慧果,而受到上帝的惩罚。上帝让蛇与人世代为仇,并让土地长出荆棘和蒺藜来,使人必须终年劳苦才能得到起码的食物。这些说法隐含着一系列对人与自然关系的思想观念。第一,人是站在自然界之上之外的,有统治自然界的权力;第二,人与自然是对立的;第三,人要在征服自然、战胜自然的艰苦斗争中才能求得自己的生存。

征服自然、战胜自然的观念在西方文化中是如此地深入人心,以至于西方历代的思想家们都不愿花力气去讨论这个问题本身,而将所有的精力和热情都倾注到如何征服自然和战胜自然方面。如培根那著名的"知识就是力量"的口号,就是这种精神的最好表现。人们追求知识、研究科学、探求自然界规律的目的,就是要在行动中支配自然。笛卡尔的"我思故我在"的观念,也极深刻地表明了这种精神。他们的思想在近代西方产生了极大的影响,其结果是把古希腊、罗马文明中崇力求知的传统召唤回来,并与征服自然的观念相结合,形成新的极为兴盛的"力的崇拜"和对科学技术的热烈追求,对西方科学技术和工业的发展产生了巨大的推动作用。

在人与自然关系的问题上，中国古代思想家的观点大体可分为三种类型：一是服从自然的观点；二是征服自然的观点；三是天人相互协调的观点。其中天人协调的思想在中国文化史上是占主导地位的。汉宋以后，天人协调的思想逐渐融入"天人合一"的观念之中，并得到进一步的发挥和发展。

当然，"天人合一"的思想并不仅仅是一种人与自然关系的学说，更是一种关于人生理想、关于人的最高觉悟的哲学学说。它发源于西周时期，后来经过孟子的性天相通观点与董仲舒的人副天数说，到宋代的张载、二程而臻于成熟。"天人合一"的基本思想包括：第一，人是自然界的一部分，是自然系统不可缺少的要素之一。第二，自然界存在着普遍规律，人也必须服从它。阴阳之间的相互作用、相互推移的对立统一规律是贯通自然界与人类的普遍规律。第三，人性即天道，道德原则和自然规律是一致的。第四，人生的理想在于天人的协调。总之，中国古代的"天人合一"思想，强调人与自然的统一，人的行为与自然的协调，道德理性与自然理性的一致，充分显示了中国古代思想家对于主客体之间、主观能动性与客观规律性之间关系的辩证思考。根据这种思想，人不能违背自然，不能超越自然界的承受力去改造自然、征服自然、破坏自然，而只能在顺从自然规律的条件下去利用自然、调整自然，使之更符合人类的需要，也使自然界万物都能生长发展。

人与自然的关系问题，直至今日，仍然是必须认真对待的问题。近代西方强调征服自然、战胜自然，确实取得了重大的成就。但是，如果不注意生态平衡，也会受到自然的惩罚。改造自然是必要的，破坏自然一定要自食苦果。中国传统的天人协调的观点确实有重要的理论价值。

（三）个人本位与家族本位

在家庭问题上，西方文化以个人为本位，注重个人的自由和权利；而中国传统文化则以家族为本位，注重个人的职责和义务。

1. 产生原因

中西文化的这一差异，究其根本在于家庭公社发展水平的不一致。首先，西方的家庭公社的原始淳朴性质得到了比较多的保留，公社虽然处在一个家长的最高管理之下，但他是经选举产生的，并且其权力受到各种限制。在这种家长制下，个人的自由和个人的权利不致受到太重的压抑和剥夺。而在中国，从殷周时代开始，家庭公社就处于家长的统治下，这不仅使得同居共财的共产制严重变质,而且使个人的自由受到严重的压抑,个人的权利根本无从谈起。其次,在西方,从希腊罗马开始一直实行一夫一妻制,而在中国,一夫多妻制则一直在官人和显贵人物的家庭中盛行。再次,在西方,家庭经历了一系列进步性的演变。妇女的社会地位、平民的社会地位都不断提高,从而为现代社会的个人平等自由思想的产生发展创造了条件。而在中国,由于专制制度的影响和制约,家长制(实际是家长专制)广泛盛行,父权、夫权等变本加厉,不断强化,平等、自由的观念无立足之地。

总之,在西方,财产公有的家庭公社广泛存在于古代和中世纪,并较早过渡到财产个人私有的个体家庭;而在中国,这种家庭公社的性质发生了严重变质,并且以家长制的形式一直延续到近代。

2. 形成过程

在西方,中世纪后期和近代,由于私有制深入到家庭内部,父子兄弟乃至夫妻各有各的私有财产,这就为每个成员的独立性奠定了基础。法律关系、权利关系也就必然要进入家庭内部,成为家庭成员之间最主要的关系。相形之下,父权、夫权等由于不是维系家庭所必需的,就不能不退居次要地位。客观上,这就为个人本位主义的产生发展提供了条件。

在中国古代,由于几代同堂的大家庭实行"同居共财"的制度,各个家庭成员在经济上不独立,必须依赖家庭的共同财产生活,家庭的命运深刻地影响着个人的命运。在中国,家庭不只是一个生儿育女的地方,其他如政治、经济、宗教等复杂事务,都深深揳入到家庭之中。譬如,"法"本是处理政治事务的,但中国传统的家庭中基本都有家法,是解决家庭纠纷的依据。祖先崇拜,是中国的宗教,但却是在家庭之中进行的。在一个家族中,父权占有核心的地位,父子关系占有最重要的地位,维护父子关系基本上依靠尊卑之礼。这里"礼"是有差距的,它往往破坏了家庭间感情的凝合力量。历史上许多的家庭悲剧,往往由这个"礼"而起,无论是《红楼梦》,还是《家》、《春》、《秋》,对此都有入木三分的描写和揭露。

3. 具体表现

西方的个人本位主义的主要表现是强调个人自由、个人权利、个人的独立性。它使西方的家庭与中国的家族相比较,要民主、平等得多。此外,由于崇尚个人自由,看重个人权利和独立性,也使西方人习惯于依靠自己的力量去奋斗,去独立地求生存、求发展，而不依赖父母和家庭。如里根当总统，他的儿子却在职业登记所里寻找着工作；洛克菲勒的孙子并没有躺在无尽的财富上养尊处优，而是到码头上去当搬运工，挣自己念大学的学费……这在中国传统观念看来是难以想象的。

由于私有制深入到家庭的内部，家庭成员之间的天然感情必然受到严重的损害，个人变得越来越孤独。由于个人本位主义不重视个人对家庭的责任义务，把家庭关系也置于冷冰冰的金钱交易之中，使家庭成员之间的感情及家庭的温情都受到很大的削弱。个人本位主义的倾向发展到极端，必然会出现家庭的危机，甚至会造成家庭的解体。

中国传统社会最大的特色是以家庭为社会活动的中心，每个人一生的绝大部分时间，基本上都活动在家庭的范围内，家族就像一个人为的堡垒，变成每一个成员最安全的避风港。

中国的家族意识，是不断向外膨胀的，膨胀得使所有的人际关系，都予以家庭化。例如，君不称君，而称君父；臣不称臣，而称臣子；地方行政长官被称为父母官，统治下的百姓被称为子民；老师称为师父，国民则互称同胞；最高的理想是四海皆兄弟和天下一家，在这样一个充满家庭意识的社会中，人们自然会以光宗耀祖、兴家立业、衣锦还乡等为最高的荣誉。

中国家族本位主义集中的表现是特别重视家庭成员之间的伦理关系，如父慈子孝、兄友弟恭、夫唱妇随之类。这些伦理关系的实质是对家庭各个成员应负的责任和应尽的义务加以规定。中国这种家族本位虽然可以避免个人本位带来的许多弊病，但却同样存在许多缺陷。首先是重家族轻个人。在一个以家族为中心的社会里，个人的权利是无足轻重的，为了家族的利益，必要时可以牺牲个人，如传统社会为了祭河神或龙王，要献出童男童女。其次，阻碍了独立自由个性的发展。个人理想得不到发展，独立自尊的人格就无法培养和形成。影响更严重的还在于，人生活在种种关系的严格限制之中，极易产生依赖感，养成柔弱和缺乏进取的性格。再次，缺乏公德观念。在家族为中心的社会，人生的目的既然是为了光宗耀祖，人生的努力，主要在为私而不在为公，公德观念的培养就较为艰难。重情不重理表现在社会生活的各个方面，甚至为情而置原则于不顾。由于人情常常排斥是非，因此，一个处处讲人情的社会，往往是缺乏公平的社会。

二、中西文化的精神比较

从中西方文化所重视的领域来看,中国文化有两大基石:道德和艺术;西方文化有三大支柱:宗教、科学和法律。法律之始是建立在宗教的基础之上,并且以科学理论为依据。因此,我们可以笼统地说主宰中国传统文化的基本精神是道德精神和艺术精神,主宰西方传统文化的基本精神是宗教精神和科学精神。

(一)西方的宗教精神与中国的道德精神

西方文化在其发展的不同阶段各有其所重视的领域。古希腊文化以科学、哲学、艺术为主,罗马文化以法律、政治为主,而在希伯来文化传入欧洲以后,整个漫长的中世纪,基督教一直占据主导地位,直到文艺复兴以后,科学文化才又一次崛起。

西方基督教信仰的是上帝,中国古代信仰的是天帝。表面看似乎是同一类神,但实际上,却有很大差别。西方人以信仰祈求向往的态度,对待他们的神灵,重视神灵的超然性,所以上帝是万能的主宰,他创造日月星辰、天地万物,主宰一切,人类都是神灵所造而隶属其下,以祈求神灵赐恩,这就是典型意义上的宗教精神。而中国人则以修身养性的态度对待天帝,认为修身养性达到完善的境地,就能成神仙。在中国传统文化观念中,仙佛是由人修炼而成的,人与仙佛的差别,只是得道先后的差别。人一旦修成正果,即与仙佛平等。这样一来,神、仙、佛就完全世俗化了,所以也就谈不上真正的宗教精神。

西方人对宗教的看法是:宗教确定了人对神灵的关系,同时,也以宗教作为人生的规律,人生的一切都由宗教信仰和宗教教会所指导。因此,西方的政治和教会,从4世纪到18世纪,常常结合在一起;西方的社会生活,从古代到近代都以宗教为中心,西方的意识形态,自希腊的宗教哲学思想,经圣保罗及教父哲学家奥古斯丁等而与基督教合流,基督教于是一直成为西方人精神生活的中心。自公元312年罗马皇帝君士坦丁宣布皈依基督教起,基督教文化就成为统治西方社会的思想工具。在中世纪,基督教会既是意识形态组织,也是政治组织和经济组织,此时建立了基督教的封建神教统治,教会成为神教统治的巨大国际中心,教皇成为西方世界真正的主宰,神权凌驾于世俗王权之上。

基督教的宗教艺术(教堂建筑艺术、宗教绘画、宗教戏剧、教会音乐等)也随着其他宗教因素的发展而获得发展,在其占统治地位的时代,曾对社会文化产生了深远的影响。在西方，离开了宗教来谈艺术是不可能真正理解艺术的。

而中国人的原始的天帝信仰，到了孔子以后就融入了儒家的道德精神，从而演变成道家的形上智慧。秦汉之际，原始的宗教意识，以图谶、纬书的形式出现，没有形成自己的理论体系，只有一些零散的预言、一些传闻的故事和维持现行统治的说教文字。纬书中所描绘的天皇、地皇、人皇，也只是原始天神形象的再版。阴阳家们不能建立自己的宗教理论，只能沦落为方术之士，靠欺骗大众、蒙蔽帝王以换取一时的富贵。道教的宗教理论也极不严密，它是在佛教的影响之下，将道家、儒家、阴阳家及佛教的一些东西东拼西凑而成，显得支离破碎，自然难以赢得众人的信服。其所宣扬的神仙学说，缺乏西方神灵的超越精神，所以总给人一种难登大雅之堂的感觉，在民间常常沦落为与巫术、邪教同流合污的境地。所以，佛教东来，中国人的宗教意识，便寄托在"佛"身上。佛原本超越一切，主宰着一切。到了以"不立文字，教外别传，直指人心，见性成佛"而著称的禅宗兴起时，信奉即心即佛理论，"顿悟成佛"观念广泛流行，深入人心。如此一来，佛的能力已人所能及，"直指人心，见性成佛"的宗旨已完全是儒道两家修身养性理论的翻版。这同西方宗教侍奉神灵的虔诚、严谨的原则相比，相差甚大。

由此可见，中国文化中是比较缺乏宗教精神的。尽管有道教、佛教长期的流传，但始终无法动摇儒家三纲五常、忠孝节义的根本观念，最后，儒、道、佛三教归一，形成新的儒学体系——宋明理学。因此，中国文化的一个显著特征，就是重德精神。这种重德精神使中国成为一个泛道德主义的社会，任何行动或言论都很容易受到道德价值的牵制而不用理性去解决问题，道德标准成为衡量一切的标准。最明显的表现为政治上的德治教条、经济上的济贫救荒政策、社会上的尊老敬贤、文学上的文以载道或文以明道、宗教上的祖先崇拜和孝思观念等等。

传统中国社会成就的理想形态是：立德、立功、立言。立德是指道德上的成就。中国人的价值观念中把立德放在第一位，处于最上层，可见中国文化对道德的重视，把道德作为一切文化的基础。中国传统文化中这种道德精神被贯注于文学艺术，因而中国的戏剧、小说多半是劝善惩恶。在中国，一个人对于自然、对于天，不承担违背良心道德以外的责任，只要凭良心道德去办事，不管成功与否，都无愧于天地。因此，中国人相信善有善报，恶有恶报，小说、戏剧也就都以大团圆的结局收场，以符合中国人的道德标准，迎合中国人的文化心态。

（二）西方的科学精神和中国的艺术精神

科学的精神是借着抽象的符号，利用分析的实证的方法从而对事物做理智的了解，目的在于寻求真理。艺术精神是借着具体的意象，传神活现，画龙点睛地表达一己的感受或价值判断，目的是价值的欣赏和创造。

科学的方法以分析为主，科学分析是理性的思维活动，它是以逻辑思维为特征的；艺术的方法却重直觉，而直觉的活动则是"直接观照"、"心领神会"，它的特点是非理性思维，即我们常说的"顿悟"。逻辑思维和直觉思维是人类思维方式的两种不同的类型。逻辑思维是人们所熟知的，广义地说，它包括人类的一切认知形式，即通常所说的感性认识形式——感觉、知觉、表象和理性认识形式——概念、判断、推理。然而，不可否认的是，人的精神活动并不是纯理性的，也还存在着非理性的成分。非理性成分与理性成分互相联系、互相作用、相辅相成地共同构筑了主体意识的丰富内容。中西文化对此有很明显的差异，中国传统文化重直觉思维，而西方文化则尚逻辑思维。中国的先哲们提出的"体认"、"诚明之知"、"湛然之知"、"藏识"、"禅定"等等都不同程度地表达着直觉的含义。如庄子认为，穷竭思虑充其量不过是获得"小知"，而神秘直觉则能达到"大知"（即道体合一）。这种过于重直觉的颇带一点神秘主义的认知方式，不能不说是阻碍中国科学技术发展的重要原因之一。而西方文化则不同，自古以来就非常崇尚理性思维，爱因斯坦在总结西方文化的成就时曾说：西方科学的成就应归功于两大因素，即亚里士多德创立的形式逻辑和近代兴起的科学实验活动。对此，马克思也总结道："科学是实验的科学，科学就在于用理性方法去整理感性材料。归纳、分析、比较、观察和实验是理性方法的主要条件。"理性思维是西方文化中占统治地位的思维方式，它是西方文化的本位观念之一。

根据法国哲学家柏格森的观点，分析法只适宜研究无生命的物体，要洞察生命的本体，则非用直觉不可。中国人以直觉为主要的认知方式，因此，我们对于宇宙、人生的看法也以生命为观照对象。透过直觉的"移情作用"，艺术家所见到的宇宙万物都充满了生命。凭着机械的分析方法，科学家将有生命的机体也当做无生命的物质来分析。艺术家和科学家宇宙观的不同，正反映着中西方文化基本精神的差异。

从科学的萌芽看，希腊文化为科学之母，其文化中有两种精神：一是太阳神阿波罗精神，即科学艺术精神；二是酒神狄阿尼萨斯精神，即阿菲克宗教哲学精神。前者的哲学,即米利都学派及德谟克利特等的自然哲学;后者的哲学,即毕达哥拉斯的宗教性数理哲学。这两种哲学都是希腊科学的根源。尤其是后者,对于促进西方数学、几何学的发展有重大贡献。

希腊自然哲学中自然律的观念,后来被斯多葛派的自然哲学所继承。斯多葛派以理性的精神发现了自然律的普遍性,而将自然律的观念推广于社会政治中,于是建立了普遍自然法则,成为罗马政治法律的基础,社会科学中的政治、法律等规章制度都是在科学精神的指导下建立起来的。由此可见,科学精神就是主观上自觉地去了解客观自然或社会的精神,这早已成为西方文化中的基本思想。

在近代科学文化的崛起中,人类思维和意识中的情感与认识的因素真正发生了严格的分化。认识的职能由科学承担起来,科学就是高度发达了的认识文化。科学对认识职能的占有,是通过与宗教长期的殊死斗争之后获得的。本来,科学因素与宗教不是绝对对立的,在古代尤其如此,科学常常被包容在宗教之中,宗教提供了一整套关于宇宙天地、人间、生物的学说,其中包含着科学的因素,而且最早的自然科学研究是存在于宗教之中的专门性知识活动。但后来科学的发展显然需要突破宗教的禁锢,又由于中世纪神权的不可侵犯性,所以宗教顽固地坚持自身信条的正确性与神圣性,把一切不符合宗教信条的认识均斥为异端邪说,加以残酷地镇压与迫害。许多科学学说和科学家正是在这种高压下而惨遭诛戮的。不过,人类探索自然、发展科学的热情和意志是无法扑灭和消磨的,这也是社会发展进步的不可抗拒的必然。科学扩大了人类的视野,也使世界观、自然观从宗教的信条中冲杀出来。近代科学的诞生,使科学作为一种独立的文化形态存在于西方社会,并进而影响到全世界。

反观中国文化,虽不乏实用技术,也不缺器物的发明创造,但这只属于生产经验性的东西,与真正的科学精神(即以逻辑思维及理性思维为基础、探寻自然生发规律的学问)差距甚远。从历史的发展来看,中国缺乏西方的科学精神,缺乏西方的科学思想的因子,尤其缺乏西方的实证科学。

先秦时期,墨家学派是比较重视科学技术的,但秦汉以后就后继无人,成为绝学。荀子重察理辨类的精神,后世很少有人能继承它。汉代的自然哲学与阴阳五行之学相结合,不是用来探究宇宙自然的奥秘,而是用来建构"天人感应"的神学体系,带有浓厚的迷信思想。所以,中国古代器物的发明虽不少,然而作为西方科学本源的形数之学与逻辑学,却没有生长的土壤。中国先贤们将最大的精力用于研究"悟道",即直觉。悟,可以理解为直觉的洞察,它是一种瞬间整合反应的过程,是主体经过充分准备之后,受到某种偶然的、看起来似乎不相干因素的刺激,突然一下子大彻大悟,发生认识的质变与飞跃,其过程如电光石火,瞬间完成。在科学发展史及文学艺术史上,科学家、文学家、艺术家思考某个问题久不得其解,在某个机会里受到某个偶然事件的刺激,在脑海里突然闪现出难题的答案,这样的例子是屡见不鲜的。因此,就一般意义来说,它属于创造性的思维,是不经过经验实证、不通过概念范畴的逻辑推演,是运用直觉体验一下子领悟最高原理的非理性思维方法。这种思维方式,不可否认还是有其合理之处的,只是仅凭直觉与重逻辑推理、重实证分析的科学精神比较起来,后者的正确性、精确性、科学性是不言而喻的。所以,中国古代伦理哲学的繁荣和丰富多彩,是举世公认的;而自然哲学方面,却远远逊色于西方。因此,中国历史上像张衡、祖冲之、郭守敬一类的自然科学家屈指可数,中国文化中重道轻器、重德轻艺等传统压抑了科学的发展,所以科学从来就未被重视,科学精神、科学思想也就难以形成。

至于艺术,西方的艺术一直为宗教科学精神所支配,很难形成独立的艺术精神。西方的艺术,如希腊的雕刻建筑,以神像神庙为中心;中世纪的哥特式建筑,以教堂为中心;近代米开朗琪罗的雕刻,仍多以希腊犹太神或先知为题材。西洋画,一向看重宗教画。而西洋画法中的重明暗、重观景,则近于科学家观测实物的精神,以至于画家要像医生解剖人体一样研究人体的构造,要像数学家一样研究空间的几何结构,要像工程师一样去进行实际的测量。

希腊古典悲剧反映的基本上都是人在无法抗拒和理解的命运中所处的那种惶惑和茫然的心情,是人在宗教性的命运感下的战栗;近代浮士德的悲剧,仍然是一种宗教性的无限追求,与理智的怀疑主义充满着矛盾和冲突;莎士比亚的悲剧,既有宗教的意识支配,又有科学的分析透视出的必然性所左右。从古代起,悲剧的心理和情感便是典型的希腊人性格的戏剧化的表现,这种性格一直影响到整个西方民族的文化心态。一切西方的悲剧,终归是个人意志屈服于一种超个人的无可奈何的力量。这种力量或者是出于神灵的,具有宗教性;或者是出于客观自然的,具有科学性。

中国的艺术,一般都能独立于宗教精神、科学精神之外。中国古代宗教性的雕刻与建筑,都不发达。历代的建筑,以宫殿为主。佛教传入以后,才开始兴起寺院的建筑。而宫殿、园林的建筑,都是满足世俗生活,与宗教无关,它们一直是中国古代建筑的中心。

中国文字源于象形,书法为中国特有的艺术,书法美纯是形式美,没有宗教意味。由汉魏晋唐的书法,影响了汉唐宋明的绘画,由此可见,自画中而来的笔法,还入画中。中国画以一般的人物画及山水画为主。唐代壁画中,宗教内容很多,但这是从异域传来的,不是中国固有的文化。在中国的艺术中,书画的地位高于雕刻建筑。雕刻建筑的工具,为沉重坚硬之物,容易显示给人以物我对立的意识。艺术精神的根本在于物我两忘以通情,所以表精神意境的艺术工具,愈柔软轻便,愈能与艺术精神相通。中国人用纸笔创作的书画的价值,高于用刀石创作的雕刻建筑的价值,也就证明中国人更富有艺术精神。

中国古代的诗歌,缺乏西方赞美耶和华之类的宗教诗。《诗经》中的颂,重在赞美盛德。楚辞中颂神之作,所颂扬的为庶物之神,带有祖先崇拜、万物有灵的烙印,而且这种神富有人情味而缺乏超越性。至于后来的诗歌,则宗教情调更少。魏晋及以后的游仙诗,都重在表现隐逸的情趣与放浪的情怀,缺乏真正的宗教意识。

纯粹的艺术精神,根本在移情于物而静观静照之,从而衬托出对象,使之达到空灵的境界。所以中国元明山水画,重荒寒淡远,重虚白之中的灵气往来。此外,中国的艺术精神也独立于科学精神之外。西洋画重貌似,重明暗,重远近之观景。所绘物象,形界分明,如可握持,都体现了科学家观测实物的精神。而中国画不求貌似,不重阴影、明暗、远近、观景,又不重形界,再加上使用淡墨,使虚实莫辨、气韵生动,这可看出中国画更能表现纯粹的艺术精神。

中国的科学也是富于艺术精神。中国的医学,价值极高,中国医学诊断的方法,所谓望闻问切,以切脉最重。医生的切脉,是以其生命的振动,与病人的生命发生共感作用的一种直觉的诊断方法。这种方法类似于艺术中的移情活动。中国的拳术,多曲线运动,其回环往复,周旋进退,很近似于舞蹈艺术。中国古代的历法之学,产生不久就与音律之学合二为一,合称律历。古代所谓以十二律之管测气候的变化,就是以音乐的眼光观察宇宙的运行。这都是艺术精神主宰着科学精神的缘故。

（三）西方的法治精神与中国的人治精神

西方历史上的法治观念始于古希腊的梭伦变法，至亚里士多德时已经理论化。亚里士多德的法治理论是在否定柏拉图的人治思想的基础上形成的。柏拉图在其生命的大部分时间里对用法律治理社会持否定的态度，而竭力主张贤人（哲学家）政治。他说，在一个理想的国家中，最佳的方法并不是给予法律以最高权威而是给予明晓统治艺术、具有才智的人以最高权威。他讥讽立法家们是可怜虫，说他们"不停地制定和修改法律，总希望找到一个办法来杜绝商业上的以及……其他方面的弊端，他们不明白，他们这样做其实等于在砍九头蛇的脑袋"。柏拉图之所以反对以法律来治理国家，是因为在他看来，法律决不可能发布既约束所有人同时又对每个人真正最有利的命令。柏拉图之后，其学生亚里士多德在认真思考"由最好的一个人或最好的法律统治，哪一面较为有利"这个问题之后，明确主张"法治高于一人之治"，并对法治的内容及其作用做了较为系统的论述。古罗马的法学家们同样主张"以法为据"。他们除制定了完备的法律，尤其是反映发达的简单商品生产关系的私法以外，在法治理论上也颇有建树。他们借助于"自然法"、"理性"、"正义"等概念，来说明法律的本质，强调法律的权威和作用。

古希腊、罗马的法治思想对西方法律文化产生了深远的影响。近代资产阶级法治理论很大程度上就是以古希腊、罗马法治思想传统为基础而形成和发展起来的，而其时代内容是崭新的。西方社会进入近代以后，源自对商业经济产生出来的资产阶级利益的关切，出于对教会和封建贵族统治的憎恨，基于对西方社会历史的反思，资产阶级启蒙思想家们打出了"理性"、"民主"、"法治"的旗帜，并就何为法治、何以需要法治、如何实行法治等问题进行了系统的理论阐述和论证。他们的斗争和理论工作，促使法治观念成为占支配地位的意识形态，并推动了法治理论的制度化和现实化。

反观中国传统文化，在治国形式上是极力强调人治的。儒家继承了周公"明德慎罚"的思想，主张"礼治"、"德治"，"人治"由此而在中国传统文化中具有了特殊的地位。"人治"是从"礼治"和"德治"中派生出来的。礼治的基本特征是维护等级制，级别越高，权力愈大，特权也愈多。尤其是西周以来的宗法世袭制，各级贵族在自己的封地内享有相对独立的行政、立法、审判等世袭特权。一方面突出统治者个人的作用；另一方面，要求有能以身作则、充分发挥道德感化作用的统治者实行德治。这就与主张法治、重视法律作用的法家发生了"人"与"法"在治理国家方面谁起决定作用的论争,形成了"人治"与"法治"的对立。在这一论争中,儒家始终坚持"人治"的观念,其基本论点如下:

第一,是"为政在人"。这是从以孔、孟为代表的儒家正统思想中得出的结论。他们认为,政治的好坏取决于统治者,特别是最高统治者个人的好坏。因此,他们希望统治者都能成为像他们所理想的尧、舜、禹、文、武、周公那样的"圣贤",因而主张"祖述尧舜,宪章文武"的"贤人政治"。国家的治乱既然等于统治者个人的贤与不贤,其结论也就必然如《礼记·中庸》以孔子名义所说的"为政在人","其人存则其政举,其人亡则其政息"和《孟子》所言的"惟仁者宜在高位"。

第二,"有治人,无治法"。这主要是荀子的观点。荀子是先秦儒家中最重视法律及其强制作用的。但就"人"与"法"在治理国家上所起作用来比较,他仍然认为关键是"人"而不是"法",因而提出了"有治人,无治法"的著名论断。他在论述其观点时阐述了三点理由:首先,法对于治理国家虽然很重要,"法者,治之端也",但法毕竟是人制定的,仍然取决于"人","君子者,法之原也"。其次,即使有了"良法",也得靠"人"来把握和贯彻,否则便成空文:"故法不能独立,类不能自行。得其人则存,失其人则亡。"(《荀子·君道》)再次,国家大事复杂多变,法既不能概括无遗,又不能随机应变,完全仰仗于"人"的灵活运用。因此,他强调说:"故有良法而乱者,有之矣;有君子而乱者,自古及今未尝闻也。"荀子的观点把"人治"与"法治"之争提到了法理学的高度。

当然,我们也应该看到,儒家重"人治"而轻"法治"的观念,是从对比"人"与"法"在治理国家方面谁起决定作用的角度说的,不是一般意义上的轻视,更不是否定法律和法制的作用。不但荀子重视法律和法制,孔、孟也要求严格遵守他们所维护的"礼制"。如孔子主张"正名",即要求纠正各种违反等级名分的混乱现象,孟子也反对"上无道揆,下无法守"。儒家的人治论为后世封建统治者所继承,并成为封建正统法律思想的核心。

三、中西文化的道德比较

在中西文化对比研究中,不少学者总结道:中国文化主静,西方文化主动;中国文化重于心,西方文化重于物。其实,在秦汉以前,中国文化是尚动和重物的,后来之所以趋向于心与静,是封建礼教束缚日益加剧和佛教东来产生的结果。欧洲在中世纪其实是尚静和偏于心的,近代以来趋向于物与动,是近代科学发达的结果,文艺复兴,当然也是其中的重要原因。

(一)政治伦理与宗教伦理

一般而言,西方文化充满着宗教精神,而中国文化却是由道德精神所主宰。政治事功与伦理劝导是中国文化所讲求的并行不悖的两大核心内容。伦理与政治联姻,是中华文化系统的一大特征。

儒学作为一种"伦理—政治"型的学说体系,包括内在的人的主观伦理修养论和外在的客观政治论。前者即所谓"仁"学,或"内圣"之学;后者即所谓"礼"学,或"外王"之学。"内圣外王"是儒家的政治理想,按儒家的初衷,"内圣"是"外王"的必要而充分的条件,因此,在孔子那里,"内圣"与"外王"这两个侧面是浑然一体的,这当然也符合统治者希望二者兼而得之、统而一之的愿望。孔子以后,孟子、荀子从两个不同角度发展了儒家学说。孟子侧重于发展儒学原教中的"内圣"之学,荀子侧重于发展儒学原教中的"外王"之学。汉代以后各朝统治者奉为圭臬的儒学,是吸收了诸子各派思想成分的新儒学,其中尤其吸收了法家的内容,故"阳儒阴法"是其最为显著的特征。汉武帝的玄孙汉宣帝对自己的太子说:"汉家自有制度,本以霸王道杂之,奈何纯任德教用周政乎?"(《前汉书·元帝纪》)所谓霸道与王道杂用,其实就是法家与儒家并用。回顾中国历史,虽然自从汉武帝遵从董仲舒的建议"罢黜百家,独尊儒术"以后,历朝历代都尊崇儒学,而法家则自秦以后即不得其传,没有一个学统,道统亦隐而不见。于是形成一种成见,认为儒学是中国学术的正统。其实,法家的思想早已融化于"百代皆行"的"秦政制"中而千古不能废了。以至北宋的苏东坡都说:"读书万卷不学律,致君泽民总无术"。"儒主礼乐而法崇刑赏",儒家的作用不过是替法家冷酷无情的专制主义"节文","缘饰",使之增加一点"仁义",罩上一层"温情脉脉的面纱"而已。所以,"阳儒阴法"在儒学体系内部的理论体现,是"内圣"与"外王"两种学理走向的并行不悖,互为应援。故而,中国的伦理,始终离不开政治,而与宗教无关。

西方的伦理,开始固然源于希伯来的教义、希腊的哲理、罗马的法典,但自从基督教会兴起,就糅合了以上三种思想而改变其特质,道德于是专属于宗教。道德教条、道德规范就不出自政府而出自教会。

西方自中世纪以来,道德教育的责任,始终主要在教会。最使人感动的道德教训,不是出自道德哲学家之口,而是出自牧师之口。上帝启示的新旧约,为道德教训的根本经典。一般道德家论述道德,很少有不归根于以神的信仰作为道德的基础的。在古代和中世纪,西方的民族、国家都曾以宗教作为支撑社会秩序的首要精神支柱。但在古代中国,除殷商是神权至上外,周以后的三千多年间,中华文化系统虽容纳了多种宗教,却避免了全社会的宗教迷狂。三纲五常的伦理观念,是中华文化观念的核心,它如同一个庞大严密的"思想过滤器",阻挡、淡化了宗教精神对国民意识的渗透。

(二)家族本位与个体本位

中国传统社会以农业立国,国家的基本单位是乡村,人民多半聚族而居,不轻易离开家庭、远离家族,所以他们的道德以家族为本位。所谓五伦,属于家庭关系的就占三种,君臣视同父子,朋友视同兄弟,推而广之则四海同胞,天下一家。

中国的家族范围很大,关系也很密切,家族有公产,个人无私产,家长对于家族财产,只有管理权,而不具备私有权。整个家族的成员之间荣辱与共:一人对家族有功,则全家族誉之,一人对不起家族,则全家族辱之。"一人犯法,株连九族",便是这种关系被推向了极致的反映。因此,传统中国社会大多数人对家族是有极强的依附性和责任感的,人们相勉为善,客观上也有助于社会的管理和稳定。

希腊自古以来崇尚自由,基督教诞生后又广泛流行"上帝的选民"的理念,人们坚信"人生来是平等的",所以个人主义思想由来已久。13、14世纪的任侠之风、17、18世纪的人权主义,进一步为个人主义奠定了基础。工业革命以后,机器代替人力,分工更细,给个人创造了更大的活动空间,可以任由个人进行自由交易、自由缔约、自由竞争,因此,个人主义更加昌盛。西方所提倡的国家主义,实际上都是以个人主义为根本,人人自立、人人自强、人人富裕,国家也就繁荣昌盛起来。另外,西方以工商业立国,自古以来,百姓就喜欢迁徙从商,不怕背井离乡。西方的家庭组织一般都比较简单,以夫妇为中心,子女婚嫁,就离家而另立门户。父子夫妇,各有其私人财产,权利界限分明,不可相互僭越。父母亲将死,他们可以任意处理自己的遗产,或者分给子女,或者馈赠给亲友,或者捐献给社会。他们的权利意识非常鲜明,他们的这种权利是受到法律保护的。

中国的家庭尚尊敬,西方家庭尚亲爱。中国家庭大,亲属众多,易生嫌疑竞争,不得不以礼法维持秩序,所以崇尚尊敬。西方家庭小,家人父子之间,简易无威仪,情感容易沟通而不会产生什么嫌疑。西方人没有父母不同席、叔嫂不通问、男女授受不亲等诸多礼节和限制。外出男女常常结伴而行,男子对女子格外尊敬爱护。西方人夫妻相爱之情,必定坦然地暴露于他人面前,不像中国人那样含蓄。

中国人侍奉亲人,尊卑有序,等级森严;西方人与亲人相处,犹如知心朋友,恩爱有加,平等相待。

(三)公德与私德

由于家族本位和个人本位的不同,因此,中国传统文化重私德而西方文化则重公德。

中国人重视私德,是由于家族制度导致的结果。《诗》云:"刑于寡妻,至于兄弟,以御家邦。"说明道德的建立,目的是为了爱护自己最亲近的人。一个人道德高尚,他首先可以成为妻子儿女的表率,而后成为家族的表率和乡里的表率,推而广之,才有资格成为国家的表率及万民的表率。经邦治国、统治天下的人才,必须首先是具有良好道德表率的人。

中国古代的"举贤能"、"察孝廉",就十分重视乡里乡亲的品评。汉代有乡举里选之制,魏晋设九品中正制,都属察举制,对被察举者的口碑尤为重视。未能获得良好乡评的人,要想获得官职是非常困难的。隋唐以后,科举考试兴起,成为国家选拔人才的主要制度,但地方名人或大官的推荐提拔,也是学子步入仕途的一种方式。即使中了进士,宦海的浮沉,也完全取决于亲友、师长的帮助,而主要不是靠才智。因此,凭借各种关系就可取得高官厚禄的现象层出不穷。一损俱损、一荣俱荣的家族本位思想也必然使人们从私德出发,判定是非曲直,在这里,道德就与家族利益紧密地联系到一起,离开了家族的利益便无所谓道德。裙带关系、同乡关系、亲友关系、同学关系、师徒关系、同僚关系等等西方人难以理解的各种关系,就时不时地左右着人们对道德是非的评价。

在西方文化中,博爱、公德是最重要的道德标准,因此,西方人虽重视个人主义,但个人一定要勉力于公德,才能得到社会的尊崇。在中世纪,武士以抑强扶弱为义,贵族以乐善好施为仁,近代强调人权平等,公德视慈善为最重。服务于社会成为人们普遍的举动,有钱出钱,有力出力,蔚为风尚。此外,西方的学校和教会也不遗余力地宣传和鼓励人们养成良好的公民道德,因此,爱护公物,支持公益事业,不随地吐痰,不折损花木,不猎杀鸟兽,自觉遵守公共场所秩序等等公民道德深入人心,所以他们的公益事业非常发达。

私德和公德,按理说二者是相通的,原本并无优劣之分,而后来发展的结果,都可能导致不道德的行为。所以不宜单独强调推行哪一种。从近年来我国进行精神文明建设的实践和"以德治国"方略的实施来看,我们首先应该从私德做起,培养人们的仁爱之心、是非之感;作为人们向善的起点,并进一步着重培养人们的公德意识,形成人类社会共同遵守的道德规范。这是现代文明社会所不可缺少的基本规范,也是我国物质文明、政治文明和精神文明建设的目标所在。当然,在讲公德时,也应该回到私德来考察,以探究人们道德行为背后的真正动机,以真正评判出人们行为的是非曲直。

(四)义务本位与权利本位

中国的社会伦理传统,一向以"义务"为本位,"人权"观念,在中国传统旧文化中是极其淡薄的;西方社会的思想文化传统则很重视"人权"。

中国的道德是以"人伦"为本,由于个人在家族中生活成长,父母亲友的启迪和生活的体验,使得"荣辱与共"、"休戚相关"成为这种人伦道德的基本精神。这种意识通过个人的爱名誉心及小我大我的认同意识,便容易发展成为义务感。个人扮演的特殊角色不仅仅以个人价值去定论,而且从家族、亲友和同乡的社会价值上表现出来,这种价值也延伸到死后和自己的祖先。"光宗耀祖"、"荣归故里",其实表现了一种集体的价值取向,个人只是在集体中分享他自己的成就。古代人为了"一举成名天下知",为了"光宗耀祖",常常"头悬梁"、"锥刺股",十载寒窗苦读,甚至杀身成仁、舍生取义。可见,义务感实在是中国人道德生活的原动力。

中国道德中的义务是有所指的,在日常的五伦关系中,父母对子女的义务是"慈",子女对父母的义务是"孝";君对臣要"惠",臣对君要"忠";兄对弟要"友",弟对兄要"恭"。我们先贤的道德学说从来没有界定父母的权利是什么,子女的权利是什么;国君的权利是什么,臣下的权利是什么……中国人的道德意识总是将"义务"摆在第一位,而"权利"却基本是缺位的。

西方人自柏拉图以来就将道德的根本归于才智的发掘,而不以对父之孝、对君之忠、对夫妇之和、对朋友之信作为道德的根本。天赋人权的理念,早在希腊的斯多葛学派便开始萌芽，罗马帝国的西塞罗对之更发扬光大。权利意识在西方文化中很早便拥有了极其重要的地位。到了近代，英国的莫尔和洛克、法国的孟德斯鸠和卢梭以及美国的杰弗逊等等，都以提倡人权著称。人的觉醒、人权的观念，是西方启蒙运动最重要的思想，是资产阶级革命最重要的思想武器之一。1688年的英国人权宣言，1755年的美国独立宣言及1789年法国革命的人权宣言，都明确主张天赋人权，政府负有保障人民权利的责任，法律的主要目的是为了个人权利的保障。所谓道德，是以不侵犯别人的权利作为准则的。

（五）"唯理是从"和"情之所钟"

如前所述，中国文化的精神形态是艺术的，而西方文化的精神形态是科学的。艺术活动以情为主，而科学却是理智的产物，故中国的道德传统以情为骨干，西方的道德传统以理性为核心。

儒家学说的核心是"仁"。"仁"就是一种合乎礼义、发而中节的情感。情感的种子与生俱来，但如何长成，便有赖于后天的教育。"孝"是子女对父母应有之情；"悌"是对兄弟同辈应有之情；"忠"是臣子对君王应有之情。"礼"是表达情感应有的方式，"义"是情感表达恰到好处的准则。中国的道德内容中处处包含着情感，也以是否合情合理来评判人们的行为。

西方的道德主流，从亚里士多德到康德，都是以理性为主。亚里士多德认为人生的最终目的是追求美满的生活，而美满的生活就是充满德性的生活。因此，使我们的生活具有德性便成为人们追求的目标。根据亚里士多德的观点，德性就是无过无不及的"中庸"。在我们的生活中，如果能做到一举手、一投足，进退和应付，都能事事无过无不及而恰到好处的话，这便是最美满的生活。那么怎样才能达到"中庸"的境界呢？他认为唯有运用我们与生俱来的"理性"。这样一来，所谓美好的生活，就是"理性"的生活，人之所以不同于禽兽，就是因为他有"理性"的缘故。康德认为真正的善行，应当来自善良的意志，而善良的意志也就是实践道义的意志，至于道义，则是对道德的无条件的遵守。

无论是亚里士多德的重理性，还是康德的对道德的无条件的遵守，都表明了西方道德充满了理性的精神，"唯理是从"成为西方人道德的基本准则。所以西方道德是最讲究律令的，从摩西十诫到康德的良心无上的命令，"服从律令"成为道德的基础，而遵从原则和律令无疑是科学的精神。

中国的道德最注重效法先圣和前贤，同时，中国人的道德生活也受到艺术精神的支配,如二十四孝的故事,都充满了艺术的想象,如大禹孝感动天,天谴象替他耕地,听起来完全是神话。其他如《卧冰求鲤》、《哭竹生笋》等故事,在那些具有科学实证思想的西方人看来,简直是无稽之谈。但中国传统中道德教育就是这样借艺术的方式来感召而不是以戒律来规范的。

西方的道德是受科学精神制约的。科学的目的是求真,而西方的宗教伦理亦以真理为追求的对象。耶稣基督说:"我就是道路、真理、生命。"西方宗教伦理受科学精神支配的另一重要表现,便是戒律的颁布和奉行。科学领域内其中一项基本信仰,是不可抗拒的自然律。例如,因为地心引力的作用,一辆在公路上行使而越出路面的汽车,必然遭受"坠崖"的命运而不可能漂浮半空或飞到天上去。这是自然律的"不可抗拒性"。西方宗教伦理承受了这一"必然律令"的精神,从而颁布律令来支配西方人的道德生活。著名的"摩西十诫"便是这种精神形态下的产物。两千多年来,西方人的道德生活都是被这些必然的戒律支配着。"服从律令",具有守法精神,已经变成他们道德生活中不可缺少的一部分。

总之,中国的道德,在充满着艺术精神的文化中,总抛不下一个"情"字,中国的道德因而充满了人情味。西方的道德,在脱离不了科学精神的文化中,只能是以理性为依据,故西方的道德也就少一些人为的成分,多一些客观的、冷静的评判。

四、中西文化思维方式的差异

(一)重实际与重理论

重实践、重操作是中国文化思维的一大特色;相反,西方人同样重实践,但他们的实践是把实践的结果上升为公理性的认识,所以说他们的实践更如同实验。而中国式的实践实则是"实际",即并不迷恋、追求得出规律性的总结。造成这种思维方式的原因还是同各自的本体论有关。中国人的本体论认为世界的所谓"本质"是随机变化的"无",因此并无一定之规,只能"相对而言",所以如果一定要总结成什么定律、公理,不啻于胶柱鼓瑟。于是主张"具体问题,具体分析",面对每一种具体的事物、情况都亲自践行,以从中总结"经验"。在此,"经验"与"公理"是不一样的,公理意味着"放之四海而皆准",是"一成不变"的;而经验,则并不见得那样"斩钉截铁",而是处在不断地积累、调整、改易、验证的过程中。

　　中国人重实践的思维方式，"派生"出一些思维特色。

　　一是重视在实践基础上的归纳。中国人虽然不追求把经验上升为公理，但认为"一把钥匙开一把锁"，一种类型的事物，有一种解决的对策。中医的基本理论就是这样。中医特别重视"辨证施治"、"对症下药"，因此对症状的观察极为仔细。同为便秘，病因可能会有六种；同为感冒，病因可能会有八种。中医便把这六种、八种一一分别记下。因此一个好中医，就意味着"经验丰富"——分门别类地积累了一条又一条的经验。在中国凡富于技术性的"工作"似乎都是这样的训练方式，比如绘画、舞蹈等等。绘画也是针对不同的描摹对象而逐条积累起"画法"，画山川草木有山川草木的画法，画花卉翎毛有花卉翎毛的画法。舞蹈、戏曲等，也是由老师给学生一条条"说戏"，一个角色有一套程式化的手、眼、身、法、步，一招一式都是代代相传下来的。而"具有三百多年历史的芭蕾舞训练，仅通过二百多个动作的训练就可以演出各种芭蕾舞剧，它的'少而精'，练与用紧密结合的科学训练方法，对我们是非常有用的"。西方的实验就是意在总结出基本规律，这是传统中国所不习惯、不擅长的。举个例子看，受西风东渐影响，中国的民族舞蹈改革时，也体现出把"西法"用诸中国实际的倾向。"在实践中，他们首先集中了戏曲舞蹈的各种动作技巧，并对之加以分类归纳；其次，为各种动作建立起规范，统一它们的规格要求；第三，将分了类的和规范的动作依芭蕾训练的方法由浅入深地安排为有顺序的教材。"如此这般，民族舞面临"面目全非"的危机。

　　说到底，是两种文化思维的冲突。之所以作大段引述，是为了提供一个个案，以便具体而微地观察、体会两种思维的区别所在。其实不仅文艺的"操练"，就连中国的数学，国人颇有这方面的天赋，也是更重视具体的计算，而忽略公理、定律的建树。相反，西方人的重实验、重定理的心理倾向、作为，贯穿、覆盖了西方人生活、学术的方方面面。形式化（定义化）的做法，小至确定概念、范畴，上至建立学科、学术体系，都体现出西方思维方式的追求规范化、形式化的心理倾向。

　　中国人重实践的思维方式导致的另一个副产品就是重视、追求在研究问题时的顿悟——直觉手段。中国人轻视逻辑思维式的解决方法，发展出一套辩证思维的手段，直觉是其中的一种。直觉的发生一般而言也是产生在经验积累的基础上，但又要经过一个升华、突变的过程，其间需要"潜心致志"的努力，还需要把研究问题作一段时间的搁置。短暂的搁置而突然茅塞顿开、思如泉涌的情况谓之"灵感";长久的搁置,其实是一段时间没有涉及,而仿佛"冷眼一看,格外分明"的情况,应属直觉。国人不耐烦亦步亦趋地、层层剥笋式地解决问题,而推崇,事实上也培养训练了一套感悟、直观的方法,在此方面也产生了不少的理论。老子、庄子时便有过相当多的论述,特别是庄子,那些"庖丁解牛"、"轮扁斫轮"之类的寓言,就都是这一类理论。"熟能生巧,巧能致奇",实践与顿悟之间的确存在着这样一种联系。

中国式的思维的确是一种艺术思维,反感理性的规范而偏好感性的觉悟,就必然会引发对于直觉、想象、联想、类比、灵感等一系列思维方式的推崇和修习,这无疑助长了中国人艺术思维的发达。在文学门类中抒情诗歌长盛不衰,文人书画中逸品、神品被推为最高,盘根究底,都同对直觉思维的欣赏赞叹有关。而重视经验、重视具体,也就自然导致发现个性,从而去显扬个性,这都是与推重规律、共性的西方文化思维方式不同的。

(二)重现象与重抽象

这两种思维方式又分别是中西文化思维的两方面,而且也同前面介绍的两种思维方式息息相关。事实上也是如此,根据文化的整体化、结构化原则,每一种思维方式都不是"单摆浮搁"的,而是彼此存有密切的联系。

关注现象,又同传统的本体论有关。因为既然没有"实体"、"实质",那么便只有现象是"实在"的,何必要追究那些海阔天空的未然之事,只须"就事论事"地关注眼前,就是最保险、最实惠(低成本)的。"海客谈瀛洲,烟涛微茫信难求",很是道出了国人这种心理。由于关注现象,自然就非常注意观察,国人的观察力、观察态度都达到了"一流"的高度。这也同原始思维有关,凡具有原始思维的民族,都具有善于观察的特点。人类学家记述了大量非洲、澳洲、美洲土著观察的细致入微、令人叹为观止的事情,观察成为极其重要的生存能力,无论对于天文、物候。通过观察,积累下极其丰富的经验。在中国先秦时期的诗歌中还能清楚地显示这种人天之间的"亲合"关系。观察自然现象而且"惊奇赞叹"构成诗歌的一大主题与内容。但中国人对现象的重视又已超出原始思维的本能状况,把它变成了自觉的方法论。中国人重视现象又同本体论中"合一"的思想有关。即每一种现象的理解不能离开具体的环境,就是我们前面说过的"菜"与"料"的关系。所以中国人考虑问题重视的是整体的(也可说是平面的)关系,把事物放到具体的现象中去思考；西方人则不然，重视的是现象背后的原因、规律，总是千方百计地要透过现象看本质。前面我们谈过的形式化、规范化的追求，其实都是对于本质、真理的追求的手段。从柏拉图那里就认为，理不在事中，而在事外，所以抽象就非常重要，它可以帮助我们抽去具体的"象"，而找到"象"后的"理"。抽象的具体方法无非是概括、归纳、选取、推定等，最后达到"客观反映"——真理的呈现。

在柏拉图的美学中就有可以显示这种思维方式特色的著名例子。为了论证"美"的存在，人们举出大量美的现象，如漂亮小姐、神庙、竖琴、汤罐等。但柏拉图认为，这些说法指的都是具体的美的事物，只能回答"什么是美的"，而不能回答"什么是美"，而他要找出隐藏在美的事物的背后的决定了事物之为美的美的本质。柏拉图是西方历史上首先提出要透过具体现象寻找本质的思想的人，是他奠定了西方文化思想史的一个源远流长的传统——形而上学。

柏拉图的思想之所以具有偌大的力量，可以影响一个民族达几千年之久，关键在于实际上它是一种"集体无意识"的理论表达，满足了这个民族潜在的文化心理需求。

重现象与重抽象这两种不同取向的文化思维分别有什么利弊得失呢？可不可以判别出一个优劣高下呢？似乎可以从以下两方面来分析。

一方面，思维不能脱离具象甚至可以说是富于形象，这不能不说是反映出在抽象思维方面的弱势，中国人的理论思维缺少系统性、超越性、形式逻辑性等都同抽象思维的弱势有关。但另一方面，中国人抽象思维的弱势却又未必是从生理到心理缺少这种天赋、资质所致，而不过是价值取向和思维取向上比较缺少这种兴趣，或不信任这样一种分析方法的结果。这依旧同国人的本体论有关。前面说过，国人不相信离开环境、背景的分析会是真实的，甚至是放之四海而皆准的真实。而且从中国科技发明史、发展史上看，中国确乎不缺少这种能力，在许多事关抽象的方面，比如数学等，我们曾是遥遥领先的。看来，国人对抽象思维的问题是态度问题，不是"不能"，而是"不为"的问题。再有，从实际效果看，重现象与重抽象是各有得失。重现象轻抽象不利于深化认识、形成专门认识，缺少以一驭万的总体把握的能力；相反，重抽象轻现象，也难免分析事物时有削足适履之弊。而不脱离现象的分析、理解，有助最大程度地保留信息，从而有发现问题的充分机会。譬如，中国的禅学、诗学等便是这样一种主张：不着一字，尽得风流。主张不直说、不细说,而采用朦胧暗示的手法,结果虽然可能是多义性的,但唯其如此方可以使听者、读者尽可能多地获得信息。

总的说来,中国文化思维还是一种"诗性思维",丰富但模糊,有感染力,而缺少穿透力;西方文化思维是"理性思维",清晰锐利,但冷漠单调。

(三)辩证思维与逻辑思维

辩证思维是辩证逻辑的思维,区别于形式逻辑的思维。辩证思维是重视事物功能转化关系的思维,形式逻辑思维是重视事物本质的规定性的思维。前者属中国式的,国人很早就体现出这方面的"天才",而且一直相沿不衰,因此才称得上是文化思维。后者是西方式的,主张只有把事物的属性界定、规范、形式化,才称得上是最终的把握。

辩证思维主要有三种形式:依存、转化、相对。对于依存、转化,《易经》、《老子》中都有精辟的阐发。相对,则属《庄子》最有心得,甚至可说它的理论大厦的主要支撑就是"相对主义"。对老庄的"辩证法",我们都是很熟悉的。"祸兮福所倚,福兮祸所伏。""五色令人目盲;五音令人耳聋;五味令人口爽;驰骋田猎,令人心发狂;难得之货,令人行妨。""大道废,有仁义;智慧出,有大伪;六亲不和,有孝慈;国家混乱,有忠臣。"等等。福、祸的关系是相依的,没有"福"就无所谓"祸";没有"祸"也无所谓"福",二者是相对而言。但这种对立又不是绝对的,福、祸各自可向相反的方面转化或渗透。这也体现出中国式辩证法的特色,我们把它称为"二元不对立"的关系。中国哲学的基本范畴,阴阳、虚实、分合等都具有这种特点。不同于西方的本质与现象、个性与共性、中心与边缘、感性与理性、现实与理想、有限与无限、经验与超验等范畴,一接触就能感觉到其间的对立,而且有褒贬之别。庄子的相对是建立在老子的依存、转化的立场上,甚至因为能够转化,它就把一切都等同起来,而取消或无视其间的界限,这就走上了另一个极端,庄子著名的"齐物论"就是这种理论的典范代表。

辩证思维使得古代中国人看待事物时能保持"圆通无碍"、"随缘自适"的心理,缺点是落入消极,以此作为逃避、妥协的口实,结果使得对自然和人类社会的改造都缺少强大的动力。相反,形式逻辑思维,在中国人眼中显得很呆板、拘泥,太"死心眼儿",订立出如此多的规矩弄不好反成了作茧自缚。但也正是这种思维,一方面使社会、自然的改造具有强大动力,一方面随时注意总结规律,终于使科学不再是绳索,而成了强大的生产力。有故事讲:如果一根针掉在地上,中国人与德国人会有不同的找法,中国人是左顾右盼、上下打量,如果实在找不到也就罢了;德国人则不然,首先会在地上打上一个一个的小格子,然后一个一个格子地寻找。这两种方式一个灵活而粗略,一个呆板而精细,恰是辩证思维与逻辑思维的真实写照。

由辩证思维出发最后必然走向整体思维。整体思维就是兼顾二元甚至多元的思维,从二元,比如阴阳、虚实两方面考虑问题就是整体性的考虑;若更复杂、深细一些,可以有五行甚至八卦式的考虑。五行关系,既照顾到了对立、依存,更注意到了转化关系。中国医学理论也典型地体现了这种思维方式,"实则泻其子,虚则补其母"、"治风先治血,血行风自灭"等,皆反对"头痛医头,脚痛医脚"的"庸医"式治法。

（四）重现实与重超越

重现实是指在思维取向上有较强的功利性,也可说在这种思维方式中杂糅了一定的价值取向。超越性恰恰是不为眼前的利害得失所限,而总是"想入非非",尤其旁及表面看与利益毫无关系的方面。

功利性可分为两方面,大处可指江山社稷。古代中国哲人多为道德学家、社会学家,而不是西方哲学意义上（如本体论、自然哲学）的哲学家。中国古人在治学、问学倾向上也强调为学必须要"有补于世",在中国学术史上有一股很强劲的"经世治用"的思潮,培养出的文化人也要有"经邦济世"的"经济"之才。这个"经济"不是现代经济学意义上的"经济",而是指对于国计民生的经略筹划。在这样的思想下,就连文章著述也被认为是"盖文章者,经国之大业,不朽之盛事"。因此,儒家文论思想的要件之一便是"文以载道"。这不仅是政治主张,也反映了凡事皆追求"致用"的心理倾向。而且这也并不是儒家一家的主张,墨家、法家等都是如此。从小处讲,就是对于"百姓日用"中"鸡毛蒜皮"类小事的"小利小惠"的关切。东林书院的对联"国事家事天下事",就表明了功利关切中也应包括"过日子"。儒家修身要则是"正心修身齐家治国平天下","齐家"是很重要的事,所以古人对"毁家纾难"、"三过其门而不入"等事迹表现出很高的景仰。但对"鸡毛蒜皮"的过度关切自然也成为负面因素,导致国民自私自利、冷漠苟且的心理。傅雷先生在他的《贝多芬传·译序》中就沉痛地指出:"中庸苟且,小智小惠是我们的致命伤。"另一方面,对现实利益的关切换一个说法就是只管"眼前利益"。中国古人和西方哲人的一个最大不同就是前者时刻不忘提醒别去理睬那些"怪力乱神";而后者,从柏拉图开始就是努力探求现象背后的东西,这在前者看来也是一种"愚不可及"的表现。

西方从古希腊之时就对自然事物表现出一种"孩子气"的"天真好奇",从亚里士多德就提出了"爱智"的号召,就是说对那些非关现实利益的"纯知识"的喜爱追求。亚里士多德这位大哲学家,也是一位"百科全书式的学者",一些自然科学学科的研究都是从他那里开的头儿。从西方科技史看,相当一段时间里,学者们的探求都不是出于利益驱动,而就是对知识本身的不可遏止的兴趣、好奇。不仅是西方的哲学家,就是科学家的研究中也体现出对宇宙本原、事物本性的关切远胜过具体利益的关切的倾向。中国古代科学中数学的研究成果远超过几何学,而在西方却是几何学远超过数学,原因就在因为两种学科的"学术品质"不同,数学更"实际";而几何学更"好玩",更能满足人的好奇和想象。

说得更远一点,重现实的思维倾向容易导致对事物的顺从——顺天应人;而重超越则具有"革命性"因素,它总想同现存秩序"对着干",不"安分"。但二者的利弊得失只能摆到具体的历史环境中看,而不能贸然论定。

五、中西文化的日常生活差异

在日常生活的方方面面,中西文化的差异也鲜明可见。

(一)时间观念的差异

人类的任何活动,都离不开时间。时间取向不是先天固有的,而是在后天一定的社会环境中习得的,时间观是一种社会产物,同时也是一种文化产物。它作为一种深层文化的积淀,隐藏于人们思维深处而变得根深蒂固,虽然它是一种虚无的东西,但无时不在强烈地影响着人们。

一位美国学者在谈到不同时间取向对交际的影响时指出,"美国人是期限的概念者。但是,如果对一个阿拉伯人提出最后期限,那则无异于在公牛面前摇摆红旗"。从中可见,时间取向对跨文化交际的重要性。E. C. 斯图尔特说过,跨文化交际中相互了解的障碍,可以归结为不同文化在一般观念和价值观念上的差异。不同文化群体有着自己的时间取向,对时间的态度和解释有其特定的文化背景。美国人类学家 E. T. Hall 也曾说,各个文化就像拥有自己的语言一样,拥有自己的"时间语言"。"时间语言"不是通过有意识的"学习"得来的,而是在潜移默化中不知不觉地"习得"的。可见,时间取向是在社会实践中自然而然产生的,是无意识,不为人所察觉的,因此,它一旦对跨文化交际造成影响也往往是隐蔽的,深层次的。中西方时间观念上的区别主要体现在以下三个方面。

1. 单向计时制与多向计时制

人类学家 E. T. Hall 把不同文化的时间的使用分为两种范畴:单向计时制(Monochromic time schedule,简称为 M-time)和多向计时制(Polychromic time schedule,简称为 P-time)。

在奉行单向计时制的文化中,人们把时间看成是可以分隔的,如时、分、秒等,但不可重复的,有始有终的一条线,是以有规则的时间间隔方式流失的连续性事件。在这种文化中,人们以线性的方式做事,即常常在一个时间内只做一件事情,强调日程和计划,做任何事情都严格遵守日程安排,该干什么的时候就干什么,安排的时间结束,无论是否完成须马上停止,不能影响下一项安排。在一定程度上,奉行单向计时制的人受时钟的控制,它非常客观地操纵着人们的社会活动。约会应该认真对待,必须先打招呼,提前预约,并严格遵守约会时间,强调"准时",不能失约;只关心时间表而不太注重与时间打交道的人,时间往往被看成和金钱一样摸得着的东西,"时间就是金钱"是人们普遍奉行的观念。

在奉行多向计时制的文化中,人们把时间看成是分散的,随意可以支配的,趋向于在同一时间内做几件事。认为个人的参与和交易的完成比时间表更重要。不太重视预约,约好了时间可能由于各种原因到时不来,或者接待者到时不在;人们比较注重人际关系,办好一件事情往往要通过一定的关系才行,所以权力显得尤为重要。在 P 型时间文化中,时间表是从属于人际关系的。

E. T. Hall 把德国人、美国人、瑞士及其他北欧国家的人划分为属于单向计时制的人;法国人、意大利人、西班牙人和亚洲人属于多向计时制的人,而日本人可以说是有些特殊,日本文化属于东方文化,但善于学习的日本人却采纳了在西方人中占主流的单向计时制。

作为西方文化代表的美国属于单向计时制,而中国则更多地表现为多向计时制。比如在我国我们经常会发现商店服务员一边向顾客收钱,一边向另一位顾客介绍商品,而同时在柜台旁边还站着一位熟人跟她聊天。在同一时间,服务员充当了三个人的角色,这种现象在外国是极少看得到的。在美国的课堂上,教师会要求学生逐个地回答问题,以确保一个时间只有一位学生发言。在我国,教师往往会鼓励学生在课堂上"七嘴八舌",以显示课堂气氛的活跃。

在单向计时制为特征的社会,人们会严格地遵循时间表和时间期限。在西方一个60人参加的会议上,如果你迟到了一分钟,人们会很自然地想到你浪费了大家整整一个小时。如果你迟到了5分钟,你必须做出解释,如果你迟到了15分钟,你将是"无法接受的"。在我国,至少在某些地方,时间期限似乎只是意味着接近了时间底线(deadline),而在这个时间期限之后还存在着"无须说明"的另一个时间底线。比如说,老师要想学生在星期四上交作业,他必须将交作业时间定在星期二,因为学生真正交作业时会做出2天的折扣。相似的,要想会议在1:30准时开幕,如果会议通知上写的会议时间是1:15也不足为奇。另外,在我国有些权力大的人物会故意推迟去参加会议,以显示他们很忙,脱不开身。当然,像电影明星、歌星等"走红人物"也会故意地迟到,甚至一个明星的受欢迎程度可以从观众等他们迟迟出场的耐心程度加以衡量。

单向计时制和多向计时制的另一个区别在于对待排队的态度上。在多向计时制为特点的我国,我们经常会在售票处、超市付款处、邮局、候车站、食堂看到一群人争先恐后地往前挤。而在美国超市的付款处,即使有多个付款柜台,顾客也会排成一列,然后再依次去空的柜台付款,以实现真正的"先到先服务"。在英国,有人曾描述过这样的场景:在一个风雨大作的下午,一群英国人排着整齐的队伍在车站等车,由于队伍太长,以至于后面的人已排到了车站外。其实这个车站是能容纳所有等车的乘客的,但为了不打乱排队次序,英国人宁可淋雨。此外,在以多向计时制为特征的社会里,人们对"随意的拜访"更倾向于持宽容态度。例如,我们就经常能听到"串门"、"走动,走动",对未经邀请的拜访美其名曰为"给你一个惊喜"。毫无具体时间的一句"星期天我来看你"有可能让你在家整整等上一天。

2. 过去倾向和未来倾向

从时间取向上看,东西方的一个显著差别在于过去倾向与未来倾向。中国的《三字经》中的第一句话便是"人之初,性本善",可见人类美好的东西总在过去。儒、道两家思想皆主张回归自然,回归过去,孔子主张克己复礼,其时间取向具有较重的过去倾向。在中国历史上的各个朝代,所有君王都十分重视历代先王定下的规矩、礼数,对先辈们的教训可谓是尊敬有加。然而,在西方,尤其是美国人,一切着眼于未来,未来取向是他们重要的价值观念。在美国殖民时期,新英格兰的启蒙读物中最重要的两句话刚好与中国的《三字经》相反,即"人之初,性本恶"。因此,过去意味着走向罪恶,后退没有出路。他们对目前并不在意,坚信通过自己的努力,未来一定会更美好。人们常说美国是年轻人的天堂、老年人的坟墓。在生命的历程中,丧失了作为时间标志的年龄优势则意味着处于劣势。

曾有人对不同国籍的学生问过这样的问题:"一家人坐的船沉掉,船上有母亲、妻子和孩子,男人应该先去救谁?"大部分美国的学生认为救孩子最重要,而少数说救妻子,没有听到任何美国学生说去救母亲。与此相反,大部分中国学生则说去救母亲。显而易见,西方文化下长大的儿子,如果在母亲和太太之间,一定会选择太太,对于心中有上帝的母亲,一定不会责怪儿子。因为母亲的爱,会通过儿子的太太带给下一代。此外,孩子象征着未来,而母亲则代表过去。在未来取向的美国做出这样的选择也是合情合理的。

过去倾向和未来倾向的差别还体现在对"老"字的使用态度上。在中国,"老"代表着有经验、有智慧,而"老(old)"在西方代表着过时、无用处或无药可救。基于这种逻辑,中国人似乎对"老"、"前"等代表过去的字眼喜爱、崇敬有加,而西方人则是千方百计地避之。在中国"老前辈"、"老师"等称呼蕴涵着无限的尊敬,一日为师,则终身为父。在汉语中还有许多成语体现了"老"在汉文化中的地位。例如:"姜还是老的辣"、"老将出马,一个顶俩"、"不听老人言,吃亏在眼前"、"老马识途"、"嘴上没毛、办事不牢"、"观今宜鉴古,无古不成今"等。对老的、过去的东西,中国人也表现出无比的珍视和尊重。在写作文时,中国人特别喜欢引经据典,动不动就是"古人云……"或"孔子曰……"。古人的言行成了现在行事的参考与标准。中国人对"老"的喜爱,有时甚至到了一种崇拜的地步。有报纸曾刊登了这样一则故事:有位想应聘教师的年轻人因为自己的长相不好而感到担心,因为他不仅长得显老,而且有些秃顶。谁知当家长们看到他后却感到甚为满意,因为他的"老相"使家长们确信他是知识渊博,能为人师表的。

中国的过去倾向还体现在中国观众对有关历史题材的电影和电视剧的喜爱上,例如《三国演义》、《秦始皇》、《武则天》、《鸦片战争》等。同样,具有未来倾向的美国人似乎对诸如《星球大战》、《未来水世界》等科幻片情有独钟。此外,中国的过去倾向也表现在中国人对代表"过去记录"的诸如"档案"、"祖籍"、"户口"、"家谱"的重视上。

3. 直线型与环型时间观

环型时间观认为,时间是不停运动的圆,时间的变化协调于自然状态,即时间向自身归复的现实。如昼夜的交替、季节的往复、月份的轮流、年龄的更迭、植物的周期生长、农时劳作的更替都是圆周式、周而复始的自身复归的周期性循环运动。环型时间观的人认为时间自身归附,是一个不停运动的圆。圆形的时间不是一种稀缺商品,时间似乎源源不断,很容易获得。在大多数东方文化的国家里,人们的时间观属于环型时间观。如在中国的传统文化中,线式时间取向和圆式时间取向都存在,但后者占主导地位。因此,中国人的生活方式基本上是慢节奏的,这些体现在人们的工作、生活等方方面面。

一般来说,西方的时间观大多属于直线型时间观,认为时间好比一条从源头直奔入海口不断流动着的河流,是一种线性的单向持续运动。大多数西方社会由于受历史传统和基督教的影响,其主流文化是用直线方式来看待时间的,即充分地意识到过去、现在和将来,把重点放在将来。对受线性时间观影响的人来说,时间是残酷的,即使是普通人对时间也有强烈的感受,他们从小学会严肃地对待时间,比如德国人,他们对待期限和约期的态度非常认真,不守约和不准时要受到真正的惩罚,时间是比语言更雄辩而直接的信息。时间对他们来说,既珍贵又固执,已深深地扎根于人们心中。

西方文化视时间如直线延伸,单向飞逝,去而不返,因而向前看,着眼于未来;中国文化则视时间如圆环旋转,冬去春来,周而复始,故而常常向后看,立足于过去。西方文化的线型时间观在文人雅作及民间俗语中都能找到反映。文学家将时间比作"偷走青春的神秘窃贼"(弥尔顿)和"急驰而来的带翼飞车"(马维儿)。莎士比亚认为时间的"步伐轻快得令人眼花缭乱"。Hall指出:"在西方世界,任何人都难逃单向时间的铁腕控制。"民间谚语"岁月不待人"等也说明,线式时间取向使西方人总觉得时间一去不复返,因而有强烈的紧迫意识。

中国文化的环型时间观常见于诗歌与散文中,如"日月光华,旦复旦兮。春与秋其代序","代序"即时序环转替换。词句"子又生孙,孙又生子;子又有孙,孙又有子;子子孙孙无穷匮也"、"明日复明日,明日何其多?"、"人生代代无穷已,江月年年只相识"、"三十年河东,三十年河西"等讲的都是这个道理。

昼夜更替、季节交换的环型时间观使中国人在总体上有时间充裕感,做事慢慢来是一种主要倾向。有人曾对中国人的充裕时间观作过如下形象的描述:大漠中的牵驼人,晒太阳的农民,一步一伏的朝圣者,边唠边绣的妇女,半天不起竿的钓者,藤架下的品茶人,晨练太极的老者。这种充裕的时间观还体现在汉语中有关"等"的词句中,如"千年等一回"、"等你一万年"、"不见不散"、"多年的媳妇熬成婆"、"心急吃不了热粥"、"二十年后老子又是一条好汉"。

　　然而,随着经济的发展以及国际交流的日益增多,中国的时间观念也正在悄悄地发生变化。有调查表明,时间观念与经济发达的程度有关,在中国像上海、深圳等经济越发达的地方,人们的时间观念越强,人们也越能遵守时限。此外,随着中国与世界经济的进一步接轨,人们的时间观念也在与世界进一步接轨。

　　(二)交际距离差异

　　艾德·霍尔在关于跨文化沟通的研究中,提出了空间、语言和时间的假设。他将空间定义为:围绕被认为是私人领土的个体的无形边界,并从空间的角度将交际距离分成四种最基本的情况:亲密距离、亲近距离、社交距离和公众距离。亲密距离是亲人之间的密切接触距离;亲近距离是亲密朋友之间的谈话距离;社交距离表达的是一种正规的人际关系;公众距离是不相识的人在公共场合下保持的距离。不同文化,对距离的尺度要求是不同的。例如,由于受到侵略和被占据的历史,欧洲人对陌生人有着强烈的怀疑心,因此人们需要保持一个必要的距离。你首先要展示出你是可信赖的。个体封闭的德国社会更是如此,在他们看来,亲近距离与社交和公众距离有着明显的界限。中国虽然长期以来是个封闭的社会,但主要是群体的封闭,而且由于城市中大量的人口和有限的可提供空间,使得人们缺乏对距离的认识,亲近距离和社交距离间不存在太大的差异,对公众距离的要求也不是很大,特别是同属一个群体的人们之间的社交距离较小、交往密切,同性之间在大街上手牵手(女性)或互相搭着肩膀(男性)是非常普通的,这对德国人来说是不可思议的。

　　研究者在访谈过程中,也发现了这一点。比如在对待同事的态度上,中方员工同事间的交往要比德国同事间的交往密切得多,与同事的社交距离更偏向于亲密距离,与公众距离有着明显的区别。而德国人通常把常年共事的关系纳入到几乎与陌生人等同的关系中,这从他们更愿意称呼同事为"您"中可以看出,但就是这样的德国人却能在路上和对面走过来的陌生人打招呼,可见在德国人心目中,社交距离更近似于公众距离,它们和亲密距离是完全不同的。一位德国人在被问到此类问题时回答说:"是的,虽然我和这里的一些德籍同事共事很多年了,但我们也很少谈论工作之外的事情。毕竟,我们是工作伙伴。"此外,在办公室的布局上,德国人喜欢宽大的房间和办公桌,即使不得不和其他人共享一个办公室,也会给自己留一个较大的封闭空间;而中国人通常是负责不同事务的人员分别聚集在一起,同一领域内彼此之间没有太大的空间相隔,以便于相互沟通。这也反映出德国人的社交距离要远远大于中国人。

(三)饮食方面的差异

谁也不会否认,西方是一种理性饮食观念,不论食物的色、香、味、形如何,而营养一定要得到保证,讲究一天要摄取多少热量、维生素、蛋白质,等等。即便口味千篇一律,甚至比起中国的美味佳肴来,简直单调得如同嚼蜡,但理智告诉他:一定要吃下去,因为有营养。说得不好听,就像给机器加油一样。

西方的饮食观念同西方整个哲学体系是相适应的。形而上学是西方哲学的主要特点。西方哲学所研究的对象为事物之理,事物之理常为形上学理,形上学理互相连贯,便结成形上哲学。这一哲学给西方文化带来生机,使之在自然科学上、心理学上、方法论上实现了突飞猛进的发展。但在另一方面,这种哲学主张大大地起了阻碍作用,如饮食文化,就不可避免地落后了,到处打上了方法论中的形而上学痕迹。在宴席上,可以讲究餐具,讲究用料,讲究服务,讲究菜之原料的形、色方面的搭配。但不管怎么豪华高档,从洛杉矶到纽约,牛排都只有一种味道,毫无艺术可言。而且作为菜肴,鸡就是鸡,牛排就是牛排,纵然有搭配,那也是在盘中进行的,一盘"法式羊排",一边放土豆泥,旁倚羊排,另一边配煮青豆,加几片番茄便成。色彩上对比鲜明,但在滋味上各种原料互不相干、调和,各是各的味,简单明了。

中国则是一种美性饮食观念。人们在品尝菜肴时,往往会说这盘菜"好吃",那道菜"不好吃"。然而若要进一步问一下什么叫"好吃"?为什么"好吃"?"好吃"在哪里?恐怕就不容易说清楚了。这说明,中国人对饮食追求的是一种难以言传的"意境",即使用人们通常所说的"色、香、味、形、器"来把这种"境界"具体化,恐怕仍然是很难涵盖得了的。

中国饮食之所以有其独特的魅力,关键就在于它的味。而美味的产生,在于调和,要使食物的本味,加热以后的熟味,加上配料和辅料的味以及调料的调和之味,交织融合协调在一起,使之互相补充,互相渗透,水乳交融,你中有我,我中有你。中国烹饪讲究的调和之美,是中国烹饪艺术的精要之处。菜点的形和色是外在的东西,而味却是内在的东西,重内在而不刻意修饰外表,重菜肴的味而不过分展露菜肴的形和色,这正是中国美性饮食观的最重要的表现。

中国饮食的美性追求显然压倒了理性,这种饮食观与中国传统的哲学思想也是吻合的。作为东方哲学代表的中国哲学,其显著特点是宏观、直观、模糊及不可捉摸。中国菜的制作方法是调和,最终是要调和出一种美好的滋味。这一讲究的就是分寸,就是整体的配合。它包含了中国哲学丰富的辩证法思想,一切以菜的味的美好、协调为度,度以内的千变万化就决定了中国菜的丰富和富于变化,决定了中国菜菜系的特点乃至每位厨师的特点。

凡饮食都离不开菜。在中国"菜"为形声字,与植物有关。据有关资料统计,中国人吃的菜蔬有600多种,比西方差不多多六倍。实际上,在中国人的菜肴里,素菜是平常食品,荤菜只有在节假日或生活水平较高时,才进入平常的饮食结构,所以自古便有"菜食"之说,《国语·楚语》:"庶人食菜,祀以鱼",是说平民一般以菜食为主,鱼肉只有在祭祀时才可以吃到。菜食在平常的饮食结构中占主导地位。中国人以植物为主菜,与佛教徒的鼓吹有着千丝万缕的联系。他们视动物为"生灵",而植物则"无灵",所以,主张素食主义。

西方人好像没有这么好的习惯,他们秉承着游牧民族、航海民族的文化血统,以渔猎、养殖为主,以采集、种植为辅,荤食较多,吃、穿、用都取之于动物,连西药也是从动物身上摄取提炼而成的。西方人在介绍自己国家的饮食特点时,觉得比中国更重视营养的合理搭配,有较为发达的食品工业,如罐头、快餐等,虽口味千篇一律,但节省时间,且营养良好。故他们国家的人身体普遍比中国人健壮:高个、长腿、宽大的肩、发达的肌肉;而中国人则显得身材瘦小、肩窄腿短、色黄质弱。西方人以中西食物的差异来判定双方饮食营养的优劣是没有道理的。有人根据中西方饮食对象的明显差异这一特点,把中国人称为植物性格,西方人称为动物性格。反映在文化行为方面,西方人喜欢冒险、开拓、冲突;而中国人则安土重迁,固本守己。按照美国民俗学家露丝·本尼迪克特的"文化模式"理论,中国人的文化性格颇近似于古典世界的阿波罗式,而西方人的文化性格则类同于现代世界的浮士德式。的确,西方人如美国人在开发西部时,他们把整个家产往车上一抛,就在隆隆的辎重声中走出去了。而中国人则时时刻刻记挂着"家"和"根",尽管提倡青年人要四海为家,但在海外数十年的华人,末了还是挂着拐杖来大陆寻根问宗。这种叶落归根的观念,人文精神,不能不说是和中国人饮食积淀相通合,它使中华民族那么地富有凝聚力,让中国的民俗那么地富有人情味。

中西方的饮食方式有很大不同,这种差异对民族性格也有影响。在中国,任何一个宴席,不管是什么目的,都只会有一种形式,就是大家团团围坐,共享一席。宴席要用圆桌,这就从形式上造成了一种团结、礼貌、共趣的气氛。美味佳肴放在一桌人的中心,它既是一桌人欣赏、品尝的对象,又是一桌人感情交流的媒介物。人们相互敬酒、相互让菜、劝菜,在美好的事物面前,体现了人们之间相互尊重、礼让的美德。虽然从卫生的角度看,这种饮食方式有明显的不足之处,但它符合我们民族"大团圆"的普遍心态,反映了中国古典哲学中"和"这个范畴对后代思想的影响,便于集体的情感交流,因而至今难以改革。

西式饮宴上,食品和酒尽管非常重要,但实际上那是作为陪衬。宴会的核心在于交谊,通过与邻座客人之间的交谈,达到交谊的目的。如果将宴会的交谊性与舞蹈相类比,那么可以说,中式宴席好比是集体舞,而西式宴会好比是男女的交谊舞。由此可见,中式宴会和西式宴会交谊的目的都很明显,只不过中式宴会更多地体现在全席的交谊,而西式宴会更多体现于相邻宾客之间的交谊。

与中国饮食方式的差异更为明显的是西方流行的自助餐。此法是将所有食物一一陈列出来,大家各取所需,不必固定在位子上吃,走动自由,这种方式便于个人之间的情感交流,不必将所有的话摆在桌面上,也表现了西方人对个性、对自我的尊重。但各吃各的,互不相扰,缺少中国人聊欢共乐的情调。有人想把自助餐纳入中国的饮食文化,这是行不通的。中国人是要通过同桌共食来表现和睦、团圆的气氛,而自助餐却打破了围坐欢饮的格局,将个人的独立、自主提到首位,这与中国传统的大家庭大一统的文化模式是背道而驰的。

饮食观念的不同,使西方饮食倾向于科学、理性,中国饮食倾向于艺术、感性。在饮食不发达的时代,这两种倾向都只有一个目的——充饥。而到了饮食文化充分发展之后,这种不同的倾向就表现在目的上了。前者发展为在营养学上的考虑,后者则表现为对味道的讲究。

烹调出自饮食,饮食原来是一个旨在维持生命的营养,因此,西方饮食的着重点仅仅是原始饮食实用性的延伸。中国饮食对味的偏重,就把饮食推向艺术的领域。孟子说:"口之于味有同嗜焉",这一"嗜"字,就点出营养发展到艺术的关键,而这嗜正是来自味了。在中国,吃,远不是为了饱,为了营养,有时吃饱了,还要吃,这是超负荷的饮食。何故? 说好听点,是欣赏烹调的艺术;说不好听点,是不胜其"味美"的诱惑,是在尽情进行味觉享受。这在西方理性饮食观看来,不仅是浪费,而且危害人体。其实,中医也反对暴饮暴食,主张"饮食有节";但中医的辨证法又告诉人们,偶尔的"超负荷",只要吃得舒服,也可以吸收、储存。气功师在不吃不喝的情况下精神饱满,虽体重下降,而对人体无损,便是对这种储存的消耗。中医还主张冬天加强营养,也是为了储存能量以保来年的精力旺盛。中国人的这种观点比西方一味反对超负荷饮食的主张更为辩证,更接近于科学的真理,且已受到数千年中医实践的检验。

从更高的层次讲,只注重营养,食物味道千篇一律,食之如同嚼蜡,这就把饮食看成是生存的手段,只是更为合理的果腹充饥,而不是享受。人类对美味的渴求,是人的本质的充分反映。在味觉的享受过程中,涌动着一股勃发的生命动力。生命,不应该是一种桎梏,一种欲望的压抑,不应用绝对的理性来规范人的一切行为。就饮食而言,不能为了"科学"、"营养"而将一些美味排斥于餐桌之外。只有美味的东西,才能满足人们的食欲,进而给人带来身心的愉悦。中国人的饮食从古至今表现为感性对理性的超越,致使中国饮食文化充溢着想象力和创造性。中国饮食活动中的感性是升华了的感性,渗透了理性的感性,是生命本质的实现。另外,味觉享受本是人类为之奋斗追求的主要目标之一,因此,中国饮食的艺术化符合人类历史发展的进程,比西方饮食的科学化更进步。在中国,饮食早已超越了维持生存的作用,它的目的不仅是为了获得肉体的存在,而且是为了满足人的精神对于快感的需求。它是人们积极地充实人生的表现,和美术、音乐、文学等有着同等的提高人生境界的意义。

中国饮食倾向于艺术性、随意性。比如同样一种菜肴,由于地区、季节、对象、作用、等级等的不同,可以在操作上做不同的处理。拿红烧鱼来说,冬天的色宜深些,口味宜重些,夏天则色和味均应清淡些;对于江浙一带的人来说,红烧鱼的调味中可加糖,如面对川湘顾客,则应多放辣。可见离开了随意性,就没有中国烹饪的变化多端,就会失去中国烹饪的独特魅力。而在西方,一道菜在不同的地区不同的季节面对不同的食者,皆为同一味道,毫无变化。即令是最高贵的宴席,也不过是餐具考究,布置华贵而已,菜仍旧一个样。

再说原料。西方人认为菜肴是充饥的,所以专吃大块肉、整块鸡等"硬菜"。而中国的菜肴是"吃味"的,所以中国烹调在用料上也显出极大的随意性。许多西方人视为弃物的东西,在中国都是极好的原料,外国厨师无法处理的东西,一到中国厨师手里,就可以化腐朽为神奇。足见中国饮食在用料方面的随意性之广博。

再如技巧,一个优秀的厨师,固然要能做复杂烦琐的大菜,但就是面对简单的原料和佐料也往往能信手制出可口的美味,这是技巧的随意性。表面上看,菜谱似乎是科学的,西方人总是拿着菜谱去买菜,制作菜肴,但相比起来,就显得机械了,在复杂的具体情况面前往往是无能为力的。当然这种机械的科学仍不失为科学,但却是原始的科学,不彻底的科学。中国烹调讲究艺术性,千变万化之中却符合科学的要求,可以说是一种超越科学的科学。西方食品的营养成分一目了然和绝少艺术氛围的特点,明显地区别于中国饮食的艺术境界。

中西方饮食性质的差异,与它们各自的生活方式及生活节奏是吻合的。在西方,流水线上的重复作业,实行计件工资制,生活节奏急促,人们有意无意地受到机械的两分法影响,信奉"工作时工作,游戏时游戏"的原则。生活的机械性导致了饮食的单一性或对饮食的单一熟视无睹,顿顿牛排土豆,土豆牛排,单调重复的饮食与其工作一样,以完成"件"数为目的,自然无兴趣、滋味可言。中国则不然,"游戏中有工作,工作中有游戏"的生活方式在饮食中也显现出来。街上卖烧饼的师傅,揉面时喜欢用擀面杖有节奏地敲打案板;厨师在炒菜时,敲打马勺,注意烹炒的节奏感。这些自然不会对工作有什么便利,但却增加了劳动者的工作趣味,只有在这种气氛中工作才会有积极意义,才会有中国菜的创造性和艺术性。

(四)居住方面的差异

美国人的住房通常都有个或大或小的院子。院子周围有些矮树,但却很少有高大的院墙避免过路人看到院内。大多数美国人的住宅既无矮树也无院墙,他们只是用窗帘或百叶窗把屋内同外界隔开。

大多数中国人的住宅都有高大的围墙,从院外只能看到屋顶,坚固的大门把院内同外界分开。另外,院墙外还有一层夹墙,在门后五英尺处放一四面木屏。夹墙用来把房内和房外隔开,当大门敞开时,木屏就用来避免过往行人的视线进入内院。

中国人和美国人的室内情形也完全相反。美国人的室内讲究个人活动空间,无论是浴室、卧室、起居室,甚至厨房,都有房门。私人空间是不容侵犯的。

父母在孩子的房间毫无行为自由,而孩子同样也不能私自闯入父母的领地。在美国某些地方,这种私人权力延及到夫妻之间,夫妻之间自有自己的卧室。

相反,在中国人家中,除非家中有成婚的男孩和女孩,私人权力几乎不存在。中国孩子,即使家中房子很宽敞,也要同父母同用一寝室,直到进入青春期。不仅父母有权干涉子女,而且子女也有权动用父母的东西。如果孩子毁坏了父母的东西,他们会受到指责,但父母指责孩子是因为孩子太小毁坏了东西,而不是因为孩子碰了本不属于他们的东西。

不分私人权力的现象在中国北方的许多家庭中表现尤为突出。这里,房屋像火车车厢一样排列成行,但并不是每个房间都有单独的房门,而是所有房间有顺序地排列,每一房门都通过另一房门。也许各家分配房间有些不同,但大体上相差不多。

中国人如此安排住房,在美国人看来就很不习惯。然而许多中国人却坚持只在线式住房格局中搞些花样,即使他们有足够空间可以延伸。这是因为他们认为四面墙内都是一个整体。美国儿童在家中的活动范围,是有严格的个人界线的,但家中与外界却并无分界。相反,在中国就完全不同。中国儿童在家中的活动范围并无界线,而高高的院墙和双重大门却把他们同外面世界隔绝了。

(五)言谈差异

在中国,对别人的健康状况表示关心是有教养、有礼貌的表现。但对西方人的健康表示关心,就不能按中国的传统方式了。一个中国学生得知其美籍教师生病后,会关切地说"you should go to see a doctor!(你应该到医院看看)。"不料,这句体贴的话反而使这位教师很不高兴。因为在这位教师看来,有病看医生这种简单的事情连小孩都知道,用不着任何人来指教。如果就某种小事给人以忠告,那显然是对其能力的怀疑,从而大大伤害其自尊心。中国人在饭桌上的热情好客经常被西方人误解为不文明的行为。因西方人认为:客人吃多吃少完全由自己决定,用不着主人为他加菜添酒,而且饮食过量是极不体面的事情,因此客人吃好饭后,主人不必劝他再吃。一位美国客人看到中国主人不断地给他夹菜很不安,事后他抱怨说:"主人把我当猪一样看待。"中国人路遇熟人时,往往会无所顾忌地说:"啊呀,老兄,你近来又发福了!"或者以关切的口吻说:"老兄,你又瘦了,要注意身体啊!"而西方人若听你说"You are fat(你胖了)"或"You are so thin(你又瘦了)",即使比较熟悉,也会感到尴尬和难以作答。

英美人在得到中国人的帮助时习惯说："Thank you"，中国人往往回答说："这是我应该做的。"把这句话直译就成了"It's my duty"，英美人听起来"It's my duty"的含义是："这是我的职责"，言下之意：我本不想做，但是不得不做。这与汉语表达的原意有很大出入，适当的回答应是"It's a pleasure"，"Don't mention it"或"You're welcome"。

（六）价值观与道德标准的差异

1. 个人荣誉感与谦虚谨慎

西方人崇拜个人奋斗，尤其为个人取得的成就自豪，从来不掩饰自己的自信心、荣誉感，以及在获得成就后的狂喜。相反，中国文化不主张炫耀个人荣誉，而是提倡谦虚。中国人反对王婆卖瓜式的自吹自擂，然而中国式的自我谦虚或自我否定却常常使西方难以理解。"Your English is very good（你的英文很好），""No, no, My English is very poor（不，我的英文很差）"；"You've done a very good job（你的工作做得很好），""No, I don't think so. It's the result of joint efforts（不，这是大家共同努力得结果）。"这种谦虚，在西方人看来，不仅否定了自己，还否定了赞扬者的鉴赏力。这种中国式的谦虚在资本主义的竞争市场是行不通的。

2. 自我中心与无私奉献

西方人自我中心意识和独立意识很强，主要表现在：（1）自己为自己负责。在弱肉强食的社会，每个人的生存方式及生存质量都取决于自己的能力，因此，每个人都必须自我奋斗，把个人利益放在第一位。（2）不习惯关心他人，帮助他人，不过问他人的事情。（3）正由于以上两点，主动帮助别人或接受别人帮助在西方常常是令人难堪的事。因为接受帮助只能证明自己无能，而主动帮助别人会被认为是干涉别人的私事。

中国人的行为准则是"我对他人，对社会要有用"，个人的价值是在奉献中体现出来的。中国文化推崇一种高尚的情操——无私奉献。在中国，主动关心别人，给人以无微不至的体贴是一种美德，因此，中国人不论别人的大事小事，家事私事都愿主动关心，而这在西方会被视为"多管闲事"。

（七）社会关系的差异

1. 平等意识与等级观念

西方人平等意识较强，无论贫富，人人都会尊重自己，不允许别人侵犯自己的权利。同时，人人都能充分地尊重他人。在美国，很少人以自己显赫的家庭背景为荣,也很少人以自己贫寒出身为耻,因为他们都知道,只要自己努力,是一定能取得成功的。正如美国一句流行的谚语所言:"只要努力,牛仔也能当总统。"(If working hard,even a cowboy can be president.)新中国虽已建立了六十多年,但传统的君臣、父子等级观念在中国人的头脑中仍根深蒂固。父亲在儿子的眼中,教师在学生的眼中有着绝对的权威,家庭背景在人的成长中仍起着相当重要的作用。

2. 核心家庭与四代同堂

美国式的家庭结构比较简单:父母及未成年孩子,称之为核心家庭。子女一旦结婚,就得搬出去住,经济上也必须独立。父母不再有义务资助子女。这种做法给年轻人提供最大限度的自由,并培养其独立生活的能力,但同时也疏远了亲属之间的关系。中国式的家庭结构比较复杂,传统的幸福家庭是四代同堂。在这样的家庭中,老人帮助照看小孩,儿孙们长大后帮助扶养老人,家庭成员之间互相依赖,互相帮助,密切了亲情关系。然而,这种生活方式不利于培养年轻人的独立能力。

(八)社会礼仪的差异

中国人见面喜欢问对方姓名、年龄、单位及收入等。而西方人很讨厌人家问及年龄与收入等个人私事。中国人路遇熟人总爱寒暄道:"吃饭了吗?""到哪儿去?""上班呀?"等。在我们看来这是一种有礼貌的打招呼用语,而若你跟西方人这样打招呼"Have you had your meal(吃过饭了么)?""Where are you going(你去哪儿啊)?"他们则会认为你想请他吃饭或者干涉其私事,会引起误解。西方人见面,通常招呼道:"Hello(嗨)!""How do you do(你好)!""Nice day,isn't it(今天天气很好,不是么)?"对于别人的赞扬,中国人通常表示谦虚,并有一套谦虚之词,像"惭愧"、"哪里"、"寒舍"、"拙文"等。而西方人总是高兴地回答"thank you(谢谢)"以表接受。中国人用"谢谢"的场合较西方人少,尤其是非常亲近的朋友和家庭成员之间更不常说"谢谢"。而西方人整天把"thank you"挂在嘴边,即使是亲朋好友和家庭成员之间也常如此。中国人收到礼物时往往放在一边,看也不看(生怕人家说贪心)。而西方人收到礼物时要当着客人的面马上打开并连声称好。中国人招待客人时,即使美味佳肴摆满一桌,自己也要一再地说:"没什么菜,吃顿便饭。薄酒一杯,不成敬意。"主人有时会用筷子往客人的碗里夹菜,用各种办法劝客人多吃菜、多喝酒。西方人会对此大惑不解:明明这么多菜,却说没什么菜,这不是实事求是的行为。而他们请客吃饭,菜肴特别简单,经常以数量不多的蔬菜为可口的上等菜,席间劝客仅仅:"Help yourself"(请随便用)吃饭的时候,绝不会硬往你碗里夹菜。中国人送客时,主人与客人常说:"慢走!""小心点!""再见,走好啊!""你们进去吧!""请留步"等。而西方人只说:"Bye bye(再见)!""See you next time(下次见)!""Good night(晚安)!"

中国式礼貌最大的特点"卑己尊人",把这看做与人交际一种美德,这是一种中国特色的礼貌现象。在别人赞扬我们时,我们往往会自贬一番,以表谦虚有礼。西方国家却没有这样的文化习惯,当他们受到赞扬时,总会很高兴地说一声"Thank you"表示接受。由于中西文化差异,我们认为西方人过于自信,毫不谦虚;而当西方人听到中国人这样否定别人对自己的赞扬或者听到他们自己否定自己的成就,甚至把自己贬得一文不值时,会感到非常惊讶,认为中国人不诚实。

(九)对女性态度的差异

美国社会比较尊重妇女,尊重妇女的礼节在美国社会随处可见:男士为女士开门;扶女士下车;在马路上,男士走外侧,女士走内侧,以给女士提供保护;女士进餐厅时,常常男士都要起立;餐桌前,男士要为女士拉开椅子,等女士站好了位置再把椅子送回女士的身后,请她就坐。中国社会对女性的照顾和礼节似乎要少一些,且有一些专家注意到:汉字中带"女"字旁的有相当一部分含有贬义,如"妖、奸、奴、妒"等。

(十)衣饰差异

在几十年前,中国人的衣服比较单调,一般灰色和黑色是主色调。现在,中国人的穿着和西方人已经基本上看齐了。在身体暴露方面,中国男人比女人的自由度大很多,夏天光着膀子穿裤衩在外乘凉的男士并不少见。在海滩或游泳池,中国男士穿的一般是三角裤,身体暴露的面积比穿游泳衣的女士多得多。而在西方国家的海滩或游泳池,女士穿的一般是"三点式"泳装,男士穿的经常是接近膝盖的短裤,遮盖的面积比女士还多。

第五章 中西企业文化的差异

第一节 企业文化与民族文化

一、企业文化的概念

企业文化的概念自二十世纪八十年代在美国被提出以来,已经获得了学界和商界的广泛关注和一致重视。企业文化于企业的重要性早已不言而喻,已经有越来越多的企业和企业家将企业文化视为企业竞争力的重要内容甚至是企业竞争力的主要源泉。

人们对企业文化的定义历来见仁见智,如美国学者阿伦·肯尼迪和特伦斯·迪尔在《西方企业文化》一书中认为"企业文化的核心是价值观,其他要素还包括英雄人物、礼仪庆典和文化网络等";威廉·大内认为,一个公司的文化由其传统和风气构成。此外,文化还包括一个公司的价值观。"这种公司文化包括一整套象征、仪式和神话。他们把公司的价值观和信念传输给员工。这些仪式给那些原本就稀少而且抽象的概念添上血肉,赋予它们生命力,从而能够对雇员产生意义和影响。"美国学者约翰·P.科特和詹姆斯·L.郝斯科特认为,企业文化就是一个企业中各个部门,至少是企业高层管理者们所共同拥有的企业价值观念和经营实践,而"部门文化"是指一个企业中的各个职能部门或处于不同地理环境的部门所拥有共通的文化现象。中国的学者有的定义很简洁,如清华大学教授、著名经济学家魏杰先生将企业文化定义为"企业信奉并付诸实践的价值理念。"有的则很具体,如清华大学张德认为:"企业文化是企业长期生产经营活动中所自觉形成的,并为广大员工恪守的经营宗旨、价值观念和道德行为准则的综合反映。"中国社会科学院刘光明认为:"企业文化是一种从事经济活动的组织之中形成的组织文化。它所包含的价值观念、行为准则等意识形态和

189

中国人讲策略

西方人讲效率

物质形态均为该组织成员所共同认可,它与文教、科研、军事等组织的文化性质是不同的。"还有的认为"企业文化是一种观念形态的价值观,是企业长期形成的稳定的文化观念和历史传统以及特有的经营精神和风格,包括一个企业独特的指导思想、发展战略、经营哲学、价值观念、道德规范、风俗习惯等。"

准确地界定企业文化,应该以上述哪一种理解为基础呢?很显然,界定企业文化不可能从宏观的角度去界定,因为,企业只是一个社会的细胞,企业文化只能是一种微观的文化。但是,企业文化到底以广义的文化为基础还是以狭义的文化为基础,就值得研究了。既然文化有广义和狭义之分,那么,严格地讲,企业文化作为一种微观文化现象,依据全息理论,无疑也应有广义企业文化和狭义企业文化之别。从广义来说,它既包括一个企业的物质文化,即有形的"显文化"或"硬文化",也包括一个企业的精神文化,即无形的"隐文化"或"软文化",如生产经营的环境、设备和产品,企业的组织结构和各种规章制度,企业的经营管理哲学、经营风格,群体内部相互沟通的方式、相互制约的规范,企业员工的共同价值观念、历史传统、生活习惯、办事准则,等等。也正因为对企业文化涉及范围理解的差异,在企业文化学界出现了不同的流派,有人认为企业文化应包括物质文化、制度文化和精神文化三个层次;有人把企业文化细分为生产文化、技术文化、经营文化、管理文化、服务文化、福利文化、文娱活动文化、环境文化等若干分支;也有人把企业文化定位在精神和行为方式层面。中国文化学家庞朴认为:企业文化即"企业人化"。可以说,目前中国理论界对企业文化的理解众说纷纭,莫衷一是。

企业文化作为管理范畴的一个概念,不可能面面俱到,只能以企业的精神文化为研究对象,假如定义过宽,不利于问题研究的深入。从企业文化的理论奠基者和倡导者的有关论述看,他们尽管对企业文化(公司文化)的表述不尽一致,但基本上是从狭义的角度界定企业文化内涵的。

可见,企业文化作为特定的管理概念应专指以价值观念为核心的企业价值体系及由此决定的行为方式。这些价值体系和行为方式渗透并体现在企业的一切经营管理活动中,构成企业的精神支柱,形成企业的惯例、传统。它虽然决定于物质文化,但它不像产品、设备那样以实物形态呈现在人们面前,独立于人体之外,看得见,摸得着,容易改变。相反,它以一种无形的力量蕴藏于员工的思想和行动之中,又作为一种氛围笼罩着整个企业;它虽不以实物形态存在,却不易改变,企业无时无刻不感受到它的存在。

鉴于上述理解,我们对企业文化作如下表述:企业文化是指在一定的社会大文化环境影响下,经过企业领导者的长期倡导和全体员工的积极认同、实践与创新所形成的整体价值观念、信仰追求、道德规范、行为准则、经营特色、管理风格以及传统和习惯的总和。

二、企业文化与民族文化的关系

所谓民族文化,是指在一定的国家或地区内由一个民族或多个民族共同构成的国民文化,是由一个民族的知识、信仰、艺术、道德、习惯、生活方式、思维方式和社会规范等所构成的一个复杂的有机体,是在一个民族的发展过程中,经过世世代代的扬弃和创新而积淀形成的。民族文化具有该民族成员所普遍接受的文化模式。民族文化是民族国家的象征和符号,是其拥有特定独立身份的主要标志。它发祥于特定的地理环境及长期的社会实践,为其人民的生活提供意义和行为规范。它具有如下三个特征:一是具有明确的国民性,具有很强的民族性,是一个有机整体。通常所说的"中国文化"、"美国文化"、"日本文化"就具有这种国民特征;二是具有主体性,这种国民文化可能由一个或多个民族文化构成,但必然有一个主体民族文化,如中国文化的主体就是汉族文化,美国文化的主体是英格兰族文化等;三是具有兼容性,如美国文化就是在保持其民族文化特性的同时,吸收了世界上许多民族的文化特征,并形成其特有的文化。文化对人的影响是潜移默化的,但无形的东西更具影响力和"杀伤力"。它会以无形的力量去影响人们认识问题的角度、价值取向和行为方式。我们可以看到文化不可替代的影响和作用——它使人不自觉地从自己信奉的文化中寻求对任何事物进行分析的角度、思维框架和判断标准。比如,在美国长大的孩子以直率为荣,他们认为直率是聪明、果断、不虚伪的表现,中国人的含蓄对不少美国人来说则如同雾里看花,丈二和尚摸不着头脑;而土生土长的中国人则以含蓄为美,美国人的直率在不少中国人看来是鲁莽或至少是"不成熟"的表现。

企业文化的本源在于民族文化,任何一个企业总是生存在一定的民族文化环境中,其资本、产品和人员可以跨国界、跨民族,但无论怎样,它都离不开一个特定民族文化的影响,要么其主要员工队伍属于某一个民族,要么其注册地坐落在具有某一特定民族文化的地区或国家。一个企业的文化必定是以当地民族文化为基础的。不同的民族有不同的文化,这种文化熏陶和遗传,就决定了企业人所形成的企业文化,具有明显的民族特性,企业文化与民族文化间有着密切的关系。

第一,企业将自身的民族文化习性带入企业。企业管理活动是人的活动,而人属于一定的民族,具有一定的民族文化心理素质、思想观念、传统习惯、思维方式和行为准则,无论是企业活动中的管理者,还是企业活动中的被管理者,都是在一定的民族文化环境下成长起来的,都具有民族文化遗传的因子。

虽然民族文化是人创造出来的,是人对外部世界的经验知识和价值思维的肯定形式,但民族文化一旦被创造出来,它的存在、价值和意义也就"不随尧存,不为舜亡",成为一个超有机的文化世界,存在于整个社会群体和历史活动中了。"观念和文化的东西是不能改变世界的,但它可以改变人,而人是能够改变世界的。"这些文化观念的东西都存在于人们的思想深处,作为普通人,在进入企业或成为企业人的时候,随之也就把这些民族的习性带入了企业,使其成为企业文化的重要来源之一,从而影响着企业的生产经营活动。

第二,企业文化受民族文化环境潜移默化的影响。企业文化的民族性是先天存在的。企业从它产生之日起,就坠入了特定的民族文化环境之中,就受到民族文化的熏陶和影响。企业文化受民族文化潜移默化的影响,无论它是多么有个性的文化特质,都难以摆脱民族文化的渗透。民族文化的强大渗透力和感染力,会从多个角度、多个层面、多个渠道和多个角度,穿越企业的边界,在企业机体内扎根并逐渐发展扩散。

民族文化通过人的活动渗透到企业内部。企业是由人组成的,民族文化的核心要素深藏在人的精神深处,影响着企业人的思维方式、心理特点、价值判断、决策模式和交往方式。可以说,民族文化在企业里的投影和具体化则成为企业文化。

第三,民族文化影响企业对外文化。企业作为一个经济组织,要与许多机构和部门发生联系,包括供应商、政府部门、金融机构、竞争对手、社区、媒体和消费者组织等。在对外交流和交往中,必须要适应这些组织的文化,要有文化沟通。只有当该企业的文化中带有与这些组织共同的文化观念、价值认同、行为规范和道德认同的时候,沟通才能顺畅有效。一个企业组织在接受这一民族文化时,认同了该民族的文化,并用该民族文化语言、文化视角、文化习俗和文化准则对外讲话时,才有资格与该民族进行正常交往。否则,就会处处碰壁,无法在特定的民族文化环境中生存。

企业要建立适应民族文化环境特征的企业文化,并在这一种文化价值体系中从事生产经营活动,如企业的产品设计、促销广告等都会深深地打上具有特定民族文化的烙印。就一般的国内企业而言,其民族文化的特点就更加明显。它不可能脱离民族文化的特性而另行一套所谓的本企业的文化。企业文化的形成,不是内部独立形成的,而是在与其他社会组织的相互交往中,汲取诸多有益于企业发展的有用成分而逐渐形成的。因而可以认为,企业文化在企业对外交往过程中,主动接受民族文化的因子,并注入企业文化的体系,形成企业文化的民族文化特性。

第四,民族文化影响企业对内管理文化。企业内部管理思想的发展与特定的民族文化发展有着内在的、本质的联系。正如马克思所说,"人们创造自己的历史,但是他们并不是随心所欲地创造,并不是在他们自己已选定的条件下创造,而是在直接碰到的、既定的、过去继承的条件下创造的。"企业管理文化具有民族文化性。企业管理的主体是人,而人都有特定的民族,都有自己特定的民族文化背景和民族文化传统。因此,在企业管理中,必须尊重人的民族文化习惯、风俗,必须顺应民族文化心理特征和思维方式,遵从民族文化下所形成的道德规范,用民族文化积极引导广大员工形成开拓进取精神和创造意识,从而打造具有特定民族文化特征的优秀企业管理文化。

三、中国民族文化传统

中国历史悠久,具有丰富多彩的民族文化。这些文化总体上讲是围绕以自然经济为基础、以家族为本位、以血缘关系为纽带的宗法等级、伦理纲常这一基本精神而展开的。其中充满了矛盾,也具有鲜明的两重性。在博大精深的中华民族文化传统中,其精华比比皆是。

(一)团体意识

在中国的传统文化中,家族团体主义是建立在等级制度基础之上的,在一个家族团体内,以家族利益为最高目标,追求家族利益的最大化,强调团体(整体)重于个人,个人无条件服从整体,强调家族内部以伦理关系为基础的和谐与稳定。这种文化固然有压抑个性、不利于创新和竞争的消极作用,但它作为一种持续了几千年的群体精神,对今天的现代化建设还是具有积极性意义的。企业是一个相对封闭的系统,可以视同"一个小家族"。去掉封建性,保留人与人之间的和谐关系,与市场经济和社会化大生产是不矛盾的。增强企业员工的"家族"观念,有利于企业形成团体凝聚力和竞争力,有利于重构人们以团体利益为重的团体精神。

(二)人本思想

人本思想在中国文化中大体包括三层意思。首先是把人看成是天地万物的中心,深信价值之源内在于人心。孔子曰"人能弘道,非道弘人",这与西方传统文化中以上帝和神为最高标准的神本文化截然有别。其次是强调"爱人"思想。孔子把"仁"作为他学说"一以贯之"的唯一原则和最高道德标准,而"仁"的内涵就是"爱人",强调从无私的动机出发,舍己利人,舍己爱人。再次是人只要努力,皆可成才。孟子云"人皆可以为尧舜"。这种人本思想是现代企业以人为中心的管理文化基础。

(三)和谐思想

中国文化中的和谐思想源于中庸之道和天人合一观。中庸之道于人们追求创新、竞争不利,天人合一观于人们改造自然、向自然索取不利。但其中体现出来的和谐思想还是具有积极意义。如中庸之道,主张人与人要和谐,讲"仁"、"爱"、"诚","中和"待人,处理人与人之间的关系要不偏不倚,不说过头话,不做过头事,把握事物要有"度"。如天人合一思想,提倡人与自然要和谐,做事要顺应自然规律,使人与自然一体。这种和谐的思想深深影响着中国人的为人处世的方式。

在中国近代民族资本企业中,大凡有成就的企业,都体现着一种"人和"、"亲和"精神。这种精神的形成除了深受中国"团体意识"、"和谐思想"和"人本思想"的影响外,具体有三个方面原因:一是民族资本企业在创办之初多是以宗族或家族形式出现的,人员的招聘及职务安排往往首先考虑家庭成员或亲戚、同乡等,因此形成企业的血缘基础和"人和"、"亲和"氛围,以后即使企业扩大了,也容易保持同呼吸、共命运的群体意识;二是受中国传统的"天时不如地利,地利不如人和"的团体观念的影响,认为"人和"是企业最宝贵的资源;三是由民族资本企业所处的受"双重压迫"的地位决定的,它在夹缝中生存,只有团结一心,和衷共济,才能保全自己,得到发展。民族资本家深知"人和"之重要,所以采取一系列措施来巩固和发扬这种精神。荣宗敬、荣德生兄弟创办的旧中国规模最大的民族资本企业——茂新、福新、申新总公司，在招揽人才时，多用亲属和同乡，确保亲和。民生实业公司提出"职工困难，公司解决；公司困难，职工解决"的一体化思想。东亚毛呢纺织有限公司推行"职工股份化"，利用员工参股的办法强化"人和"。中国众多的民族资本企业靠这种"人和"、"亲和"精神，增强了凝聚力和向心力，保证了它们能在内忧外患的环境中生存，并得到一定的发展。

在社会主义企业里，"人和"、"亲和"精神进一步得到升华，坚持以人为本，提倡集体主义精神，成为企业的更高追求。很多企业不断完善民主管理制度，广泛吸收员工参与管理，增强员工集体意识。中国工人阶级以强烈的主人翁意识，爱厂如家，团结合作，重视集体荣誉，把企业的事情当成自己的事情，以厂荣为我荣，以厂衰为我耻，把个人同企业紧紧地连在一起，表现出较强的集体主义精神，以及对企业的责任感、自豪感和依附感。尤其是很多老员工，作为企业的创业者，他们对企业更有一种特殊的感情，愿意把自己毕生的精力贡献给企业这个"大家庭"。在这方面，鞍钢人老孟泰"爱厂如家，埋头苦干"的精神成为中国老一代工人阶级高尚品德的缩影。发展市场经济，培养了人的独立意识和自主精神，员工与企业的关系也变成靠契约维系的法律关系。这无疑对"人和"、"亲和"以及以人为本的管理方式提出挑战。但是，作为一种具有中国民族文化底蕴的企业文化不会轻易被否定。

（四）求实精神

中国文化有玄虚蕴奥、重言轻实的一面，但其中也表现出很强的求实精神。这在中国的儒家、道家及法家文化中都有体现，如儒家的经世致用、道家的"无为"之中蕴涵的"无不为"、法家的奖励耕战等。求实精神主要表现在：一是积极入世的人生态度，重视人生理想，也重视现实；二是朴实无华的民族性格，经商、治学都讲究脚踏实地和扎扎实实。当然，这种求实精神的形成也受封建统治推行愚民政策因素的影响。在封建统治下，广大农民在政治上被排斥，个人尊严受到压抑，只能把注意力集中到如何生存的"实际"上来。因此，传统文化中的求实精神的内涵不可能与现代企业所要求的求实精神完全吻合。但它作为一种长期养成的文化传统，对企业文化的形成和发展是有积极影响的。

（五）吃苦耐劳、勤奋自强的性格

中华民族以农立国，数千年来一直在这片土地上繁衍生息，辛勤劳作，不仅形成了劳动人民淳朴务实的精神,也锤炼出劳动人民勤劳勇敢、吃苦耐劳、忍辱负重、自强不息的民族性格。在历史上,中国的农业、手工业曾领先于世界其他各国,科学技术的成就也十分显著,指南针、造纸术、火药、印刷术四大发明对世界文化的发展作出过卓越贡献。还有中国数千万海外侨胞,他们远离故土,白手起家,艰苦奋斗,在世界和中华民族史上写下光辉的篇章。这些都是中国人民吃苦耐劳、勤奋自强性格的真实写照。与吃苦耐劳、勤奋自强的民族性格相联系,中国劳动人民还把勤俭视为美德,把浪费看成是不道德的,注重财富的积累,节约观念极强。虽然这种品性在封建伦理中也带有一些节欲主义的色彩,节约下来的财富并不是用于创造更多的财富,而只是迫于贫穷或表示道德上的修养,但其主流是有益的。如果能把它与现代经济伦理有机结合,肯定是现代企业文化中一笔不小的精神财富。

(六)求索和开拓精神

中华民族有安贫乐道、易于满足的消极面,但也不乏向黑暗势力抗争、向命运挑战、向自然索取的求索、开拓精神。尤其是在近一百年的中国近代史中,无数中华优秀儿女前仆后继,寻找救国强国之路,更鲜明地体现了这种性格。中华民族求索、开拓精神具体表现出来的是反抗强暴、至死不屈、危急关头奋勇崛起、探索真理锲而不舍、为国为民奋斗不息的性格和强烈的危机意识及振兴国家的信心。

(七)以义取利的思想

在中华民族文化传统中,受儒家思想的影响,很早就提出了"儒商"的理想人格追求:智慧与道德相交融,做人之道与经营之道相统一,在商业活动中坚持"守信与重义"、"修身与报国"、"君子爱财,取之有道"。到了近代以至现代,中国商人一直深受这种文化传统的影响,讲究以义取利,合义取利,义利并举,不赚不义之财。

四、西方的民族文化传统

欧洲大陆有几十个国家,讲十几种语言,每个国家都有自己的一些文化传统。但文化的来源主要是古希腊文化和基督教文化。古希腊给欧洲留下了科学与民主这一精神遗产,基督教给欧洲提供了理想人格的道德楷模。在古希腊和基督教文明的基础上,欧洲形成了追求精神自由、人文主义、理性和民主的民族文化传统。

(一)追求精神自由

在基督教义中,信仰是其他一切的前提;上帝是仁慈的,它把仁爱的命令颁布到人间,让世人互爱。1517 年,马丁·路德开始宗教改革,创立了新教。他提出了人的双重本性,即一个心灵的本性和一个肉体的本性:肉体的本性是受束缚的,心灵的本性是自由的,这种自由不是来自政治上和肉体上的自由,不是为所欲为的自由,而是精神上的自由,它依靠基督的福音,凭借对上帝的信仰,是真正的自由。这种向往自由的精神深深地扎根于欧洲人的内心深处,这不能不深深地影响到欧洲企业的管理风格。

(二)倡导人文主义

人文主义的主要精神是突出人的地位,反对迷信、神学信条和权威主义对精神的愚弄,主张自由、平等、博爱,提倡个性解放。崇尚个人价值观在欧洲文化中有着悠久的历史,早在古希腊时代就已出现。适宜的气候,平和的自然环境,使生活在这一地区的人们不太需要依赖集体的协作就能维持生存,这种生产方式的特点使希腊人很早就形成了崇尚个人、反对强权的价值观,"不自由,毋宁死"即是这种价值观的典型表现。14 世纪到 17 世纪的欧洲文艺复兴,揭开了人文主义思想的新篇章。这时的人文主义强调个人的至上性,反对国家至上主义;强调个人的物质和生物性需要,反对利他主义和自我牺牲。17 世纪以后,个人主义被进一步理论化和系统化,笛卡儿提出了"我思故我在"的著名命题,洛克提出了天赋人权论。"崇尚自我"观念渗透在欧洲文化的每个角落。

(三)强调理性与科学

强调逻辑推理与分析的理性主义在欧洲有着悠久的历史和坚实的基础。早在古希腊,由于生活环境的优裕,生活在这一地区的人们有兴趣、也有余力来探究影响人们生存的自然奥秘,这使他们形成了注重研究自然的传统。他们抬高理性,崇尚智慧,强调观察,推崇演绎。"知识乃是美德",是古希腊人的价值观念。到了文艺复兴时期乃至近代,理性主义态度和科学实验精神得到进一步发扬。新兴的资产阶级思想家把一切都拿到科学和理性面前来重新估价,宗教神学和经院哲学受到严厉的批判,理性科学获得了彻底的解放和长足的发展。理性科学的思维方式对欧洲人的思维方式产生了深远的影响。

（四）追求民主精神

要求民主可以说是人文主义观点发展的必然结果,而且就欧洲社会历史发展的过程来讲也是这样。作为现代科技文明的发源地,欧洲的生产力水平在18世纪至19世纪已经超过其他地方,商品经济的发展和生产力的迅速提升,唤起了人们内心深处独立意识和民主意识的觉醒。18世纪相继在欧洲爆发的资产阶级民主革命正是人们民主观念觉醒的表现。

第二节　中国企业文化的基本特征

与西方相比,中国企业文化的形成和发展历史相对较晚。然而,由于中国传统文化尤其是儒家文化的巨大作用和魅力,对中国企业文化形成和发展起到了相当大的影响,所以中国企业在中华民族独特的文化心理、风俗习惯、价值观、伦理道德的影响下,很快形成了自己特色的企业文化。具体而言,中国企业文化具有如下基本特征:

一、注重以人为本的管理方式

中国企业文化的重要特征之一就是以人为本,将对人的管理和对物的管理有机结合起来,以人的管理为主。在中国的传统文化中,以人为本的科学内涵需要从两个方面来把握。首先是"人"这个概念。"人"在哲学上,常常和两个东西相对,一个是神,一个是物,人是相对于神和物而言的。因此,提出以人为本,要么是相对于以神为本,要么是相对于以物为本。中国历史上的人本思想,主要是强调人贵于物,"天地万物,唯人为贵"。《论语》记载,马棚失火,孔子问伤人了吗? 不问马。说明在孔子看来,人比马重要。这就体现了以人为本的思想。

中国企业重视人的价值和人格,正确把握人性的本质。以人为本的管理的基本思想就是人是管理中最基本的要素,人是能动的,与环境有一种交互作用:创造良好的环境可以促进人的发展和企业的发展;个人目标与企业目标是可以协调的,将企业变成一个学习型组织,可以使得员工实现自己目标,在此过程中,企业进一步了解员工使得企业目标更能体现员工利益和员工目标;以人为本的管理要以人的全面发展为核心,人的发展是企业发展和社会发展的前提。以人为本管理的重要性在于它是提高企业知识生产力的重要条件。企业的知识生产力指企业利用其知识资源创造财富的能力,是适应企业国际化经营的基本管理方式,是建立企业中人与其他要素良好关系的必要条件,是企业持续发展的基石。

"以人为本"的管理,指在管理过程中以人为出发点和中心,围绕着激发和调动人的主动性、积极性、创造性展开的,以实现人与企业共同发展的一系列管理活动。其具有下列几个特点:

(1)以人为本的管理主要是指在企业管理过程中以人为出发点和中心的指导思想。

(2)以人为本的管理活动围绕着激发和调动人的主动性、积极性和创造性来展开。

(3)以人为本的管理致力于人与企业的共同发展。

人是企业文化系统的中心,企业文化建设归根到底是人的建设。人是决策的动议者,行为的执行者,也是企业文化的创造者和受用者。所以构建当代中国企业文化,首先要树立以人为本的思想,在企业文化体系中确立"尊重"精神,在所有者、劳动者之间相互承认彼此的价值,接受彼此的权益,尤其要尊重知识创新者、管理创新者和制度创新者的权益。以人为本的管理遵循以下原则:一是重视人的需要;二是鼓励员工为主;三是培养员工;四是组织设计以人为中心。

中国企业吸取了传统文化的精髓,形成了人本管理的优秀企业文化,建立了自我发展、自我激励、自我约束的奖惩机制和人员培训机制。长虹电器用"干部能上能下,职工能进能出,收入能高能低,机构能设能撤"的"四能"机制,并投资3 000万元建成了设施先进的职工培训中心;科龙集团则实行"内部行销","对内以员工为导向"的人本管理模式;海尔则有"人人是人才","赛马不相马"的人才理念,采取竞争上岗的办法选择人才,正如张瑞敏所说:"你能翻多大的跟斗,我就给你搭多大的舞台。"中国企业已经充分认识到了人的价值,企业努力为员工创造一个良好的工作和生活环境,给员工以崇高的奋斗目标和具有挑战性的工作。中国的人本管理思想,从整体上更加注重个人和集体的关系,个人总是在集体中得到发展,而不讲究个人英雄主义。

二、注重和为贵的思想

和为贵的思想是中国企业文化的另一个重要特征,这是中国企业吸收了儒家学说而形成的人生哲学和伦理观念。中国文化精神的内核就是以和为贵的中庸精神，这种精神深深地渗透到人与自然、人与人以及人与社会的关系中，自然也深刻地影响了中国企业文化。以和为贵的企业文化就是要相互尊重，主要表现在两个方面：一是要建立良好的人际关系。在中国大凡有成就的企业，都体现着一种"人和"、"亲和"的精神。中国企业的员工除了工作以外，通常还要参加一系列企业组织的社交活动，通过这些活动来增进相互之间的感情，培养合作精神。在中国企业里员工的人际关系有时甚至比工作业绩更重要，因为良好的人际关系就意味着更多的肯定和晋升机会，良好的人际关系也会带来更多的工作便利和更少的前进阻力。人际关系好坏经常是评价员工工作能力甚至人品的重要依据。二是上级对员工的关心。在中国企业中，管理层必须要对员工足够关心，与员工建立良好的关系，让员工感受到管理层对自己的体谅和重视，从而产生与企业休戚与共、同心同德的忠诚感，努力为企业作出贡献。例如，在一些企业里，员工会得到一些经济补贴；而有些企业还提供了福利措施，为员工的家庭提供减租的住宅，为员工的孩子提供托儿所、学校，还提供保险等。这样一来，员工发现自己的利益与企业的利益休戚相关，会极大地增加对公司的忠诚感。

三、团队精神

中国企业向来注重团队精神，团队精神是深受集体主义影响的中国企业文化的重要内容之一。所谓团队精神是指团队的成员为了团队的利益和目标而相互协作、尽心尽力的意愿和作风。团队精神的内容如下：一是团队的凝聚力。团队的凝聚力是针对团队和成员之间的关系而言的。团队精神表现为团队强烈的归属感和一体性，每个团队成员都能强烈感受到自己是团队当中的一分子，把个人工作和团队目标联系在一起，对团队表现出一种忠诚，对团队的业绩表现出一种荣誉感，对团队的成功表现出一种骄傲，对团队的困境表现出一种忧虑。当个人目标和团队目标一致的时候，凝聚力才能更深刻地体现出来。二是团队合作的意识。团队合作意识指的是团队和团队成员表现为协作和共为一体的特点。团队成员间相互依存、同舟共济，互敬互重、礼貌谦逊；他们彼此宽容、尊重个性的差异；彼此间是一种信任的关系、待人真诚、遵守承诺；相互帮助、互相关怀，大家彼此共同提高；利益和成就共享、责任共担。良好的合作氛围是高绩效团队的基础,没有合作就谈不上最终很好的业绩。三是团队士气的高昂。这一点是从团队成员对团队事务的态度体现出来,表现为团队成员对团队事务的尽心尽力及全方位的投入。概括地说,士气的概念包括几个关键要素:热情、奉献、共同目标和统一合作。

中国企业认为,一个好的企业,首先应该有鲜明的团队精神,否则,就不会有统一的意志与行动,就是一盘散沙。团队精神是纽带,是灵魂,是企业的精神支柱,离开这个精神支柱,企业就是一潭死水,就毫无活力、毫无竞争力可言。有团队协作精神,从而有配合默契的凝聚力的优秀团队,就犹如猛虎添翼,所向披靡。所以中国企业都注重从多个方面培养团队精神。一是培养员工树立良好的精神风貌,包括培养员工的主人翁精神,培养员工的敬业精神,培养员工的团结协作精神和培养员工的创新精神等;二是培养员工形成高尚的道德品质,包括培养员工的勤奋态度,培养员工的忠诚品质和培养员工的宽容度等;三是培养员工养成良好的行为习惯,包括培养员工的主动意识,培养员工爱好学习的良好习惯,培养员工的合作意识和培养团队成员的密切关系等。

四、实业报国、服务社会的理念

中国近代民族资本在创办、经营企业过程中,大都怀有"富国图强"、"实业救国"、"服务社会"的爱国思想。这些实业报国、服务社会和爱国主义思想,是中国近代民族资本主义文化的精髓。解放后,中国社会主义企业在中国共产党的领导下,表现出更为强烈的社会责任感和勇于奉献的精神。在企业中,员工忘我工作,勇于奉献,力争多为社会作贡献。如大庆人在极其艰苦的条件下,战天斗地,展开石油大会战。建成了具有世界先进水平的大油田,表现了中国工人阶级强烈的爱国主义、民族自豪感、主人翁责任感和献身精神。当中国进入发展市场经济的新阶段,这种强烈的社会责任感和奉献精神,仍然是中国众多企业的最高追求。

另外,历史传统文化的深刻影响,使我国的企业文化目前从总体上讲仍表现出很强的"人治"特色,缺乏追求理性和法治的精神。随着社会的变革和进步,相信未来中国企业文化将会向淡化"人治"、追求"法治"的制度型企业文化方向演化。

第三节 西方企业文化的基本特征

受西方文化的影响,西方企业文化具有许多与受儒家文化影响的中国企业文化显著不同之处。西方企业文化具有如下基本特征:

一、个人主义

个人主义是西方企业文化的重要特征。这里所讲的个人主义是一个褒义词,其本质的含义是"自己是自己前途的主人"。在人们的观念中,人是高于组织的,组织只不过是特定人群的集合,是人的派生物。因此,美国企业一般能够在尊重个人价值、个人选择的前提下,最大限度地发挥人的潜能和创造力,为促进个人发展和社会进步作出贡献。"个人主义"与"能力主义"紧密相连,它强调在个人自由、机会均等的基础上进行充分竞争,人们相信竞争可以推动社会发展,风险创业、机会创业的观念较浓。

在西方企业中强调的个人主义的核心内容是每一个人都是自己前途的主人,鼓励雇员具有个人奋斗、敢于冒险、不断创新、出人头地的向上精神。所以个人主义常常以能力主义为基础,以权威主义为表现。西方的管理哲学强调个人奋斗,强调在"个人自由"、"机会均等"的基础上进行个人能力的发挥。西方公司不仅鼓励职工发挥个人能力,对职工的绩效评估坚持能力主义原则。公司职工承认差别价值,职工的考核和晋升,依靠其工作行为结果与能力水平。能力主义既拒绝以身世、资历、年龄和工龄作为晋升参照,也反对把学历、文凭作为晋升的凭证,从而能够较好地保持晋升的客观性公正性,促使人们去努力提高和发挥自己的能力。

在企业管理实践中,西方企业管理者也比较注重个人意志,因此主观性比较强。这种个人主义的企业管理决策方式有集中权力、权责明确、指挥灵敏、行动迅速、工作效率高、易于考察领导业绩等优点,但同时也面临着个人专断等不足之处。但无论怎样,个人主义都是西方企业文化不可磨灭的重要特征之一。

二、善于充分授权

所谓授权,是指上级把自己的职权授给下属,使下属拥有相当的自主权和行动权。授权是西方现代管理诞生的重要标志之一,不会授权或者不善于授权会产生许多不良后果,主要包括缺乏明确的绩效评价标准,权责划分趋向模糊,导致对个人成就的逆向激励即"奖懒罚勤"、"奖劣罚优"等现象。因此,授权程度的大小会产生不同的管理效果,也充分反映出不同的组织类型。授权具有四个特征:首先,其本质就是上级对下级的决策权力的下放过程,也是职责的再分配过程。其次,授权的发生要确保授权者与被授权者之间信息和知识共享的畅通,确保职权的对等,确保受权者得到必要的技术培训。三是授权也是一种文化。四是授权是动态变化的。

通常,在西方企业中上下级之间的权力距离较小,下级通常认为上级是"和我一样的人"。与组织结构扁平化的趋势相适应,西方企业文化强调对组织结构中较低层级管理者的授权。与中国传统企业相比较,西方企业中权力距离小得多。西方企业文化特别强调授权,坚信最接近实际过程的人最了解实际情况和问题,对问题最有发言权。企业中管理人员通常都会给下属制定一个目标,然后由下属来达到目标和效果。高层管理者只是以成果来衡量目标,至于下属用什么方式来完成任务和实现目标,他们基本不会干预。任何一个阶层的部门负责人,都可以在自己部门的范围内作出决策,如何把工作做好,只要不违反相关法律和公司的商业道德即可。例如,部门内员工的招聘、升级,相关人员的薪酬确定和调整,都是由部门经理来决定。上级不会越权把下级部门该管的事拿来处理。他会给你充分授权,不管你是多么小的一个经理,只要你下面有员工,归到你的部门管理,那么,你就有全权来管理并自主决定相关事项。

在充分授权的模式下,西方企业的思维方式和沟通模式都发生了巨大变化。西方企业在沟通时更注重事情本身,更注重合作,沟通更加积极主动,发表意见时也更直接公开、简明扼要,从而使企业内部沟通和交流更顺畅、更有效。

三、崇尚创新、开拓和冒险精神

企业家往往最能代表一个企业的企业文化。创新,是西方企业家的灵魂,是企业家品格的核心特征。大胆创新、敢于冒险、积极开拓进取的精神历来为西方企业和企业家所尊崇。这也充分说明西方企业文化重创新,崇尚冒险和开拓。西方企业中的"企业家"(entrepreneur)一词最早源自16世纪初的法语,主要是指从事武装探险、开拓殖民地的将领,后来泛指冒险者。熊彼特认为,企业家精神是一种经济首创精神——创新精神，是一个"不断推出新的生产组合的过程"。在熊比特眼中，企业家精神代表着一种适应市场挑战不断进行创新活动的品质。"创新"是企业家品格的核心和本质特征。美国管理学家彼得·德鲁克认为，从一般意义上讲，企业家是为谋取利润，并为此承担风险的人，是能开拓新的市场，引导新的需求，创造新顾客的人。企业家是革新者，他们与众不同，有目的地寻求新的源泉，善于捕捉变化，并能把变化作为可供开发利用的机会。德鲁克曾经预言，我们所需要的是一个富于企业家精神的社会，在这个社会里，创新是正常的、稳定的、连续不断的需要。他把企业家精神和品格明确界定为创新。熊彼特认为企业家采取了"生产要素的新组合"，这些新组合是对旧秩序的"创造性破坏"，而这种"破坏"从微观角度来看给企业家带来了"创新租金"，从宏观角度来看则带来了经济变革和增长。因此，企业家是打破现有秩序和市场均衡的创造者，也就是市场活动中的"创新者"和"开拓者"。

与创新相联系，西方企业文化同样崇尚"开拓进取"精神。这在西方企业家身上表现得尤为明显。西方优秀的企业家无一不是具有强烈的开拓进取精神的人，不断开拓新的市场、新的客户、新的产品和服务甚至新的产业。正是这种强烈的开拓进取精神促使西方（如德国、英国、法国等）的众多企业跻身世界500强之列，也促使西方国家的经济保持长期的活力与繁荣。企业家的"开拓"精神离不开必要的冒险。事实上，英语"企业家"的含义是指"冒险事业的经营者和组织者"，法国早期政治经济学的代表人物萨伊认为，企业家是冒险家，是把土地、劳动力、资本等生产要素结合起来进行生产的第四个要素。他们在经营中要承担企业可能破产的风险。企业家必须要有冒险精神。对一个企业家来说，不敢冒险才是最大的风险。企业家的冒险精神主要表现在：企业战略的制定与实施上；企业生产能力的扩张和缩小上；新技术的开发与运用上；新市场的开辟和占领上；生产品种的增加和淘汰上；产品价格的提高或降低上。

西方企业文化中的"创新"、"开拓进取"和"冒险精神"之间是相互联系、融为一体的。企业要想生存和发展壮大，就必须创新，而要创新就必须承受相应的风险并辅之以开拓进取的行动。

四、强烈的危机意识

西方企业的文化特征中有一个共同特点，就是具有极强的危机意识和风险控制能力,如微软所倡导的"我们距离破产只有三个月,但只要我们努力,破产就离我们永远只有三个月而不会到来"的文化理念。这种清冽的危机意识为企业的生存和发展带来了长远而持久的动力。首先,它使得企业能够保持清醒的头脑,增强忧患意识,及时预见市场风险并做好应对之策,大大地增强自身抵御风险的能力;其次,企业能够客观地审视自身,清楚地认识到自己的不足,从而更加准确地进行组织定位,及时做好防范风险的各项工作,最大限度地规避风险;最后,这种具有强烈危机感的企业文化能够增强成员的危机感、紧迫感和使命感,促使员工不断通过努力与合作来改善组织状况,充分开发员工的潜能,促使企业更好更快发展。事实上,风险随时随地都会存在,它不仅仅是带来损失,也可能意味着某种良好的机遇,成为企业文化生命力之所在,如能够在风险中抓住机遇并充分利用这些机遇,就能在激烈的竞争中转危为安。

五、注重培训与知识管理

西方企业(公司)十分重视人才的储备,西方企业文化的一个重要的传播手段,就是通过丰富而全面的企业培训体系,培养本企业发展所需要的人才。培训因而成为西方企业文化的载体,企业则不断加大对培训的投入,以期在竞争中获得更大的优势,而最有代表性的则是建立专门的培训学院来实现这一目的。这些培训的主要内涵包括三个方面:一是注重综合素质的培训。企业不再像过去那样只重视专业应用技能的训练,而更加突出自我管理、团队合作等综合能力和素质的培训,在这其中企业文化的熏陶更是贯彻始终的;二是强调以知识创新为核心的知识管理。随着知识经济时代的到来,知识在企业管理中的地位和作用也发生了深刻的变革,创新与创业成为这场变革的核心,知识管理成为决定个人、企业乃至国家竞争能力的关键因素;三是注重企业成员自我学习能力的培养和终身学习习惯的养成。西方企业培训改变了传统上只重视员工某种应用技能和知识获得的做法,并在此基础上强调团队学习能力的形成,建立起以培养员工终身学习意识、提高员工终身学习能力为主旨的所谓"学习型组织"。

六、注重参与管理

重视参与管理与西方文化中人文精神、追求民主、自由的精神是密切相关的。在西方许多国家中,政府用法律形式规定了员工在企业中应该发挥的作用。

如德国法律规定,凡 2 000 人以上的企业,必须成立监督委员会(相当于美国企业的董事会),凡 5 人以上的企业必须成立工人委员会,前者要由工人选举产生,后者要有一半工人代表参加。荷兰规定雇用工人超过 100 人以上的企业强制要有工人会议。法国和瑞典都规定雇用工人超过 50 人必须有工人会议,以此保证工人参与管理。尽管这些规定是工人经过长期斗争的结果,不是恩赐,实际上它也改变不了工人的地位,但长期推行,在企业中已经成为一种"文化"。有些企业不仅设有由管理人员和雇员代表组成的各级工作委员会,雇员参与管理企业,解决工作上的问题,同时,企业尊重为本公司工作的人,雇员对企业也有一定的归属意识。有些企业通过建立"经理参与系统"、"半自治团体"、"工作改善委员会"等,经理站在客观的立场上协助员工解决问题,而不是直接代替他们做具体决策,以此强化员工的责任意识。有些企业及时实施了轮换工作制和弹性工作制,提出应该使工作适应人,而不是使人去适应工作。在这种环境下,工人参与管理、提工作建议的愿望比较强烈,很多工人从中获得了心理上的满足,因而劳动积极性也比较高。在德国,很多企业还通过出售给工人股票的办法使工人对企业产生向心力。德国企业向工人发售股票(一般比证券交易所的价格便宜)已有多年历史,目前工人持有股票在企业股份中已有相当比重。据一项抽样统计显示,在 7 家大型公司中,按照股东总数计算,工人已占 43.9%,工人通过购买股票,更加关心企业的生产经营,参与管理的意识得到加强,企业的向心力、凝聚力自然增强,劳动效率也明显提高。

七、注重理性管理、硬性管理

理性的管理文化表现在组织机构和制度的建立、人员的配备以及经营管理等很多方面。在西方,企业注重建立讲求实效、灵活多样的组织机构和制度。企业组织机构的设置,是随着市场情况和生产技术的变化而变化的,不千篇一律,不相互模仿,不因人设事。即使是同类型的企业,机构设置也不一样。但有其共同特点,即组织严密、管理集中、讲求实效、富于理性。在人员配备上,西方企业要求严格,注重精干。企业的总经理、副总经理和各部门的负责人,一般都是从有一定学历和实际经验的人员中,经过考核,择优配备的。各部门分工明确,一级对一级负责,讲究工作效率。对一些重要部门的管理者要求更高,如研究与发展部、销售部等,均由能力很强的人掌管,甚至由总经理、副总经理直接兼任。作为一个总经理或副总经理,不仅要在生产技术上有专长,在管理上也必须是行家。在经营及对外交往关系的处理上,欧洲企业也显得理性十足。经营中严守法律,坚守信用;对外谈判往往一丝不苟,严肃认真,讲理性,讲效率。

在西方理性主义文化的影响下,西方企业大多奉行追求利润最大化的经营管理目标。西方企业大多数是私营企业,是独立的经济组织,一切活动的终极价值追求就是利润最大化。在管理制度方面,西方企业普遍重视"硬性管理",即注重企业经营管理中"硬"的方面,包括战略、结构和制度等。战略方面主要表现为企业未来发展战略和规划等,结构方面则主要体现为重视人员的配备和管理制度的科学性,制度方面则主要体现为依靠严密的组织结构和严格的奖惩条例对员工进行规范,把从制度上加强对员工的控制作为实现组织目标的重要手段。例如,在德国,职务规范严格,岗位职责明确,上下级界限分明,在每个员工心中形成了"心灵契约",成了根深蒂固的自觉职业行为。举世闻名的德国质量就是依靠了这种严格科学的管理制度、严密的质量体系和全体员工的责任心而创造出来的。

第四节　中西企业文化的差异

企业文化的产生和发展变化,与企业所处的国家和地区的地理环境、历史文化传统等密切相关,是传统文化与现代企业相结合的产物。中西有着迥然相异的地理环境和历史文化传统,企业文化自然也存在着显著差异。概括而言,中西企业文化的差异主要表现在以下几个方面:

一、基本价值观不同

深受儒家传统文化影响的中国企业文化是建立在以"情感"为纽带的"家本位"文化上,提倡集体主义和团队协作,鼓励群体发展与团结进取,以"和气生财"为至高信条,以"情感、道义、责任、纪律"为社会约束,形成了伦理、等级分明的工作关系。中国企业文化谨小慎微,见好就收,不主张冒尖,使企业员工缺乏竞争意识,更缺乏冒险精神,企业的经营也往往墨守成规,小富即安。缺乏远大的理想和宏伟的目标;而西方企业文化鼓励员工追求卓越的业绩,鼓励员工创新和冒险,提倡个人奋斗,提倡竞争创新和追求卓越,追求自身价值与幸福。在这种独立人格基础上形成的企业文化,人与人之间不是伦理、等级关系,而是平等关系基础上的契约关系。同时,西方企业文化也注重企业的发展壮大,企业有长远目标和远大的理想;事实上,中西价值体系的核心构造不同,表现为人格取向中的文化差异。中国企业文化是深受中国传统文化影响并以儒家思想为基础发展起来的,是一种以农民社会为主体的农业文化,又是以宗法血缘关系为根基的宗法制度文化;而受西方文化影响的西方企业文化则是在古代希腊文化和犹太基督教文化基础上发展而来的,是平民为主体的商业社会文化和市民社会文化。因此,中国企业文化的发展取向是重群体、重道德、重实用;而西方企业文化的发展取向则是重个体、重科学、重思辨。

二、思维方式不同

中西企业文化的差异首先表现为思维方式的差异。具体而言,中国企业文化重先验理性,重直觉,重感悟,重整体性,容许模糊性,注重和谐,认为和气生财;而西方企业文化则重事实,重逻辑思维,重发现,追求精确,注重竞争,认为竞争发财(见表5—1)。

表5—1　中西企业文化中思维方式差异

	中国	西欧
逻辑特征	总体的 综合的 非线性的 一元性	局部的分解的 线性的 多元性
等级或团队	注重等级	注重团队、平等
整体或个人	注重整体 强调员工服从	注重个人 尊重员工自主性和独立精神
对待意见的态度	注重意见的一致	提倡个人意见和多元观点

事实上,西方企业文化中蕴涵着较多的理性思想,强调直接、确切、实用、科学、效率,重视标准、制度的作用,表现出一种非常理性的思维方式,放大了人与物的关系,淡化了人与人的关系,增强了组织的创造性和管理效率,缺乏有效的人际沟通,组织像一架硬邦邦的机器,没有人情味;而中国企业文化重人际关系、重人情和"面子",到处充满灵性化和人情化,具有明显的非理性特征。放大了

人与人的关系,淡化了人与物的关系,追求办企业就像经营一个家族一样,有浓厚的伦理关系色彩,讲究人和亲情。其局限性体现在:由于照顾人的感情,着眼于人际的微妙关系,于是会造成面子效应,人为地把事情复杂化,不但降低了办事效率,还使人际关系变得复杂、虚伪和表面化,还容易产生小团体主义,也影响个性发挥和创造精神的形成。

三、决策方式不同

在企业决策方式上,中国企业文化倾向于决策的集中化,不善于授权,注重"掌管",偏爱权力的集中,在决策上奉行集体主义,形成了民主集中的群体决策风格。其特点是能够集思广益,从而保证和维护企业的整体利益,但缺点是权责不够明确,决策效率低,且难以对快速变化的市场作出足够迅速的反应;而西方公司则倾向于决策的分散化。西方企业文化认为管理即授权,在决策上奉行个人主义。具体来说,西方公司决策大多在专家集团的支持下由个人作出决定并完全由个人对决策负责,而且遵循自上而下的"决策—执行"单向型决策管理模式。其特点是明确的分权、授权以及权责相称,具有较强的科学性,决策效率较高,能够迅速应对快速变化的市场。但缺点是不能集思广益,有时甚至会引起个人独断专行而导致比较重大的决策失误。

例如,德国的《职工参与管理法》明确规定,大型企业要按对等原则由劳资双方共同组成监事会,并由中立人士担任主席;《企业法》规定,凡职工在 5 人以上的企业都要成立职工委员会,负责在工资、福利、安全、劳动时间、条件、合理化建议等方面维护职工利益。可见,德国企业十分强调职工参与企业管理。他们认为这种决策方式能更多地考虑企业的长期发展,避免短期行为;同时,能融洽劳资关系、增强企业内部控制力、提高劳动生产率。在决策中,他们提倡授权和各相关单位的高度参与,提倡由下而上作出集体决策。这种决策过程中的深入宽广的探讨,使决策结果容易获得较高的共识,也更有利于决策的执行。

在中国则不然,员工的依赖性和被动性较强,所谓事不关己,高高挂起。中方员工普遍认为,我只要做好我的本职工作就行了,管理是公司和领导的事情,与我无关。而且即使我积极参与了,表达了自己的愿望,也不可能被管理者采纳,不可能使现行的制度发生改变,都是走走形式罢了。这种看法使中国境内德资企业的参与制度失去了原有的意义,而真正成为了一种形式。此外,中方管理者对德资企业的这种决策方式也存在着不满。由于太重视形式主义和固守规则,决策过程烦琐漫长,常常令企业失去机会;而且由于所有决策都必须有所凭据,需要花费大量的费用和心血,寻找各种事实来支持决策,也会对决策产生反效果。好在目前很多德国企业都已经认识到了这一点,并在实践中不断地寻求改善。西门子公司总裁就曾在一次欧洲高阶经理论坛中承认:"西门子公司过去并不一定了解行动要快的道理……因此现在必须坚持,努力达到快且精简的境界。"

四、管理文化和理念不同

中西企业文化的决策方式、思维模式等各方面的不同,在实际企业管理中就表现为经营管理中的文化差异。随着管理科学的发展,企业中人的地位和作用经历了三次飞跃:从追求物质利益的经济人到处于社会关系中的社会人,再到受价值观念所支配的文化人。所有优秀的企业无不重视企业文化以及作为企业文化主体的人在企业创新中的作用。东方文化如行云流水,是世界上最容易存活的文化,其中一个重要的原因是它的适应性强、灵活性强。但是,过于灵活的必然结果是不重视正式制度的建立和实施,对环境变化采取实用主义的态度,因时制宜。因此,在企业管理中,制度往往不受企业管理者重视,企业管理者对制定制度毫无兴趣,即使执行正式的制度时,也常常因所谓特殊情况或特殊需要而被"灵活"放弃。正式制度的作用被弱化,只能依赖于"人治"。这样,管理者个人在道德、知识、能力等各方面的水平就决定了企业的成功或失败。一般而言,西方企业管理以"法"为重心,强调对事不对人,总是希望用正式的规则、制度来解决问题,以法律、合同和诉讼等手段来推行管理;而中国的企业管理则以"情"为特质,总是希望任何事情首先要"合情",其次才是"合理"和"合法"。这样一来,中国的企业管理就建立在以家族为本位的社会伦理秩序基础上,深受传统文化的中庸观念和君臣、父子观念影响,注重和谐的人际关系。

从经营理念与管理思想方面来看,中国企业人员在长期计划经济条件下,缺少适应市场要求的经营思想。如强调企业的生产,忽视营销与售后服务;关注企业的现在,不太注重企业的未来,忽视企业风险防范;重生产,轻质量。忽视效率,回避竞争;追求企业的短期利润的最大化;而西方企业管理人员大都具有互利、应变的市场经营思想,他们崇尚竞争,讲求效率,注重成本研究;企业生产完全"以销定产",强调售后服务;注重企业的风险分析与防范,讲求事前预测,强调管理者的权威,并致力于个人承担责任;注重技术创新,追求企业的长期利润最大化等。

五、治理结构不同

中西企业的制度安排不同。西方国家的企业治理模式有两种:一种是以英国为代表的一元制,即"股东主权加竞争性资本市场"的治理模式;另一种是以德国为代表的二元制,即"银行导向型"治理模式。中国企业实行德国模式的二元制管理结构,股权高度集中,国有股比重仍然很大,不利于形成有效的公司治理结构。从层级制度上看,表现为组织设计中的文化差异。企业组织设计中的文化因素影响,主要体现在两个方面:一是明确个人在组织中的地位和作用,保持一定的权力距离;二是建立适当的管理控制系统,正确地评估个人的努力程度。在权力距离较大的组织中,个人在组织中的地位和作用并不那么重要,集体主义倾向占主导地位。在这种文化氛围下,组织的评估体系和方法是由管理人员负责组织,建立起的是以团体为单位的培训和奖励机制,每个成员都把自己看做是协作体内的组成分子,与其他成员保持密切的合作关系。相反,在权力距离较小的组织中,个人主义的倾向要求业绩评估必须以个人的行为、效率和成就为基础,充分肯定个人对组织的贡献。从科层制度上看,西方公司强调分工明确,职责分明以及管理制度化与规范化,注重指令的服从和执行。而中国企业则相反。在治理模式上,西方公司以"专断型"为主;而中国公司则以"混合型"为主。

六、沟通习惯和方式不同

中西企业中员工的沟通习惯及方式存在着显著差异。一般而言,中国企业员工注重关于"人"的沟通,而西方企业员工更注重"事"的沟通;前者注重等级,而后者更重平等;前者注重沟通时的间接委婉,而后者更注重直接公开;前者在沟通时显得更被动、内向,而后者显得更主动、外向;前者在沟通时更喜欢请教式的姿态,而后者往往更容易采取教导式的姿态;前者更注重沟通本身及其过程,而后者更注重沟通的结果和质量;前者更注重沟通时气氛的和谐友好,而后者则往往更关注沟通的事项及其正确与否(见表5—2)。

表5—2　中西企业文化中沟通习惯差异

	中国	西欧
人或事	注重人	注重事
等级或团队	注重等级	注重团队、平等
注重或被动	被动、内向	主动、外向
沟通态度	请教学习式	指导式
对待意见的态度	注重沟通过程	注重沟通结果

在西方企业员工看来,中国企业员工在人际沟通方面尤其不习惯反问或追问,因为中国人首先担心由此让发言者误以为好像没有把事情说清楚,其次怕由于自己非常个人的提问而耽误或许已经听得一清二楚的其他在座者的时间;西方人认为,中国人更不习惯所谓的"圆桌会议"。在他们看来,让一个中国企业员工对别人刚刚发表的见解公开提出批评意见,几乎是不可能的。

七、法制观念不同

通常认为,中国人对"法"的理解,历史地不同于西方人,所以,中西企业文化中对"法"的观念也截然不同。在西方企业的制度习惯里,"法"严格独立于个人。在中国,"人情"似乎在企业中起着某些神奇别致的作用,有时"人情"在中国企业里甚至具有几近无坚不摧的力量。中西人在法制观念方面的这种差异,亦反映在企业员工对待协议的相当不同的态度上。一般而言,中国企业认为协议是协商的基础,而西方企业往往将协议作为双方协商的结果;中国企业认为协议的前提和基础是信任,而西方企业往往会在协议的具体执行过程中培养信任,等等。与前述沟通习惯上的差异相关联,中国企业通常认为,无论道理是否在自己一方,都不习惯与人发生公开的冲突。即使今日,双方企业诉诸法律,在中国依然往往意味着双方业务关系的终结。

在中国企业中,人治观念较强,法制观念淡薄,经营中缺乏法律意识和信用意识,在处理内部管理问题时,往往把个人感情、关系置于规章制度和规范之上,灵活有余,管理硬度不够,因而影响效率;而西方企业则更注重规章制度,强调按章办事,严格执行相关规定和标准程序,有较强的管理硬度,效率较高,但往往忽略了人与人之间的感情,显得不近人情,灵活度缺乏,对于处理特殊情况常常无能为力。

八、激励方式不同

中西企业文化的一个重要差别体现在对员工激励方式的区别上。一般而言,中国企业更强调对员工的感情联络和培养,而西方企业则更注重对员工的利益驱动。事实上,在西方被视为无用或者不当的员工激励方式,很可能在中国能够带来相当积极的效果,而一些在西方极富成效的激励制度,有可能在中国一无所获。例如,在中国的外资企业中鼓励员工个人间竞争的做法,便没有像设计者当初预料的那样有效。奖金往往在整个小组中被均分。等级分明的奖金制度经常不仅未能在员工中起到激励作用,而且反倒增加了员工之间的相互不信任。在中国企业中好的领导者始终关注着工作的状态和进程并尽可能多地同员工在一起,这样往往能对员工起到激励和表率作用,而在西方企业中好的领导者应能够充分委派任务和责任,而不是总想控制一切,因为对他们而言,对员工的充分信任和授权才是对他们的最大激励。

总之,西方企业文化是在西方文化背景下产生的,注重逻辑思维和个人主义的一种企业文化,是一种效率优先、倾向于"硬管理"的企业文化;而中国企业文化则是在中国文化背景下产生的,注重整体性和模糊性的一种企业文化,是一种富于传统的、人文主义色彩浓厚的企业文化。

第五节　中西企业在工作行为上的差异

一、工作态度、作风与方式

一是西方价值体系以个人功利主义为核心,崇尚个性自由与个人至上。而中华文化则以集体主义为核心,强调集体精神与合作态度,个体价值的实现同社会目标与组织目标的实现相结合。一是利益观的不同。西方人大都崇尚金钱与物质利益,"金钱至上"、"利益至上"观念根深蒂固。而中国儒家文化则主张重义轻利,注重名节,追求人生价值的实现。二是伦理道德观的不同。西方伦理道德的核心是"享乐主义"、"利己主义"以及崇尚个人奋斗。中华文化以儒家思想为主体,其精华则是"仁"、"义"、"礼"、"忠"、"孝"、"信"、"爱"。三是劳动观的不同。西方人大多在工作时全身心投入,闲暇时则自由自在游玩。中国人尽管视劳动为美德,但人们在企业中却表现出工作节奏缓慢,不主动,不求有功但求无过。四是行为观的不同。西方人一般坦诚率直,办事直来直去,且富有冒险与进取精神。中国人大都遵循"中庸"之道,"和为贵",因而表现出因循守旧。五是事理观的不同。西方人重事理而轻人伦,讲究一切按规章制度办事,遵循"法、理、情"事理次序。中国人向来重人伦而轻事理,遵循"情、理、法"的事理次序。

不同的文化背景使人们对工作产生不同的看法,从而形成不同的工作态度、作风与方式。本书研究的是在华德资企业内部的文化差异,研究对象双方之间的交往大部分是在工作中完成的,不同的工作态度、作风与方式必然是产生冲突的主要原因。因此,研究者在访谈中有意强调了几个问题:"你认为德国人(中国人)的工作态度如何?";"你习惯德国人(中国人)的工作作风和方法吗?";"你认为中德双方之间对工作范围的看法一致吗?";"你愿意为工作牺牲自己的业余时间吗?"等,从中研究者发现了中德员工之间几点极大的差别。

首先,对工作的重视程度,中德双方有明显的不同。在被问到是否愿意为工作而加班时,15位中方员工中9人表示同意无条件加班,另外5人表示虽不愿意但如果工作需要也会加班,只有1人表示会以一定的理由来拒绝加班。回答愿意的理由是不同意加班会被认为是没有敬业精神的表现;加班越多,表示工作越努力,为公司作出的贡献也越大,因此即使没有太紧急的事情,多数人也愿意下班后在公司多待一会儿,以避免给领导以不敬业或工作不充实的印象。与此相反,受访的所有德国人都明确表示,除非十分必要、紧急的情况,否则不会加班。他们认为所有的工作应该在上班的时间内完成,下班后是私人的时间,不能因工作而被占用。此外,对他们来说,加班不但不被认为是努力工作,反而会被认为是工作不专心或能力不够,致使工作效率低下。可见,中国人更重视工作,为了工作不惜投入大量的时间与精力;而德国人更重视享受生活,追求的是职业生活以外的个人自由空间,因而不愿为工作牺牲太多的业余时间。因此,在中国人眼中德国人不够敬业;在德国人眼中中国人就像上满发条的跳蚤,干起活儿来不要命,让人难以跟上步伐。某公司助理AMY小姐谈到类似事情时也深有体会:"有一次我好不容易约到了一个非常重要的客户,但由于某些原因时间只能定在周五的晚上,老板得知后特别不高兴,还不停地问'你确认是周五吗?''难道他们就不休息吗?'要知道这可是一个我们期待了多久的见面机会啊,换了中国老板早就高兴得不得了了。再说到时候我也要加班啊,我都不怕,你为了自己的公司难道还不该加班吗?"

其次,在工作作风上中德双方也有分歧。德国有位著名的哲学家说过:"凡是存在的就是合理的。"德国人对已经存在的都很敬畏和尊重,包括已颁布的法律法规、合同契约,已经订立的约会和承诺,已经运行的系统和体制等。因此,虽然德国人在对工作重要性的认识上不如中方高,但他们办事认真、严谨,责任心强,对工作绝不会敷衍了事,而且在制度面前绝对公私分明。德国有句俗话"公务是公务,烧酒归烧酒",私下烟酒不分的朋友,办起公事来不讲一点儿私情。这对中方员工来说是难以接受的,因为相对于制度来说,他们更重人情、讲面子,在处理问题和关系上更善于变通、更灵活。一次,YW 先生的下属在出差夜归途中不慎乘坐了超出公司规定标准的出租车,YW 先生体恤下属特意签字后转给了交往甚密的德籍财务 A 先生,没想到 A 先生执意只按标准予以报销,令 YW 颇为恼火:"其实也就是三四十块钱的事儿,公司肯定不会计较,而且我已经签了字,他却不同意,让我在下属面前也没了面子。"A 先生的做法着实让 YW 感受了一下德国人的工作作风,一丝不苟、不徇私情,就像一部冰冷的机器。

第三,在工作方式上,德国人强调周密的计划,绝对不能没有充分的事前准备和计划,也不愿意轻易改变已有的约定。严格执行已经制订好的计划和对未来进行计划,是德国人个人生活的主旋律和社会组织的游戏规则。在研究者调查的多数企业中,都有一种被称为"预报"(forecast)的制度,销售人员必须将半年内的销售预期按一定要求填写在表格内,并定期更新、上报,最短的更新周期竟然只有一个星期。对"预报"中的任何改变,都必须注明原因,即使是有利于公司的业绩增长也不例外。据说这样做是为了公司更好地按计划有序地推进业务、避免突发的市场状况打乱全盘部署。而中国的计划则不同,它通常只是形式上的、不一定要实现,俗话说"计划赶不上变化",因此在中方员工看来对计划不用太认真,过多地计划更是费时的、没有必要的。德方员工显然对中方的这种不善计划颇有微词。

最后,在工作范围的界定上中德双方也有差异。在研究者调查的德国公司中,每个职位应该干什么都是定死的,都记载在一份详细的职位描述书中,相当于一份合同。对德国人来讲,你只要能按时完成职位描述书上的内容,就说明你圆满完成了任务,而对超出范围的工作可以拒绝去做。但在中国却不同,中国人对不同职位的工作内容的认识比较模糊,还有意无意地会将一些人际关系问题纳入工作范围中,从而扩大了自己的工作义务。曾在国营企业工作多年的 LXC 先生提到他的经历,以前在国企与上司出差,除了公事,上司的一切大小私事包括乘车提包、吃饭点菜,也都是由他来安排。到了德资企业后依然如此行事,没想到却遭到了上司的投诉,问他为什么总把上司当成孩子照顾,是不是认为上司没有能力照顾自己。实际上,德国人崇尚独立自主,尤其在生活上,不希望得到他人过多的关注;而中国人的等级观念是上级理应受到下级的尊重与照顾,对上级在起居饮食上的照顾自然地成为下级的工作内容之一。如果下级像德国人那样只顾完成工作任务,必然会被认为是眼里没活,不懂世故,因而难以获得赏识。此外,在谈到是否会愿意帮助同事完成工作时,德方员工中只有 2 人表示愿意,占 25%;而虽然多数中方员工都承认帮助别人对自己的工作不会有任何好处,但为了维持良好的人际关系,仍有 10 人表示愿意帮忙,占 66%。可见,对中方来讲人际关系在工作中的地位要比德方重要得多。

二、人事政策

(一)员工的任用期限

受基督教精神的影响,欧洲许多国家的企业强调职员互爱、劳资和谐,德国尤为突出。在德国,法律禁止突然解雇工人,如果干得好甚至可以受雇 10 年以上。法律还规定厂方应在每季结束前 6 周宣布解雇名单,因此德国的大多数中、小型企业中,雇主与雇员之间可以建立良好、和谐的关系。虽然中国并没有类似的法律,但进入中国市场的德资企业或多或少地保留了这种风格,只要员工没有原则性的错误,即使工作能力差一些也不易被解雇。研究者调查的这几家德资企业,它们进入中国的时间分别在 10 到 20 年之间不等,而受访对象的平均企业工龄为 7 年(包括 2 名自身工龄就不满两年的年轻人),其中,有 7 位企业工龄超过了 10 年,他们中的 3 位甚至是在公司三次易主后仍然留在原有岗位上。可见,这与人们通常认为的外企工作不稳定的看法大不相同,也使不少中方雇员感到惊讶:即便是在经历了长期计划经济的中国企业,也已经认识到这种方法会导致企业效率低下、人浮于事,并在实践中有了不少改进,怎么还会在适应了市场经济的德国企业中存在呢? 又如,某被访公司的财务状况在前年曾一度出现危机,即使在这种情况下公司也没有裁员,包括一些普遍被认为是多余的职位,而是采取减少工作时间的方法降低成本、渡过难关。这样虽然使少数人避免了失业,但却让一些能力强的中方员工感到不公正,对企业的管理方式失去了信心,不久后纷纷辞职离开。这使德方主管十分困惑,不明白为什么自己承受这么大压力留下了所有人,却有人不领情,还有人会在公司有了起色后选择离开。

(二)人员的录用、选拔与晋升

虽然在每个企业的招聘信息上,都会标明对应聘人员的具体要求,但并不是所有满足此要求的应聘人员都可能被录取,这是因为每个企业都会因自身价值取向的不同而存在着一个潜在的录用标准。当然,为了避免受雇者在招聘时有意迎合,在录取后又难免与公司发生冲突的现象,没有公司会将它们的实际录用标准昭示于众。同样,在人员的选拔与晋升上也是如此。为此,研究者特意与两位德籍人事主管进行了交流,获得了一些有意义的信息。首先,如前所述德国是一个宗教信仰很强的国家,"忠诚"的概念占有重要的地位。因此,德国公司对频繁更换公司的人评价不高,一年内有两次跳槽经历的人根本不会被列入录用范围之内。也只有长期为公司服务,并经历了不同工作历练的人才有可能被提拔。在德国,要想在公司里升到中层职务通常需要 7 到 10 年的时间,而从中层上升到高层,还需要 5 到 6 年的时间,因此 40 岁以下的人很少有机会担任最高职位的工作。即使是在华德资企业中,出于员工本地化的需要,对中方员工的提拔要快一些,但要升到较高的职位,也至少需要 3 到 4 年的时间。可见,本公司的资历在德资企业里是很重要的。其次,德国公司十分重视员工在工作中的"软技巧",即有别于专业知识、技术等"硬"技能的能力,包括领导艺术、交流沟通能力、团队协作能力、时间管理和演讲技巧等。其中,沟通能力是个人能力中最被看中的一项。这里所说的沟通不是指喝茶聊天,也不是说语言交流有多流利,而是指在工作中能正确、全面地将信息传递给他人的能力,这种沟通通常是通过 E-mail 或写报告的方式来完成的。最后,才是专业技术能力和工作经验,特别是对一些专业性不是很强的职位来说,如果你的前两项条件十分令人满意,即便没有太多的经验,也是有可能被录用的。有的公司对某些职位甚至更倾向于聘用应届毕业生,再通过在职培训使他们获得必要的能力,以弥补他们经验的不足。此外,德国公司对人员的学历要求也不高,通常只要是本科毕业就可以了,过高的学历反而会给人感觉华而不实、适得其反。对员工的毕业学校也没有要求,来自著名学府的人在录用、晋升中并不会有特别的优势。

为了了解中方员工对德资企业人事标准的看法,研究者对这15名中方员工就他们对自己的受雇或晋升理由进行了调查。其中,有7人(46.7%)认为德资企业之所以雇用或提拔他主要是因为看中了他们的专业技能,有5人(33.3%)觉得主要是因为他们的工作经验,有1人(6.7%)觉得是德方看中了他的社会关系,还有2人(13.3%)觉得是因为其他原因,如年轻、对报酬要求低等。可以看出,中德双方在人员录用与选拔的想法上还是存在着相当的差距的,不能正确理解对方的想法,不但会使双方的管理人员产生分歧,也容易使员工产生误解,打击其工作的积极性。

三、人员的培训

德国是世界上进行职业培训教育最好的国家之一,其法律有三项规定:一是带职到高等学校学习;二是企业内部进修;三是有劳动总署组织并付费的主要针对失业人员的专项职业技能培训。在德国,除了必备的文凭外,没有经过三年职业教育是不可能找到工作的,即便是一个经营农业生产的家庭,他们的子女如果没有经过专业的农业训练,也不可能继承家业从事农业生产。此外,由专业学校出来的高中生在被企业录用为学徒后的三年中,也必须接受双轨制教育培训,其间的培训费用和工资全部由企业负担。正是因为企业把这种对各级各层人员的培训当做系统工程来抓,才打造了一支整体素质优良的员工队伍,为企业的发展奠定了坚实的基础。当然,在华德资企业也不例外,除了一些规模较小的企业外,他们的培训体系都相当完善,只要进入公司达到一定的年限或职位,员工就能享受到培训的待遇,并通过基本的和高级的训练计划,不断提高自己的工作能力,获得升级机会。

相对来说,中方管理者对培训的态度要比德方人员低调得多。虽然他们本身都是培训的受益者,但在访谈的7名中方管理者中至少有3名表示,现行的企业培训制度存在着弊端,如培训范围过宽、培训成果不显著等,更严重的是约束条件不完善,使一些不"忠心"的员工在学到了一定的技能后可以随便离开,甚至跳槽到公司的竞争对手一方,从而给公司带来负面影响。可以说,在工作忠诚度还没有在中国员工心目中上升到一定重要的地位之前,过多的培训投入是具有一定的风险性的。

四、决策方式

从决策方面来看,一般认为,西方公司倾向于决策的分散化,中国公司倾向于决策的集中化。具体来说,美、欧公司决策大多在专家集团的支持下由个人作出决定并完全由个人对决策负责,而且遵循自上而下的"决策—执行"单向型决策管理模式;中国公司则遵循民主集中制的决策方式。从经营理念与管理思想方面来看,西方管理人员大都具有互利、应变的市场经营思想,他们崇尚竞争,讲求效率,注重成本研究;企业生产完全"以销定产",强调售后服务;注重企业的风险分析与防范,讲求事前预测,强调管理者的权威,并致力于个人承担责任;注重技术创新,追求企业的长期利润最大化等。而中国企业人员在长期计划经济条件下,缺少适应市场要求的经营思想。如强调企业的生产,忽视营销与售后服务;关注企业的现在,不太注重企业的未来,忽视企业风险防范;重生产,轻质量;忽视效率,回避竞争;追求企业的短期利润的最大化。

从科层制度上看,西方公司强调分工明确,职责分明以及管理制度化与规范化,注重指令的服从和执行。而中国企业则相反。在管理模式上,美、欧公司以"专断型"为主;日本公司以"民主型"为主;而中国公司则以"混合型"为主。

第六章　文化导向论

跨文化管理研究的主要成果有克拉克洪与斯乔贝克（Kluckhohn Strodtbeck，1961）的六大价值取向理论、吉尔特—霍夫斯泰德（Geert Hofstede，1980，1991）的文化维度理论、特罗姆皮纳斯（Trompenaars，1993，1998）提出的文化架构理论，蔡安迪斯（Triandis H C，1995）提出的个体主义集体主义理论。其中最具代表性和影响力的是吉尔特—霍夫斯泰德的文化维度理论。

第一节　传统文化维度理论综述

一、六大价值取向理论

较早提出文化维度理论的是两位美国人类学家——克拉克洪与斯乔贝克（Kluckhohn & Strodtbeck，1961）。克拉克洪曾是哈佛大学的教授，现已故世。她曾参与太平洋战争时美国战争情报处（Office of War Information）组建的一个约30人的专家队伍，研究不同文化的价值、民心和士气。该研究组通过对日本民族的心理和价值观的分析，向美国政府提出了不要打击和废除日本天皇的建议；并依此建议修改要求日本无条件投降的宣言。二战后不久，哈佛大学加强了对文化价值研究的支持力度，并与洛克菲勒基金会一起资助克拉克洪等人在美国的得克萨斯州一片有5个不同的文化和种族的社区共存的方圆40英里的土地上展开了一项大规模的研究。六大价值取向理论就是研究成果之一，发表在《价值取向的变奏》一书中。他们认为，人类共同面对六大问题，而不同文化中的人群对这六大问题的观念、价值取向和解决方法就能体现这些群体的文化特征，从而绘出各个文化群体的文化轮廓图，而将不同的文化区分开来。他们提出的这六大问题是：

中国人遵等级

西方人求平等

（1）对人性的看法：善或恶；

（2）人们对自身与外部自然环境的看法：人是自然的主人——人受制于自然；

（3）人们对自身与他人之关系的看法：个体主义——集体主义；

（4）人的活动导向：重视做事或行动——重视存在；

（5）人的空间观念：隐秘——公共；

（6）人的时间观念：一个时间做一件事——同时做多件事。

克拉克洪与斯乔贝克从自己的研究出发，指出不同民族和国家的人在这六大问题上有相当不同的观念，而在这六大问题上的不同观念则显著地影响了他们生活和工作的态度和行为。

二、文化维度理论

文化维度理论是跨文化理论中至今最具影响力的一个理论，由荷兰管理学者郝夫斯特（Hofstede,1980,1991）提出。该理论是实际调查的产物，起初并无理论构架。20 世纪 70 年代末，郝夫斯特有机会对分布在 40 个国家和地区的11.6 万名 IBM 员工进行文化价值观调查。那时，IBM 大概是唯一一家全球公司。郝夫斯特的逻辑是，在 IBM 工作的员工大都有相似的教育背景和智力水平，个性特征也会比较相似。因此，他们对同一问题做出不同的答案反映的不应是其他方面的差异，而更多的是文化对他们产生的影响。

通过对各国 IBM 员工对于大量问题的回答进行因素分析，郝夫斯特发现有四大因素可以帮助我们区分民族文化对雇员的工作价值观和工作态度的影响。1980 年，他在《文化的后果》一书中发表了该研究的成果。这四大因素或四个维度是：

1. 权力距离

权力距离是指社会对权力在社会或组织中不平等分配的接受程度。权力距离是民族文化差异的最典型特征。处于权力距离比较大的国家里，人们有严格的等级观念，上司具有较大的权威且不易接近；处于权力距离比较小的国家里，人们认为彼此是平等的，等级制度的建立只是为了工作的方便并且职务的高低是可以变换的。权力距离大的文化的价值观具有的特征是：（1）不平等从根本上讲是好的；（2）每个人都有自己的位置，有人地位高，有人地位低；（3）大多数人应依赖于一位领导；（4）权力者被授予特权；（5）权力者不应隐藏其权力。

2. 个人主义与集体主义

在霍夫斯泰德的理论中,个人主义与集体主义是作为不同的文化特征而被讨论的,它并不涉及国家权力是由少数人掌握还是由集体掌握的问题。个人主义的文化价值观具有的特征是:人们对自己负责,个人成就是理想,人们不必动情地依靠组织和群体。而集体主义的文化价值观的特征是:个人的身份以群体成员关系为基础,群体作决策是最好的,群体保护个人来换取个人对群体的忠诚。

3. 男性主义与女性主义

即有关性别角色的期望。在所有的文化里,男人和女人接受不同的社会化方式,并且通常扮演不同的角色。许多研究表明,在大多数文化中,男人的社会化更强调成就激励和自力更生,而女人的社会化则更强调教养和责任感。作为文化的一面,男性主义代表文化支持传统男性取向的整体趋势。男性主义的国家文化价值观具有的特征是:(1)应该严格区别性别角色;(2)男人是专断的,占支配地位;(3)男性主义或在男性中夸大男权是好事;(4)人们特别是男人应该是决策性的;(5)工作优先于其他职责,如家庭;(6)成就、成功和金钱都是重要的。

4. 不确定性规避

不确定性规避是指一个民族对所生存的社会感到无把握的、不确定的或模糊的情景威胁时,试图以技术的、法律的和宗教的方式,来避免不确定局面的发生。每个民族的不确定性规避,都有显著的强弱差异。高不确定性规避的文化价值观具有的特征是:(1)避免冲突;(2)不能容忍不正常的人和思想;(3)法律非常重要,应被遵守;(4)专家和权威通常是正确的;(5)统一思想是重要的。

5. 长期导向与短期导向

这个维度表明一个民族持有的长期或近期利益的价值观。具有长期导向性的文化和社会的文化价值观所具有的特征是:储蓄应该丰裕,固执坚持以达到目标,节俭是重要的,对社会关系和等级关系敏感,愿意为将来投资,重实效的传统和准则以适应现代关系,接受缓慢的结果。

Hofstede 的文化分析框架是迄今为止在跨文化管理研究中较为完整、系统的文化分析模式。它说明了一个国家、企业的管理原则与方式是建立在其文化(企业文化)基础上的,只有透过文化(企业文化)的差异性观察不同国家的管理方式的差异性,才能提升跨文化管理活动的目标性及有效性。对中西企业而言,

Hofstede 的文化维度理论对这两种企业文化的融合具有重要作用。

三、个体主义—集体主义理论

个体主义—集体主义理论是蔡安迪斯经过近 30 年对文化差异的研究之后提出来的。蔡安迪斯出生于希腊,早年移民美国,从事心理学研究工作,以关于个体主义—集体主义的跨文化研究闻名。1995 年,他出版了《个体主义与集体主义》一书,总结了他自己几十年来以及他的弟子和其他跨文化心理学家的研究成果。

前面介绍郝夫斯特文化维度理论的时候曾提到个体主义—集体主义这一维度,很显然,郝夫斯特认为个体主义集体主义是同一维度上的两极,一种文化如果在个体主义上得分高,就意味着在集体主义上得分低,反之亦然。一种文化不可能既很个体又很集体。蔡安迪斯完全不同意郝夫斯特的观点。他认为,个体主义—集体主义不是一个维度的概念,也不是两个维度的概念,而是一个文化综合体,包括许多方面。此外,蔡安迪斯将这个概念降到个体层面,用它来描述个体的文化导向而非国家或民族的文化导向。那么,个体主义—集体主义这个文化综合体到底包括哪些方面的内容呢?

蔡安迪斯提出五个定义个体主义—集体主义的重要方面:

(1)个体对自我的定义;

(2)个人目标和群体目标的相对重要性;

(3)个人态度和社会规范决定个体行为时的相对重要性;

(4)完成任务和人际关系对个体的相对重要性;

(5)个体对内群体和外群体的区分程度。

1. 个体对自我的定义

个体主义者和集体主义者在对自我这个概念上的理解和定义大相径庭。一般来说,个体主义者将自我看成独立的个体,可以脱离他人而存在,而且作为独特的个体,应该与众不同。别人对自己的看法常常用来验证自己对自我的定义,而不直接影响或进入自我概念的范畴。集体主义者则把自我看成群体中的一员,与他人有互赖的联系,不能脱离他人而存在。个人应该属于某一个群体,如果找不到“组织”,会有很强的失落感,一下子不知道自己是谁。别人对自己的看法至关重要,常常会影响到自己对自我的评价。

自我定义不同的方方面面的行为表现和对事物的反应都有所不同。一个方面是对自己行为的负责态度。许多研究结果都显示,西方国家的人个体主义者为多,而东方国家中则集体主义者居多。具有独立自我定义的人强调个人对自己的行为负责,对自己行为的结果负责,而不归咎于外在原因,不找借口。

自我负责、自我依靠是西方社会最基本的价值观之一,用这样的理由说理别人都没有辩驳的余地。如果学校学生说没有时间在规定的时间内完成作业,大部分学生不会强调任何借口,因为知道行不通。另外,他们愿意通过自己的努力去达到目标,而不愿意依靠别人的帮助,有时会很令人费解。相反,具有互赖自我定义的个体则有把自己的行为归咎于不受自己控制因素的倾向。因为他人与自己有着千丝万缕的联系,自己的行为当然不能完全由自己控制,而受到别人和别的事件的影响。这些人有将自己的行为作外归因的倾向。同时,对他们来说,依靠别人的帮助解决自己的问题也是完全在情理之中的事。通过自己的朋友、家人或关系办成事情甚至还会感到值得骄傲。父母为孩子处理生活中的大事,如考大学,找对象,办婚礼,带孩子,都顺理成章,做父母的觉得尽心,做子女的感到欣慰。

另一方面的表现是对自己是否应该与众不同所持的态度。具有独立自我的人希望自己与众不同,越有个性特点,越值得骄傲。对这些人,别人看他们的异样眼光对他们是鼓励,是肯定,令他们兴奋。相反,如果有人说"你就像大家一样,没有什么特别的",那对他们简直是天大的侮辱,是难以忍受的噩梦。相反,具有互赖自我的人则希望自己能融入群体,被大家接受,而非格格不入,孤芳自赏。集体主义社会中,能在群体中如鱼得水的人感觉就比较好。

2. 个人利益和群体利益的相对重要性

对个体主义社会中的人来说,个人利益当然比群体利益重要。在法律允许的范围内追求个人利益不仅合理,而且提倡。亚当·斯密的名著《看不见的手》说明的就是这个意思:每个人在追求个人利益最大化的同时,能够实现群体利益的最大化。而市场就是一只无形的巨手,将个人利益与群体利益的关系自动理顺。这当然为追求个人利益提供了理论依据,使追求个人利益者理直气壮。追求个人利益最大化于是成为西方经济学的最重要基本假设。

把个人利益看成合理的个体在当自己的利益与集体利益发生冲突的时候,首先考虑的是如何保全正当的个人利益,然后才是集体利益。

在集体主义社会中长大的人从小所受的教育正好相反。个人利益是阴暗的东西,不仅不能提倡,还应加紧防范。追求个人利益被看成是自私的表现。要

"大公无私",要"狠斗私字一闪念",要排除私心杂念,要"毫不利己专门利人"。当个人利益与群体利益发生冲突的时候,应该毫不犹豫地牺牲个人利益,而不是牺牲集体利益。

3. 个人态度和社会规范决定个体行为时的相对重要性

一系列的跨文化研究结果表明,在个体主义为主要导向的社会中,个体的行为动因主要来自于自身对该行为的态度和兴趣,而在集体主义社会中,个体行为的主要驱动因素主要来自自己对他人可能将有的看法的认知。

在个体主义社会,人首先想到的是怎么做能最大限度地满足自己的利益和需求,而不是别人的。人首先为自己活着,做任何事都得让自己觉得合适和自然,因为最终是自己而不是别人对自己的行为负责。"走自己的路,让别人去说吧!"就是典型的个体主义信仰。个人的态度决定个人的行为,用来描述个体主义社会中的现象基本会比较准确。这可能是为什么在西方有如此之多的关于人的态度的研究,而很少有关于隐形社会规范对人的影响的研究,因为知道了一个人的态度就能在很大程度上预测该人的行为,其余的则不那么重要。

4. 完成任务和人际关系对个体的相对重要性

个体主义社会中的个人因为强调独立的自我,理性对个体来说就比关系要重要得多。一个例子是他们对完成任务的态度。因为是否胜任某个工作或完成某个任务能显示个体的能力和特点,是自我定义中的一个重要组成部分,因此,个体主义者把完成任务看得很神圣很重要。同时,与他人的关系并不直接影响个体对自身的评价,因为个人只能通过自己的行为举止,而非通过与他人的关系证明自己,就像《圣经》中所言"上帝只帮助那些自己能拯救自己的人"。所以相对于完成任务而言,人际关系便不那么重要。

对于集体主义者来说,一切正好相反。对于他们,任务是可以用来帮助其与他人建立关系的工具,而不是终极的目的。他们的自我概念,包括自尊和自我价值,都与那些与他们有密切关系的人对他们的评价密切相关,因此,与他人保持良好的关系就变得至关重要,变成个人存在的目的。

5. 个体对内群体和外群体的区分程度

讲到个体主义与集体主义的概念,人们经常自动把集体主义与"愿意合作","有团队精神"等字眼联系起来。这样的自动连接自然有它的道理,但在讨论个体主义、集体主义这个概念的时候,一定要引进另一个重要的概念,那就是

"内群体"与"外群体"。内群体是指与个体有密切关系的群体,如家人,工作中的团队,在有的情况下,甚至同乡、同胞。外群体则是指与自己毫无关系的人的总和,如其他公司的人、外国人或完全的陌生人。当然,内外群体的边界非常弹性,随时间、地点、场合而变。

在对内外群体的区分上,个体主义社会与群体主义社会有非常显著的差别。一般而言,个体主义社会不强调内外之分,常常对所有人一视同仁,没有太多厚薄之分。相反,集体主义社会却对内外群体严格区分,"内外有别",内则亲,外则疏,不可同日而语。他们常常称"内群体"成员"自己人"。当集体主义者与"自己人"共事时,他们慷慨大方,乐于合作,情愿自己吃亏也不愿他人难受。在与内群体成员谈生意时,也是多从合作的角度出发而不是竞争。

比如,集体主义者在对待个人隐私上也表现出内外有别。越是亲近的人,越不应该有隐私,因为对他们来说,人类关系的理想状态是我为人人,人人为我,你中有我,我中有你;你我不分,我你合一;我想你所想,你急我所急。因此,内群体成员之间不该有隐私存在。在这一点上,个体主义者正好相反,他们认为没必要通过关注他人的需求,或为他人做好事来完善自我形象。如果他们帮助别人,那是因为他们喜欢这么做,他们认为这样做正确,或者这样做使他们对自己感觉良好。与此同时,他们也将别人看成是具有独立自我的个体,需要独立的空间,而不欢迎他人入侵。因此,他们尊重别人的隐私,甚至对很亲近的人亦如此。

在对待陌生人的态度上,个体主义者与集体主义者更是大相径庭。因为外群体成员的看法对集体主义者的互赖自我没有重要意义,所以他们在对待与己无关的群体或个人时可以相当冷漠,不合作,有时甚至无情。"各人自扫门前雪,莫管他人瓦上霜"表达的就是这个意思,这里的他人当然指的是与己无关之人。而法国作家维克多·雨果在《悲惨世界》中描述的主人翁冉阿让在偷了神父的银器被抓获后,神父不仅没有惩罚他,而且把银器送给他让他带走的举止,使冉阿让良心发现,从此走上拯救别人(芳汀和女儿珂赛特)的"不归路",这是人道主义、"不分阶级,不分敌我"的个体主义对内外群体态度的最极端体现。

6. 个体主义—集体主义理论新进展:水平—垂直个体主义—集体主义

然而,这个理论依然不能解释另外一些现象,比如同为个体主义文化,美国与澳洲并不相同:美国人强调竞争,澳洲人却更为悠闲自如。再比如同为集体主义文化,中国与以色列的"科布兹"也很不同。中国人爱攀比,喜欢"出人头地",

希望"我们比他们强",而科布兹人更喜欢群体之间平等友好。针对这一点,蔡安迪斯在后来的论著中又提出了"水平—垂直个体主义"和"水平—垂直集体主义"的概念。所谓的水平个体主义指的是该文化中的个体追求个人利益的最大化,但他们并不在乎自己是否比别人得到的更多,并不追求自己高于别人;而垂直个体主义者不仅追求个人利益最大化,而且要求自己好过他人。所谓的水平集体主义则指该文化中的个体追求内群体利益的最大化,但并不太关心自己的群体是否高过其他群体;而垂直集体主义者既关心内群体利益的最大化,还追求自己的群体好过他人的群体。

四、文化架构理论(强皮纳斯)

由另一个荷兰管理学者强皮纳斯(Trompenaars,1993,1998)提出的文化构架理论虽然没有特别严谨的实证研究作依托,却也对跨文化管理工作者作出了不少贡献。他在1993年出版《文化踏浪》一书,引起轰动;后来与他的搭档汉普顿·特纳在1998年改写后又再版此书。在此过程中他们又成立了文化管理咨询公司,培训跨国管理人员。模仿郝夫斯特,强皮纳斯也用文化维度来表达他的理论。在他的理论里,国家与民族文化差异主要体现在七大维度上:

(1)普遍主义—特殊主义;

(2)个体主义—集体主义;

(3)中性—情绪化;

(4)关系特定—关系散漫;

(5)注重个人成就—注重社会等级;

(6)长期—短期导向;

(7)人与自然的关系。

第二节　文化导向论

一、文化导向论——提出、概念及其意义

在研究文化维度和中欧企业文化的过程中,笔者发现,不同文化中的人群对同一问题的观念、价值取向和解决方法常常不同,这就显示出显著不同的文化导向,从而体现出这些群体的文化特征,进而绘出各个文化群体的文化轮廓图,而

将不同的文化区分开来。所谓文化导向,就是人们在面对人类都会面对的共同的基本问题的时候所表现出来的心理、态度和行动的综合偏向。不同的群体有不同的文化导向,从而体现出自身独特的存在和鲜明的群体性格。在实施经营管理的时候,对具有不同文化导向的群体,应该采取不同的管理思想、经营战略和管理方式,从而相应的组织结构、人际关系和管理理念也应有所区别。正因如此,笔者在深入全面地研究了中西学者所提出的种种文化维度理论的基础上,经过认真思索,总结出了文化导向论的基本框架,希望在此基础上经过对不同文化群体的深入调查研究,总结出他们各自的文化导向类型并探寻对其最契合的发展战略、经营策略和管理方式,并用以比较中国和西欧企业文化在文化导向的各个维度上的差异,以便对理解两种企业文化,促进中国和西欧企业文化融合起到促进作用。

（一）文化导向论的基本框架

笔者所提出的文化导向论,由六大文化导向维度共同构成,它们分别是:个人—集体导向,人际关系导向,人的活动导向,时间观念导向,事业—生活导向和性情导向。而每个文化导向维度又包含若干个子维度,它们共同构成了文化导向论的基本框架,这个基本框架如表6—1所示:

表6—1　文化导向论的基本框架

文化导向	具体维度	
	维度偏向	维度偏向
个人—集体导向	个人利益	集体利益
	个性化	趋同化
	个人主义	团队精神
人际关系导向	权力集中	权力分散
	内群体	外群体
	关系特定	关系散漫
人的活动导向	主动	被动
	全局	局部
	原则性	灵活性
时间观念导向	强时间尊重度	弱时间尊重度
	线形	非线性
	长远导向	近期导向

续表

文化导向	具体维度	
	维度偏向	维度偏向
事业—生活导向	个人成就	生活质量
	工作	家庭
	物质追求	精神追求
性情导向	乐观	悲观
	内敛	外露
	感性	理性

　　笔者认为,不同群体(民族、国家)的人在这六大导向问题上有相当不同的观念,而这些不同的观念显著地影响了他们工作和生活的态度和行为。

　　然而,需要说明的是,文化导向论所提出的不同群体(民族、国家或地区)在各个导向维度上的差异都不是绝对的,而是一个总体趋向和统计学上的正态分布。例如,对于"个人—集体"这一维度的导向,一般认为中国人重集体,而西欧人重个人,但这显然不是说中国人全部是重集体而西欧人全都是重个人的,因为在中国也有很多人注重个人,在西欧也会有很多人是注重集体的,但总体而言,从统计学的人数比例和分布来看,中国大部分人集中在更注重集体这一区域,而西欧人大部分集中在更注重个人这一区域,从而呈现出正态分布趋势。如图6—1所示:

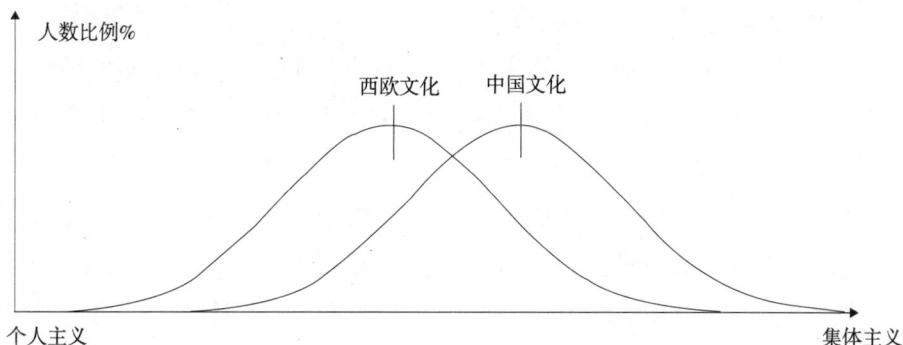

图6—1　文化导向正态分布图(以个人—集体导向为例)

（二）文化导向论的主要内容

1. 个人—集体导向

个人导向强烈的人群是个体主义者，而集体导向强烈的人群是集体主义者。这两种不同导向的人群在面对个人利益与集体利益，个人态度与社会规范，以及个人和团队的关系时，都会表现出截然不同的态度和行为。

（1）个人利益与集体利益

对个体主义社会中的人来说，个人利益当然比群体利益重要。在法律允许的范围内追求个人利益不仅合理，而且提倡。亚当·斯密的"看不见的手"说明的就是这个意思：每个人在追求个人利益最大化的同时，能够实现群体利益的最大化。而市场就是一只无形的巨手，将个人利益与群体利益的关系自动理顺。这当然为追求个人利益提供了理论依据，使追求个人利益者理直气壮。追求个人利益最大化于是成为西方经济学的最重要基本假设。

把个人利益看成合理的个体在当自己的利益与集体利益发生冲突的时候，首先考虑的是如何保全正当的个人利益，然后才是集体利益；而在集体主义社会中长大的人从小所受的教育正好相反。个人利益是阴暗的东西，不仅不能提倡，还应加紧防范。追求个人利益被看成是自私的表现。要"大公无私"，要"狠斗私字一闪念"，要排除私心杂念，要"毫不利己专门利人"。当个人利益与群体利益发生冲突的时候，应该毫不犹豫地牺牲个人利益，而不是牺牲集体利益。

在后一种理念指导下，那些想为自己谋利益的人就得想出各种各样的方法、借口或伪装使自己的行为合理化。其中一个与强调集体利益相一致的最好手段就是借用集体的名义。在中国社会，如果一个人为了个人私欲犯了法，大家都会认为不可饶恕；但如果一个人为了集体的利益违规，那么评价就可能很不相同。因此同样一种行为，如果终端受益者为个人，那么就会遭到一致谴责；如果终端受益者为集体，那么就会获得同情。

集体与个体利益相冲突的情形在日常工作生活中经常出现，而反应的方式和处理应对的方法在不同的文化中就有很不同的表现。这些文化差异也被更严谨的研究所证实。比如，美国学者厄雷（Earley，1989，1993，1994）的一系列实验都显示，当让集体主义者共同对某一工作负责时，他们的工作表现比让他们对个体负责要好。相反，个体主义者的工作表现在用个体负责制时最好。同时，以群体方式所作的培训大大地影响了集体主义者的自我有效信念，因为他们的注意力集中在群体层面的线索。而个体主义者的自我有效信念则更多地受到以个体为单位的培训,因为他们的注意力集中在个体层面的东西。这些结果表明,对集体主义者来说群体培训效果更好,而个体培训对个体主义导向的人效果更佳。

(2)个性化与趋同化

个性化强烈的群体,个人态度在决定其行为的时候作用明显且相对重要,而趋同化强烈的群体,社会规范在决定其行为的时候作用明显且相对更重要。影响个体行为的因素不外乎两个,一个是个体对该行为的态度和兴趣,另一个则是个体感知到的别人对该行为的看法。比如,一个小孩很喜欢画画,而大人也赞赏他画画的行为,那么他就会经常画画。再比如,一个男孩正在和一个女孩谈恋爱,男孩觉得自己的父母朋友也都很喜欢这个女孩,那么他就会继续与她交往下去。从这个意义上来说,当这两个因素彼此和谐统一时,人的行为很容易预测,不管该人生活在个体主义还是集体主义社会。可是,当这两个因素互相排斥时,究竟哪个因素更占主导地位就表现出文化差异来了。

一系列的跨文化研究结果表明,在个体主义为主要导向的社会中,个体的行为动因主要来自于自身对该行为的态度和兴趣,而在集体主义社会中,个体行为的主要驱动因素主要来自自己对他人可能将有的看法的认知。

在个体主义社会,人首先想到的是怎么做能最大程度地满足自己的利益和需求,而不是别人的。人首先为自己活着,做任何事都得让自己觉得合适和自然,因为最终是自己而不是别人对自己的行为负责。"走自己的路,让别人去说吧!"就是典型的个体主义信仰。个人的态度决定个人的行为,用来描述个体主义社会中的现象基本会比较准确。这可能是为什么在西欧有如此之多的关于人的态度的研究,而很少有关于隐形社会规范对人的影响的研究,因为知道了一个人的态度就能在很大程度上预测该人的行为,其余的则不那么重要。

(3)个人主义与团队精神

个体主义社会中的个人因为强调独立的自我,理性对个体来说就比关系要重要得多。一个例子是他们对完成任务的态度。因为是否胜任某个工作或完成某个任务能显示个体的能力和特点,是自我定义中的一个重要组成部分,因此,个体主义者把完成任务看得很神圣很重要。同时,与他人的关系并不直接影响个体对自身的评价,因为个人只能通过自己的行为举止,而非通过与他人的关系证明自己,就像《圣经》中所言"上帝只帮助那些自己能拯救自己的人"。所以相对于完成任务而言,人际关系便不那么重要。

对于集体主义者来说,一切正好相反。对于他们,团队精神和人际关系比完成任务更重要。任务是可以用来帮助其与他人建立关系的工具,而不是终极的目的。他们的自我概念,包括自尊和自我价值,都与那些与他们有密切关系的人对他们的评价密切相关,因此,与他人保持良好的关系就变得至关重要,变成个人存在的目的。

在商业谈判中研究者发现,集体主义者总是喜欢在正式谈判之前与谈判对方建立一点个人联系,闲聊一些与谈判无关的话题;而个体主义者总是喜欢直奔主题,对建立关系不感兴趣。此外,集体主义者认为建立关系在先,关系建立了,谈判生意自然成功;而个体主义者则认为只有先谈成生意,才有可能在未来建立关系。对许多中国人来说,有时即使生意谈不成,关系本身的建立也被看成是一种成功;有时即使生意谈成了,但在此过程中破坏了关系,也会认为不值得。

2. 人际关系导向

人际关系导向不同的人群在权力距离集中与分散,内群体和外群体的区分程度,以及关系特定抑或关系散漫的选择方面都有着显著不同。

(1)权力集中—权力分散

权力的集中或分散表示组织或社会中的集权与分权程度。权力集中意味着在组织或社会中权力集聚在少数领导者手中,上下级之间权力差距巨大,下级很少掌握权力并只能服从少数领导者的决定;而权力分散意味着在组织与社会中权力分配相对均匀,上下级之间没有十分明显的权力差距和等级关系,下级也掌握着重要的权力而不必完全无条件服从上级。在权力集中的社会或群体中(如中国),人们注重社会等级,崇尚尊卑有序,长幼有别,上下有度,所以对社会权力分配的不平等坦然接受。表现在组织形式上就是普遍的严格的金字塔式组织,人际关系呈现出较为普遍的疏远、沉闷等特征,少数人掌握权力但并不承担相应的责任;而在权力较为分散的社会或群体中(如美国),人们崇尚个性自由,认为人人生而平等,不喜欢过于严格的社会等级和上下差别,对社会权力分配的不平等很难接受。表现在组织形式上就是普遍的扁平化组织,上下级之间关系相对平等,人际关系普遍较为亲密、轻松,大家都享有权力并独自承担相应的责任。

(2)内群体—外群体

讲到个体主义与集体主义的概念,人们经常自动把集体主义与"愿意合作"、"有团队精神"等字眼联系起来。这样的自动联结自然有它的道理,但在讨论个体主义、集体主义这个概念的时候,一定要引进另一个重要的概念,那就是"内群体"与"外群体"。内群体是指与个体有密切关系的群体,如家人,工作中的团队,在有的情况下,甚至是同乡、同胞。外群体则是指与自己毫无关系的人的总和,如其他公司的人,外国人或完全的陌生人。当然,内外群体的边界非常弹性,随时间、地点、场合而变。

在对内外群体的区分上,个体主义社会与群体主义社会有非常显著的差别。一般而言,个体主义社会不强调内外之分,常常对所有人一视同仁,没有太多厚薄之分。相反,集体主义社会却对内外群体严格区分,"内外有别",内则亲,外则疏,不可同日而语。他们常常称"内群体"成员"自己人"。当集体主义者与"自己人"共事时,他们慷慨大方,乐于合作,情愿自己吃亏也不愿他人难受。在与内群体成员谈生意时,也是多从合作的角度出发而不是竞争。

比如,集体主义者在对待个人隐私上也表现出内外有别。越是亲近的人,越不应该有隐私,因为对他们来说,人类关系的理想状态是我为人人,人人为我,你中有我,我中有你;你我不分,我你合一;我想你所想,你急我所急。因此,内群体成员之间不该有隐私存在。在中国,父母拆子女的信件是常事,不被邀请擅自登门拜访朋友的事也时有发生。集体主义者认为自己有责任关心内群体成员的事宜,分享彼此的快乐和痛苦,甚至有为他们作决定的权力。在中国,亲近的人之间不必说"谢谢",因为这样说就太"见外"了。在这一点上,个体主义者正好相反,他们认为没必要通过关注他人的需求,或为他人做好事来完善自我形象。如果他们帮助别人,那是因为他们喜欢这么做,他们认为这样做正确,或者这样做使他们对自己感觉良好。与此同时,他们也将别人看成是具有独立自我的个体,需要独立的空间,而不欢迎他人入侵。因此,他们尊重别人的隐私,甚至对很亲近的人亦如此。

在对待陌生人的态度上,个体主义者与集体主义者更是大相径庭。因为外群体成员的看法对集体主义者的互赖自我没有重要意义,所以他们在对待与己无关的群体或个人时可以相当冷漠,不合作,有时甚至无情。"各人自扫门前雪,莫管他人瓦上霜"表达的就是这个意思,这里的他人当然指的是与己无关之人。毛泽东时代曾提倡"对同志要像春天般温暖",而对敌人则要像"严冬一样残酷无情",就是内外有别的典型体现。而法国作家维克多·雨果在《悲惨世界》中描述的主人翁冉阿让在偷了神父的银器被抓获后,神父不仅没有惩罚他,而且把银器送给他让他带走的举止,使冉阿让良心发现,从此走上拯救别人(芳汀和女儿珂赛特)的"不归路",这是人道主义、"不分阶级,不分敌我"的个体主义对内外群体态度的最极端体现。

(3)关系特定—关系散漫

关系特定—关系散漫这个维度可以用来很好地描述和解释在不同文化中生活的人在人际交往方式上的巨大差别。我们提出了两类交往方式,一类被称为G类方式(即特定关系类型,以德国为例),另一类被称为C类方式(即散漫关系类型,以中国为例)。如图6—2。

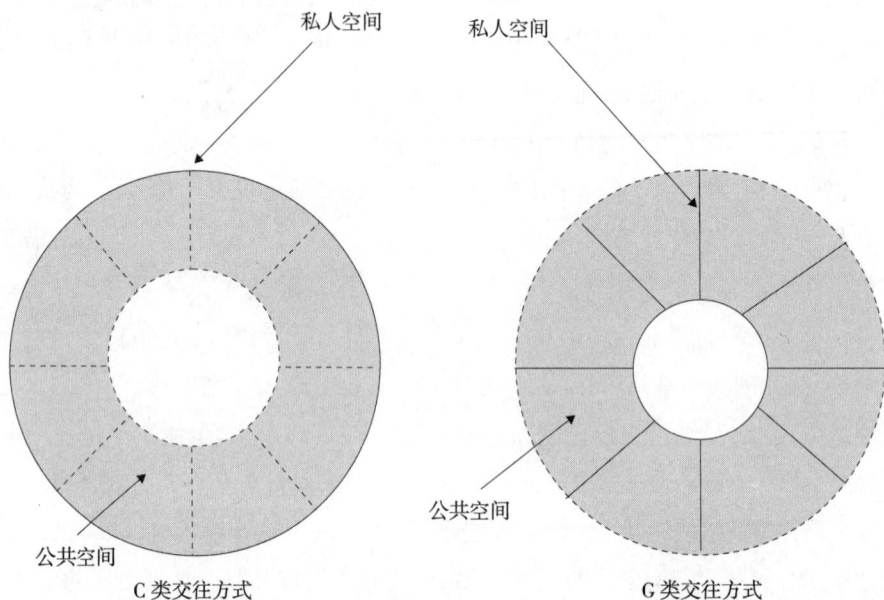

图6—2 C类交往方式和G类交往方式

G类交往方式,也即德国人的一般人际交往模式。德国人的公共空间很大,他们对人友善,愿意帮助陌生人,在路上行走见到陌生人也会微笑,致意,说"Hi"。有一点交往后,他们会带你去他们的家里做客,如果你需要喝饮料,他们可能会让你自己去冰箱拿。如果你下班需要搭车回家,他们会主动提出帮助,让你坐进他们的汽车送你到家门口。对他们来说,房子的客厅、厨房、书房等都是公共空间,冰箱也是,汽车也是,可以对任何人开放。同时,他们有与人交往的特殊领域,而且领域与领域之间有严格的界限。一个典型的特殊领域是人的工作领域,他们与这个领域中有关的人交往,上级、同事、属下,展现自己在该领域中的面貌和特点;另一个特殊领域可能是自己参加的一个俱乐部,比如摇滚乐队,比如高尔夫球队,在这个领域中,个体用相似或者不同的方式与队友交往,表现自己另外方面的特长和风格。但有意思的是,一般大家都不会把自己在某一特定领域交往的人带入其他领域,所以,参加社区活动的人不会是自己的同事,摇滚乐队的人也不知自己在工作中的表现。因此,这类交往方式把人与人之间的界限划得清清楚楚,特定领域,特定人群,不加混淆。

C类交往方式,也是中国人的一般交往模式。这种交往方式的不同在于:(1)即使是公共空间,一般人也不能轻易进入;(2)公共空间要狭窄很多,许多在G类文化中被看成公共空间的地方如书房、冰箱或汽车在这儿被视为私人空间;(3)私人空间相对要大,不封闭,说明已经进入公共空间的人要进入该个体的私人空间相对比较容易;(4)生活的不同领域之间的界限不是绝对分明,而是互相渗透。在此类文化中,一般人不会对陌生人微笑,只有对熟识的人才会做出友好的表示,只有对更熟识的人才会邀请他们来自己的家做客。但如果你被邀请做客了,你就很可能被介绍给该人其他的朋友,被带入此人其他的社交圈,从而慢慢被引进该人的私人空间。他会开始跟你谈一些比较隐私的话题,谈自己工作或生活中的一些感受,对他人的看法,等等。

如果我们用房屋建筑来做一个比喻,德国的房子大都有一个院子,但院子没有围墙,完全敞开,似乎随便什么陌生人都可轻易进入。房子里面通常有很多不同的房间,客厅、餐厅、厨房、书房、娱乐室、洗衣房、盥洗室、卧室、等等。客厅、餐厅、厨房和书房通常被看做公共空间,随进随出,但所有的卧室都带锁,一般未经许可不能进入,因为那是私人空间。表面上看来随意可进的房子,里面却有很大一部分是不能进入的。再看中国比较老式的庭院,院外都有一堵高高的围墙,门口则有人把守(门房),别人要进入院子很不容易。但是一旦进了,却会发现里面没什么警戒,很容易去不同的房间。衍生到其他的建筑,也有类似特征。比如中国的高校,四周都有围墙,只有几个大门开着,门口还站着警卫检查证件。但走过这一关,要进不同的大楼什么的就相对容易了。其他公司、机关组织也大致如此。

对这些思维特点的了解在管理中有重要的指导意义。在特定关系导向的文化中,人们认为管理是帮助企业实现目标的重要过程,是一种技术。因此,首先要为员工制定明确的目标。其次,目标实现了就应该有报酬,所以得制定清晰的报酬与目标之间的换算关系。第三,对所有的工作都应有清晰的、精确的和详尽的指令,倘若含糊,他们会不知所措。第四,管理一定是对事不对人,清楚地将对个人的评价和对业绩的评价彼此分离。第五,工作中的人与人的关系比较冷淡,只专注工作,个人性格特征应该不影响工作中的合作。

在散漫关系导向的文化中,人们更倾向于认为管理是一门艺术,需要在实践过程中不断修进和改善,没有一成不变的管理合同。此外,人与人之间在工作中有联系,在工作之外也应继续保持联系。在判断人的时候,也不仅仅只凭工作表现,而会对这个人各方面的特点、性格、人际关系能力进行综合评价,很难将工作业绩与其他东西分离开对待。同时,在下达工作指令时,不必太精确和周到,有些管理人员还愿意特意给出不明确和模糊的指令,给员工空间去尝试自己的理解和操作,让员工去锻炼自己的解读判断能力。太过细节和烦琐的指令会被看成约束人的主观能动性。

3. 人的活动导向

人的活动导向主要说明和解释不同人群在活动时倾向于主动抑或被动,注重全局抑或局部,注重原则性抑或灵活性等。

(1)主动—被动

主动—被动主要说明一个文化中的个体是否倾向于行动。比如,西欧社会是一个相当强调行动的社会,人必须不断地做事,不断地处在动之中才有意义,才创造价值。更有甚者,不仅要动,而且要快。在中国社会里,静态取向,安然耐心仍然被视为美德之一,而非无所事事的表现。有时候,甚至提倡"以静制动","以不变应万变",强调无为而治,所以,当西欧人发现问题的时候,总是侧重于立即找出解决方法,然后实施;而东方人有时候会选择静观,什么也不做,让时间和外界环境自然成熟,再抓时机去把问题解决掉。而这样的智慧则很难被西欧人接受。

(2)全局—局部

全局—局部主要说明一个文化中的群体是否有全局和整体观念。如中国社会是一个相当强调全局意识和整体观念的社会,人们思考问题和处理问题必须要从全局的角度出发,考虑整体的利益,然后才能考虑局部,将局部置于整体和全局的框架下来思考。在中国人的意识里,社会是一个大的系统,而每一个部分在作为整体的构成要素的同时其本身也是一个系统,因此应该有整体思考的意识和全局观念。如果一个人缺乏全局意识和大局观,那么他将很难在社会上生存,会受到道德的谴责并四处碰壁;而西方社会更注重局部而较少考虑整体,他们的观念是,局部虽然也是整体的构成部分,但毕竟是独立的个体,安排好自己并做好自己所应该做的就是对整体和全局的贡献了,不需要任何事都从整体出发来考虑。例如,某件事出了问题,他们会立刻在这件事本身上找原因、下工夫,而不会考虑是不是跟这件事有关的其他环节出了问题。

中医和西医的区别最能说明分别以中国和西欧为代表的社会思维方式的差别。中医讲求整体调理,将人看成一个有机系统而从整体思考的角度寻找病根。假如一个人肚子生了病,中医医生可能根本不治肚子而专门治头部甚至脚,甚至从一个人的饮食、起居等多角度进行调理,最终达到治疗肚子的目的。"头痛医头、脚痛医脚"往往是对一个蹩脚中医的描述;而西医却截然不同,西医讲求局部治疗,"头痛医头、脚痛医脚"正是对他们的真实写照。他们只考虑出了问题的部位而几乎不考虑其他部分,更不考虑作为一个整体的个人。

(3)原则性—灵活性

原则性和灵活性对应普遍主义者和特殊主义者,普遍主义者一般原则性强,而特殊主义者一般更注重灵活性。普遍主义者强调用法律和规章指导行为,而且这些指导原则不应因人而异。"法律面前人人平等"就是普遍主义者的响亮口号。此外,普遍主义者认为对所有事务都应采取客观的态度,而且世界上只存在一个真理,只存在一种正确解决问题的方法。相反,特殊主义者却强调"具体问题具体分析",不用同一杆秤同一尺度去解决不同情况下的问题,而应因人而异,因地而异。另外,特殊主义者认为一切都是相对的,世间没有绝对真理,也不存在唯一正确的方法,而是有多条路可走,殊途同归。在说明这个概念时,一个用得最多最广的例子就是"开车误撞行人"的情境。

在企业管理方面,普遍主义社会与特殊主义社会表现出来的区别也是异常显著。在普遍主义社会中,管理强调建立制度和系统,同时制度和系统应该是能为大多数人服务并满足大多数人要求的。制度一旦建立,人人都须遵守,对所有人都一视同仁,没有人可以凌驾于制度之上。西欧是强调普遍主义的国家,几乎所有企业都有详细的规章制度和各种内部管理系统。当个案发生时,马上就会想到如果今后类似的情况出现应该怎么应对,怎样的解决方案才有普遍的意义,怎么处理才是对所有人都公平的,等等。这成为管理者的一种思维方式。

相反,特殊主义社会的管理特点则是"人治"。制度虽有,却大都停留在纸面上。遇到问题的时候,企业中的管理人员也好,员工也好,常常想到的是怎么通过关系或熟人把问题解决,而不是通过公司正规的渠道。因此,建立个人关系网就成为很多人孜孜不倦的工作。与从个案走向普遍的思维逻辑相反,特殊主义者的思维方式更倾向如何从普遍中找出特殊,将自己的问题作为特殊情况处理。特殊待遇成为大众追求的东西。"上有政策,下有对策"就是从制度中找漏洞将自己特殊化的典型例子。

从另一方面来说,要在特殊主义社会中变革制度,光讲逻辑还不行,还必须通过改变人与人之间的关系,改变改革者与被改群体之间的关系才能实现。比方说大家都认识到中国的高校制度有问题,教授终身制,没有淘汰机制。要改变这个制度,管理者与大家讲道理,讲大学的逻辑,讲教师的责任和角色,讲没有淘汰机制则中国的大学将有被世界淘汰出局的危险。道理都明白了,但真正的变革就能实现吗? 不通过一个一个击破,不把人与人之间的关系理顺,再好的制度都会遇到阻力,都无法建立推行。

普遍主义者与特殊主义者的另一差别是,普遍主义的产物显然是"机械"、"死板"、不善于随机应变;而特殊主义者则要灵活,愿意按具体的情形调整自己的标准和行为,愿意从特殊性出发去处理问题。

普遍主义思维之下很容易产生我们现在非常提倡的"敬业"精神。所谓敬业,就是对自己从事的职业忠实、专业,不因人而异。

比如,一个敬业的医生就应该对所有的病人态度友善,耐心询问病情,认真倾听病者的陈述和问题,然后做出诊断,开出合适的药方。而不是对熟人态度友好,用药讲究,对陌生人就不耐烦,草草了事,随便开药。

再比如一个教师就应该对所有的学生用同样的标准衡量,批改作业和考卷,然后给出分数;而不是对与自己有交往的学生,自己指导的学生特别宽松,面对没有交往的学生,或对其他教授指导的学生就特别严格。

在企业管理中,一个敬业的管理人员就应该对所有下属都一视同仁,不分亲疏,用同样的招聘指标、考绩指标去评价所有的人。中国社会之所以还没有形成这里定义的敬业精神,恐怕与文化深层的"特殊主义"不无关系。

4. 时间观念导向

不同人群有着不同的时间观念导向,具体体现在对时间的尊重程度,对时间线形或非线性的看法以及长远导向抑或近期导向等。在不同的时间观念导向下,人们思考问题、处理事情的方式呈现出截然不同的状态。

(1)对时间的尊重

有的人群对时间的珍惜甚至达到了苛刻的程度,如美国。他们的口号是"时间就是金钱","时间就是生命",因此,他们一方面十分守时,不愿浪费别人的时间,另一方面也十分珍惜时间,要求在单位时间内创造最大的效益。而有的社会中,时间观念却比较淡薄,如中国。中国人自古以来就崇尚怡然自得的慢节奏生活,主张"慢工出细活",什么都精雕细琢,不讲时间,没有充分利用时间的意识。同时,他们也不认为守时是一个必须遵守的准则,开会或聚会迟到半小时被认为是再正常不过的事。这样一来,不同社会的人群对时间的尊重程度就比较显而易见了。

(2)线形—非线性

线形和非线性主要是针对时间的利用,即时间是线性的,应在一个时间做一件事;还是时间是非线性的,在同一个时间里可以做多件事。

德国人倾向于把时间看成线性的,一个时间内做一件事,做完一件事后再做另一件事,一个约会完了之后紧跟下一个约会,每一个约会在事先规定的时间内完成。比如我去看医生,约的时候我告诉他们是我觉得胃不舒服,可是到那天去看病时,我突然觉得嗓子也不舒服,要医生帮我看一下嗓子。德国医生就会要我再约一个时间回来看嗓子,因为下一个病人在等他,他得按时间表做事。对我来说,我觉得他的行为不可理喻,难道我这个病人还没有他的时间表重要?而且我已经在这里了,为什么还要我再跑一趟?

相反,中国人则把时间看成是非线性的,一个时间内可以做多件事,不必按部就班有板有眼地按时间表行动,而必须随机应变根据当时的情况及时调整时间安排,不让自己成为时间表的奴隶。

(3)长远—近期导向

长远—近期导向主要说明一个人群是着眼于现在还是放眼于未来,是看中长期回报还是看中短期回报。看中长期回报,强调的是在世界上要过上一种品德高尚的生活,主要的美德是节俭和百折不挠;而看中短期回报的国家着重直接的思维观,即直接面对问题的要点,他们在做生意的时候会直接谈论关于生意的话题,如:可以接受的底线以及其他想要的东西等,而不会为了促成生意花时间在建立关系上。同时,人们把利润看成是最重要的,而不是忠诚。在郝夫斯特研究的前后几年,亚洲经济发展极快,尤其是亚洲四小龙的腾飞,更是令世人瞩目。将经济起飞看成一个文化现象,郝夫斯特发现这四个亚洲国家和地区(中国的香港、台湾、韩国、新加坡)有一个共同的特点,那就是对传统的重视,而且有凡事都想到未来的倾向,而非只想当前,做一锤子买卖。这种长期导向与国家经济发展速度之间的相关系数达 0.7 之高,也就是说,在他所调查的二十几个国家中,长期导向这一条解释了经济发展将近50%的变异量。

中国人思维和行动的长期导向是我们大家都不知不觉的,比如,第一次与对方公司的代表见面,商谈一桩短时的生意,我们也会花很多时间介绍公司的历史、发展方向,各类产品线以及人事组织结构等;然后,让对方公司介绍自己的情况,全部完毕之后,才进入具体的项目谈判。如果是外商来中国谈判,一般都不会在第一次会议上就详谈生意细节,总是先要带对方参观一下工厂或公司,宴请对方,或请对方游山玩水,参与休闲社交活动,然后,到最后一两天才正式比较严肃地进入正题谈生意。为什么这么做呢? 因为我们想了解对方派来的那个人的底细,那个公司的底细,那个人的人品是否可靠,是否值得信任。为什么要了解这些呢? 因为我们下意识里想的就是与该公司或该代表未来的长期合作,而不是做完这桩眼前的生意就完事了。西欧商人常常对此不解。因为他们是短期导向的文化,有把所有生意都看成一锤子买卖的倾向,所以,觉得介入那些与生意没有直接关系的活动纯粹是浪费时间,有时甚至认为是中国人玩的花样,让他们上当。使他们在所剩无几的时间里必须被迫做出决策,而做出让步。

5. 事业—生活导向

事业—生活导向的维度主要揭示人们在个人成就和生活质量、工作和家庭、物质追求和精神追求之间的选择。这些不同的选择决定了他们不同的态度和行为。

(1)个人成就—生活质量

个人成就—生活质量主要用以揭示人们追求物质成就还是强调人际和谐。在强调事业成功的国家里,社会竞争意识强烈,自信、有野心、取得成就及物质占有都是非常重要的,经济增长被认为很重要,成功被定义为财富和赞誉。在学校里,孩子们受到鼓励立志从事适合自己的职业,成为高尚的成功者,所以在长大以后会有更多更好的机会。这种文化促成了大型企业的形成,管理者的作用是保证最低的利润数额以使股东满意,其理想是领导、独立、自我实现。因此,他们的管理方式更注重任务的完成,而非培养社会关系,激励方式也是以赚得的钱和物质的多少为基础,而不以生活质量为基础,他们对生活的看法是"活着是为了工作"。而在强调生活质量的国家中,生活质量、环境以及其他成就以外的事情被认为是更有价值的,如人们更看重工作性质和满意度,希望能有更多的时间休息而不是更多的金钱,对生活的看法是"工作是为了生活"。

(2)工作—家庭

有的社会,如在西欧社会,工作经常是比家庭更重要的因素,只有有了好的工作,个人的成功才能得以体现,家庭幸福才有可能得以实现。同时,工作意味着个人对国家和社会的贡献,是个人的责任。工作占据着一个人生活的绝大部分,一个人可以没有家庭,但他绝对不能没有工作。

而在有的社会,如中国,家庭却比工作更重要,因为在他们看来,家庭幸福是第一位的,亲情是一个人最重要的东西,工作就是为了更好地享受生活服务的,只是一种谋生和提高生活质量的手段而已。

(3)物质追求—精神追求

这一维度主要揭示人们更注重物质享受抑或更注重精神追求。在有的社会,人们的物欲普遍很强,一切行动的动力就是物质享乐,追求感官刺激,基本上没有什么信仰,缺少精神生活,也没有精神的追求或缺少精神追求。而在有的社会尤其是在宗教比较发达的社会,精神追求比物质享受更重要,人们普遍有一种强烈的信仰,精神生活丰富,物质享乐有节制、不泛滥。精神追求引导人们过一种更高层次、更健康的生活,而不是仅仅追求物质和感官的刺激。

6. 性情导向

性情导向主要涉及人们思考和处事时乐观或悲观,中性或情绪化,保守或创新的偏向和选择,即使面临同样的情况和问题,不同导向的人群也因此具有鲜明不同的态度和行为。

(1)乐观—悲观

乐观—悲观这一维度主要涉及不同的人群在面对某种境况时的心态和情绪。在有的社会中人们普遍比较乐观,凡事都能看到积极的一面和有利因素,因此他们总是能快乐、对未来充满信心,总能在绝境中看到希望,在逆境中找到动力。而在有的社会中人们的悲观情绪比较普遍,凡事看不到积极的一方面而只看到消极的一方面,看不到有利于自己的因素而往往首先看到的是对自己不利的因素,因此他们总是怨天尤人,对未来忧心忡忡,缺乏希望,即使在顺境中也难以看到美好的未来,即使境况并不糟糕也会令他们充满恐惧。最典型的例子就是在沙漠中对剩下的半瓶水的看法,乐观的人看到的是"不错,还有半瓶水呢",而悲观的人看到的是"天哪,只剩半瓶水了"。事实上,正是因为乐观者和悲观者对即使同样的事情看法也大相径庭,才导致他们的行为截然不同。

同时,乐观的人往往比较富有创新精神,而悲观者则更倾向于保守。保守或创新首先表现在一个民族或国家对历史和未来的态度,是注重过去、现在还是未来。我们都知道中国文化是比较保守的,它关注过去和现在,而较少注重未来;美国文化则是典型的创新文化,它则很少关注过去,基本着眼现在和未来。保守或创新常常集中表现在一个国家或民族对维持现有秩序和创造新的秩序的态度上。保守的民族和国家往往非常珍惜自己已有的秩序,有时甚至达到了因循守旧的程度,即使现状已经很不好也不愿意进行改变。社会也不鼓励发明创造,创新行为和成果经常被当作标新立异来对待,"枪打出头鸟",因此大家都安分守己,不做那些非常规的事,也不想有新的创造和发明,整个社会发展进步缓慢,但比较稳定。而具有创新精神的国家和民族往往不局限于甚至不满足于自己已有的秩序,有时甚至充满着强烈的改变现状的欲望和冲动,即使现状还过得去也决不满足。整个社会鼓励发明创造,充满着创新精神,创新人才被社会当作英雄极力推崇,每个人都有创新的动力和积极性,社会变革很快,虽然相对缺乏稳定但发展进步十分迅速。

(2)内敛—外露

内敛—外露维度是又一个能帮助我们区分文化差异的重要方面。这个维度主要指人际交往中情绪外露的程度。情绪表露含蓄微弱的文化被称为内敛文化,而情绪表露鲜明夸张的文化被称为外露文化。最典型的内敛文化国家为中国和其他亚洲国家;最典型的外露文化国家为意大利、西班牙和其他南美国家。美国处在两极之间。在内敛文化里,人与人之间很少身体的接触,人与人之间的沟通和交流也比较微妙,因为情绪表露很少,需要用心领会才行。相反,在外露文化里,人与人之间身体的接触比较公开自然,沟通交流时表情丰富,用词夸张,充满肢体语言。

法国文化也是比较外露的文化之一，朋友之间说话距离站得很近，手势也多，而且表情丰富。见面也是拥抱，并且接吻。在中性文化中，人们一般会避免情绪激昂的行为，情绪外露的人常被看成是不稳重、不成熟、缺乏自我控制能力，有时甚至不可靠。这样的人要当领导一般没什么希望。相反，老成持重、含而不露、喜怒不形于色才是值得敬佩的境界。在这样的文化中，城府深的人显得有涵养，容易受到器重和赏识。同时，因为大家都含蓄，不轻易流露感情，所以人们对别人的表情变化就特别敏感，一点点脸部肌肉运动就会引起注意，一个小小的手势就会打破整个会议的气氛。人们察言观色的能力总的比较强。压抑情绪的能力也比较强，有许多人是表面静如止水，而内心波涛汹涌，一旦发泄起来，就会比较强烈。

在外露文化中，情绪外露是自然的，而且是加强自己的观点的一个重要手段。不表露感情被看成冷血，而且无趣。激情是热爱生活的表现，是生命活力的显示。意大利人把激情看成是生命的最高境界，对艺术的激情，表现在他们的绘画、歌剧，甚至时装设计之中；对食物的激情，表现在他们自家酿制的葡萄酒里，自己做的各种面食、空心粉、比萨饼里，每一种都用红色的番茄酱和成年的奶酪做调料；对爱的激情，对人的激情，表现在他们日常生活的语言里、举止中和充满夸张的表情里。

（3）感性—理性

感性或理性表现出一个群体或社会整体的办事方式和行为风格。感性的群体总是充满感情，满怀激情，大多数时候都是跟着感觉走，任由自己的感情和喜好决定自己的行为而基本不会考虑行为本身的理由或适当性。遇到事情的时候，他们总会倾向于依靠个人的主观感觉去处理，融入了较强的个人感情色彩，个人感觉相对占主导地位。而理性群体或社会中的人群往往以理性处世，遇事冷静，理性观念相对较强。他们不允许或尽量避免让感情左右自己的思维，不让个人情感而是由理性思考决定自己的行为，做事之前总要充分考虑事情的理由、正当性、可行性、适当性甚至步骤等，对任何事都喜欢周密思考和细致安排，行为有板有眼、一丝不苟，遇到突发事件往往也能临危不惧，个人感情、好恶、情绪等总是被抑制。当然，感性和理性之间并没有不可逾越的鸿沟，这两者是很难绝对分开的，之所以将不同的群体和社会分为感性和理性只是相对而言的。另外，一个群体或社会被认为是理性的(如德国)也并不意味着该群体中所有人都理性,反之亦然。事实上,这其实是指一种总体情况综合特征,在统计上呈现正态分布。也就是说,总体呈现正态分布且大多数个体更倾向于理性的群体就被认为是理性群体,反之,总体呈现正态分布且大多数个体更倾向于感性的群体则被认为是感性群体。

(三)中国和西欧企业文化的文化导向差异

中国和西欧企业文化在文化导向的各个维度上有着显著的差异,这些差异有些很明显,有些则比较隐蔽。然而,这些基本差异都可以通过文化导向的六大基本维度得以清晰地表现出来。

1. 个人—集体差异

在个人与集体差异这一维度上,中国企业文化强调集体主义,认为员工应该为了集体(企业)而奋斗,强调个人服从集体,只有集体发展了,个人才能发展。"皮之不存,毛之焉附。"所以,在中国的企业里,由集体来决定资源的配置,对于个人来说往往存在风险,集体的决策与自己的偏好不一定合拍,因此,纪律成为深刻的道德准绳;而西欧企业则强调个人主义,认为员工应该为了自己努力工作,企业因此得以发展只是一个附带的结果而已。

具体而言,中国企业重视集体成就和利益,认为集体利益当然比个人利益重要,员工只有一心一意为企业作贡献让企业获得了发展,才能得到个人利益,如果企业无法获得发展,作为员工的个人即使获得成就也不会获得认可。当员工个人与作为集体的企业利益发生冲突时,员工理所应当"识大体、顾大局",牺牲个人利益,保全企业利益;而西欧企业则更尊重员工个人的利益,对他们来说,员工利益当然比企业利益重要。在法律允许的范围内追求员工个人利益不仅合理,而且提倡。每个人在追求个人利益最大化的同时,能够实现群体(企业)利益的最大化。而西欧个人主义的文化传统更是为追求员工个人利益提供了理论依据,使追求个人利益者理直气壮。当员工个体利益与企业集体利益发生冲突的时候,首先考虑的是如何保全正当的员工个人利益,然后才是企业的集体利益。

同时,在中国企业中,由于群体压力,从众现象比较显著,从而导致趋同化。员工会尽最大可能与企业保持一致,不随便发表自己的看法,其结果是企业往往容易达成受到"一致拥护"或"一致同意"的决策;而在西欧企业中,员工受到的群体压力相对较小,员工没有从众的压力和顾虑,从而更敢于发表自己的意见,企业的决策总会遭到大大小小的不同意见。但往往正是这些反对意见,促使企业改进或放弃了许多错误决策,避免了许多决策失败和经营挫折。此外,中国的企业更注重团体合作精神,而西欧企业往往更容易出现个人奋斗成功的案例。然而,现在西欧企业也开始注重强调团队精神并鼓励员工参与团队合作了,所以这方面的区别已不再那么明显。

2. 人际关系差异

在中国的企业里权力集中,领导不善授权,上下级之间有明显的等级秩序,下级员工的自主决策权很少甚至完全没有;而西欧企业权力则相对分散,领导善于授权,上下级之间等级秩序不明显,下级乃至基层员工都有在自己职权范围内的自主决策权。每个人哪怕最基层员工都可以凭借自己的专业知识发表对某项决策的看法和意见而且很容易被接受。分散的权力使企业内不只是一个权力中心,从而避免了专权的可能。这就是为什么在西欧企业中"网络型组织"能得以发展。

中国和西欧企业文化在人际关系维度上的另一个导向差异就是对于内群体和外群体的区分。所谓内群体就是指与个体有密切关系的群体,如工作中的团队;外群体则是指与自己毫无关系的人的总和,如其他公司的人,外国人或完全的陌生人。当然,内外群体的边界非常弹性,随时间、地点、场合而变。中国的企业一般对内外群体区分得较清楚,讲求"内外有别",对"自己人"表现得态度友好、信任,乐于合作,而对于"外人"则不那么友好并抱有戒心,甚至还有不合作的态度;而西欧企业一般没有内外群体的划分,对所有人一视同仁,无论公司内部还是外部,也无论团体之内还是之外,他们都能给予同等的信任和友好态度并与之合作。

在人际关系维度上的另一重要区别在于,中国与西欧企业内部人员的交往方式有显著差异。中国企业的员工一般都会给自己划定一个较大的私人空间,对陌生人往往存有戒心,一般人很难进入其私人生活。然而,一旦进入其生活,却很容易从其生活的公共空间进入私人空间,受到其信任。同时,不同类型的朋友也会被相互介绍并认识,没有严格的区分。而西欧企业的员工却相反,其私人空间较小,对陌生人也很热情,任何人都很容易与之熟悉并交往。但是,如果想进入其私人空间却非常难,这个私人空间对他们来说是一个特殊领域,一般人很难进去。同时,不同类型、场合的朋友被区分得很清楚,不同时间、地点、场合与不同朋友在一起,他们很少或不会被介绍相互认识,本公司的同事也很少会被介绍给其他领域的朋友。

3. 人的活动差异

中国和西欧企业文化在人的活动维度上的差异主要体现在活动的积极程度,有没有全局观念,办事的原则性及灵活性等方面。中国的企业文化崇尚静态取向,强调以静制动,无为而治。当出现什么问题时,企业不会马上采取行动而是希望静待时机成熟再采取行动加以解决;而西欧企业强调行动,要求员工加快工作节奏,不断地做事,总是处于行动之中,才能创造价值。发生什么事的时候,企业会在第一时间迅速作出反应,积极想办法加以解决。他们还热衷于建立企业应急防范体系和安全预警机制,目的就是积极采取行动预防危机。

此外,受民族文化的深刻影响,中国企业强调全局观念,要求企业员工在工作中务必保持全局观念和集体意识,一切从企业整体利益出发,但在实际工作中又注重做事的灵活性,崇尚具体情况具体分析,不过分拘泥于企业已有的规章制度。而西欧企业受个人主义文化的强烈影响,其企业文化强调从个人角度出发,以局部为主要出发点来考虑和处理工作中的各种问题。在实际工作中十分讲求原则性,一切按照公司的规章制度办,不能因人而异,更不能随意变更。

4. 时间观念差异

与中国企业文化相比,西欧企业文化十分尊重和珍惜时间,因为"时间就是金钱",他们推崇做事高效、快捷,按时上下班,按时完成工作和任务,准时赴约。他们对时间的珍惜有时甚至达到了刻苦的程度,不能容忍浪费时间的行为。他们不能容忍别人浪费自己的时间,也不愿自己浪费别人的时间。总之一句话,西欧企业文化十分强调时间观念,这与中国企业文化相对淡薄的时间意识形成对比。

在崇尚灵活性、机动性的企业文化影响下,中国企业将时间看成是非线性的、多维的,在同一时间内可以同时干多种事情,办事也不一定完全按照时间先后,而是可以酌情变通,灵活处理;而西欧企业则不同,他们将时间看成是线性的,一段时间内只能处理一件事情,并且先后顺序也不能打乱,不能有变通和特殊处理。

中国企业崇尚长期导向,例如,第一次与对方公司的代表见面,商谈一桩短时的生意,我们也会花很多时间介绍公司的历史、发展方向、各类产品线以及人事组织结构等;然后,让对方公司介绍自己的情况,全部完毕之后,才进入具体的项目谈判。如果是外商来中国谈判,一般都不会在第一次会议上就详谈生意细节,总是先要带对方参观一下工厂或公司,宴请对方,或请对方游山玩水,参与休闲社交活动,然后,到最后一两天才正式比较严肃地进入正题谈生意。为什么这么做呢? 因为我们想了解对方派来的那个人的底细,那个公司的底细,那个人的人品是否可靠,是否值得信任。为什么要了解这些呢? 因为我们下意识里想的就是与该公司或该代表未来的长期合作,而不是做完这桩眼前的生意就完事了;而西欧企业往往不理解中国企业的做法,因为他们是短期导向的企业文化,有把所有生意都看成一锤子买卖的倾向,所以,西欧企业往往觉得介入那些与生意没有直接关系的活动纯粹是浪费时间,有时甚至认为是中国人玩的花样,让他们上当。使他们在所剩无几的时间里必须被迫作出决策,而作出让步。所以他们在经营企业或谈判时总是喜欢开门见山,直奔主题,就事论事,只谈与工作有关的而不关注其他。

5. 事业—生活差异

在事业—生活偏向这一维度上,中国和西欧企业文化的差异尤其明显。中国企业文化崇尚将家庭和生活放在第一位,家庭对于中国人的重要性显然毋庸置疑,为了家庭和生活许多人甚至可以毫不犹豫地放弃工作和事业。企业也希望员工在努力工作的同时,注重自身的生活质量,因为归根结底,工作是为了生活,努力工作是为了让生活变得更好。家庭的地位显然很高,对他们而言,家庭幸福比工作成绩突出更能引起自己的幸福感、安全感和满足感,家庭才是自己最终的港湾。同时,精神追求也比物质享受更重要,对精神的需求促使他们努力追求属于自己的精神家园。所以中国企业文化中往往包含着至关重要的精神追求和精神激励的因素。

然而,西欧企业文化对事业和工作的重视程度显然超过了中国企业文化,西欧企业注重员工的个人成就从而提高企业的业绩,竞争意识强烈,进取心强。对于家庭和工作,他们会认为工作比家庭更重要,只有有了好的工作,个人的成就才能得以体现,家庭幸福才有可能得以实现。同时,工作意味着个人对国家和社会的贡献,是个人的责任。物质生活比精神生活更重要,更能满足员工的需求并对员工起到激励和刺激作用。

6. 性情差异

在性情导向维度,中国和西欧企业文化的差异主要体现在乐观与悲观,内敛与外露,感性与理性以及保守与创新等方面。具体而言,受儒家文化影响的中国企业文化较悲观,注重内敛,充满感性,同时也更保守。中国企业在处理问题时往往从比较糟糕的角度考虑问题;员工交往时人与人之间很少身体的接触,相互之间的沟通和交流也比较微妙,因为情绪表露很少,需要用心领会才行;遇到事情的时候,任由自己的感情和喜好决定自己的行为而基本不会考虑行为本身的理由或适当性,总会倾向于依靠个人的主观感觉去处理,融入了较强的个人感情色彩,个人感觉相对占主导地位;同时,中国企业更关注它的过去和现在,而较少注重未来。并不十分注重和鼓励发明创造,创新行为和成果经常被当作标新立异来对待,员工都安分守己,不做那些非常规的事,也不想有新的创造和发明,企业比较稳定但发展缓慢。

相对中国企业文化而言,受西方文化深刻影响的西欧企业文化则比较乐观,富于理性,充满外露色彩,也更加注重创新。企业往往不满足现状,鼓励打破常规和现有秩序,提倡发明创造,充满创新精神。在企业中,员工之间交往比较直接、外露和奔放,相互之间身体的接触比较公开自然,沟通交流时表情丰富,用词夸张,充满肢体语言。员工也普遍比较乐观,凡事都能看到积极的一面和有利因素,对未来充满信心,总能在绝境中看到希望,在逆境中找到动力。

二、中西企业文化的文化导向差异

中西企业文化在文化导向的各个维度上有着显著的差异,这些差异有些很明显,有些则比较隐蔽。然而,这些基本差异都可以通过文化导向的六大基本维度得以清晰地表现出来。

(一)个体—集体差异

在个体与集体差异这一维度上,中国企业文化强调集体主义,认为员工应该为了集体(企业)而奋斗,强调个人服从集体,只有集体发展了,个人才能发展。"皮之不存,毛之焉附。"所以,在中国的企业里,由集体来决定资源的配置,对于个人来说往往存在风险,集体的决策与自己的偏好不一定合拍,因此,纪律成为深刻的道德准绳;而西方企业则强调个人主义,认为员工应该为了自己努力工作,企业因此得以发展只是一个附带的结果而已。

　　具体而言,中国企业重视集体成就和利益,认为集体利益当然比个人利益重要,员工只有一心一意为企业作贡献让企业获得了发展,才能得到个人利益。如果企业无法获得发展,作为员工的个人即使获得成就也不会获得认可。当员工个人与作为集体的企业利益发生冲突时,员工理所应当"识大体、顾大局",牺牲个人利益,保全企业利益。而西方企业则更尊重员工个人的利益,对他们来说,员工利益当然比企业利益重要。在法律允许的范围内追求员工个人利益不仅合理,而且提倡。每个人在追求个人利益最大化的同时,能够实现群体(企业)利益的最大化。而西方个人主义的文化传统更是为追求员工个人利益提供了理论依据,使追求个人利益者理直气壮。当员工个体利益与企业集体利益发生冲突的时候,首先考虑的是如何保全正当的员工个人利益,然后才是企业的集体利益。

　　同时,在中国企业中,由于群体压力,从众现象比较显著,从而导致趋同化。员工会尽最大可能与企业保持一致,不随便发表自己的看法,其结果是企业往往容易达成受到"一致拥护"或"一致同意"的决策;而在西方企业中,员工受到的群体压力相对较小,员工没有从众的压力和顾虑,从而更敢于发表自己的意见,企业的决策总会遇到大大小小的不同意见。但往往正是这些反对意见,却促使企业改进或放弃了许多错误决策,避免了许多决策失败和经营挫折。此外,中国的企业更注重团体合作精神,而西方企业往往更容易出现个人奋斗成功的案例。然而,现在西方企业也开始注重强调团队精神并鼓励员工参与团队合作了,所以这方面的区别已不再那么明显。

　　(二)人际关系差异

　　在中国的企业里权力集中,领导不善授权,上下级之间有明显的等级秩序,下级员工的自主决策权很少甚至完全没有;而西方企业权力则相对分散,领导善于授权,上下级之间等级秩序不明显,下级乃至基层员工都有在自己职权范围内的自主决策权。每个人哪怕最基层员工都可以凭借自己的专业知识发表对某项决策的看法和意见而且很容易被接受。分散的权力使企业内不只是一个权力中心,从而避免了专权的可能。这就是为什么在西方企业中"网络型组织"能得以发展。

　　中西企业文化在人际关系维度上的另一个导向差异就是对于内群体和外群体的区分。所谓内群体就是指与个体有密切关系的群体,如工作中的团队;外群体则是指与自己毫无关系的人的总和,如其他公司的人,外国人或完全的陌生人。当然,内外群体的边界非常模糊,随时间、地点、场合而变化。中国的企业一般对内外群体区分得较清楚,讲求"内外有别",对"自己人"表现得态度友好、信任,乐于合作,而对于"外人"则不那么友好并抱有戒心,甚至还有不合作的态度。而西方企业一般没有内外群体的划分,对所有人一视同仁,无论公司内部还是外部,也无论团体之内还是之外,他们都能给予同等的信任和友好态度并与之合作。

在人际关系维度上的另一重要区别在于,中国与西方企业内部人员的交往方式有显著差异。中国企业的员工一般都会给自己划定一个较大的私人空间,对陌生人往往存有戒心,一般人很难进入其私人生活。然而,一旦进入其生活,却很容易从其生活的公共空间进入私人空间,受到其信任。同时,不同类型的朋友也会被相互介绍并认识,没有严格的区分。而西方企业的员工却相反,其私人空间较小,对陌生人也很热情,任何人都很容易与之熟悉并交往。但是,如果想进入其私人空间却非常难,这个私人空间对他们来说是一个特殊领域,一般人很难进去。同时,不同类型、场合的朋友被区分得很清楚,不同时间、地点、场合与不同朋友在一起,他们很少或不会被介绍相互认识,本公司的同事也很少会被介绍给其他领域的朋友。

(三)人的活动差异

中西企业文化在人的活动维度上的差异主要体现在活动的积极程度,有没有全局观念,办事的原则性及灵活性等方面。中国的企业文化崇尚静态取向,强调以静制动,无为而治。当出现什么问题时,企业不会马上采取行动,而是希望静待时机成熟再采取行动加以解决。而西方企业强调行动,要求员工加快工作节奏,不断地做事,认为总是处于行动之中,才能创造价值。发生什么事的时候,企业会在第一时间迅速做出反应,积极想办法加以解决。他们还热衷于建立企业应急防范体系和安全预警机制,目的就是及时采取行动预防危机。

此外,受民族文化的深刻影响,中国企业强调全局观念,要求企业员工在工作中务必保持全局观念和集体意识,一切从企业整体利益出发。但在实际工作中又注重做事的灵活性,崇尚具体情况具体分析,不过分拘泥于企业已有的规章制度。而西方企业受个人主义文化的强烈影响,其企业文化强调从个人角度出发,以局部为主要出发点来考虑和处理工作中的各种问题。在实际工作中十分讲求原则性,一切按照公司的规章制度办,不能因人而异,更不能随意变更。

（四）时间观念差异

与中国企业文化相比，西方企业文化十分尊重和珍惜时间，因为"时间就是金钱"，他们推崇做事高效、快捷，按时上下班，按时完成工作和任务，准时赴约。他们对时间的珍惜有时甚至达到了极端的程度，不能容忍任何浪费时间的行为。他们不能容忍别人浪费自己的时间，也不愿自己浪费别人的时间。总之，一句话，西方企业文化十分强调时间观念，这与中国企业文化相对淡薄的时间意识形成鲜明对比。

在崇尚灵活性、机动性的企业文化影响下，中国企业将时间看成是非线性的、多维的，在同一时间内可以同时干多种事情，办事也不一定完全按照时间先后，而是可以酌情变通，灵活处理；而西方企业则不同，他们将时间看成是线性的，一段时间内只能处理一件事情，并且先后顺序也不能打乱，不能有变通和特殊处理。

中国企业崇尚长期导向，例如，第一次与对方公司的代表见面，商谈一桩短时的生意，我们也会花很多时间介绍公司的历史、发展方向，各类产品线，以及人事组织结构等；然后，让对方公司介绍自己的情况，全部完毕之后，才进入具体的项目谈判。如果是外商来中国谈判，一般都不会在第一次会议上就详谈生意细节，总是先要带对方参观一下工厂或公司，宴请对方，或请对方游山玩水，参与休闲社交活动；然后，到最后一两天才正式比较严肃地进入正题谈生意。为什么这么做呢？因为我们想了解对方派来的那个人的底细，那个公司的底细，那个人的人品是否可靠，是否值得信任。为什么要了解这些呢？因为我们下意识里想的就是与该公司或该代表未来的长期合作，而不是做完这桩眼前的生意就完事了。而西方企业往往不理解中国企业的做法，因为他们是短期导向的企业文化，有把所有生意都看成一锤子买卖的倾向。所以，西方企业往往觉得介入那些与生意没有直接关系的活动纯粹是浪费时间，有时甚至认为是中国人玩的花样，让他们上当。使他们在所剩无几的时间里必须被迫作出决策，而作出让步。所以他们在经营企业或谈判时总是喜欢开门见山，直奔主题，就事论事，只谈与工作有关的而不关注其他。

（五）事业—生活差异

在事业—生活偏向这一维度上，中西企业文化的差异尤其明显。中国企业文化崇尚将家庭和生活放在第一位，家庭对于中国人的重要性显然毋庸置疑，为了家庭和生活许多人甚至可以毫不犹豫地放弃工作和事业。企业也希望员工在努力工作的同时,注重自身的生活质量,因为归根结底,工作是为了生活,努力工作是为了让生活变得更好。家庭的地位显然很高,对他们而言,家庭幸福比工作成绩突出更能引起自己的幸福感、安全感和满足感,家庭才是自己最终的港湾。同时,精神追求也比物质享受更重要,对精神的需求促使他们努力追求属于自己的精神家园。所以中国企业文化中往往包含着至关重要的精神追求和精神激励的因素。

然而,西方企业文化对事业和工作的重视程度显然超过了中国企业文化,西方企业注重员工的个人成就从而提高企业的业绩,竞争意识强烈,进取心强。对于家庭和工作,他们会认为工作比家庭更重要,只有有了好的工作业绩,个人的成就才能得以体现,家庭幸福才有可能得以实现。同时,工作意味着个人对国家和社会的贡献,是个人的责任。物质生活比精神生活更重要,更能满足员工的需求并对员工起到激励和刺激作用。

(六)性情差异

在性情导向维度,中西企业文化的差异主要体现在乐观与悲观,内敛与外露,感性与理性,以及保守与创新等方面。具体而言,受儒家文化影响的中国企业文化较悲观,注重内敛,充满感性,同时也更保守。中国企业在处理问题时往往从比较糟糕的角度考虑问题;员工交往时人与人之间很少身体的接触,相互之间的沟通和交流也比较微妙,因为情绪表露很少,需要用心领会才行;遇到事情的时候,任由自己的感情和喜好决定自己的行为而基本不会考虑行为本身的理由或适当性,总会倾向于依靠个人的主观感觉去处理,融入了较强的个人感情色彩,个人感觉相对占主导地位。同时,中国企业更关注它的过去和现在,而较少注重未来。并不十分注重和鼓励发明创造,创新行为和成果经常被当作标新立异来对待,员工都安分守己,不做那些非常规的事,也不想有新的创造和发明,企业比较稳定但发展缓慢。

相对中国企业文化而言,受西方文化深刻影响的西方企业文化则比较乐观,富于理性,充满外露色彩,也更加注重创新。企业往往不满足现状,鼓励打破常规和现有秩序,提倡发明创造,充满创新精神。在企业中,员工之间交往比较直接、外露和奔放,相互之间身体的接触比较公开自然,沟通交流时表情丰富,用词夸张,充满肢体语言。员工也普遍比较乐观,凡事都能看到积极的一面和有利因素,对未来充满信心,总能在绝境中看到希望,在逆境中找到动力。

第七章　中西企业文化的冲突、融合与协同

第一节　企业文化冲突的概念、具体表现和演变规律

一、企业文化冲突的概念

企业文化冲突并不能简单地理解为企业文化之间的冲突,企业文化冲突实质上是人与人之间、群体与群体之间、组织与组织之间在价值观和行为上的冲突。这使我们有必要对企业文化冲突进行界定,并有必要澄清目前人们对企业文化冲突的错误认识。

人们普遍认为,冲突是指不同事物、不同因素之间的相互对立和相互排斥;而文化冲突也就是指不同形态的文化或者文化因素之间的相互对立、相互排斥的过程。这一定义最大的问题是它忽略了人在文化冲突中的主观能动性作用。我们知道,文化是社会活动的产物,而人是社会活动的主体。任何社会冲突都是人与人之间的冲突,离开了人与人之间的联系,就不存在社会冲突,那只能是自然界中的物与物的冲突。与自然事物不同,文化根植于人们的思想意识之中,影响着人们的思想和行为,并体现于人们的思想和行为之中。离开了人的活动,就无所谓文化,更谈不上文化冲突了。试想把两个不同国家的文化如中国文化和美国文化置于一个毫无人烟的孤岛(实际上这是不可能的),这两个国家的文化会发生冲突吗? 显然,这是绝对不可能的。因此,文化冲突并不能简单地理解为不同形态的文化之间的冲突,文化冲突是与人的活动密切相关的,离开了人的活动就不会有文化冲突。这一点同样适用于企业文化冲突。基于上述分析,我们将企业文化冲突界定为:企业文化冲突是由不同形态的企业文化(即企业文化差异)而导致的企业组织中人群之间的心理和行为对抗。

(1)企业文化冲突发生于企业组织中人群之间。企业文化冲突是在多元化

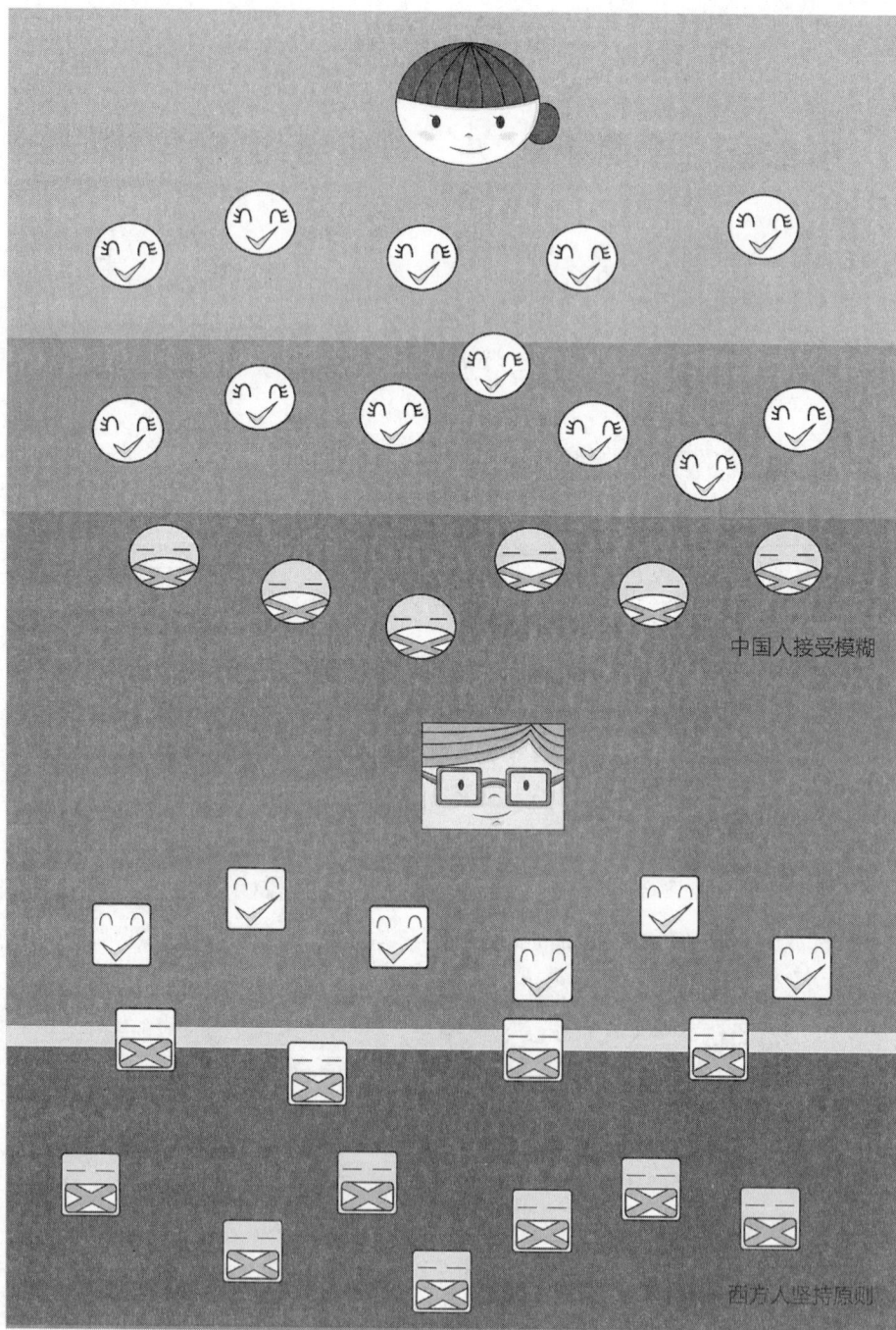

中国人接受模糊

西方人坚持原则

企业文化组织中发生的,而且发生于持有不同形态的企业的组织成员之间。也就是说,企业文化冲突是发生于相互联系的人群之间,毫不相干的人群之间是不会发生企业文化冲突的。如企业文化冲突一般多见于战略联盟、企业兼并或合并,尤其是跨国合资企业,企业跨国兼并或合并;两个不相干的企业组织之间绝不会发生企业文化冲突。这一点是非常重要的,因为这说明企业文化冲突发生于人与人之间,是人们心理活动和行为活动的结果,而人具有主观能动性,因此,企业文化冲突是完全可以控制的。

(2)企业文化冲突的原因是企业文化差异。任何冲突都是由于差异引起的。企业文化冲突就是因为在一个企业组织中存在多种形态的企业文化。不同形态的企业文化具有不同的价值观和行为模式。而作为一个组织,在通常情况下,需要统一思想,统一行动。这要求在价值观和行为模式上统一。不同的价值观和行为模式往往会导致组织成员之间思想和行动的不一致,从而产生冲突。因此,企业文化差异是导致企业文化冲突的根本原因。

(3)企业文化冲突形式是心理对抗和行为对抗。企业文化冲突表现在两个层面,一是人们的心理层面,主要表现为人们对企业文化差异的认知过程和情绪情感反应。在这个层面,人们认识到企业文化差异的存在,并产生了认知上的失衡感,伴随着一定程度的不良情绪情感反应,但隐藏于内心,并没有从行为上表现出来。人们一般是不易察觉的,看不到,摸不着。这相当于罗宾斯的冲突五阶段模型中的阶段 2 和阶段 3。二是人们的行为层面,主要通过人们的外在行为表现出来,是人们心理活动的外在表现。这时,人们已无法控制因企业文化差异导致的认知失衡感及其伴随的不良情绪情感反应,通过行为把这些认知失衡感和不良情绪情感反应出来。

二、企业文化冲突的具体表现

具体说来,由文化差异造成的文化冲突表现在以下几个方面:

1. 显性文化的冲突

最常见和最公开化的文化冲突是显性文化冲突,即来自行为者双方的象征符号系统之间的冲突,也就是通常所说的表达方式所含的意义不同而引起的冲突。这些表达方式通常通过语言、神态、手势、表情、举止等表现出来。来自不同文化背景中的人,相同的文化符号所象征的意义很有可能是不同的。

2. 制度文化的冲突

西方企业一般是在法律环境比较严格和完善的条件下开展经营与管理,自然会用法律条文作为自己言行举止的依据。而中国企业,特别是国有企业,长期以来依靠国家计划和上级指令来行事,条文、指令、文件便是企业成员的办事章程和决策依据。因为双方行事的标准和依据不同,冲突在所难免。

3. 价值文化的冲突

价值文化的冲突表现在以下四个方面:

①在风险观念方面,中国企业家受政府行为和中国文化的影响,一般缺乏风险意识和冒险精神,唯恐失败,难以把握在瞬息万变的竞争环境中所出现的机会。而西方企业家则认为胜败乃兵家常事,敢于创新和冒险,无后顾之忧,在新产品研制、新市场开拓、新方法运用等方面都充满竞争和冒险精神。②在对工作和成就的态度方面,中国企业目前还不能指望通过工作努力得到物质上的满足,缺乏灵活的激励机制。而在西方企业,员工能从自身的工作努力过程中得到更多的物质满足和乐趣。③在对上级和权威的态度方面,西方大多数企业的下级对上级有一定的建议权、质疑权,下级在自己的职责范围内有较大的自主权。同时,地方政府部门对管辖区内的企业无直接控制权。而中国企业的实际情况则更多地偏向于另一极端。④在不同意见的表达方式上,中方人员如对某事有不同看法,通常不是当面直接陈述己见,而是在背后议论,而外方则是直截了当地说明真相。

4. 管理模式中的文化冲突

①西方的管理强调严密的组织结构和控制手段。由于崇尚自我,强调独立,西方的管理体制是强有力的。许多企业组织往往依靠严密的组织机构、健全的控制手段实施其管理,为的是防止过分强调自我的员工各行其是。中国的企业管理虽然也强调严密的组织结构和控制手段,但实际上却难以做到。事实上,由于多数国有企业产权模糊,经济制度存在多重结构,加之强调"群体至上",使得中国许多企业处于人浮于事、管理松弛的状态,组织和控制职能难以达到预期效果。②西方文化的主要特征不仅表现在它的个体性上,还表现在它的激进性上。这种激进的文化特征渗透到企业管理中,突出地表现为鼓励创新、勇于竞争和拼搏的企业精神。中国的传统文化向人们灌输了知足常乐、随遇而安、见好就收的价值观念,让人们学会了清静无为、听天由命、万事随大流、不冒尖、中庸的行为

方式。因循守旧、墨守成规、惧怕竞争、不思变革,已成为中国国民性中较消极的一面。在这种封闭、僵化、保守的文化环境中代代相传的人们,很难具备开拓进取的心态,很难适应现代化社会所需要的全方位开放性和高度创造性。③西方近代文化认为,人的精神生活和社会生活应当存在于工作场所之外,因此反对在工作场所结成人与人之间亲密的关系。基于这种看法,西方管理者倾向于在工作中与人保持一定的距离,他们把上司和下属的关系看成是纯粹的完成工作任务的关系。中国文化强调群体性,重视"人和"因素,注意协调人与人之间的关系,在企业内形成了较为和谐的人际关系环境。与西方的管理模式相比,这种文化特征确实更容易减少人际间的摩擦和冲突,然而,这种文化特征也容易产生一些负面影响,如"窝里斗","三个和尚没水喝",拉关系,找熟人等社会风气,对企业管理的效率起到了冲击和破坏的作用。

5. 人格取向中的文化冲突

以中国、日本为代表的东方文化是以儒家伦理为基础发展起来的。这是一种以农民社会为主体的农业文化,又是以宗法血缘关系为根基的宗法制度文化;以欧美等国为代表的西方文化是在古希腊文化和基督教文化的基础上发展起来的,是平民为主体的商业社会文化和市民社会文化。因此,东方文化发展取向是重群体、重道德、重实用;西方文化发展取向是重个体、重科学、重思辨。这两类不同性质的文化系统决定了东西方人格特质构造和发展取向的整体差异。

东方人格体现的是长期农业文化积淀而成的人际角色认知、行为模式、个性需求以及自我价值取向。它的基本特征是:较强的依附性和内向性;以自然之和谐为真;以人际和谐为善;以天人之和谐为美;注重行为的节俭、封闭、悠闲;突出以家庭成员为中心。西方人格是在西方宗教文化和商业文明熏陶下形成的价值观、社会心态以及行为模式等特质的综合体现。它的基本特征是:具有强烈的自主性和个人主义体验;具有明显的外向开发色彩;体现了社会互动中的平等和民主模式。

6. 市场经济模式中的文化差异

英美式市场经济、德国社会市场经济和日本市场经济是资本主义市场经济模式的三种代表形式。这些不同的市场模式隐含着不同的文化背景和价值观念。基于价值取向的不同,美英的市场经济被称为个人资本主义;日德的市场经济被称为社团资本主义。两者的基本区别是,前者强调个人价值,强调企业的最大利益,强调消费者经济学;后者强调社团价值,强调企业的感情投资,强调生产者经济学。

作为市场经济基础的跨国公司最充分地体现着文化与经济的关系。跨国公司通常拥有雄厚的经济实力,全球经营战略更为其提供了发展机会。但由于战略目标与实施行为的矛盾,常常使跨国公司全球战略陷入困境。多元的、不确定的国际文化环境和文化摩擦,是导致跨国公司市场机会的损失和低效率的基本原因,从而难以实现预期的收益。跨国公司面临的文化困扰,或由于管理者忽视文化摩擦,而使跨国公司全球战略遇到障碍。某一决策在理论上无可挑剔,在实施中却遇到重重阻碍;同一决策,在甲地贯彻实施效果颇佳,在乙地却未必得心应手。文化造成的偏差只能通过调整文化纠正。

7. 组织设计中的文化冲突

企业组织设计中的文化因素影响,主要体现在两个方面:一是明确个人在组织中的地位和作用,保持一定的权力距离;二是建立适当的管理控制系统,正确地评估个人的努力程度。在权力距离较大的组织中,个人在组织中的地位和作用并不那么重要,集体主义倾向占主导地位。在这种文化氛围下,组织的评估体系和方法是由管理人员负责组织,建立起的是以团体为单位的培训和奖励机制,每个成员都将自己看做是协作体内的组成分子,与其他成员保持密切的合作关系。相反,在权力距离较小的组织中,个人主义的倾向要求业绩评估必须以个人的行为、效率和成就为基础,充分肯定个人对组织的贡献。

在组织设计评价时,一些外商企业常常为精心设计的目标落空而迷惑。殊不知,外商企业的经营效绩不仅取决于自身战略计划和组织的性质,而且与所在国的经济发展水平以及文化亦有密切的联系,不同民族的工作动机和价值观直接影响着海外投资效绩。欧洲人注重权力和地位,美国人欣赏创新精神和成就;日本人则崇尚团队精神和协调。有关研究表明:在一个国家经济发展的不同阶段,人们的价值取向会发生变化。在经济困难时期,个人更乐于接受权力主义或家长式的领导;而在经济繁荣时期,人们则倾向于要求公平和民主。集体主义文化使得企业能够采取联合式的国际竞争战略;而个人主义导向的公司往往在强调个别人公司利益最大化的基础上参与竞争,很少和其他公司联合,甚至政府通过制定反托拉斯法来限制企业之间的合作。

8. 经营管理中的文化冲突

随着管理科学的发展,企业中人的地位和作用经历了三次飞跃:从追求物质经济利益的经济人到处于社会关系中的社会人,再到受价值观念所支配的文化人。所有优秀的企业,无不重视企业文化以及作为企业文化主体的人,在企业创新中的作用。

东方文化如行云流水,是世界上最容易存活的文化,其中一个重要的原因是它的适应性强,灵活性强。但是,过于灵活的必然结果是不重视正式制度的建立和实施,对环境变化采取实用主义的态度,因时制宜。因此,在企业管理中制度往往不受企业管理者重视。企业管理者对制度毫无兴趣,即使执行正式的制度时,也常常因所谓特殊情况而被"灵活"放弃。正式制度的作用被弱化,只能依赖于"人治"。这样,企业管理者个人在道德、知识、能力等各方面的水平就决定了企业的成功或失败。衰败的企业因更换某个领导人就可能使企业变得蒸蒸日上、欣欣向荣。反之,成功的企业也可能因领导人的调整而陷入困境,一人兴厂、一人败厂的情况是屡见不鲜的。

西方文化以制度为基础,企业管理中讲究原则、追求效率,但是也存在着不可避免的缺憾:一是过于注重组织管理制度,忽视了人际沟通;二是职工不能参与决策管理,难以达到对企业的认同;三是过分偏重经济手段的管理,在物质需求达到一定满足之后就暴露出其局限性;四是管理者目标只是追求利益最大化,容易导致企业经营的短期行为;五是过于推崇个人主义,失去集体主义的精神和协作的效率。例如,东方国家企业对职工教育的目的首先是使员工忠诚,爱厂如家,其次才是提高技能。而西方国家企业则强调后者,缺乏前一内涵。再如,对企业员工的合作与参与,东方文化靠的是伦理,西方文化靠的是制度。如果我们能够用西方理性的制度作为管理的前提和基础,同时又利用东方文化,充分重视员工在企业中的作用和地位,那么,就能够创造出适应现代化经济发展要求的企业文化,让企业管理放射出灿烂的光芒。

三、企业文化冲突的演变规律

人们遭遇企业文化差异时,并不是马上就发生企业文化冲突,也不是一直处于企业文化冲突之中。而是在不同的阶段,表现出不同的企业文化冲突水平。根据奥伯格对跨文化冲突的研究,文化冲突通常要经历四个阶段,即蜜月阶段、冲突阶段、适应阶段和稳定阶段。奥伯格的研究有助于我们认识企业文化冲突的演变规律。

（1）蜜月阶段。发生于人们刚刚开始遭遇不同形态的企业文化的时候。其主要特征是新奇、欣快。就像新婚蜜月一样，所有的一切都令人感到新奇和兴奋。这一阶段一般会持续几天到几周，甚至几个月。

（2）冲突阶段。蜜月并不会永远持续；在几周或几月内，新奇感和兴奋感很快就会消失，问题就会接踵而来。人们的期望落空，逐渐意识到企业文化差异的存在，且成为人们继续合作和交往的障碍。

人们感到失望、烦躁、恐惧和沮丧。随着时间的推移，人们这种不良的情绪情感反应会逐渐加剧，不同形态的企业文化组织成员之间冲突不断。

（3）适应期。这是一个经历过冲突并逐渐恢复的阶段。随着对不同形态的企业文化的深入了解和理解，一些企业文化事件开始变得有意义，行为方式逐渐变得适应并可预期。与不同形态企业文化的组织成员合作和交往也变得不是一件难事。一切都变得自然和有条不紊。

（4）稳定阶段。这一阶段意味着组织成员完全或接近完全适应于在不同形态的企业文化中合作和交往。以前难以理解的其他企业文化现在不但能够理解而且能够欣赏。当然，这并不是说明所有与企业文化差异有关的问题都解决了，适度的冲突仍然存在，而是人们已经习惯了，不良的情绪情感反应消失了，而良好的情绪情感反应却逐渐增加。

企业文化冲突的演变规律告诉我们，在企业文化冲突过程中，总是伴随着人们的情绪情感反应。当企业文化冲突加剧时，人们的不良情绪情感反应变得越来越激烈；而当企业文化冲突减少时，人们的不良情绪情感反应亦随之减少，而良好的情绪情感反应则增加。这进一步说明了在企业文化冲突时企业文化势差的存在，即人们认知到了企业文化差异，且伴随着情绪情感反应。只有当企业文化势差达到一定水平时，企业文化冲突才会产生；同时也说明了企业文化冲突是人与人之间的冲突，是人们因企业文化差异而导致的心理和行为对抗。

第二节　中西企业文化冲突的控制策略

毋庸讳言，中西企业文化的冲突客观存在。对于这种冲突，究竟应该如何看待和处理呢？事实上，在一个中西合资企业中，既然冲突不可避免，作为一个有效的管理者，与其花大量的精力来防止和解决企业文化的各种冲突，倒不如努力使企业文化的冲突水平维持在一个合理而适度的范围内。控制中西企业文化冲突的基本策略主要包括尊重策略和沟通策略。

一、企业文化冲突控制的尊重策略

大多数处理文化冲突的策略是基于对文化冲突的消极认识,目的是消除或避免文化冲突,而不是利用文化冲突。而我们前面的分析表明,适度的企业文化冲突对跨国合资企业是有益的,是实现企业文化多样性优势的前提。因此,对于企业文化冲突而言,最佳的策略应该是控制企业文化冲突,即把企业文化冲突控制在合理范围之内,而不是消除或避免企业文化冲突。下面,我们将着重探讨控制企业文化冲突的基本策略:尊重和沟通。

尊重就是具有不同形态的企业文化的组织成员之间互相尊重对方的企业文化。在现实生活中,我们每个人都希望得到别人的尊重,希望别人尊重与其有关的一切事物。但尊重是相互的,你想得到别人的尊重,你首先必须尊重别人及其有关的一切事物。在合资企业中,由于合资伙伴来自不同的国家,不同的企业,他们都有自己的独特的国家文化和企业文化,每个伙伴及其组织成员都会希望自己的国家文化和企业文化受到其他伙伴及其组织成员的尊重。相互尊重既是合作的基础,也是避免过度的企业文化冲突的基础。

(一)树立全球合作意识

全球化是当今世界社会经济发展的基本趋势,全球化一方面伴随着各国文化的趋同化趋势,另一方面又促进了各国文化的当地化趋势。这说明各国民族文化的差异是客观存在的,且这种差异是无法完全消除的。相应地,在合资企业中,企业文化的差异也是客观存在的,是无法消除的。因此,在跨国合资企业管理中,合作伙伴之间要做到相互尊重对方的企业文化就必须树立全球化的合作意识。

(1)要从全球化的视角而不是从本国或本企业的视角来考虑问题,树立合作意识。跨国合资企业是一个合作体,这一点不仅应该体现于跨国合资企业日常管理和运作过程中,更重要的是,应该体现于跨国合资企业成员的思想意识之中。合作伙伴在思想意识中应该只有"我们",而没有"我们"、"你们"、"他们"之分。就像一个有机体,它由不同的系统、器官和细胞组成,这些系统、器官和细胞具有不同的特性和功能,但它们能够相互协调,各司其职,实现有机体的整体功能,从而形成强大的生命力。跨国合资企业企业文化差异类似于有机体中的不同系统、器官、细胞,不同的企业文化具有不同的特性,适应于不同的环境。合作伙伴只有精诚合作,齐心协力,才能实现合作伙伴企业文化的协同,获得巨大的企业文化多样性优势。

(2)要具有开放的、灵活的思维方式。每一种企业文化都有一种独特的思维方式,如我国企业"海尔"是以顾客为导向的思维方式,其思维出发点是如何为顾客最有效地提供"星级服务";而"邯钢"则是以成本为导向的思维方式,其思维的出发点是如何最有效地降低运营成本,以获得成本优势。每种思维方式适应于一定的经营环境。由于企业外部经营环境复杂多变,单一思维方式的局限性是显而易见的。在跨国合资企业企业文化协同管理过程中,必须要有开放的、灵活的思维方式,能够主动地根据企业外部经营环境的变化,灵活地运用不同企业文化的思维方式。

(二)善于发现不同企业文化的合理性

每一种企业文化都适应于特定的经营环境,都有其存在的合理性。在跨国合资企业管理中,认识到这一点对于战略合作的成功是至关重要的。许多成功的跨国合资企业都是善于发现合作伙伴企业文化合理性的典范。日本松下公司与中国北京显像管总厂等企业的跨国合资企业中,松下幸之助认为,中国的企业有优秀文化的熏陶和基层党组织的领导,是中国企业的最大优势。正因为此,松下公司非常尊重中国的企业文化,善于吸收中国企业文化的合理部分,从而在北京松下成功地建立了共同企业文化。在20世纪80年代上海飞机制造厂与美国麦道公司的跨国合资企业中,麦道公司管理人员伦奈就深有体会地说:"在中国受教育不是单向的,任何到中国来参与此类项目的人都可以学到许多经验,就像做事情可以有很多方法一样。有时候,我们觉得他们的方法同我们一样好。"在上海飞机制造厂的传统管理中,经常采用从战争年代沿袭下来的"政治动员会"、"战前誓师会"的方法,起初,麦道专家组长鲁宾逊对他们开干部会感到很不理解,后来他发现,他们每开一次干部动员会,工程进度就随着推进一步,于是便理解了动员会的作用。所以,后来他通知所有美方专家参加他们的干部动员会,而且,他还每次到会做动员。对于中国企业中的政工干部,美国人起初抱有戒备乃至敌视的心理,后来,他们逐渐认识到了政工干部善于做思想工作,替人排忧解难,于是就对政工干部充满了尊重和信任。正是认识到了中国企业中政工干部和政工系统的作用,麦道公司后来还专设了一个机构,叫"协调部",各级都有协调员,由德高望重的专家担任,主要负责协调管理人员和工人之间的关系,替工人解决思想上、情绪上的问题。此外,麦道公司觉得上海飞机制造厂的"厂长接待日"很有作用,能随时做到上情下达,下情上传,于是也专门设置了美方专家接待日。松下与北京显像管总厂以及上海飞机制造厂与美国麦道公司的跨国合资企业实践表明,任何一个合作伙伴的企业文化都有其合理性,认识合作伙伴企业文化的合理性是尊重合作伙伴及其企业文化的前提。

（三）换位思考

跨国合资企业中友好相处的一个重要原则就是从合作对方的角度去分析他们的行为或立场,而不是从自己的角度出发。不要轻易作出任何价值判断,合作中需要好奇、灵活和敢于创新,但首要的是先尊重对方的观点。所谓换位思考就是指跨国合资企业伙伴都从合作伙伴对方的角度而不是从自己的角度去思考问题、分析问题、进行价值判断和采取行动。换位思考对于控制企业文化冲突的意义在于使合作伙伴之间不是去反对、压制,甚至试图去改变其他合作伙伴的企业文化,而是有意识地去理解和利用合作伙伴的企业文化,从而实现相互理解,并在相互理解的基础上解决由于企业文化差异引起的各种冲突。富士—施乐公司是由美国的施乐公司和日本的富士公司共同投资组建的合资企业,由于这两家公司基于国家文化的企业价值观差异很大,因而在管理模式上有很大差异。如美国施乐公司和美国其他公司一样,由于受到华尔街和机构投资者的压力,且秉承美国文化的短期取向,一般强调高股利分配方案;而富士公司秉承日本文化的长期取向,为将利润再投资而获取长期收益增长,习惯接受低股利分配方案。特别是富士公司在所有的日本跨国公司中股利政策最为保守,其年分配率仅为7%—8%,在日经交易所第一批列名的主要日本公司中排名最低。而施乐公司的年分配率平均在70%—80%,在某些情况下还会达到100%。结果,在富士—施乐公司中,日本最保守的跨国公司和美国最自由化的公司结为战略合作伙伴。尽管存在这些差异,在股利分配问题上富士与施乐并没有产生激烈冲突。这缘于富士公司和施乐公司都从对方的角度尽力去理解对方在股利分配战略上所奉行的原则和压力。富士公司知道施乐公司有相当比例的股份由投资机构者持有,如果施乐公司削减红利的分配,那么基金马上就会撤走,使施乐公司的股票下跌。同样,施乐公司也理解富士公司的长期传统以及它所奉行的低股利分配原则,非常清楚不可能迫使富士公司接受高水平的股利分配方案。由于彼此理解对方所面临的制约因素,双方也就乐意选择一个双赢的折中方案:富士—施乐公司的股利分配率一般为30%左右。富士公司和施乐公司战略合作的成功经验说明,不管跨国合资企业伙伴企业文化差异有多大,只要合作伙伴之间都能站在对方的立场上,进行换位思考,相互理解各自的企业文化传统,就可以有效地控制企业文化冲突。

(四)克服"自我中心主义"

"自我中心主义"是人们作为某一特定文化或企业文化成员所表现出来的优越感。它是以自身价值标准去解释和判断其他文化或企业文化背景中的群体的一种倾向。在社会化过程中,人们都在不断地接受本国民族文化的熏陶,从而逐渐形成了以本民族文化为中心的价值观和行为模式,"自我中心主义"的心态在不知不觉中得到发展。由于"自我中心主义"心态通常是在无意识中习得的,因而它也就会在无意识中表现出来。

美川是日本总公司派到中国合资企业的外方管理人员。她平时见人总是彬彬有礼,和每一位员工打招呼,而且在工作时、午餐时,都和大家打成一片。但她能明显地感觉到大家与她保持距离,有时她甚至可以感受到来自中方员工的警惕。敏感的她为此很苦恼,她觉得这是自己在跨文化人际关系上的失败。

有一天她很真诚地问一位中方员工,为什么大家不能接纳她? 这位员工判断她的诚意后,告诉她:"我们愿意和你接近,但你有意无意中透出的日本人优越感让人受不了。"美川大吃一惊。她从没觉得自己把内心这种感觉表现出来,而且她是有意识地压抑自己这个想法。员工告诉她:"你在和我们接触时,尽管你表面上和我们平等,但我们能感觉到你骨子里那种居高临下的姿态,我们不喜欢。"

这次反馈对美川是一个很大的刺激,她开始意识到跨文化适应的课题比她想象的要难,可能还会涉及她价值观方面的一些调整。有些她没有意识到的思想,并不是说它们没有表现,员工能够感受到它们。但她觉得欣慰的是她现在已意识到这个问题,这是改变的前提。

美川的经历充分说明,"自我中心主义"无处不在,它让人感觉到没有受到尊重,危及着人们正常的交往和合作。虽然美川本质上不是一个自我中心主义者,但同样在无意识中透露出自我中心主义的优越感。事实上,在跨文化交往和合作中,每一个人都会自觉不自觉地表现出自我中心主义的倾向。因此,在跨国合资企业企业文化协同管理中,不同形态的企业文化组织成员都应该克服自己的自我中心主义倾向,不仅要从表面上尊重合作伙伴,更重要的是,要从心底尊重合作伙伴。

二、企业文化冲突控制的沟通策略

跨国合资企业企业文化冲突的一个重要原因是沟通障碍或沟通不足。因沟通障碍或沟通不足导致不同企业文化的组织成员之间对不同企业文化的错误认知和误解,进而导致企业文化认知失衡,伴随不良的情绪情感反应。良好的沟通可以改善合作伙伴成员对不同企业文化的认知,消除误解,避免合作伙伴成员的企业文化认知失衡和不良的情绪情感反应。因此,进行有效的沟通是控制企业文化过度冲突的重要策略之一。但要在跨国合资企业企业文化协同管理中实现有效的沟通,必须了解沟通的一般规律以及造成沟通障碍的因素,进而克服沟通障碍,发展跨文化培训项目,建立有效的跨文化双向沟通机制。

(一)克服沟通障碍

在跨国合资企业伙伴之间进行沟通时,首先必须采取适当的措施克服组织沟通面临的一般沟通障碍问题。

1. 使用统一语言

语言是文化的载体和直接表现形式,除了字面意思外,每种语言还有其独特的文化内涵,与文化之间都有千丝万缕的联系。在组织沟通中,人们主要是通过语言(口语和书面语)来表达自己所要传达的思想、观念和事实。语言是有效沟通的基础,是有效沟通的手段。但是,不同的文化具有不同的语言。在跨国合资企业中,由于合作伙伴来自不同的国家,合作组织成员使用不同的文化语言,如果不使用统一的一种语言,可能无法进行沟通。一般地,东西方都有"入乡随俗"的说法,因此,按照"入乡随俗"的原则,跨国合资企业内部统一使用的语言应该是合资企业所在国的国家语言。

2. 运用简洁语言

在跨国合资企业中,虽然通过使用统一语言在一定程度上可以方便合作伙伴及其成员之间的沟通,但由于他们具有不同的语言和文化背景,且多数合作伙伴使用的是第二语言,对第二语言的熟悉程度有限,因而合作伙伴在进行跨文化沟通时应该尽量使用简洁的、易懂的、通俗的语言,使合作伙伴之间能够很容易地相互把握对方所要表达的思想和情感,从而减少跨文化沟通中的语言歧义和误解。

3. 积极倾听

积极倾听是有效沟通的前提。只有当人们集中注意力倾听对方所说的内容,才能避免因分心造成的信息漏失,并能有效地调动沟通者的情绪,从而提高沟通效率和沟通的准确性。积极的倾听有四项基本要求:专注、移情、接受和对完整性负责的意愿。专注要求倾听者精力非常集中地倾听说话人所说的内容,并关闭其他混杂在一起、容易分散注意力的各种念头。移情要求倾听者把自己置于说话者的位置上,努力去理解说话者想要表达的含义而不是倾听者自己想理解的意思。倾听者需要暂时不要考虑自己的想法和感觉,而是从对方的角度调整自己的所思所感,从而保证对所听到的信息的解释符合说话者的本意。接受即客观地倾听内容并进行判断。

说话者所说的话常常导致人们分心,尤其当人们对内容存在不同看法时。当人们听到自己不同意的观点时,会在心里阐述自己的看法并反驳他人所言。这样做时,会导致沟通信息的漏失。积极倾听要求倾听者接受对方所言,而把自己的判断推后。对完整性负责是指倾听者要千方百计地从沟通中获得说话者所要表达的信息。达到这一目标最常用的两种技巧是在倾听内容的同时倾听情感以及通过提问来确保理解的正确性。

4. 调动情绪

在跨国合资企业中,合作伙伴之间的沟通本质上是不同文化背景的人与人之间的思想和情感的交流过程,其沟通效果不仅取决于上述因素,还会受到沟通双方个人之间的情绪情感的影响。一般说来,良好的情绪,有利于双方的沟通;不良的情绪,则不利于双方的沟通,不仅可能歪曲对方所要表达的意思,而且可能使沟通中断,无法进行下去。因此,跨国合资企业伙伴在跨文化沟通中应该营造良好的沟通氛围,如认真倾听、情感互动、不反驳、适当的赞许等,从而调动对方的情绪,使沟通双方都保持良好的情绪状态。

5. 提高沟通者的语言表达能力和理解能力

对于每一个参与沟通的人来说,沟通意味着发送信息和接受信息。发送信息需要沟通者能够用适当的语言表达自己需要传送的意思;接受信息则需要沟通者能够准确地理解信息所隐含的真实意思。而要有效地发送信息和接受信息

需要较高的语言表达能力和理解能力。在跨国合资企业中,因文化背景不同和
使用语言的不同,在使用统一语言后,合作伙伴的语言表达能力和理解能力大大
降低,从而成为跨国合资企业跨文化沟通障碍的重要原因。因此,跨国合资企业
要克服沟通障碍就必须提高合作各方的跨文化沟通能力,尤其是语言表达能力
和理解能力。

(二)发展跨文化培训项目

提高跨国合资企业伙伴及其成员跨文化沟通能力的一个有效措施是发展跨
文化培训项目。一些成功的跨国合资企业都成功地实施了跨文化培训项目,如
中外跨国合资企业的成功典范上海大众汽车有限责任公司就曾发展了许多跨文
化培训项目。这些项目包括波恩跨文化培训项目、波恩"look & See"跨文化培
训项目、跨文化讲座和跨文化合作研讨会等项目。跨国合资企业发展跨文化培
训项目应注重培训效率和效果,避免搞形式,应该根据培训目标和受训对象选择
培训内容,根据培训内容选择培训方法。

1. 根据培训目标和受训对象选择适当的培训内容

跨文化培训的内容既有知识认知类,又有经验技能类,每一类又包括不同内
容。跨文化培训的内容是繁多的,任何一个跨文化培训项目都不可能囊括所有
内容。因此,要求跨国合资企业在发展跨文化培训项目时,应该根据培训目标和
受训对象选择适当的培训内容,不同的培训目标、不同的培训对象应该有不同的
培训内容。

2. 根据跨文化培训内容选择适当的培训方法

跨文化培训方法可分为知识纪实型、情感分析型和行为实践型三类:(1)知
识纪实型。对文化的概念、特点、组成要素以及文化对价值观、行为的影响有总
体认识,并对特定文化有客观的认识,如某个国家的国情,包括人文、历史和风俗
习惯。主要方法是知识与信息的传递,主要形式有讲座、录像、电影和阅读等。
(2)情感分析型。树立中立的文化态度,从情感上认识自文化与异文化,容忍差
异的存在。主要方法是文化同化、文化对比法、案例研究法、敏感性训练;主要形
式有自测、人机对话、角色扮演、阅读书面材料、观看录像和组织讨论等。(3)行
为实践型。通过最大限度的参与来修正行为习惯,掌握必需的互动技能。主要
方法有模拟法和实地体验;主要形式有目标效果、环境模拟、角色扮演、计算机网
络和工作考察等。不同的跨文化培训方法适用于不同的培训内容。因此,跨国

合资企业在发展跨文化培训项目时必须根据培训内容选用适当的培训方法。

(三)建立灵活的跨文化双向沟通机制

1. 创造跨文化双向沟通的环境条件

跨文化沟通是在一定的环境中进行的。在跨国合资企业中进行跨文化沟通,必须要创造一个宽松的双向沟通环境。首先,创造良好的语言环境。语言上的沟通是跨文化沟通的首要条件。在跨国合资企业中,不同文化语言的职员之间存在语言障碍。在统一语言的前提下,应综合采用多种方法解决语言障碍问题,如聘请高水平的翻译人员,对合资企业职员相互进行语言培训,聘请掌握了多种语言的高级管理人员。其次,创造良好的人际环境。每一种文化都有其不同的人际交往准则。在跨国合资企业中,合作伙伴都应该尽量去了解其他伙伴的人际交往的文化特征,创造良好的人际交往氛围,相互尊重,相互理解,相互学习。再次,创造良好的精神环境。尽管不同文化背景下,人们的精神理念会有所不同,但是不同的精神理念是可以和谐共存的。在跨国合资企业中,要求合作伙伴之间在认识上求同存异,取得共识;情感上要宽容;行动上要协调。例如,在中外跨国合作企业(合资企业)中,一些企业组织中都设有党委会,它主要负责职工的思想政治教育,这仿佛与西方国家的精神理念相去甚远,有的合资企业认为根本没有必要设立党委会。但事实证明,党委会的存在在合资企业经营中所起的作用有时很大,不仅可以平息员工的一些不良情绪,而且还会提高员工的工作积极性,对于解决员工与管理人员的关系起到了很好的作用,从而逐渐改变了一些外国公司的高层管理人员对党委会的认识。可见,只要用积极的态度去对待处理文化差异问题,不同文化背景下的人们可以在经营管理上达成共识,在情感认知上相互理解宽容,在企业经营行为上协调一致。总之,跨国合资企业必须首先创造良好的语言环境、良好的人际环境和良好的精神环境,为跨文化双向沟通创造良好的、宽松的组织氛围。

2. 建立跨文化双向沟通渠道

双向沟通不同于单向沟通,单向沟通没有反馈过程,而双向沟通必须有反馈过程。它的特点是沟通双方均参与编码和解码过程。在双向沟通中,反馈有利于沟通者阐述意图和理解意图,在第一轮沟通中出现的含糊不清的意图可以在第二轮中得到解决。跨国合资企业建立双向沟通机制的一个重要方面就是建立跨文化沟通的反馈机制,而反馈机制必须依赖于一定的沟通渠道。这就要求跨国合资企业必须建立跨文化的双向沟通渠道。

（1）文化沙龙。在合资企业内组织各种形式的文化沙龙或不同形式不同层次和规模的文化联谊活动，为组织成员进行跨文化双向沟通提供机会，促进不同文化背景的员工之间的友谊与交往，促进相互了解和沟通。

（2）文化专题研讨会。定期或不定期地举行合作伙伴文化问题或企业文化问题研讨会，就某些合作伙伴及其员工经常遭遇的文化问题或企业文化问题进行交流和研讨，以便达成共识。

（3）企业网站的文化交流区。利用企业网站，设立文化交流区，为合资企业组织成员提供跨文化沟通的信息互动平台。

（4）跨文化咨询热线或企业文化咨询信箱。在合资企业内设置跨文化咨询热线或企业文化咨询信箱，以便于合资企业组织成员在遭遇企业文化问题时，为他们提供咨询，及时解决他们遇到的企业文化问题。

3. 运用灵活多样的跨文化双向沟通形式

信息沟通方式包括书面沟通、口头沟通和非文字沟通三大类，每一类中又包括不同的沟通形式。书面沟通是用书面形式进行的信息传递和交流，其优点是具有准确性和权威性、比较真实、不受时间和地点的限制，信息便于长期保存和查看，可减少在多次的传递和解释中造成的信息失真；其缺点是不灵活，比较费时。口头沟通是运用口头表达的方式进行信息的传递和交流，其优点是比较灵活、简单易行、速度快、有亲切感，便于自由沟通和双向沟通，可借助于身体语言来表达思想，从而便于理解；其缺点是受空间限制，信息不易保留。非语言文字沟通是用非语言符号系统如身体语言进行信息沟通。非语言沟通与语言沟通常常交织在一起，是语言沟通的辅助形式。

跨国合资企业在进行跨文化沟通过程中，应该根据沟通目标、沟通内容、沟通的对象和层次，以及跨文化双向沟通的要求，灵活地运用上述各种沟通形式。

第三节　中西企业文化的融合

一、中西企业文化融合的概念、必要性与可能性

在汉字中，"融合"的本意是"不同的两个或两个以上的东西融为一体"，如水乳交融。其引申义是，原有的两个或两个以上不同的事物经过融合后变成兼

具它们特点但不同于原先事物的一种新事物。一般地,企业文化融合是指不同形态的企业文化相互结合、相互吸收而融为一体的过程。

"深厚的企业文化不仅能够应对一种环境,而且还能够顺应各种不同的、变化着的环境。当出现新的挑战时,深厚的文化能够进行调整,以适应挑战。"曾经有美国专家说:"中国公司如今在国内面临着外国企业的激烈竞争。它们不得不有所动作。它们不得不具备全球规模。"因此,"走出去"是全球化背景下中国企业生存和竞争所必然要迈出的一步,而西方就是中国企业"走出去"的重要目的地。然而在这个过程中,就必然遇到企业文化差异和冲突的问题,而企业文化的融合正是解决这一问题的重要、有效途径。

其一,中西企业文化的融合是解决跨文化冲突的需要。企业的跨国经营,必须与当地的企业文化进行交流与融合。在这样的环境下,中西企业文化在交流过程中,出现了取长补短、相互交融的趋势。此外,企业间激烈的竞争,也促使企业不断改进经营方式和管理风格,学习和引进先进企业的企业文化。

其二,建立中西交融的企业文化,是我国企业跨国发展的需要。国内企业若要在海外拓展市场,不能仅凭低成本竞争优势,还要善于借鉴西方企业的先进经验,多下工夫建立企业品牌形象,同时注意从中国传统文化中汲取营养,建立一个良性互动的"和谐"企业文化,建立起既适应国际经济环境,又适应国际文化环境的新型企业文化,有效地利用跨国文化管理手段,取得竞争优势,从而获得国际经营活动的主动权。

中西企业文化融合不仅有其必要性,同时也具有可能性。

首先,文化的特质性决定了中西企业文化融合的可能性。有学者认为,"所谓文化,无论是中国的或是世界的,东方的或西方的,都只能是一个概括的、复杂的统一体,决不是铁板一块,针插不进、水泼不进的东西。"东西方文化应该是相融的,相互吸收和相互渗透的,这就决定了企业文化的融合是可行的,甚至也是必然的。

其次,文化的互补性决定了中西企业文化融合的可能性。"东方跟西方应该是相辅相成、相依相存的关系,东方的东西恰好是西方所需要的,西方的东西刚好是东方所需要的,这是很自然的两极发展之后的一种统和问题。"著名学者梁漱溟也认为,西洋文化是意欲向前的处理人与自然关系的文化,这种文化在这方面有重要价值;中国文化是意欲调和随遇而安的,这种文化在处理人与人的关系上有积极作用和价值。人在解决了人与自然的关系以后,必然要解决人与人的关系。因此,中西文化的融合就有着可能性与必然性。随着全球经济的发展以及互联网的普及,各民族间的交流日益频繁和广泛,这更促进了文化的融合,而不同民族通过交流达到彼此间的沟通和信任,也正是文化融合的重要内容。中西文化融合必然性也自然说明了双方企业文化融合的可能性。

最后,文化发展的继承性决定了中西企业文化融合的可行性。文化的基本结构包括物质文化、制度文化和精神文化。文化的发展具有鲜明的继承性,这决定了其融合的可能性,也决定了企业文化融合的可能性。

二、中西企业文化融合的目标

随着我国经济社会的和谐发展对企业文化提出了注重"以人为本"、公平正义、和谐等个人方面的更高要求,和谐作为一种伦理道德,作为一项管理准则,其理念如何才能融入企业文化从而构建"和谐企业文化"的问题正成为学界关注的焦点之一。建立"和谐企业文化"既是企业自身发展的必然要求,也是和谐社会、和谐文化建设的应有之义。

所谓"和谐企业文化",是指以"和谐"思想作为企业文化的思想内核和价值取向,企业文化生态系统中的各个部分和各个要素之间和谐、稳定、有序的状态,具体包括企业文化的内部和谐,企业与企业、企业与社会(包括生态环境)的外部和谐等。构建和谐企业文化,有几个不同的层面:其一是企业文化本身不同层次之间的高度和谐;其二是企业发展的各项战略与企业文化之间应该互相适应、互相促进;其三是企业经营的各项工作与自己的经营理念、价值诉求和谐统一。"和谐企业文化"的基本特征是在企业管理中坚持以人为本、人际和谐、诚实守信、团队合作、绩效导向和个人导向等原则,实现企业员工身心和谐,人际关系和谐,群己和谐,最终实现天人和谐。构建"和谐企业文化",一是应善于提炼企业的核心价值观;二是应建立学习型企业,让全体员工参与到企业文化的建设中来;三是要不断创新企业文化从而永葆生命力和活力;四是领导者要在企业文化建设中发挥关键作用,担当企业文化的塑造者和变革者。

中西企业文化是有着显著不同的价值观、思维方式、行为习惯及制度结构的企业文化,这决定了二者的融合也应从这几个方面进行,从而建立互相促进、互相提高的"和谐企业文化"。

（一）价值观：和谐与竞争的融合

深受儒家传统文化影响的中国企业文化是以"情感"为纽带的"家本位"文化，提倡集体主义和团队协作，鼓励群体发展与团结进取，以"和气生财"为至高信条。然而，由于市场经济体制尚在建立过程中，许多企业竞争意识不强，甚至害怕竞争，缺乏竞争意识和自强不息的奋斗精神；而西欧企业文化强调员工个人竞争，鼓励员工追求卓越的业绩，鼓励员工创新和冒险，提倡竞争创新和追求卓越。这自然有利于员工本人的生存、发展能力的提高，但是个人是社会的产物，离不开群体这个空间，损害了群体利益，个人利益也难以得到保证。现代市场经济的发展使竞争日益激烈，一个企业乃至一个国家要想在世界市场上取得竞争的胜利，就必须形成核心竞争力。从市场经济的角度看，把中国企业文化的集体主义精神与西欧企业文化中的个人竞争意识紧密结合起来，可以更好地促进中西企业的健康发展。在全球化的今天，实现中西企业文化在价值观上的融合，就是要把注重集体"和谐"和注重个人竞争相结合，既提高企业的整体业绩，提高团队的整体竞争力，又营造出轻松愉悦的"和谐"企业文化环境。

（二）企业制度：人治与法治的融合

受传统文化的深刻影响，中国企业文化从人性本善的角度出发，强调人治，重人际关系、重人情和"面子"，到处充满灵性化和人情化，具有明显的非理性特征。中国企业文化轻制度，重人情，讲求灵活性，因而放大了人与人之间的关系，淡化了人与物之间的关系，追求办企业就像经营一个家族一样，有浓厚的伦理关系色彩，讲究人和亲情；而西欧企业文化则从人性本恶的角度出发，实行法治，讲求原则性，追求制度化，一切严格遵守企业规章制度，因而放大了人与物的关系，淡化了人与人的关系，增强了组织的创造性和管理效率，但也缺乏有效的人际沟通，组织像一架硬邦邦的机器，没有人情味。事实上，人治和法治都是片面的，因为人的行为是复杂的，需求是多方面的，现代社会的人非纯粹的经济人或社会人，因此，面对"复杂人"我们必须把"人治"与"法治"结合起来，使企业治理既尊重制度又能体现出必要的灵活性，既实现科学管理又充分体现人文关怀，既实现企业目标又促进个人的进步与发展，最终实现"人治"与"法治"的融合。

（三）思维方式：重道与重器的融合

中国企业文化是重"道"轻"器"的思维方式，具体而言就是重宏观轻微观、重整体轻个体、重综合轻分解、崇尚一元性贬斥多元性。同时，中国企业文化重先验理性,重直觉,重感悟,重整体性,容许模糊性;相反,西欧企业文化是重"器"轻"道"的思维方式,具体而言就是重微观轻宏观、重个体轻整体,重分解轻综合,崇尚多元性贬斥一元性。同时,西欧企业文化重事实,重逻辑思维,重发现,追求精确。这种企业文化蕴涵着较多的理性思想,强调直接、确切、实用、科学、效率,重视标准、制度的作用,表现出一种非常理性的思维方式。一般而言,重"道"的思维方式具有整体、宏观的优势,却忽略了微观、局部细节;而重"器"的思维方式能充分关注个人、局部和微观细节,却缺乏宏观视野和整体优势。事实上,这两种思维方式具有天然的互补性,只有将二者融合起来,才能使中西企业在经营发展过程中既注重宏观战略,又擅长实际执行;既关注整体发展,又不忽视局部利益;既注重精确化,又具有必要的模糊性,从而促进企业在全球化的今天健康快速发展。

(四)决策方式:分散与集中的融合

在企业决策方式上,中国企业文化倾向于决策的集中化,不善于授权,注重"掌管",偏爱权力的集中,在决策上奉行集体主义,形成了民主集中的群体决策风格,中国公司也遵循民主集中制的决策方式。其特点是能够集思广益,从而保证和维护企业的整体利益,但缺点是权责不够明确,决策效率低,且难以对快速变化的市场作出足够迅速的反应;而西欧公司则倾向于决策的分散化。西欧企业文化认为管理即授权,在决策上奉行个人主义。具体来说,西欧公司决策大多在专家集团的支持下由个人作出决定并完全由个人对决策负责,而且遵循自上而下的"决策—执行"单向型决策管理模式。其特点是明确的分权、授权以及权责相称,具有较强的科学性,决策效率较高,能够迅速应对快速变化的市场。但其缺点是不能集思广益,有时甚至会引起个人独断专行而导致比较重大的决策失误。正因如此,必须将决策的集中化和分散化结合起来,实现中西企业文化的融合,既能够集思广益、维护企业的整体利益,又能够保证权责明确,保证决策的及时性、科学性和效率性,以应对全球市场的迅速变化。

(五)行为方式:重法与重义的融合

扬弃传统的"伦理道德"思想,把重创新精神和谦虚谨慎结合起来,提高独立自主的思想人格。中国封建社会长达几千年,道家、儒家、佛家文化交织在一起,相当复杂,其中有许多优秀之处需要发扬,但伦理道德的"中庸"思想对人的负面影响是相当深的。民族心理上保守性、迟滞性的形成,什么"三思而后行"、

"枪打出头鸟"、"出头的椽子先烂"、"木秀于林、风必摧之"等思想严重束缚人们的思想和行为。阻碍了人的个性能力的发挥,压抑了主观能动性和创造性。西方文化由于受几百年商品经济、自由贸易、开拓海外市场的影响,形成了一种竞争、创新精神,这种精神为资本主义市场经济的发展带来了活力。中国实行改革开放以后,积极引进外企来华投资,当西方企业家到我国考察时,往往因为中国企业人员过度谦虚,使外资企业认为我们信心不足,缺乏创造性失去了投资的兴趣和信心,使中国企业失去了引资机会,这就告诉我们发展市场经济,首先要树立竞争意识和创新精神,在同西方企业打交道时,要善于肯定自我,宣传自我;谦虚要遵循实事求是的原则,要体现出自立自强奋发有为的精神风貌,体现民族的自信心和自豪感,越是这样,就越会受到西方人的尊重。

第四节　中西企业文化协同

一、企业文化协同的概念

"协同"是指不同独立的个人在共同工作中既同心又合力(劲往一处使)的一种状态或过程,或者是指不同独立的人或事物之间互相配合的状态和过程。因此,我们认为,企业文化协同是指不同形态的企业文化在保持相对独立的前提下相互配合、相互协调、和谐共存的一种状态或过程。

虽然企业文化协同与企业文化融合、企业文化同化在某些方面存在共同点,如它们都要经历不同形态的企业文化接触和碰撞,且都面临着企业文化冲突等,但是它们存在根本的区别,这表现在:

(1)它们对企业文化差异的认识不同。企业文化融合和企业文化同化都是基于这样一种认识:企业文化差异是企业文化冲突的根源,而企业文化冲突对组织管理具有破坏性的影响,消除企业文化差异是保证组织活动一致性的前提。而企业文化协同却是基于这样一种认识:企业文化差异虽然可能导致企业文化冲突,产生企业文化多样性劣势,但它也是企业文化多样性优势的源泉,只要企业文化冲突控制在合理范围之内,就可以获得企业文化多样性优势,避免企业文化多样性劣势。

(2)它们的目的不同。企业文化融合的目的在于整合不同形态的企业文化,消除不同形态的企业文化差异,使不同形态的企业文化融为一体。企业文化同化的目的在于树立某一形态的企业文化的主导地位,消灭其他形态的企业文化,从而消除不同形态的企业文化差异,一方面保持了企业文化上的一致性,另一方面强化了某一形态的企业文化主导地位。而企业文化协同的目的是使不同形态的企业文化和谐共存,保留不同形态的企业文化差异,从而充分发挥企业文化多样性优势。

(3)它们的过程不同。企业文化融合是不同形态的企业文化在相互碰撞、相互冲突中融为一体的过程,在这个过程中并没有哪种企业文化占主导地位,不同形态的企业文化势均力敌,不分彼此。企业文化同化是不同形态的企业文化在相互碰撞、相互冲突中某些形态的企业文化被某一形态的企业文化同化的过程,其中必定有某种形态的企业文化占主导地位。而企业文化协同是不同形态的企业文化在相互碰撞、相互冲突中和谐共存的过程,这是不同形态企业文化相互尊重,共谋发展的过程。

(4)它们所需付出的努力不同。由于企业文化一旦形成,就具有相对的稳定性,因而不容易改变。企业文化融合和企业文化同化是对不同形态的企业文化进行整合或同化,使之融为一体,其实质是使具有相对稳定性的某些形态的企业文化从人们的意识中彻底消失,这是一个非常艰巨的工作,需要付出的努力和成本是巨大的。而企业文化协同是使不同形态的企业文化相互配合、相互协调、和谐共存,其实质是相互尊重对方的企业文化,和平共处,因而所需付出的努力和成本相对较小。相对而言,在跨国合资企业实践中,企业文化协同更具现实可行性。

(5)它们的结果不同。企业文化融合和企业文化同化的结果是消除了企业文化差异,保持了企业文化的一致性,但是丧失了企业文化多样性优势,而在企业文化融合或同化过程中企业文化冲突却不可避免,企业文化多样性劣势却充分表现出来。而企业文化协同的结果是不同形态的企业文化和谐共存,既获得了企业文化的一致性,又保持了企业文化差异,使企业文化冲突控制在合理范围,企业文化多样性优势被充分利用,企业文化多样性劣势被有效克服。

根据上述分析,跨国合资企业企业文化协同管理可以被定义为:跨国合资企业为了实现合作伙伴企业文化动态协同,以充分利用企业文化多样性优势,避免企业文化多样性劣势,运用各种管理策略,使企业文化冲突控制在合理范围之内而进行的一系列管理活动。

(1)跨国合资企业企业文化协同管理的目的是实现合作伙伴间企业文化动态协同,充分利用企业文化多样性优势,避免企业文化多样性劣势。跨国合资企业企业文化协同管理的根本目的并不是要消除合作伙伴间的企业文化差异,它并不认为企业文化差异对跨国合资企业管理是消极的,虽然企业文化差异可能引起企业文化冲突,甚至导致跨国合资企业解体,但更重要的是,企业文化差异是企业文化多样性优势的源泉。只要采取积极的管理措施,把企业文化冲突控制在合理水平(根据上文对企业文化冲突形成机理的分析,这是绝对可行的)。因此,跨国合资企业企业文化协同管理的根本目的是在保留合作伙伴企业文化差异的前提下,实现合作伙伴企业文化的动态协同,以充分利用企业文化多样性优势,规避企业文化多样性劣势。

(2)跨国合资企业企业文化协同管理的机制是通过调节企业文化势差,使企业文化冲突保持在合理水平。因为保持合理的企业文化冲突水平是发挥企业文化多样性优势的前提,而企业文化冲突的内在驱动力是企业文化势差,所以,要实现合作伙伴企业文化协同,发挥企业文化多样性优势的关键是使企业文化势差保持在合理水平之内。上述分析表明,企业文化势差是人们的一种主观感受,而人们的主观感受会随着时空环境的变化而变化。因此,在跨国合资企业管理中,管理者可以通过创造良好的组织氛围,调整组织成员的心理感受,从而调节组织成员对企业文化差异的认知及其情绪情感反应,即调节企业文化势差,并以此来实现合作伙伴企业文化动态协同以及发挥企业文化多样性优势之目的。

(3)跨国合资企业企业文化协同管理目的的实现必须运用各种管理策略。跨国合资企业企业文化动态协同并不会自然形成,需要运用各种管理策略。实现跨国合资企业企业文化动态协同的主要管理策略有:在合作伙伴间建立信任、认识企业文化差异、控制企业文化冲突水平和建立合作共同企业文化。这些管理策略的运用即构成了跨国合资企业旨在实现企业文化动态协同的一系列管理活动。

二、企业文化多样性的优势和劣势

跨国合资企业企业文化的多样性意味着在一个企业内存在多种不同的企业文化,即存在企业文化差异。对于跨国合资企业企业文化差异,人们往往会线性地认为,企业文化差异必然会导致企业文化冲突,而企业文化冲突必然会损害战略合作伙伴间的合作关系,甚至导致战略合作的解体,即企业文化差异意味着合作伙伴间的分歧与对抗。我们认为,虽然企业文化差异有可能导致企业文化冲突,从而损害合作伙伴间的合作关系,但企业文化多样性对跨国合资企业管理的影响应该和多元化文化(国家文化)对跨国公司跨国经营管理的影响是一样的。多元化文化(国家文化)对跨国公司跨国经营管理的影响,英国著名管理学者邓宁曾进行了较为深入的研究,并认为多元化文化对跨国公司跨国经营管理既有消极、不利的影响,也有积极、有益的影响。

可见,企业文化多样性(差异)对跨国合资企业的影响并不一定是消极的,企业文化多样性既可能是跨国合资企业优势的源泉,也可能是跨国合资企业劣势的源泉。

(一)企业文化多样性的优势

企业文化多样性可提高跨国合资企业对环境的应变能力和适应能力。目前,企业面临的环境非常复杂,而且环境变化非常快速,常常使企业处在模糊的、不确定的经营环境条件之下,这要求企业必须具有强大的对环境的应变能力和适应能力。由于不同的企业文化具有不同的价值观和管理行为模式,企业文化多样性则意味着企业具有多重的价值观和管理行为模式,而不同价值观和管理行为模式适应于不同的企业内部和外部环境特点。因此,企业文化多样性可使跨国合资企业对环境的应变能力和适应能力大大提高。

(1)企业文化多样性可丰富跨国合资企业的思维方式,避免思维的模式化。每种企业文化都有其独特的思维方式,如成本领先导向的企业文化思维方式是:顾客具有相同的需求,他们对产品的要求是价廉物美,企业要获得顾客必须降低成本,为顾客提供价廉物美的产品,企业的一切生产经营活动都必须以最低的成本进行;而差异化导向的企业文化思维方式是:顾客具有个性化的需求,他们更重视产品的性能和品质,企业获得顾客的根本是不断为顾客创造和提供高性能和高品质的产品,企业的一切生产经营活动应致力于使产品差异化。

跨国合资企业企业文化的多样性使合作伙伴有机会接触不同的思维方式,丰富企业自身的思维方式,从而防止企业思维的模式化。

(2)企业文化多样性可引起企业文化碰撞,从而激发新思想、新观点和新方法的产生,促进跨国合资企业伙伴不断革新。由于跨国合资企业具有多元化的企业文化,因而具有不同的价值观和不同的思想和观念。在处理同一问题时,不同的企业文化因有不同的价值判断和不同的思想、观点,从而容易发生不同价值观、不同思想和观点之间的碰撞,即企业文化碰撞。按照创新的一般规律,不同思想和观点的碰撞是创新的源泉。不同思想和观点相互碰撞,可以促进相互启发,活跃思维,开阔视野,进而获得新的思想、新的观点和新的方法,推动企业创新。

(3)企业文化多样性可促进跨国合资企业伙伴对自身企业文化的反思,促进合作伙伴间的相互学习,进而促进企业文化的创新和变革。每一种企业文化都有其合理性和局限性,如成本导向的企业文化其合理性在于它把握了人类的共同需求,但其局限性是它忽略了人类的个性化需求;而差异化导向的企业文化则相反,其合理性是它把握了人类的个性化需求,其局限性是它忽略了人类的共同需求。在跨国合资企业企业文化多样性的条件下,拥有不同企业文化的合作伙伴之间会发生企业文化之间的比较。通过比较,可以发现自身企业文化的优点和缺点,引发对自身企业文化的反思,以及企业文化间的相互学习,并在相互学习中,促进自身企业文化的创新和变革。

(二)企业文化多样性的劣势

(1)企业文化多样性使跨国合资企业管理变得更为复杂。由于不同的企业文化具有不同的价值观和管理行为模式,企业文化多样性将导致跨国合资企业具有多重价值观和管理行为模式。而作为一个组织要有效实现组织目标,必须思想统一,行动一致。有效协调跨国合资企业伙伴的多重价值观和管理行为是跨国合资企业面临的一个极其棘手的管理问题。

(2)企业文化多样性将增加跨国合资企业管理的交易成本。跨国合资企业管理的交易成本是指跨国合资企业管理过程中发生的契约成本、协调成本和监督成本。企业文化多样性不仅增加了跨国合资企业管理的复杂性而且增加了跨国合资企业未来的不确定性。为了应对管理的复杂性和未来的不确定性,跨国合资企业伙伴之间不得不签订更多的契约、进行更多的组织协调和监督活动,从而导致跨国合资企业管理的契约成本、协调成本和监督成本增加。

(3)企业文化多样性容易导致冲突,损害跨国合资企业伙伴间的合作关系。企业文化的多样性容易导致跨国合资企业伙伴对于同一个问题产生不同的看法,甚至采取不同的行动,从而产生误解和冲突。虽然适度的冲突对于提高跨国合资企业的生命力和活力是必要的,但过度的冲突容易导致跨国合资企业伙伴的敌对情绪,损害跨国合资企业伙伴间的合作关系,甚至导致跨国合资企业解体。如广州汽车工业集团与法国标致汽车公司战略合作解体就是因为企业文化多样性导致企业文化冲突的结果。

三、企业文化协同管理理论模型

企业文化协同管理的目的就是在实现伙伴间企业文化动态协同(企业文化适度冲突)的基础上,充分发挥企业文化多样性优势,避免企业文化多样性劣势。企业文化协同管理理论模型被分为三个部分,即协同管理的动因、协同管理的过程和协同管理的结果。

1. 协同管理的动因

两个或两个以上来自不同国家的具有不同企业文化的企业之间的企业文化差异是客观存在的。企业文化差异是导致企业文化冲突的根源,同时,它既是企业文化多样性优势的源泉,又是企业文化多样性劣势的源泉。因此,企业文化差异是跨国合资企业企业文化协同管理的基础和动因。

2. 协同管理的过程

这部分表示的是跨国合资企业企业文化协同管理的基本过程。跨国合资企业企业文化协同管理过程包括基本的协同管理活动以及这些协同管理活动如何影响人们对企业文化差异的心理认知过程及其伴随的情绪和情感活动,实现跨国合资企业企业文化协同和保持适度的企业文化冲突水平。跨国合资企业企业文化协同管理的基本管理活动主要是:

(1)建立信任。是指在合作伙伴之间建立相互信任。这是开展其他协同管理活动的基础。

(2)认识差异。是指合作伙伴共同研究与分析合作伙伴的企业文化,客观地把握合作伙伴间企业文化的差异,以便把这些差异真实地向组织成员进行沟通。

(3)控制企业文化冲突。是指合作伙伴共同采取积极的管理措施,保证企业文化冲突保持在适度的水平。它并不是说要在跨国合资企业内消除企业文化冲突,而是要在跨国合资企业内维持企业文化冲突,因为这是发挥企业文化多样性优势的前提。但是,由于企业文化冲突过于激烈时会导致企业文化多样性劣势,所以,控制企业文化冲突的本意并不是要消除合作伙伴企业文化冲突而是把合作伙伴企业文化冲突控制在适度水平,即在企业文化冲突水平临界点之内。

(4)建立共同企业文化。是指在跨国合资企业内建立兼蓄合作伙伴企业文化优点的一种共同企业文化。建立共同企业文化并不是要消除合作伙伴间企业文化差异,恰恰相反,而是要在保持合作伙伴间企业文化差异的前提下,倡导一些共同的企业价值观和管理行为模式。这些共同的价值观和管理行为模式也许是合作伙伴原有的企业文化的一部分,尤其是合作伙伴企业文化的共性部分,也许是根据企业经营环境变化和企业经营战略的需要而建立的新的企业文化价值观和管理行为模式。

上述跨国合资企业企业文化协同管理活动是相互联系的一系列管理活动。建立信任是基础,认识差异是关键,控制冲突是根本,建立共同企业文化是手段。这些协同管理活动共同通过影响组织成员的心理活动过程,即影响组织成员对合作伙伴间企业文化差异的认知过程以及伴随的情绪和情感活动,来调节企业文化势差,进而有效地控制企业文化冲突水平,实现合作伙伴企业文化协同。跨国合资企业伙伴企业文化协同是与适度的企业文化冲突相互依存的。也就是说,只有合作伙伴企业文化冲突控制在适度水平,合作伙伴企业文化之间才能真正实现动态协同;或者说,只有当合作伙伴企业文化之间实现了动态协同,才可以说合作伙伴企业文化冲突控制在适度水平。

3. 协同管理的结果

这部分表示的是跨国合资企业企业文化协同管理的最终结果。合作企业文化协同管理的最终结果是获得企业文化多样性优势和共同企业文化,避免企业文化多样性劣势。

第八章　企业文化差异与跨国企业本土化策略

第一节　企业文化差异与企业本土化策略

在经济全球化时代,越来越多有实力的公司走上了跨国经营之路,成为跨国公司。在实践中,所有希望通过海外投资来获取高额回报的跨国公司都面临着如何解决不同国家、不同民族、不同制度、不同社会、不同语言之间的文化差异问题。无视这种差异,而照搬母公司的全套经营管理模式,这是行不通的。正如戴维·A.利克斯所说:"凡是跨国公司的失败,几乎都是因为忽略了文化差异所招致的结果。"相反,那种完全抹去母公司的一切烙印,一味地迎合当地文化的做法,则无异于自废武功,并不可取。跨国公司一方面需要保持母公司的经营特色,分享母公司的战略资源,另一方面更需要尽快融入当地的本土文化中,实现企业文化的本土化,从经营理念到经营方式都要适应所在国的国情、制度和传统。无数事实证明,跨国经营的成败在很大程度上取决于企业在文化融合方面的本土化战略。

近年来,随着中国投资环境的改善,越来越多的跨国公司把投资目的地选择在中国。与此同时,跨国公司为了加强其设在中国的子公司的市场竞争力,纷纷实施本土化经营战略,并不断加快步伐。

在文化冲突面前,理解、适应、融合是最佳的选择。跨国企业通常期望利用本土化的经营获取所谓的"地区优势",并将其整合成为全球竞争优势。事实上,本土化经营是企业跨国经营过程中对面临文化差异而导致的阻碍和困难,从忽略到逐渐意识,进而尝试、总结、采纳的战略性思维的转变。所谓"本土化"是指跨国公司将全球视为异质性市场,通过了解与分析各细分地区市场上的消费者偏好、习惯、理念等,对不同的地区市场作出相应的反应,即根据各细分市场的

三表哥一家

大学同学
小A小B小C

二叔二婶

邻居张阿姨的大儿子

中国人崇尚人际关系

西方人推崇个人行为

特征和消费者需求,设计和生产不同的产品或提供不同的服务。目前,全球经济学家已赋予了"本土化经营"更直观简洁的解释,即"全球思考,地区行动",这是由研究开发战略、产品战略、品牌战略、营销战略、货源战略、投资战略、管理战略、人力资源开发等构成的一种战略组合。它涉及研发、产品设计与生产、品牌定位与市场营销、供货渠道选择与内部管理及人力资源开发等一系列经营环节的本土化。

　　并不是任何企业、任何行业在任何情况下都是适用地方化战略的。本土化水平的取向还依赖于文化环境、行业特点、公司内部职能、公司特质等方面的情况。

一、不同行业的本土化策略

　　从行业的角度来说,有些行业产品本身的全球化需求比较高,因此应该采用全球化的战略,通过共享来获得竞争优势,而有些行业的产品地方化的需求比较高,因此应该采用地方化的战略。适宜于实行标准化的产品大都是"功能性"的产品,也就是满足消费者最基本的购买目的的产品,这种产品只要能够发挥其功能,就能够使消费者满意,而使用这类产品的消费者通常都是比较看重结果,即只要这种产品能够帮助其完成某项任务即可;适宜于实行差异化的产品则大都属于"情感型"产品,人们在消费这种产品时,不仅需要得到功能性产品能够实现的结果,而且也要求享受消费的经历,消费者在消费这类产品时通常更看重消费过程;适宜于实行适应调整战略的产品通常是面临成本和差异性的双重压力,这类产品研发和生产成本偏高,跨国公司如果只采用差异化的战略就会因为不能承受成本的压力而失败。

　　由此可见,适用本土化战略的行业是:最终消费者为个人的品牌包装品行业,大都属于个人情感型产品,如零售、保险、食品、饮料行业等。将这种结论应用到跨国公司国际经营的过程中,可以将其理解为适宜于实行差异化的产品对于跨国公司来讲则应当采用地方化的战略,从而适应不同文化的不同需求。其他适用标准化的产品对于跨国公司来讲就应当采用全球化的战略,在不同的业务单位间实行共享。而适宜于实行适应调整战略的产品则应对其产品的功能、结构、特性等进行细分,从而找出其应当全球化的部分和适合地方化的部分,进而采取相应的战略。

二、文化整合与本土化需求

无论是从行业的角度、产品的角度还是从业务活动的角度来讲,是选择全球化战略还是选择地方化的战略都遵循一个原则,那就是与东道国文化的相关程度高的行业、产品执行接近东道国消费者的业务活动大都采用地方化的战略;而与东道国文化的相关程度低的行业、产品和远离东道国消费者的业务活动大都采用全球化标准战略。与东道国文化相关程度高意味着这个行业或这种产品接近东道国文化和东道国消费者个人兴趣需求,并且突出个性化,而对于跨国公司的业务活动来说则是那些接近东道国消费者的活动,即跨国公司跨国经营的价值链活动中的下游活动,这样的行业、产品和业务活动是以文化为导向的,应该以东道国文化为依据、以东道国消费者的个性化需求为出发点。与东道国文化相关程度低的含义,就是这种行业或产品远离东道国文化和东道国消费者个人兴趣需求,并且体现全球标准化的需求趋势,对于业务活动来说则是那些远离东道国消费者的活动,即跨国公司跨国经营的价值链活动中的上游活动。这样的行业、产品和业务活动通常已经建立了国际标准,或者是以功能和职能为导向的,不需要根据不同的国家和文化作相应的改动。

文化分析的另一种方法是将母公司(母国)的文化与境外公司(异国文化)相比较,从而可看出公司目前所采取的经营策略是否符合两种文化整合的特征,并对其起到了积极的作用。在这里,对文化差异性的积极管理,其目标是达成在群体、部门和团队之间的"文化适应"。文化适应意味着以一种相互可以接受的形式对文化进行整合。根据公司所处的不同象限,发现文化整合中的问题,制定和采取有效的措施使母文化与异文化能更加融合,改善经营状况。如图8—1。

(1)第Ⅱ象限,母公司与下属境外公司文化处在一个"平衡"的位置,达成了文化的最佳整合。在公司跨国发展和经营的过程中,没有忽略和压抑分公司的文化,而是通过文化间的相互协调与融合,各部门间的相互学习、取长补短将跨文化的多样性发挥与发展,使企业内部形成一个有机的整体。当然,达到这样的目标需花费相当可观的精力与成本。因此,只有财力雄厚的大型跨国公司如宝洁、皇家壳牌等才能负担得起这样的全球地方化经营。

(2)第Ⅰ象限,全球化与本土化的天平向本土化倾斜。这种情况下,母公司放任地区分公司的自主经营与管理,不干涉但也不为文化整合与消除差异作出

文化整合

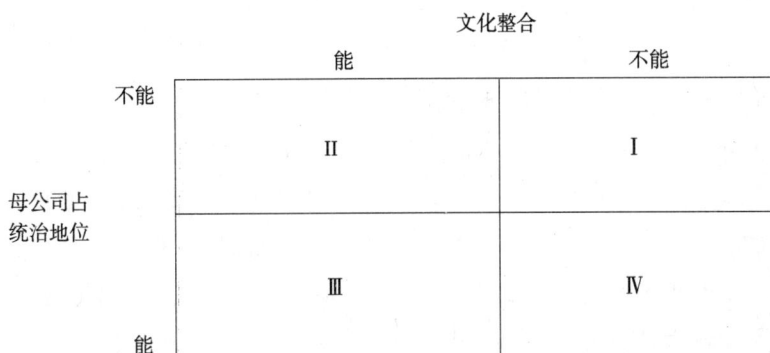

图8—1　文化整合矩阵

积极有效的尝试。只能说是母公司文化与地区文化的松散混合。因此,该方式的缺陷就在于减少了不同单位与部门之间相互学习的机会,有可能造成跨国公司管理上的整体效率低,沟通障碍,松散控制和亚文化之间的冲突。

(3)第Ⅲ象限,母国文化占统治地位,因此企业一般会以总的文化为基础,通过将母国文化强行灌输到下属境外公司中,对下属境外公司进行文化整合,强调标准化并尽量忽略地区差异性。其可能存在的问题:①对地区市场的差异性缺乏灵活快速的反应,有可能贻误商机;②由于境外公司的关键职务以总公司外派人员为主,境外公司缺乏自主权力,而可能导致当地管理人员缺乏对该跨国公司的高度认同感。

(4)第Ⅳ象限,文化适应的失败。母国文化与当地文化互不融合,无法整合,将导致跨国公司的经营失败,被迫退出该地区的市场。

由此可见,适用本土化战略的文化类型是,接近东道国消费者的活动,跨国公司跨国经营的价值链活动中的下游活动,母公司文化不占统治地位,而又能进行文化整合。

第二节　企业文化势差与企业文化差异度

一、企业文化势差

企业文化差异只是表示企业文化的一种客观现实状态,它本身并不是一种作用力,它并不一定会导致企业文化冲突的发生。与企业文化差异不同,企业文

287

化势差是指跨国企业组织成员对不同合作伙伴间企业文化差异的认知失衡感以及伴随的不良情绪和情感反应的强度,或者说是跨国企业组织成员在认知企业文化差异过程中伴随不良情绪情感反应而产生的心理势能。企业文化势差这一概念充分体现了人在企业文化冲突中的主观能动性,同时它具有作用力的属性。这是因为,企业文化势差除了可表示一种客观的现实状态外,更重要的是,它加入了人的认知因素和情绪情感因素,即人的主观能动因素,因而它可以真实地反映组织成员对于企业文化差异的心理感受。而这种真实的心理感受则是引起企业文化冲突的内在力量。

"企业文化势差"这一概念类似于物理学中物体的势能。我们知道,在物理学中,势能表示一个物体的做功能力。当一个物体拥有的势能越大时,表示其做功的能力越强。如在一个自由落体运动中,自由落体的势能表示其做功的大小,而势能的大小则与其落差大小成正比,同样,在企业文化冲突过程中,企业文化冲突的强烈程度与企业文化势差成正比,而企业文化势差则在一定程度上与企业文化差异成正比。

在现实中,产生企业文化势差的企业文化认知差异与企业文化差异有可能是一致的,但更主要的是它们之间的不一致。它既可能大于客观存在的企业文化差异,也可能小于客观存在的企业文化差异。

在传统的思维定式中,企业文化差异是客观存在的,人们是无法改变的或很难改变的,因而人们对于企业文化冲突往往是处于一种消极的、被动的状态,只能适应它,并不能控制它。然而,引入了企业文化势差概念后,人的主观能动性在企业文化冲突中的决定性作用得到重视。虽然企业文化差异是客观的,但是人们对于企业文化差异的认知,以及在认知过程中伴随的情绪情感反应却是主观的,并不是不能改变的。在管理中,管理者以借助于一定的措施,来影响人们对企业文化差异的认知及其情感反应。也就是说,人们在企业文化冲突的形成和发展过程中,并不完全是消极的、被动的,而是可以积极地、主动地去控制企业文化冲突的形成和发展。

二、企业文化势差的形成及其影响因素

企业文化势差是人们的一种心理现象,它是人们在对企业文化差异认知过程中产生的失衡感及其伴随的情绪情感反应的结果。企业文化差异的形成过程

实质上是人们对企业文化差异的认知过程及其伴随的情感过程。

人们的认知过程一般包括知觉选择、知觉组织、知觉解释和知觉反应四个过程。跨国企业组织成员在认知企业文化差异并伴随情绪情感反应过程中，受到多种因素的影响，这些因素同样也是影响企业文化势差形成的因素，包括客观因素、主观因素、情境因素和各种心理效应。

1. 客观因素

影响跨国企业组织成员对企业文化差异认知的客观因素是跨国企业文化本身的一些特征，主要是跨国企业文化差异的大小、接触程度、跨国企业文化的新颖性和对跨国企业文化的熟悉程度。一般地，跨国企业文化差异越大，越易被组织成员认知；与跨国企业文化接触越频繁，组织成员对跨国企业文化差异的了解和认识越全面；跨国企业文化越新颖、新奇，企业文化差异越容易被跨国企业组织成员认知；组织成员对跨国企业文化越熟悉，他们对企业文化差异的认知越容易。

2. 主观因素

组织成员对跨国企业文化差异的认知不仅受到客观因素的影响，更主要的是受到主观因素的影响。影响企业文化差异认知的主观因素主要有兴趣、需要和动机、知识和经验。兴趣是人们力求认识某种事物或爱好某种活动的倾向，当人们对知觉对象感兴趣的时候，他就会注意认识它并热情而耐心地对待它。如果组织成员对跨国企业文化感兴趣，则他就能很好地认识企业文化差异，并采取友好的态度对待企业文化差异。需要是一种缺乏或不足的状态，这种缺乏或不足的状态促使人们对所缺乏的东西更加敏感和渴望。动机则是直接促使行为产生的原因。当跨国企业文化能够满足组织成员需要，符合其动机时，如跨国企业某些企业文化要素是某些组织成员所渴望的，他们即使认识到跨国企业文化差异的存在，他们也可能对跨国企业文化持肯定的认识。

知识和经验不仅使组织成员对企业文化差异获得不同层次的了解，也可能形成不同的认识和观点，这些不同的了解、认识和观点进而影响着其情绪情感反应。如果组织成员具有充分的跨国企业文化方面的知识，有利于他们对企业文化差异形成正确的认识。

3. 情境因素

情境因素主要通过影响人们的感受性而改变人们的认知效果。所谓感受性就是人的感觉灵敏度,人们对外界刺激物的感知能力。人们的感受性在一定的情境条件下会发生变化,如适应、对比、敏感化和感受性降低等。在跨国企业中,不同的组织氛围、组织成员对企业文化差异的感受性不同,如组织成员持续地接触不同跨国企业文化会使其对企业文化差异的感受性降低(即适应),在合作友好的组织氛围下,可能降低组织成员对企业文化差异的感受性;而在敌对的组织氛围下,可能会提高组织成员对企业文化差异的感受性。

4. 认知心理效应

认知心理效应实质上是心理定式对人们认知过程的影响;常见的认知心理效应有第一印象、晕轮效应、近因效应、知觉防御、刻板现象和以己度人。在跨国企业初期,这些认知心理效应在一定程度上有利于促进组织成员对跨国企业文化差异的认知,但是,这些认知心理效应往往使组织成员对跨国企业文化差异形成错误的认识,因为在心理定式作用下组织成员对跨国企业文化差异的认识往往是不全面的、不准确的。

在上述因素影响下,跨国组织成员对企业文化差异形成基本的认识。正因为此,跨国组织成员对企业文化差异的认识并不完全与客观存在的企业文化差异相一致,对企业文化差异认识的不同所引起的情绪情感反应也不同。

情绪情感是人们的心理现象的一个重要方面,它产生于人们的认知过程,并影响人们的认知过程。它是人们对客观事物与自身需要之间关系的反映。当客观事物符合人们的主观需要时,人们就会采取肯定的态度,从而产生爱、满意、愉快、尊敬等内心体验;当客观事物不符合人们的主观需要时,人们就会持否定态度,从而产生憎恨、不满意、不愉快、痛苦、忧愁、愤怒、恐惧、羞耻和悔恨等内心体验。因此,情绪情感是一种态度的体验,是人们对客观事物是否符合人们的需要而产生的一种内心体验。

在跨国企业中,虽然有些跨国企业文化要素可能符合人们的需要,但企业文化差异在多数情况下是不符合人们需要的。当组织成员认识到不符合需要的企业文化差异时,往往会采取否定的态度,产生不良的情绪情感反应。在实际生活中,人们对企业文化差异有一定的耐受性,当组织成员认识到企业文化差异在他们的心理耐受范围之内时,他们也许对企业文化差异持不置可否的态度,产生的不良情绪情感反应比较微弱;当组织成员认识到企业文化差异超出他们的心理耐受范围时,他们往往会产生严重的心理认知失调,从而对企业文化差异持否定态度,产生强烈的不良情绪情感反应。

当来自不同国家的企业之间组成合资企业时,跨国企业之间必然存在企业文化差异,这种差异是客观存在的。当企业文化差异一旦被人们认知,必然伴随着一定的情绪和情感活动。在这一过程中,人们产生认知失衡感和伴随不良的情绪情感反应,从而在人们内心深处会产生一种"心理势能",即企业文化势差。当企业文化势差达到一定强度后,人们的"心理势能"就需要通过某种途径进行释放,这必然会导致企业文化冲突。

当企业文化势差越大时,表示人们的心理势能越大,导致的企业文化冲突水平越高;反之,当企业文化势差越小时,表示人们的心理势能越小,导致的企业文化冲突水平就越低。当企业文化冲突水平在合理范围时,将会出现企业文化多样性优势;但当企业文化冲突水平超出合理范围时,则将出现企业文化多样性劣势。可见,企业文化势差这一概念能很好地解释企业文化差异如何导致企业文化冲突,产生多样性优势和多样性劣势等问题。同时,运用这一概念也能很好地解释在跨国企业中同样面临企业文化差异的企业,为什么有的跨国企业间企业文化冲突不明显,企业文化多样性优势得到很好发挥,而为什么有的跨国企业间企业文化冲突强烈,甚至导致跨国企业解体。

三、企业文化差异度与跨国企业的本土化策略

跨国公司的本土化必须服从和服务于其投资策略,而不是相反。跨国公司实施本土化时,对于母公司文化向本土化的转化从来都不是盲目进行的,而是以企业的战略利益为导向的。

首先,本土化并不意味着跨国公司放弃其从母公司所传承下来的企业文化,它所放弃的仅仅是那些不利于实现其战略利益的文化技术形式。

其次,本土化也不意味着跨国公司迎合东道国的社会文化传统,它只是利用东道国的便利条件和比较优势来达到最大化其投资收益的目的。

最后,本土化也不意味着跨国公司接受东道国的经营理念和经营哲学,它所奉行的仍然是母公司的经营理念和经营哲学。

企业内部分为不同的职能部门,在进行跨国经营选择时,不能全部都采用同一种方式,而应根据企业文化差异情况具体分析。因为在面对不同的目标市场时,必须仔细研究地区差异并采用适应性的策略,有些则无须顾虑地区的不同,

直接使用原有的运作模式即可。一般来说,适用本土化战略的职能管理或经营方面依次是:人力资源管理、产品销售、市场营销、生产制造、研究开发、品牌管理等。

1. 人力资源的本地化

它要求跨国公司必须具有全球中心主义的人力资源概念,尽量在当地招聘(雇用)员工和管理者,减少外派人员,并给予当地管理者决策自主权。人的本土化是最根本、最深刻的本土化,需要足够的勇气和胆量。阿尔卡特中国有限公司董事长戴伯松在谈到其公司在本土化方面的作为时说:"一旦发现本地的雇员能够胜任工作,我们就让外方雇员离开。在中国的外方雇员都有一项使命,就是要培训出最能够取代他们的中方雇员。"

2. 市场营销与产品营销的本土化

这是本地化战略中最为重要的内容。根据当地文化特征,选择适应当地消费者习惯的市场沟通方式,是跨国公司在地区市场成功的重要保障。企业进行跨国经营最大的困扰是没有自己的产品营销渠道。

3. 产品的本土化

这是根据当地消费者的文化特点,设计并提供适应于当地消费者偏好的产品与服务。

4. 研究开发的本土化

争抢东道国优秀人才和技术,这比单一的硬指标投入更具战略眼光。至今,各大跨国公司在北京、上海建立的研究院和研发中心层出不穷,且有愈演愈烈之势。现在,外籍研究院的功能已不仅限于研究适合中国市场的产品,还包括研究中国社会和市场变化,以更好地适应本土化的要求。

5. 产品品牌本土化

企业走出去,跨国经营,需要将产品品牌打出去,不仅要创出国际品牌,还要使品牌在跨国经营中"本土化"。

"企业文化差异度"是衡量一个企业的文化差异的"度量衡",可以有效衡量企业文化差异的程度。根据文化导向理论,我们可以计算出不同企业的维度值,从而为计算企业文化差异度提供了可能。假定企业 A 的文化维度值为 X,企业 B 的文化维度值为 Y,则企业文化差异度 Z＝Y−X。根据测算,如 Z 小于 5(含),我们认为 A 企业和 B 企业在企业文化方面基本无差异;如 Z 大于 5 小于 15

（含），我们认为 A 企业和 B 企业在企业文化方面差异较小；如 Z 大于15 小于30
（含），我们认为 A 企业和 B 企业在企业文化方面差异较大；如 Z 大于30，我们
认为 A 企业和 B 企业在企业文化方面差异很大。

　　根据不同的企业文化差异度高低，企业可以对人力资源管理、市场营销、产
品、研究开发、品牌以及管理方式分别采取复制、调整、改造以及代理或放弃的企
业策略。复制策略是指跨国企业基本照搬母公司的策略，包括企业文化、人员、
产品和市场营销都以母公司为模板。调整策略是指跨国企业在母公司策略的基
础上进行微调，在人员方面，除总经理和财务总监外，其他人员可以从东道国聘
用；在产品和市场营销方面，可以根据东道国的文化特点作出调整。改造策略是
指跨国企业在母公司策略的基础上进行大的调整。在人员方面，除总经理和财
务总监外，其他人员可以从东道国聘用；除企业核心理念、基本战略外，企业产
品、市场营销策略都要根据东道国的文化特点作出重大调整。代理或放弃策略
是指跨国企业放弃母公司策略，在东道国寻找代理商，或者干脆放弃这块市场。
如表 8—1 所示。

表8—1　企业文化差异度与企业策略

	基本无差异	差异较小	差异较大	差异很大
人员策略	○	○	●	☆
营销策略	○	●	●	●
产品策略	○	●	●	●
研发策略	○	●	●	●
品牌策略	○	●	●	●
管理方式	○	○	●	☆
整体策略	复制	调整	改造	代理或放弃

注：○=不需要本土化
　　●=本土化
　　☆=代理或放弃

　　表 8—1 所示的理论框架更多的是为实践者提供一种思考的工具。因为各
家企业的情况千差万别，因此在完善本土化策略时，企业应根据自身的文化背
景、目标市场的国情，对理论框架进行调整，制定相应的本土化策略。

中国人表达委婉

西方人表达直率

参考文献

1. Hofstede, Geert. *Culture's Consequences*. Beverly Hills: Sage Publications, 1984.

2. *Cultures and Organizations*. London: McGraw Hill.

3. *Uncommon Sense about Organisations*. Beverly Hills: Sage Publications.

4. McSweeney, Brendan. Hofstede's Model of National Cultural Differences and Their Consequences: A Tri—umph of Faith—A Failure of Analysis. *Human Relations*, 2002, Vol. 55(No 1): 89 − 118.

5. Shuler, R. S. & Jackson, Linking remuneration practices to innovation as a competitive strategy [J], *Human Resource Australia*, 1988, 10(5).

6. Barney, J. Firm resources and sustained competitive advantage [J]. *Journal of Management*, 1991, 17(1).

7. Geert Hofstede. *Culture's Consequences*[M]. Beverly Hills: Sage Publications. 1980.

8. Geert Hofstede. *Culture and Organizations*[M]. London: McGraw. Hill. 1991.

9. Zander, U. & Kogut, B. Knowledge of The Firm and The Evolutionary Theory of The Multinational Corporation[J]. *Journal of International Business Studies*, 1993, 24(4).

10. Zhiyi, Ang. & Peter, Massingham. National Culture and the Standardization Versus Adaptation of Knowledge Management [J]. *Journal of Knowledge Management*, 2007, 11(2).

11. Holden, N. Knowledge Management: Raising the Spectre of the Cross-Culture Dimension[J]. *Knowledge and Process Management*, 2001, 8(3): 155 − 163.

12. Szulanski, G. Exploring Internal Stickiness: Impediments to the Transfer of Best Practice within the Firm [J]. *Strategic Management Journal*, 1996(17).

13. Leyland, M. Lucas. The Role of Culture on Knowledge Transfer: The Case of the Multinational Corporation [J]. *The Learning Organization*, 2006(13).

14. Alexandre, A., Martin, M., Wei Li., Tim, W. & Reed, S. Cultural Influences on Knowledge Sharing Through Online Communities of Practice [J]. *Journal of Knowledge Management*, 2006, 10(1).

15. EI-Sayed, Abou-Zeid. A Culturally Aware Model of Inter-Organizational Knowledge Transfer [J]. *Knowledge Management Research & Practice*, 2005(3).

16. C. Brewster, O. Tregaskis, A. Hegewich, L. Mayne. Comparative Research in Human Resource Management: A Review and Example [J]. *The International Journal of Human Resource Management*, 1996(3).

17. Bhagat, R., Kedia, B., Hareston, P. & Triandis, H. Cultural Variations in Cross-border Transfer of Organizational Knowledge: An Integrative Framework [J]. *Academy of Management Review*, 2002(27).

18. [美]尼斯贝特:《思维的版图》,北京:中信出版社,2005

19. [美]弗恩斯·特朗皮纳斯、彼得·伍尔莱姆斯:《跨文化企业》,北京:经济管理出版社,2007

20. [美]斯蒂芬·P. 罗宾斯:《管理学》第四版,北京:中国人民大学出版社,2002

21. 刘光明:《企业文化》第二版,北京:经济管理出版社,2001

22. 刘光明:《企业文化案例》第三版,北京:经济管理出版社,2007

23. 黄立军:《欧盟企业文化》,北京:华龄出版社,2006

24. 谭伟东:《西方企业文化纵横》,北京:北京大学出版社,2001

25. 商聚德:《中国传统文化导向论》,保定:河北大学出版社,2003

26. 周松波:《商战新论》,北京:科学出版社,2004

27. 周松波:《灵性与理性》,北京:商务印书馆,2010

28. 陈丽琳:《企业文化的新视野》,成都:四川大学出版社,2005

29. 张云初、曹东林、王清:《新企业文化运动》,北京:中信出版社,2006

30. 马春光:《国际企业跨文化管理》,北京:对外经济贸易大学出版社,2005

31. 周施恩:《企业文化理论与实务》第二版,北京:首都经济贸易大学出版社,2007

32. 王成荣:《企业文化学教程》,北京:中国人民大学出版社,2007

33. 陈晓萍:《跨文化管理》,北京:清华大学出版社,2006

34. 查尔斯·甘瑟尔、艾琳·罗杰斯、马克·雷诺:《并购中的企业文化整合》,干春晖译,北京:中国人民大学出版社,2004

35. 陈至发:《跨国战略联盟企业文化协同管理》,北京:中国经济出版社,2004

36. 赵文明:《中外企业文化经典案例》,北京:企业管理出版社,2005

37. 陈菀、郭习文:《IBM:随需而变》,北京:中国人民大学出版社,2005

38. 黎晓珍:《IBM 变革攻略》,广州:南方日报出版社,2005

39. 刘明、师至洁、姜美芝:《联想:文化缔造传奇》,北京:中信出版社,2004

40. 林坚:《企业文化修炼》,北京:蓝天出版社,2006

41. 杨艳英、李柏松:《企业文化修炼案例》,北京:蓝天出版社,2006

42. 徐行言:《中西文化比较》,北京:北京大学出版社,2007

43. 郭正坤:《中西文化比较导论》,北京:北京大学出版社,2007

44. 王学秀:《文化传统与中国企业管理价值观》,北京:中国经济出版社,2007

45. 王继训:《中国文化论坛》(第一集),西安:陕西人民出版社,2005

46. 李信:《中西方文化比较概论》,北京:航空工业出版社,2006

47. 马冬:《中外文化交流及语用分析》,北京:北京大学出版社,2006

48. 窦卫霖:《跨文化商务交流案例分析》,北京:对外经济贸易大学出版社,2007

49. 李建中:《中国文化概论》,武汉:武汉大学出版社,2005

50. 周义、徐志红:《中西文化比较》,北京:人民教育出版社,2004

51. 祝西莹、徐淑霞:《中西文化概论》,北京:中国轻工业出版社,2007

52. 李宝龙、杨淑琴:《中国传统文化》,北京:中国人民公安大学出版社,2006

53. 郭谊:《中西文化导论》,北京:中国物资出版社,2004

54. 方汉文:《西方文化概论》,北京:中国人民大学出版社,2006

55. ［英］理查德·D. 刘易斯:《文化的冲突与共融》第二版,关世杰译,北京:新华出版社,2002

56. ［荷］冯·特姆彭纳斯、［英］查尔斯·汉普顿-特纳:《跨越文化浪潮》第二版,陈文言译,北京:中国人民大学出版社,2007

57. 李海、郭必恒、李博:《中国企业文化建设:传承与创新》,北京:企业管理出版社,2005

58. 张国刚、吴莉苇:《启蒙时代欧洲的中国观:一个历史的巡礼与反思》,上海:上海古籍出版社,2006

59. 成中英:《C 理论:中国管理哲学》,北京:中国人民大学出版社,2006

60. 严文华、宋继文、石文典:《跨文化企业管理心理学》,大连:东北财经大学出版社,2002

61. 叶陈刚:《公司伦理与企业文化》,上海:复旦大学出版社,2007

62. 程伟杰:《凝聚力:铸造根深蒂固的企业文化理念》,北京:机械工业出版社,2006

63. 刘光明:《企业文化世界名著解读》,广州:广东经济出版社,2003

64. ［美］吉勒斯·阿塞林、鲁斯·马斯特隆著,王颖译:《解读法国人》,北京:中国水利水电出版社,2004

65. ［德］丹尼尔拉·德库汀斯著,陈静、郑烨译:《百年基业:西门子的机遇、困惑与梦想》,北京:中国铁道出版社,2007

66. 钱兆光:《西方文化精讲》,北京:华龄出版社,2007

67. 陈传明:《西方管理学经典命题》,南昌:江西人民出版社,2007

68. 齐冬平、白庆祥:《文化决定成败——中外企业文化镜鉴案例教程》,北京:中国经济出版社,2008

69. 杨代利:《企业战略文化》,北京:企业管理出版社,2007

70. 王超逸、高洪深编著:《当代企业文化与知识管理教程》,北京:企业管理出版社,2007

71. 万君宝、刘明顺:《企业文化竞争力》,上海:上海财经大学出版社,2007

72. ［美］威廉·大内著、朱雁斌主译:《Z 理论》,北京:机械工业出版社,2007

73. 刘光明主编:《企业文化塑造——理论·实务·案例》,北京:经济管理

出版社,2007

74. 李虹:《企业的生命力》,北京:中国社会科学出版社,2007

75. 张德、潘文君编著:《企业文化》,北京:清华大学出版社,2007

76. 李仁武、高菊编著:《现代企业创新文化》,广州:中山大学出版社,2007

77. 李庚其:《赢在中国——传统文化与现代经营管理》,上海:文汇出版社,2007

78. 邢以群,张大亮:《企业文化建设:重塑企业精神支柱》,北京:机械工业出版社,2007

79. [英]弗恩斯·特朗皮纳斯、彼得·伍尔莱姆斯:《跨文化企业》,北京:经济管理出版社,2007

80. 吴文盛:《企业核心竞争力的文化根源》,北京:中国经济出版社,2006

81. 任志宏等:《企业文化》,北京:经济科学出版社,2006

82. 周施恩:《企业文化:理论与实务》,北京:中国经济出版社,2006

83. 曾晓萱、姚慧华:《企业创新文化 现代企业发展之魂》,济南:山东科学技术出版社,2005

84. 余世维:《企业变革与文化》,北京:北京大学出版社,2005

85. 张云初、王清、张羽:《企业文化资源 企业文化整合塑造》,深圳:海天出版社,2005

86. 李海、郭必恒、李博:《中国企业文化建设:传承与创新》,北京:企业管理出版社,2005

87. [美]约翰·A.皮尔斯二世、小理查德·B.鲁滨逊著,王丹、高玉环、史剑新译:《战略管理 制定、实施和控制》,北京:中国人民大学出版社,2005

88. 叶生、陈育辉:《第三种管理模式:中国企业文化战略》,北京:机械工业出版社,2005

89. 何筑光:《企业文化与文化企业》,贵阳:贵州人民出版社,2004

90. 王成荣:《企业文化大视野》,北京:人民出版社,2004

91. 万君宝:《民族文化与企业文化》,南昌:江西人民出版社,2004

92. 罗争玉:《企业的文化管理》,广州:广东经济出版社,2004

93. 刘俊心、李靖、张建庆主编:《企业文化学 现代经营管理制胜宝典》,天津:天津大学出版社,2004

94. 丁孝智等:《企业之魂:经济全球化与大企业文化建设》,兰州:甘肃人民出版社,2003

95. 韩巍:《基于文化的企业及企业集团管理行为研究》,北京:机械工业出版社,2003

96. 罗长海、林坚:《企业文化要义》,北京:清华大学出版社,2003

97. 魏杰:《企业文化塑造　企业生命常青藤》,北京:中国发展出版社,2002

98. 陈军、张亭楠编著:《现代企业文化　二十一世纪中国企业家的思考》,北京:企业管理出版社,2002

99. 谭伟东:《西方企业文化纵横　当代企业管理思想》,北京:北京大学出版社,2001

100. 华锐编著:《新世纪中国企业文化》,北京:企业管理出版社,2000

101. [德]帕特里希亚·派尔-舍勒著,姚燕译:《跨文化管理　中国同德语国家的合资企业中的协同作用》,北京:中国社会科学出版社,1998

102. 宋光华主编:《中华文化与现代企业管理》,北京:中国建材工业出版社,1996

103. 赵曙明:《东西方文化与企业管理》,北京:中国人事出版社,1995

104. 赵曙明、杨忠编著:《国际企业:跨文化管理》,南京:南京大学出版社,1994

105. 李庆善:《企业动力之源　企业文化》,北京:科学技术文献出版社,1991

106. [美]斯坦雷·M·戴维斯著,傅小平译:《企业文化的评估与管理》,广州:广东高等教育出版社,1991

107. 王驰主编:《当代企业文化导论》,长沙:湖南出版社,1991

108. 陆嘉玉、姚秉彦编:《企业文化理论与实践》,北京:中国工人出版社,1990

109. 海能、张庆洪:《企业文化:理论和实践的展望》,北京:知识出版社,1990

110. 李虹:《企业的性格》,北京:中国社会科学出版社,2007

111. [美]阿伦·肯尼迪、特伦斯·迪尔合著,孙耀君等译:北京:中国对外翻译出版公司,1989

112. 赵军:《文化与时空》,北京:中国人民大学出版社,1989

113. 张忠利、宗文举:《中西文化概论》,天津:天津大学出版社,2002

114. 邓晓芒:《中西文化比较十一讲》,长沙:湖南教育出版社,2007

115. 张岱年、方克立:《中国文化概论》,北京:北京师范大学出版社,2004

116. 王曾才:《西方文化要义》,南京:江苏教育出版社,2007

117. 左飚:《冲突·互补·共存:中西文化对比研究》,北京:华龄出版社,2007

118. 王朝晖:《跨文化管理》,北京:北京大学出版社,2009

119. 范徵:《跨文化管理:全球化与地方化的平衡》,上海:上海外国语大学出版社,2004

120. 胡文仲:《跨文化交际学概论》,北京:外语教学与研究出版社,1999

121. 戴万稳:《跨文化组织学习能力研究》,南京:南京大学出版社,2007

122. 席旭东:《跨文化管理方法论》,北京:中国经济出版社,2004

123. 谭自强:《图解跨文化交流学》,北京:世界图书出版公司,2010

124. 唐任伍:《管理审视》,北京:北京师范大学出版社,1999

125. 张仁德、霍洪喜:《企业文化概论》,天津:南开大学出版社,2007

126. 潘建屯:《论中西哲学视野下的企业文化》,《四川经济管理学院学报》2004 年第 4 期

127. 陈启云:《地理与人文动态互应考析之一:中西地理环境的比较》,《兰州大学学报》(社会科学版)第 35 卷第 2 期

128. 马陆平、吴海龙:《中西文化差异之根源——兼论两种时空观对文化的影响》,《和田师范专科学校学报》(汉文综合版) 第 26 卷第 4 期,总第 42 期

129. 李琪:《欧洲管理学者看中西企业文化差异》,《改革》1999 年第 2 期

130. 陈觅:《中西企业文化的比较及其融合》,《青岛科技大学学报》(社会科学版)2007 年 6 月,总第 23 卷第 2 期

131. 司千字:《21 世纪中西企业文化融合浅析》,《经济师》2002 年第 12 期

132. 杨宜苗:《美日企业文化融合及其启示》,《中外企业文化》总第 91 期

133. 王蕾:《加强企业文化建设的分析与思考》,《江南论坛》2004 年第 12 期

134. 赵国民、朱贵平、张顺玲:《中西文化个性差异在现代企业管理中的凸

显与融合》,《现代企业管理》2007 年第 4 期

135. 鲍升华:《弘扬传统文化管理思想　探索中国特色企业经营管理之道》,《理论月刊》2002 年第 9 期

136. 谢鹏:《论孔子管理思想及在现代企业管理中的借鉴》,《贵阳金筑大学学报》2002 年第 12 期

137. 蔡厚清:《孔子管理思想与当代西方管理思想之同异》,《经济师》2000 年第 12 期

138. 陈诗高:《中西方管理思想的文化差异分析》,《甘肃农业》2006 年第 9 期

139. 朱华桂:《论中西管理思想的人性假设》,《南京社会科学》2003 年第 3 期

140. 官鸣:《中西管理思想论纲》,《厦门大学学报》(哲学社会科学版)1995 年第 1 期

141. 朱榕:《中西管理文化差异探析》,《嘉应学院学报》(哲学社会科学版) 2007 年 2 月第 25 卷第 1 期

142. 张维华:《中国传统文化与现代企业管理》,《湖州师范学院学报》第 25 卷第 1 期

143. 林桦:《东西方管理思想的水乳交融》,《复旦大学学报》1998 年第 1 期

144. 景南:《东西方管理思想之比较研究》,《江西师范大学学报》(哲学社会科学版)2004 年 3 月

145. 高小玲、刘巨钦:《从人性假设视角透析管理思想回归的内在历史逻辑》,《南开管理评论》2005 年第 8 卷第 1 期

146. 李杰敏:《儒家管理哲学对现代化管理的启示》,《广州大学学报》(综合版)2001 年 10 月

147. 董靖保、王尚义:《中西方管理思想的文化分析》,《生产力研究》2000 年第 4 期

148. 杨红娟:《中西方管理思想的比较分析》,《昆明理工大学学报》(社会科学版)2002 年 9 月第 2 卷第 3 期

149. 田晖:《中西方企业冲突管理模式及其思想的比较》,《湖南师范大学社会科学学报》2007 年第 3 期

150. 辛杰、徐波：《中、西方管理伦理比较及其对中国企业的启示》，《经济与管理》2007 年 2 月第 21 卷第 2 期

151. 柴红英、赵黎明、杨林：《刍议建立中西融合的现代企业文化》，《科学管理研究》2006 年 8 月

152. 林国健：《浅议中西方企业文化的整合》，《洛阳学报》2005 年 12 月

153. 李琦、李玲：《从西方企业文化内涵反观中国传统企业文化思想》，《北京市计划管理劳动干部学院学报》2004 年第 2 期

154. 贾冬莉：《中西方管理文化比较分析》，《科技情报开发与经济》2004 年第 6 期

155. 汪克夷：《中西方企业文化的哲学关联》，《企业文化》2003 年第 8 期

156. 郭安海：《东西方企业文化比较的启示》，《企业文化》2005 年第 6 期

157. 陈书奇：《我国社会转型时期中西方企业文化的冲突与协调》，《河南教育学院学报》（哲学社会科学版）2003 年第 2 期

158. 喻庚平：《试论中西企业文化的区别》，《湖南社会科学》1990 年第 6 期

159. 朱长丰：《中西企业制度差异及其文化背景分析》，《温州职业技术学院学报》2001 年 9 月

160. 高学贤、刘栋林：《中西文化的差异及其在企业管理中的体现》，《石油大学学报》（社会科学版）2000 年 6 月第 16 卷第 3 期

161. 马京生、任慧：《中西企业文化比较研究》，《内蒙古工业大学学报》（哲学社会科学版）1998 年第 1 期

162. 李琪：《欧洲管理学者看中西企业文化差异》，《改革》1999 年第 2 期

163. 黄旭东：《中西企业文化比较论》，《贵州社会科学》1991 年第 8 期

164. 王新华：《中国传统文化对企业文化的影响》，《经济论坛》2004 年 2 月

165. 杨永平、白永秀：《社会文化对企业文化的影响与对策》，《经济管理前瞻》2002 年第 11 期

166. 王玮：《儒家思想对企业文化的影响》，《企业文化》2003 年第 10 期

167. 张同起、刘运娇：《民族文化对企业文化的影响》，《企业文化》2004 年第 11 期

168. 金雯：《东西方文化的差异对企业文化的影响》，《理论探索》2002 年第 4 期

169. 陈启云:《地理与人文互应动态考析之一:中西地理环境比较》,《兰州大学学报》(社会科学版)2007 年 3 月

170. 郑淑婷:《钱穆的中西文化差异观》,《安徽农业大学学报》(社会科学版)2007 年 1 月

171. 侯建军:《文化与中西文化差异比较》,《商场现代化》2007 年 7 月(中旬刊)总第 509 期

172. 陈丽芳:《从"黄"与"蓝"透视中西文化差异》,《太原师范学院学报》(社会科学版)2005 年第 4 期

173. 徐晓丹:《中西文化的差异全球化框架下的文化整合》,《理论与探讨》2004 年第 2 期

174. 韩铁丰:《从地理学观点来看中西文化之差异》,《人文地理》1990 年第 3 期

175. 黄丹:《企业文化研究的哲学思考》,《改革与战略》2000 年第 3 期

176. 史希平:《中西企业管理文化的比较分析》,《企业经济》2003 年第 11 期

177. 盛涤民:《欧洲企业文化借鉴探寻》,《邮政研究》2004 年 7 月

178. 王胜洲、都娟:《企业文化研究再思考》,《河北经贸大学学报》(综合版)2007 年 3 月

179. 李来成:《传统文化与企业文化的关系比较》,《企业文化》2006 年第 2 期

180. 沈翠珍:《谈中华传统文化与现代企业文化的融合》,《商业时代》2006 年第 29 期

181. 赵胜刚:《基于中国传统文化构建现代企业文化》,《企业文化》2007 年第 11 期

182. 陈丽琳:《企业文化四层次结构理论及应用》,《经济体制改革》2007 年第 5 期

183. 陈心怡、刘镜:《企业文化管理及其创新的路径选择》,《现代管理科学》2003 年第 8 期

184. 林擎国、王立凤:《企业实行文化管理的转变》,《厦门大学学报》(哲学社会科学版)2003 年第 4 期

185. 王保利、徐瑞平:《儒家文化与企业文化管理》,《商业研究》2001 年第 10 期

186. 彭美华:《企业文化与企业竞争力》,《商业研究》2001 年第 9 期

187. 段鸿、李骏:《企业文化中的民族文化内涵分析——以美国、日本为例》,《亚太经济》2007 年 5 月

188. 沈仰东:《基于竞争优势的企业文化构建》,《中南民族大学学报》(人文社会科学版)2006 年 7 月第 26 卷第 4 期

189. 黎群:《试论企业文化的形成机制与建设》,《北方交通大学学报》2001 年 10 月第 25 卷第 5 期

190. 张明、林云峰:《企业文化的制度经济学浅析》,《商业研究》2005 年第 2 期

191. 何问陶、田晔:《我国企业文化的新制度经济学分析》,《江苏商论》2003 年第 11 期

192. 杨壮:《美、日企业的人才战略及其给中国的启示》,《经济体制比较》1999 年第 1 期

193. 李存金、李娟:《中美企业文化比较研究》,《现代企业教育》2006 年第 10 期

194. 程建新、蒋月月:《差异与融合——当代中美企业文化比较研究》,《冶金企业文化》2006 年第 3 期

195. 刘嘉:《企业文化的比较研究》,《现代管理科学》2004 年第 6 期

196. 吴声怡、许慧宏、郑秋:《企业文化的比较研究》,《福建农林大学学报》(哲学社会科学版)2004 年第 7 期

197. 黎永泰:《试论企业文化的两种基本类型》,《经济体制改革》2001 年第 1 期

198. 符风春:《中西文化比较的理性思考》,《理论前沿》2002 年第 19 期

199. 马有:《中西文化的不同特质》,《西藏民族大学学报》2005 年第 3 期

200. 侯菊英:《东西方思维方式之比较》,《焦作工学院学报》2002 年第 12 期